환경범죄학 및 범죄분석

Richard Wortley · Michael Townsley 편저
장현석 역

ENVIRONMENTAL
CRIMINOLOGY AND
CRIME ANALYSIS

박영사

제2판 서문

초판이 발간된 지 8년 동안 환경범죄학 및 범죄분석 분야는 학계, 정책 입안자, 실무자들에게 매우 긍정적인 평가를 받았다. 이 책은 호주, 유럽, 북아메리카의 대학 학위 프로그램에서 교재로 사용되어 왔다. 그래서 우리는 책의 두 번째 판을 준비하게 되어 기쁘게 생각한다.

두 판본의 변화를 평가하기 위해서는 창간 동기를 고려할 필요가 있다. 출판 이전에는 환경범죄학 및 범죄분석ECCA에 대한 개요를 제공하려는 시도가 거의 없었으며 아이디어와 방법론을 한꺼번에 제공하려는 시도는 거의 없었다. 이 분야는 전체적인 개념적 일관성이 결여된 관련 아이디어의 집합체로서 존재했었다. 초판 제작의 목적은 편집된 컬렉션을 통하여 ECCA에 대한 주요 연구 성과들을 모으고, 그렇게 함으로써 처음으로 이 분야를 포괄적으로 정의하는 것이었다.

각 장들은 그 분야의 선도적인 이론가들과 실무자들에 의해 작성되었는데, 많은 경우 독창적인 기여를 한 사람들이다. 각 장은 "고전적"이지만 최신 연구 성과를 포함하도록 구성되었다. 이 책의 혁신은 특정 장의 내용이라기보다 각 장들과 저자들이 처음으로 한 권의 책으로 모였다는 사실이다. 이 책의 목적은 각 접근법이 이 분야에 독창적으로 기여한 부분과 ECCA를 일관성 있는 학문적 노력으로 만드는 각 접근법들 사이의 연관성을 강조하는 것이었다.

2008년과 2016년 사이에 제2판을 출판해야 할 정도로 변화한 것은 무엇인가? 환경범죄학 분야는 지난 8년 동안 이 두 번째 판을 개발해야 할 정도로 많은 변화를 경험하였다. 의심할 여지 없이 가장 주목할 만한 변화는 범죄학자들 사이에서 환경범죄학의 수용이 증가하고 있다는 것이다. 한때 주변적 학문으로 보였던 것이 이제는 주류 범죄학으로 여겨지고 있다. 지금은 범죄학 분야의 최고 저널들이 각 호마다 환경범죄학 관련 논문이 적어도 1편 정도는 실리고 있는데, 이는 20년 전만 해도 거의 믿기 힘든 상황이다.

범죄학의 수용에 대한 가장 중요한 징후는 프랭크 쿨랜Frank Cullen의 2010년 서덜랜드 연설이었다(Cullen, F. (2011). Beyond Adolescence-Limited Criminology: Choosing Our Future-The American Society of Criminology 2010 Sutherland Address. Criminology, 49(2): 287-330).

그는 고전적인 범죄학으로 간주되는 것 중 많은 부분이 구식이고 더 이상 목적에 적합하지 않다고 주장했다. 그는 새롭고 유용한 범죄학을 위한 8단계 계획을 세웠고, 그중 하나는 환경적인 관점을 강조한다. 쿨랜에 따르면, '성향과 기회, 즉 범죄자와 상황 사이의 연관성을 체계적으로 탐구함으로써 범죄학의 미래가 진전될 것이다'.(2010, 315쪽) 우리는 이 책이 환경적인 관점에서 기초적인 텍스트를 제공하는 데 도움이 되기를 바란다.

또한, 동료들과 독자들의 피드백뿐만 아니라 초판을 사용해 본 우리의 직접적인 경험은 초판이 우리의 목표에 잘 부합했다는 점을 보여 준다. 그러나 시간이 흐르면서 우리(및 다른 사람들)는 한 번 관찰되면 무시하기 어려운 미흡한 점들을 알아차리기 시작했다. 우리가 생각하기에 많은 핵심 개념들이 그들이 마땅히 받아야 할 주목을 제대로 받지 못했다고 느꼈다. 이것은 다양하고 광범위한 학문 분야를 통합하려는 처음 시도이기 때문에 어떤 식으로든 달성하기 어려웠다. 미흡한 점은 원고가 쓰여 져야 명백하게 드러난다. 게다가 소수의 장은 유익하긴 하지만, 세부 사항이나 일반적인 방향에서 책의 나머지 부분과 일관성이 없어 보였다.

이러한 맥락에서, 환경범죄학에 대한 중요한 개념의 상세한 처리를 제공하는 몇 개의 새로운 장들(범죄 스크립트 및 범죄자 이동성)이 이 책에 포함되었다. 또한 우리는 환경범죄학에 중요한 기여를 했고 그들 분야의 미래 리더로 떠오르고 있는 몇몇 새로운 저자들(마틴 안드레센, 베누아 레클레르, 마이클 타운슬리, 셰인 존슨 및 레이첼 아미티지)을 이 책으로 환영하게 되어 기쁘다.

무엇이 변하지 않았나? 첫 번째 판의 대다수의 저자들은 두 번째 판의 업데이트된 장을 제공하는 데 동의했고, 열정적으로 그렇게 했다. 두 번째 판을 준비하면서 우리는 첫 번째 판을 교육 자료로 사용한 많은 학자들에게 피드백을 요청했다. 이 피드백은 저자들이 그들의 관점을 더 발전시키는 데 도움을 주기 위해 제공되었다. 다수의 검토자가 제시한 구체적인 권고안 중 하나는 일부 '비판적 사고' 검토 질문을 포함하는 것이었고, 우리는 각 장에서 질문들의 유용성을 증명하게 해준 기여자들에게 감사한다.

　　이번 2판의 저자들은 물론 로레인 마제롤Lorraine Mazzerole(초판의 공동 편집자), 루트리지 출판사의 하이디 리, 한나 캐터럴, 그리고 토마스 서튼 모든 관계자들 에게 원고를 세상에 내놓기 위한 우리의 노력에 변함없는 지지와 인내에 감사드린다.

리처드 워틀리와 마이클 타운슬리

2016년 3월

역자 서문

    대학에서 범죄학을 연구하고 강의하면서 기존의 범죄자의 성향 중심의 범죄학 이론이 범죄 예방을 위한 효과적인 정책 도출에 있어 미흡한 점이 많다는 생각을 오래전부터 하고 있었다. 범죄학과 형사사법학은 실용학문이다. 연구 결과를 바탕으로 '범죄 예방을 위해 실질적으로 도움 되는 것은 무엇인가?'라는 질문을 했을 때 기존의 범죄자 성향 중심의 이론들은 범죄자의 성향을 단기간에 변화시키기 어렵고 또 많은 노력을 해도 잘 바뀌지 않기 때문에 정책적 실효성에 의문이 많았다. 환경범죄학에서 다루는 이론적 접근들은 범죄자의 성향이 아니라 범죄가 발생하는 즉각적인 환경의 변화를 통하여 범죄를 예방할 수 있는 정책들을 제시하고 있어서 훨씬 더 실용적인 범죄학 이론이라고 할 수 있다.

    국내 여러 범죄학 교재를 통하여 환경범죄학의 개별적인 이론들이 소개된 적은 있지만, 환경범죄학에 포함되는 이론과 방법론들을 체계적으로 엮은 교과서는 아직까지 없었다. 본 역서는 환경범죄학을 주창한 저명한 학자들이 직접 집필한 책을 최대한 원문에 가깝게 번역했다고 생각한다.

    환경범죄학에는 현재 우리나라 경찰에서도 관심을 갖고 추진하고 있는 셉테드, CPO, 문제지향 경찰활동 등의 이론적 배경을 제공하고 있고, 가족, 지역사회, 학교 등에서 범죄 예방을 위해서 각 개인들이 취할 수 있는 구체적인 범죄예방 행동 지침을 제공해 주고 있다. 따라서 범죄예방 전문가가 되고 싶다면 꼭 이 책을 읽어 보기를 권하고 싶다. 현직 경찰관, 경찰행정학과 학부생 및 범죄학을 전공하는 대학원생 그리고 범죄예방에 관심을 갖고 있는 누구라도 이 책을 읽는다면 많은 도움이 될 것으로 생각한다.

독자들이 이 책을 통하여 환경범죄학을 잘 이해하고 범죄예방 정책개발과 실천에 도움이 되었다면 지난 1년 동안 번역 작업에 매달린 목적이 달성되었다고 생각한다.

끝으로 본 역서가 출판되도록 도움을 준 박영사에 감사드린다.

경기대학교 교수연구동에서
2022년 7월

차 례

[표 차례]

[그림 차례]

제1장

환경범죄학과 범죄분석

리처드 워틀리Richard Wortley는 범죄 과학 교수이자 유니버시티 칼리지 런던 의 질 단도 보안 및 범죄 과학 연구소의 소장이다. 그의 연구 관심사는 범죄 행동에서 즉각적인 환경이 미치는 역할과 이것이 상황적 범죄 예방에 미치 는 영향에 초점을 맞추고 있다. 연구 주제에는 교도소에서의 불법행위, 내부 고발, 아동 성학대, 친밀한 파트너 살인 등이 포함되었다. 저서는 '상황적 교 도소 통제: 교정 시설의 범죄 예방(Situational Prison Control: Crime Prevention in Correctional Institutions [Cambridge University Press 2002])', '아동 성학대 예방:증 거, 정책 및 실제(Prevention Child Sexual Abuse: Evidence, Policy and Practice[Willan 2008], 스티븐 스몰본, 빌 마셜 공저)', '인터넷 아동 포르노: 원인, 조사 및 예방 (Internet Child Pornography: Causes, Investigation and Prevention[Praeger 2013] 스티븐 스몰본 공저)' 등이 있다.

마이클 타운슬리Michael Townsley는 그리피스 대학교의 범죄학과 형사사법대학 원의 부교수이다. 그는 빈집털이 위험이 전염성이 있다는 것을 증명한 것으 로 가장 잘 알려져 있는데, 이 발견은 수많은 범죄 유형에 대하여 다른 국가 들에서 반복 증명되었다. 이 발견은 예측 경찰 및 범죄 예측 방법의 많은 부 분을 뒷받침한다. 더 넓게 보면, 그의 연구 관심사는 범죄 발생을 줄이거나 예방하거나 완화하기 위해 범죄 문제를 진단하는 데 초점을 맞추고 있다. 그 는 이전에 UCL 질 단도 범죄 과학 연구소, 유니버시티 칼리지 런던, 리버풀 대학교에서 연구직을 맡았었다.

리처드 워블리, 마이클 타운슬리(Richard Wortley and Michael Townsley)

서론

환경범죄학은 범죄사건과 범죄사건이 발생하는 즉각적 상황Immediate circumstances 에 대한 공통된 관심을 공유하는 이론의 집합체이다. 브랜팅엄과 브랜팅엄 (Brantingham and Brantingham, 1991, p.2)에 따르면, '환경범죄학'은 범죄사건들을 파악할 때 범죄자, 피해자 또는 범행대상 그리고 법률들을 특정 시기와 장소의 구체적인 설정을 종합적으로 고려하여 이해해야 한다고 주장한다. 환경범죄학자들은 범죄패턴을 찾고 환경적 영향의 관점에서 그것들을 설명하려고 한다. 이러한 설명에서 그들은 새로운 범죄 문제에 대한 예측을 가능하게 하고 궁극적으로 범죄를 예방하기 위해 사용될 수 있는 전략개발을 가능하게 하는 규칙들을 도출한다.

범죄분석은 조사도구로서, '범죄패턴과 범죄추세의 상관관계에 대한 시의성 있고 적절한 정보를 제공하는 체계적이고 분석적인 프로세스의 집합'으로 정의된다(Emig et al., 1980). 범죄 자료와 경찰 보고서를 사용하여 범죄현장, 범죄자, 피해자의 특징을 포함한 범죄분석은 범죄 문제를 연구한다. 범죄패턴은 사회-인구학적, 시간적, 공간적 특성 측면에서 분석되며 그래프, 표 및 지도를 사용하여 시각적으로 나타낼 수 있다. 이러한 발견을 이용하여, 범죄분석가들은 경찰에게 범죄수사, 자원배치, 계획, 평가, 범죄방지에 대한 전술적 조언을 제공한다.

범죄분석가의 역할은 범죄패턴을 기술하고 해석하는 것인데, 환경범죄학자의 역할은 범죄패턴을 이론적으로 이해할 수 있도록 발전시키는 것이다. 이 두 역할은 매우 상호 의존적이며 각 역할이 다른 역할에 도움을 준다. 한편, 범죄분석가는 환경범죄학의 초점이 되는 범죄사실 자료들을 제공하고, 환경범죄학자들은 그것을 바탕으로 이론을 개발하고 검증한다. 환경범죄학은 범죄분석가들이 범죄 데이터에 대한 질문을 도출하거나 발견한 사실에 대한 해석을 하는데 근거 이론으로서 점점 더 많이 이용되고 있다. 환경범죄학 및 범죄분석Environmental Criminology and Crime Analysis, ECCA은 범죄문제에 대한 대응 방안을 찾기 위해 범죄와 즉각적인 환경의 관계에 대한 지식을 활용하려는 노력으로 구성되어 있다.

ECCA의 관심사는 대부분의 다른 범죄학 접근법과 극명하게 대조를 이룬다. 전통적인 범죄학 이론들은 주로 범죄성Criminality에 관심을 두었다. 그들은 생물학적인 요인, 발달적 경험 그리고/또는 사회적 힘이 어떻게 범죄자를 만드는지 설명하려고 한다. 이 점에서 그들은 범죄의 먼 원인에 초점을 맞추면서 역사적 관점을 취한다. 범죄의 발생은 주로 범인이 습득한 일탈성향의 표출로 이해되는데, 이는 수년 전에 일어난 사건의 영향 때문에 발생한 것으로도 볼 수 있다. 일단 범죄자가 만들어지면, 범죄는 피할 수 없는 것으로 여겨진다. 범죄행위의 정확한 장소와 시기에는 별 관심이 없다. 범죄예방은 유년기를 풍족하게 하고 사회적 불이익을 없애고 재활 프로그램을 제공함으로써 범죄자들의 근본적인 범죄성Criminality을 변화시키는 측면에서 접근되고 있다.

ECCA는 매우 다른 관점을 가지고 있다. 여기서는 범죄Crime가 관심의 대상이다. 범죄자는 범죄사건의 한 요소일 뿐이다. 그리고 어떻게 범죄자들이 지금의 모습을 갖게 되었는지는 범죄와 즉각적인 관련이 없다. 그 대신, 범죄가 일어나는 현재의 역동성에 초점을 맞춘다. 어디서, 언제, 누가 관여했는가, 왜 그랬는가, 그리고 어떻게 진행되었는가? ECCA의 목적은 범죄자를 치료하거나 사회를 개혁하는 것이 아니라 범죄를 예방하는 것이다.

ECCA는 세 가지 조건부 명제에 기반한다.
1. 범죄행위는 그것이 발생하는 즉각적 환경immediate environment의 특성에 의해 크게 영향을 받는다. 환경적 관점은 모든 행동이 사람−상황 상호작용에서 비롯된다는 원칙에 의존한다. 즉각적인 환경은 단지 범죄적 행동에 대한 수동적인 배경이 아니라 오히려 범죄를 촉발하고 그 과정을 형성하는 데 근

본적인 역할을 한다. 따라서 범죄사건은 범죄를 유발하는 개인들뿐만 아니라 범죄현장의 범죄유발적인 요소들에 의해서도 영향을 받는다. 환경범죄학은 즉각적인 환경이 행동에 어떤 영향을 미치는지, 그리고 왜 어떤 환경이 범죄유발 인자를 가지는지 설명한다.

2. 시간과 공간에서 범죄의 분포는 임의적이지 않다non-random. 범죄행위는 상황적 요인에 의존하기 때문에 범죄유발적 환경의 위치에 따라 범죄가 패턴화된다. 범죄는 범죄 활동을 촉진하는 범죄 기회와 다른 환경적 요인이 있는 곳에 집중될 것이다. 범죄율은 교외 지역에 따라, 거리에 따라 다양하게 나타나며, 하루 중에 다른 시간대에, 주중의 다른 날, 그리고 일 년의 다른 주간에 최고조에 달할 수 있다. 범죄분석의 목적은 이러한 범죄패턴을 식별하고 기술하는 것이다.

3. 범죄유발 환경의 역할을 이해하고 범죄가 패턴화되는 방식을 이해하는 것은 범죄수사, 범죄통제, 범죄예방에 있어 강력한 무기이다. 이 지식은 경찰, 범죄예방 전문가 및 기타 관심 있는 단체들이 특정 지역의 특정 범죄 문제에 자원을 집중할 수 있도록 한다. 대상 환경의 범죄유발적 양형요인들을 바꾸면 그 지역의 범죄사건을 줄일 수 있다. 환경범죄학과 범죄분석이 결합하여 범죄 문제에 실질적인 해결책을 제공한다.

이론, 분석 및 적용의 세 영역에 걸쳐서, ECCA는 그 이론적 기초에 있어서 다학제적 특징을 가지고, 그 방법에서 있어서는 경험적 특징을, 그리고 적용에 있어서는 실용주의적 특징을 가지고 있다. ECCA는 사회학자, 심리학자, 지리학자, 건축가, 도시 계획가, 산업 디자이너, 컴퓨터 과학자, 인구학자, 정치학자, 경제학자들의 아이디어와 전문성을 바탕으로 하고 있다. 측정과 과학적 방법을 수용하며, 이용 가능한 데이터의 엄격한 분석에 기초한 이론을 구축하고 조언을 제공하는 데 전념하고 있다. 마지막으로, 환경범죄학자들과 범죄분석가들은 범죄를 감소시키기 위해 경찰 담당자와 범죄 예방 전문가들과 적극적으로 협력한다.

이 책의 목적은 ECCA의 핵심 구성요소를 하나로 묶어 그 분야를 종합적으로 조직화하는 것이다. 위에서 설명한 정의와 속성을 분명히 통합했음에도 불구하고 환경적 관점은 다양한 접근 방식을 포괄한다. 범죄패턴과 환경에 대한 공동관심 아래에는 다양한 수준의 분석, 문의방법 및 설명모델이 있다. 이 장에서는 ECCA의 역사적 뿌리를 살펴보고 해당 분야에서 등장한 핵심 개념을 요약한다. 그 과정에서, 우리는 ECCA의 선도적인 이론가들과 연구자들의 연구를 보여 주기 위한 논리를 제시한다. 우리는 범죄에 대한 환경적 관점 발달에 영향을 준 초기의 연구들을 분석하는 것으로 시작한다. 그리고 나서 우리는 ECCA의 현대적 지식을 형성하는 데 큰 영향을 준 연구들의 연대기를 기술한다. ECCA를 통합된 연구 분야로 제시하기 위해 이들 사이의 연관성을 강조하면서, 이 책 각 장들의 개요를 정리하면서 결론짓는다.

환경적 관점의 역사적 뿌리

현재 ECCA의 다양한 접근 방식은 그 관점이 시작될 때 다양한 근원들이 있었음을 암시한다. 서로 다른 수준으로 설정된 분석적 렌즈를 통해 범죄와 환경 사이의 관계를 관찰하는 다양한 학문 분야들로부터 영향을 받아왔다. 브랜팅엄과 브랜팅엄 (Brantingham and Brantingham, 1991)은 환경 관점에서 거시적Macro, 중위적Meso, 미시적Micro, 세 가지 수준의 분석을 제시하였다. 이러한 범주를 바탕으로 이 분야의 기초를 조사하는 것은 유용하다.

거시분석의 뿌리

거시분석은 '국가 간, 특정 국가 안의 주나 지방 또는 도시 간, 또는 주 안의 카운티나 도시 간 범죄 분포에 관한 연구를 포함한다'(Brantingham and Brantingham, 1991, p. 21). 이렇게 고도로 집합된aggregated 수준의 분석은 범죄에 대한 환경적 영향을 개념화하는 가장 초기 방법이었으며, 실제로 이런 종류의 연구들은 최초의 '과학적' 범죄연구로서 대표된다.

　　1820년대 후반에 이 연구 분야를 개척한 안드레−미셸 게리Andre-Michel Guerry와 아돌프 케틀렛Adolphe Quetelet은 각각 프랑스 범죄통계에 대한 상세한 분석을 수행하였다(Beirne, 1993 참조). 이 연구로부터, 프랑스 지방의 범죄율을 묘사한, 범죄 지도로서 인정할 만한 첫 번째 사례가 나왔다. 그 지도들은 빈곤과 교육 수준과 같은 다양한 사회·인구학적 특징들을 반영하기 위해 음영을 사용하였다. 게리와 케틀렛은 모두 범죄가 프랑스 전국에 균등하게 분포되어 있지 않으며, 나아가 범죄에 따라 분포가 다양하다는 것을 발견했다.

예상과는 달리, 폭력 범죄는 가난한 시골 지역에서 가장 높았고, 재산 범죄는 부유하고 산업화된 지역에서 가장 높았다. 이를 통하여 그들은 가난이 재산 범죄를 야기하는 것이 아니라 오히려 기회가 재산범죄를 야기했다고 추론했다. 부유한 지방은 훔칠 것이 더 많았다. 기회의 역할에 대한 그들의 관찰은 현대까지 환경범죄학의 핵심 원칙으로 남아 있다. 마찬가지로 범죄추세를 나타내는 지도의 사용은 범죄분석의 표준 기법이 되었다.

다른 나라에서도 비슷한 연구가 곧 뒤따랐는데, 국가 간 비교도 마찬가지였다(Brantingham and Brantingham, 1991, 참조). 예를 들어, 19세기 후반에 영국에서의 연구는 카운티 간의 범죄율에 있어 큰 차이를 발견했는데, 또한 시골보다 도시화와 공업화된 지역에서 보고된 비율이 더 높았다. 범죄추세에 대한 거시적 분석은 20세기까지 계속되었다. 미국에서 범죄율과 범죄패턴이 도시와 주들에서 차이가 나는데 이는 안정적인 경향을 보였다. 그러나 이러한 집합된aggregateed 데이터가 보여줄 수 있는 것에는 한계가 있었다. 불가피하게, 다음 절에서 볼 수 있듯이, 더 높은 수준의 해상도를 바탕으로 한 세밀한 분석으로 향하는 경향이 나타났다.

중위분석의 뿌리

중위분석은 '도시나 대도시의 하위지역 내의 범죄에 대한 연구를 포함한다'(Brantingham and Brantingham, 1991, p.21). 이러한 지역은 중간수준의 공간집합spatial aggregation을 나타내며 교외지역과 경찰 순찰구역에서부터 개별 거리와 주소까지 포함할 수 있다. 우리는 범죄와 환경에 대한 중간수준의 분석으로 시카고학파의 연구와 제인 제이콥스Jane Jacobs의 저술을 두 가지 초기 뿌리로서 제시한다.

시카고학파는 사회학과 범죄학에 있어서 인간 생태학 연구를 개척했다. 생태학은 자연 서식지 내에서 식물과 동물의 삶에 의해 얻어지는 복잡한 균형을 조사하는 생물학의 한 분야이다. 생태학의 기본 전제가 - 개개의 유기체가 복잡한 전체의 일부로 연구되어야 한다는 - 시카고 대학의 한 그룹의 사회학자들에 의해 채택되어 인간 행동 연구에 적용되었다. 이 그룹의 멤버들은 로버트 파크Robert Park, 어니

스트 버제스Earnest Burgess, 클리포드 쇼Clofford Shaw, 헨리 맥케이Henry McKay였다. 특히, 이 그룹은 도시 공동체 내에서의 이주 동향과 범죄 활동에 대한 영향, 그리고 다른 형태의 사회 무질서에 미치는 영향에 대한 연구로 유명하다. 이 연구에서 도시는 민족적 배경, 사회 경제적 계층, 직업 등을 기반으로 한 하위 공동체들의 집합체로 구성된 초유기체super-organism로 개념화되었다. 이 하위 공동체들 내부의 구성원들은 공생 관계에 의해 함께 결합되었고, 다시 하위 공동체들은 서로 공생 관계에 의해 결합되어 있다(Park, 1952). 하지만 생태학적 균형은 변화의 대상이 된다. 자연계에서는 새로운 식물이 후속 지배종이 될 때까지 한 지역을 침범하여 지배할 수 있다. 비슷한 패턴이 도시에서도 일어난다. 버제스(Burgess, 1928)는 도시를 5개의 동심원 구역으로 나눌 수 있다고 제안했다. 중심의 1구역은 사업지구이다. 이 주변에는 2구역이 있고 여기에는 가장 가난한 시민들이 낡고 황폐한 집에 살고 있다. 그리고 3구역이 있고, 이 지역에는 노동자들이 평범한 집에 살고 있다. 4구역은 사회적 사다리가 한 단계 더 높은 지역이고, 마지막으로 5구역은 비교적 부유한 통근자들이 거주하는 위성 교외지역을 포함한다. 인구 증가와 함께 시민들이 내부에서 외곽 쪽으로 이주함에 따라 침략, 지배, 승계의 자연스러운 과정이 일어난다.

　　1930년대 동안 쇼와 맥케이는 이러한 관찰을 바탕으로 지역사회와 비행의 관계를 조사했다(Shaw and McKay, 1969). 그들은 제2구역에서 비행이 가장 많다는 것을 발견했다. 제2구역은 가장 가난한 시민들이 거주하고 있고, 사회적·경제적 지원 시스템이 매우 열악하고, 가장 많은 범죄 기회를 제공하는 지역이다. 게다가 이 구역들은 두 종류의 침략의 대상이 된다. 첫째, 이 구역이 산업 및 상업 중심지구에 인접해 있기 때문에, 중심지구가 확장되고 이로 인하여 거주할 건물들의 수가 줄어들어 압박을 받게 된다. 둘째, 이 구역이 가장 저렴한 주택을 가지고 있기 때문에, 새로운 이민자들이 이 지역에 몰려든다. (이민자 신분 때문에 많은 적응 문제를 가진) 이민자들의 유입은 문화적 전달cultural transmission을 통해 지역사회 해체social disorganization를 증가시킨다. 하지만 제2구역의 주민들이 재정적으로 더 안정되고 외곽 지역으로 점진적인 이주를 함에 따라, 그들은 더 이상 비행을 저지르지 않게 된다. 즉, 환경적 관점에 대한 교훈은 제2구역에 표출된 사회적 문제들은 그 지역에 거주하는 사람들의 타고난 특징 때문이라기보다는 지역사회 환경 때문이라는 것이다.

　　중위수준의 환경적 관점에 대한 두 번째로 중요한 영향은 제인 제이콥스Jane

Jacobs의 저술이었다. 제이콥스는 학자가 아니라 저널리스트이자 사회 운동가였다. 사실 그녀는 자신이 쓴 주제에 대해 대학 학위나 어떤 공식적인 훈련도 받지 못했다. 그럼에도 불구하고 그녀는 환경 범죄학으로 흡수된 많은 중요한 아이디어들을 제안했고, 그러한 아이디어들은 현재 환경범죄학의 가정들에 도전하도록 하는 토론과 연구의 기폭제가 되어왔다. 시카고학파의 회원들처럼, 그녀는 도시공간과 건축 환경에 관심이 있었지만, 좀 더 범위가 좁은 지역수준 또는 거리수준에 관심을 보였다. 게다가 그녀의 책에는 범죄 감소를 위한 명확한 처방을 포함하고 있었다. 그녀는 특히 전후 미국을 비롯한 다른 지역에서 유행한 도시재생계획을 대상으로 삼았다. 1961년 그녀는 위대한 미국 도시들의 죽음과 삶The Death and Life of Great American Cities을 출판했는데, 그녀는 나쁜 도시계획을 나타내는 많은 정통지표들(산업, 상업, 주거 지역의 섞임, 작은 도시블록으로 이웃을 나누는 것, 노후한 건물의 존재, 그리고 개방적이고 푸른 공간이 없는 고밀도 생활환경)은 실제로 사회해체social disorganization를 예측하지 못했다고 주장했다. 보스턴의 북부 지구를 예로 들며, 그녀는 많은 사람들이 빈민가로 간주하는 지역이 사실 잘 유지되고, 활기차며, 비교적 범죄에서 자유로울 수 있다는 것을 보여 주었다. 좋은 도시설계의 일반화된 규칙을 어겼음에도 불구하고 (보다 정확하게 이 규칙들을 위반했기 때문에) 보스턴 북부의 환경은 주민들이 서로 상호작용하고 상호지원 시스템을 개발할 수 있는 기회를 만들어냈다. 이러한 관찰에 근거하여, 제이콥스는 도시설계 원리에 대한 급진적인 재고찰을 제안했다.

제이콥스는 주민들이 고립되고 익명성을 느끼고 이웃과 서로 이해관계가 없다고 믿을 때 범죄가 일어난다고 주장했다. 그러므로 중요한 것은 사람들을 한데 모으고, 지역공동체라는 느낌을 가지도록 하는 정책을 개발하는 것이라고 하였다.

제이콥스는 이 원칙들을 실천하기 위해 도시설계의 네 가지 조건을 마련했다. 첫째, 도시구역은 많은 다양한 목적에 부합해야 한다. 상업적, 산업적, 휴양 활동을 주거지역에 포함시키는 것은 거리와 공원이 지속적으로 이용되고 있고, 주민들은 언제나 서로 상호작용을 할 수 있음을 의미한다. 둘째, 도시구역들은 주민들이 쉽게 접근할 수 있도록 해주는 코너가 자주 있는 작은 블록들과 상호 연결되는 도로들로 나누어져 있어야 한다. 이러한 구성은 접근성을 증가시키고, 구역을 통합하며, 버려진 뒷골목이나 막다른 골목이 없도록 한다. 셋째, 그 지역이 유치할 수 있는 기업들의 다양성을 보장하기 위해 새로 지은 건물과 오래된 건물들이 혼합되어야 한다. 은행, 체인점 같은 점포는 새로운 건물의 건설비용을 감당할 수 있지만,

식당, 서점, 골동품 가게와 그 지역의 문화생활에 필수적인 다른 시설들은 일반적으로 오래된 건물에서 찾아볼 수 있다. 마지막으로, 인구 밀도는 다양성을 지원하고 주민들 사이의 교류를 촉진하기 위해 충분히 집중되어야 한다. 고밀도 생활과 관련된 문제들은 종종 인구 밀도 자체보다 많은 주민들이 거주할 수밖에 없는 특징 없는 타워 블록형의 주거와 더 관련이 있다고 그녀는 주장했다. 이러한 도시계획 원칙들은 사람들이 거리에서 활동하도록 만들기 위해 고안되었다. 이것은 주민들 자신을 위해 소셜 네트워크를 구축하는 것을 도울 뿐만 아니라, 주민들이 외부인들에 주목하도록 하고 이웃에 대한 비공식적인 감시를 제공하도록 장려한다. 그녀는 이것을 '거리의 눈eye on the street'이라고 불렀다. 따라서 중요한 결과로 지역사회의 안전성을 달성한다. 이러한 제안들을 제시하면서, 제이콥스는 환경적 측면을 통하여 범죄예방 임무를 달성할 수 있음을 보여 주었다.

미시분석의 뿌리

미시분석은 '건물유형과 그 배치, 조경과 조명, 내부 형태와 보안장치 등'(Brantingham and Brantingham, 1991, 21~22쪽)에 초점을 맞추어, 구체적인 범죄 장소들을 조사한다. 생태학적 접근법과 비교하여, 미시적 수준의 분석은 전체가 더 작은 구성요소로 분해되는 환원주의적reductionist 철학을 반영한다. 이 수준에서 분석의 초점은 즉각적인 환경의 구체적 요소가 개인의 구체적 결정과 행동에 미치는 영향에 있다. 이 분석 라인의 개발에서 중요한 것은 행동의 원인에 대한 심리학에서의 논쟁이었다.

학문으로서의 심리학은 전통적으로 개인의 차이에 대한 조사와 관련이 있다. 많은 심리학 이론과 연구는 행동을 유도하고 한 사람을 다른 사람과 차별화하는 성격, 태도, 신념 등 내부 구성요소 또는 특징에 대한 연구에 전념한다. 고전적 특성 이론에서 각 개인의 심리적 구성은 다양한 차원을 이루는 것으로 보이며, 각 차원에서는 연속체를 따라 개인이 어딘가에 위치할 수 있다. 예를 들어, 모든 사람들은 외향적 · 내향적 차원을 따라 어딘가에 해당하는 것으로 추정된다. 일단 습득되면, 사람의 심리적 속성은 어느 정도 고정된 것으로 간주된다. 개개 사람들은 그들의 특징적 성격 프로파일로 묘사될 수 있고 이를 이용하면 새로운 환경에서 그들의 행동을 안정적으로 예측할 수 있다. 외향적으로 묘사된 사람은 대부분의 상황에서 외향적으로 행동할 것이고 내향적으로 묘사된 사람과 쉽게 구별될 수 있다. 주로 그들이 어떻게 행동하는지를 결정하는 것은 그 사람의 심리적 구성이다.

성격에 대한 이론적 초점은 인간이 사건을 직관적으로 설명하는 방식과 유사하다. 일상생활에서 우리는 개개인들이 자신의 행동에 완전히 책임이 있다고 보는 자연스러운 경향을 가지고 있다. 특히 결과가 부정적인 부분에서 그러하다. 심리학자들은 이러한 인지적 편견을 기본적 귀인 오류[1]라고 부른다(Jones, 1979; Ross, 1977). 우리는 일반적으로 바람직하지 않은 행동에 대한 책임을 평가할 때 다른 사람들의 개인적 특성의 역할을 과대평가하는 반면, 동시에 즉각적인 환경 요인들의 역할을 과소평가한다. 놀랄 것도 없이, 우리가 자기의 나쁜 행동을 평가할 때는 이것이 적용되지 않는다. 우리는 단지 나 자신일 경우에 정상참작이 가능한 환경적 상황의 역할을 인용하는 것이 너무 행복할 뿐이다. 우리가 잠을 잘 못 잤기 때문에 화가 났다. 그/그녀는 공격적인 사람이기 때문에 그/그녀는 화를 낸다. 행동이 주로 개인의 심리적 성향에 의해 야기된다는 내재된 믿음은 범죄에 대한 환경적 관점을 설득시키기 어렵게 만들 수 있다.

하지만 지배적이기는 하지만, 성격모델dispositional model이 심리학에서 보편적인 것으로 받아들여진 적은 없었고, 동시에 행동이 즉각적인 환경으로부터 영향을 받는 방식에 관심을 가져 온 이론과 연구의 긴 역사가 심리학에 있었다. 이 대안적인 전통은 1968년 월터 미셸Walter Mischel에 의해 잘 구체화되었다. 미셸은 소위 교차상황적 일관성 논쟁cross-situational consistency debates이라는 것을 부각시켰는데, 이 논쟁은 사람들이 어떤 상황에서 그 다음 상황으로 변할 때 안정적으로 유지하는 내재된 성격 특징의 정도를 대상으로 한다. 특히 학습이론의 조건화 모델을 도출하면서 미셸은 행동 특이성behavioral specificity의 입장을 옹호했다. 미셸에 따르면, 개인이 행동하는 방식은 즉각적인 환경적 영향의 특성에 따라 한 상황에서 다른 상황으로 극적으로 달라질 수 있다고 한다. 잠시 우리의 행동에 대해 생각해 본다면, 우리가 다른 상황에서 다르게 행동한다는 것을 인식할 수 있다. (예를 들어, 우리는 동료들과 있을 때와 가족들과 있을 때 다른 방식으로 행동할 수 있다.)

범죄 행위에 적용되는 행동 특이성의 원칙은 중요한 의미를 지닌다. 첫째, 그

1　기본적 귀인 오류(fundamental attribution error, FAE)는 관찰자가 다른 이들의 행동을 설명할 때 상황 요인들의 영향을 과소평가하고 행위자의 내적, 기질적인 요인들의 영향을 과대평가하는 경향을 말한다.

것은 범죄를 저지르는 행동이 범죄성향을 가진 한정된 소규모의 범죄자 집단에만 국한되지 않는다는 것을 암시한다. 맞는 조건이 주어지면, 대부분의 사람들이 불법 행위를 저지를 수 있다. 예를 들어, 강간은 전쟁지역에서 자주 발생하며, 다른 상황에서는 그런 행동을 결코 하지 않았을 군인들에 의해 종종 행해진다. 하지만 더 나아가, 상습적인 약탈 범죄자들조차도 항상 그리고 무차별적으로 범죄를 저지르지는 않는다. 사실 그들은 비교적 드물게 그리고 특정한 적당한 조건이 갖춰졌을 때에만 범죄를 저지른다. 범죄가 발생하기 이전의 정확한 상황에 대한 지식은 범죄행위에 대한 완전한 이해를 위해 매우 중요하다. 고정된 속성으로서 범죄성의 발달을 설명하는 데 전념하는 전통적인 범죄학 이론들은 핵심 요소를 놓치고 있는 것이다. 미시분석은 환경적 관점에서 범죄예방 전략의 개발에 특히 영향을 미쳤다.

현대의 환경적 접근

일반적으로 동의된 바에 의하면, 현대적 환경범죄학의 탄생은 상당히 정확하게 1971년으로 거슬러 올라갈 수 있다. 그 해, 레이 제프리Ray Jeffery는 환경설계를 통한 범죄예방Crime Prevention Through Environmental Design, CPTED을 발표했는데, 그 책에서 즉각적 환경이 범죄에 작용하는 역할을 조사했고, 즉각적 환경을 수정하여 범죄를 줄이기 위한 전략들을 제시했다. 그는 환경범죄학이라는 용어를 만들었다. 제프리의 책이 출판된 지 15년 이내에, 대부분의 ECCA의 중대한 접근법들이 나타났고, 이후 발전은 주로 이 기초에 기반을 두고 있다. 이러한 중대한 출판물들의 연대를 표 1.1에 제시하였다. 아이디어의 단일 진행 측면에서 ECCA의 발전을 추적하는 것은 그다지 만족스러운 분석 전략이 아니다. ECCA는 서로 병렬적으로 발전한 여러 상호관련 접근 방식을 포함한다. 이 섹션의 목적은 각각의 접근 방식 내에서 지적 사고의 연대를 강조하고 그 접근법 중 교차강화cross-fertilization의 핵심영역을 표시하기 위한 것이다.

[표 1.1] 중요한 환경범죄학적 접근법들의 연대표

연도	개념	주 저자	저서
1971	환경설계를 통한 범죄예방	C. Ray Jeffery	Crime Prevention Through Environmental Design(Jefery, 1971)
1972	방어공간	Oscar Newman	Defensible Space: Crime Prevention Through Urban Design(Newman, 1972)
1976	상황적 범죄 예방	Ronald Clarke	Crime as Opportunity(Mayhew, Clarke, Sturman, and Hough, 1976)
1979	일상 활동 접근	Marcus Felson	Social Change and Crime Rate Trends: A Routine Activity Approach(Cohen and Felson, 1979)
1979	문제지향 경찰활동	Herman Goldstein	Problem—Oriented Policing(Goldstein, 1979)
1981	범죄 기하학/범죄패턴 이론	Patricia and Paul Brantingham	Environmental Criminology(Brantingham and Brantingham, 1981)
1982	깨진 유리창	James Q. Wilson and George Kelling	Broken Windows: The Police and Neighborhood Safety(Wilson and Kelling, 1982)
1986	합리적 선택 관점	Derek Cornish and Ronald Clarke	Modeling Offenders' Decision: A Framework for Research and Policy(Clarke and Cornish, 1985)

　　우리는 ECCA의 발전을 이러한 토대적인 연구들에 의하여 제시된 네 가지 큰 주제 중심으로 살펴본다. 디자인을 통한 범죄예방, 상황적 범죄 예방, 범죄패턴을 이해하고 분석하기, 범죄 감소를 위한 치안활동. 접근 방식들이 서로 겹치기 때문에, 다른 사람들이 이와 다른 방식으로 분류할 수 있다는 것을 인정한다.

디자인을 통한 범죄예방

ECCA 황금시대 서막을 예고한 것은 제프리(Jeffery, 1971)의 환경설계를 통한 범죄예방CPTED이다. 제프리는 건축, 도시계획, 법적제재, 사회제도, 그리고 심지어 납에 대한 노출의 역할까지 포함하는 광범위한 범죄통제 비전을 제시했다. 제프리는 스키너(Skinner, 1953)의 조작적 조건화 모델로부터 많은 영향을 받았다. 이 모델은 이 장 앞부분에 제시된 교차상황적 일관성cross-situational consistency 논쟁의 상황적 측면에 대한 많은 이론적, 경험적 지원을 제공했다. 스키너는 행동이 그 결과에 의해 통제된다고 주장했고 제프리는 범죄통제의 열쇠는 물리적 환경설계와 범죄행위에 대한 보상을 체계적으로 감소시키고 위험을 증가시키는 사회정책의 시행을 통해서라고 생각했다. 그는 또한 범죄행위는 기회 없이 일어날 수 없다는 것을 인식했는데, 그것은 기회가 범죄에 필요조건이지만 충분조건은 아니라고 보았다. 제프리의 입장은 아마도 환경적 관점에서 가장 급진적인 것이었는데, 이는 범죄자들의 생물사회적biosocial 모델과 상황적 결정론에 근거한 것이었다. 그는 '범죄자는 없고, 단지 범죄행위를 야기하는 환경적인 상황만 있을 뿐이다. 적절한 환경 구조가 주어진다면 누구나 범죄자나 비범죄자가 될 것이다'라고 하였다(Jeffery, 1977, p.177).

제프리의 CPTED는 본질적으로 범죄를 근절하기 위한 원칙을 세우는 이론적인 논문이었지만, 규범적인 해결책은 거의 제공하지 않았다. 제프리가 제시한 결정론적이고 생물학적인 주장은 당시 학자들 사이에서 거의 매력이 없었고, 책에서 표현된 아이디어들은 제한적인 영향을 끼쳤다. 게다가 이 책은 오스카 뉴먼(Oscar Newman, 1972)에 의하여 불과 1년 뒤에 출판된 저서 "방어공간: 도시 디자인을 통한 범죄예방Defensible Space: Crime Prevention Through Urban Design"에서 내세운 더 좁은 형태의 환경 디자인에 의해 빠르게 가려졌다. 건축가인 뉴먼은 건축 환경의 디자인에만 집중했다. 뉴먼의 방어공간에 대한 개념은 거주자들이 자기들이 살고 있는 지역사회의 범죄에 대하여 책임을 질 필요가 있다고 주장한 제이콥스의 생각을 확장한 것이었다(비록 지역사회가 주민들이 쉽게 접근할 수 있도록 해야 한다는 부분에 있어서는 제이콥스의 처방을 따르지 않았지만). 방어공간은 많은 방법으로 만들어질 수 있다. 먼저 뉴먼은 영토경계를 보다 명확히 규정함으로써 사적, 반공적 공간에 대한 주민들의 소유의식을 높이기 위한 전략을 제안했다. 이것은 울타리나 문 같은 실제적이고 상징적인 표지들을 세우는 것을 통해서나, 한 지역이 점유되고 관리를 받고 있다는 뚜렷한 표지판을 보여 줌으로써 이루어질 수 있다. 두 번째, 그는 범죄 활동이 더 잘 관찰될 수 있도록 자연적 감시의 기회를 늘리는 방법을 제안했다. 이것은 유리창을 만들거나, 보행자 통로를 만들거나, 사각지대를 없애는 방법 등을 통해 성취될 수 있다.

뉴먼은 범죄자들의 성격에 대하여는 거의 말할 것이 없어서 제프리의 책을 둘러싼 이론적인 논쟁을 피했다. 방어공간은 단순하고 상식적인 억제원칙에 기초했다. 주된 포커스는 거주자들의 행동을 변화시켜 그들의 강화된 경계심을 통하여 잠재적인 침입자들을 저지하는 것이다.

제프리가 제시한 용어인 CPTED는 잘 정착되었고 현재는 이 분야를 대표하는 일반적인 용어가 되었지만, 더 인기 있고 지속적으로 활용된 것은 뉴먼의 좀 더 좁은 건축학적 접근법이었다. 뉴먼은 영역성territoriality과 감시surveillance에 대한 그의 이론적 생각을 건축 표준에 반영될 수 있는 실용적인 정책제안으로 전환시켰다. CPTED는 수년에 걸쳐 약간의 수정을 거쳤고, 오늘날 특히 건축가와 도시계획가들 사이에서 널리 사용되고 있다(Armitage, 이 책 제12장 참조). 우리가 볼 수 있듯이, CPTED의 영향력은 아래에 설명된 다른 환경적 접근법에서도 볼 수 있다.

CPTED가 여전히 건축환경에 초점을 맞추고 있지만, 범죄를 근절하기 위한 아이디어는 다른 영역, 특히 제품의 디자인으로 확대되었다. 접근법들 간의 교차 강화를 보여 주는 예로서, 범죄를 억제하는 제품들을 디자인하는 분야의 발전은 제프리나 뉴먼보다도 론 클라크Ron Clarke의 상황적 접근법이 사실 더 큰 영향을 주었다. 클라크는 어떤 제품들은 매력적이고 훔치기 쉽기 때문에 본질적으로 범죄유발성이 있다고 생각했다. 폴 에크블럼(당시 영국 내무부 클라크 연구팀의 일원)은 이 관찰 결과를 바탕으로 범죄가 없는 자동차의 디자인을 추정하는 논문을 썼다(Eklom, 1979). 그리고 클라크는 1999년에 중요한 저술인 Hot Products: Understanding, Anticipating and Reducing Demand for Stolen Goods를 출판했다. 지금은 환경범죄학자와 디자이너 간의 협업을 통하여 범죄예방 제품 디자인을 연구하는 프로그램이 있다. 범죄예방 디자인은 때때로 CPTED, 범죄방지와 관련된 제품디자인, 그리고 디자인과 관계된 범죄예방 기법들을 포함하는 일반적인 용어로 사용되고 있다.

상황적 범죄 예방

ECCA에 대한 또 다른 주요한 공헌은 1970년대 중반 론 클라크의 상황적 범죄예방 Situational Crime Prevention, SCP의 개발을 통해서이다(Clarke, 이 책 제13장 참조). SCP가 범죄예방 디자인의 한 버전이라고 주장할 수 있지만, 그 자체로 여러 가지 독특한 특징들을 가지고 있으며, 그 나름의 영역이 있으며, 별도의 접근법을 가지고 있다. SCP는 환경범죄학에서 가장 미세한 수준의 분석을 보여 준다. 클라크는 범죄예방의 열쇠는 범죄의 아주 구체적인 범주에 초점을 맞추고 그들의 정확한 상황적 역동성을 이해하는 것이라고 주장했다. 그의 접근법은 뉴먼의 방어공간 측면을 통합시켰지만, 철학적으로 그것은 제프리가 조사한 심리학적 이론들에 더 많은 영향을 받고 있다. 제프리와 마찬가지로 클라크도 기회의 감소와 범죄의 비용과 편익 조작을 예방의 근거로 보았다.

그러나 클라크는 제프리가 하지 않은 범죄예방 원칙들을 작동시키기 위한 종합적이고 구체적인 기술들을 제시하였다. SCP는 또한 범죄 유발 환경을 재설계할 수 있는 효과적인 방법을 고안하기 위해 기존의 범죄문제에 적용되는 문제해결방법problem solving methods과 관계가 있다.

Crime as Opportunity(Mayhew, Clarke, Stuman and Hour, 1976)의 출판은 SCP에 대한 최초의 선언문이라고 할 수 있지만(비록 SCP라는 용어는 Clarke(1980)까지는 사용되지 않았지만), 범죄에서 상황의 역할에 대한 클라크의 이전 저술들은 제프리와 뉴먼의 저서보다 먼저 출판되었다. 그는 1967년에 비행청소년을 위한 수용학교 탈옥에 관한 연구논문을 발표하였다(Clarke, 1967). 도주를 예측할 수 있는 일관된 개인적 변수는 찾을 수 없었고, 대신에 그는 도주율이 여러 기관 요인에 따라 다르다는 것을 발견했다. 도주를 방지하는 가장 좋은 방법은 잠재적인 도주자들을 식별하는 것이 아니라 기관들이 세워지고 운영되는 방식을 바꾸는 것이었다. 1970년대에 영국 내무부 연구부장을 맡았던 클라크는 이 아이디어를 SCP의 포괄적인 모델로 개발하기 시작했고 예방 원칙을 실천에 옮기기 시작했다.

상황적 범죄예방의 심리적 기반은 합리적 선택 관점의 발달과 함께 더욱 명백하게 되었다(Clarke and Cornish, 1985; Cornish and Clarke, 1986; Cornish and Clarke 이 책 제2장). 합리적 선택 관점에서, 범죄자들은 특정 범죄에 관여하는 것에 대한 목적적인 결정을 하기 위해 환경 데이터를 사용하는 적극적인 의사 결정자로 묘사된다. 이러한 결정들은 범죄자가 의도적으로 한 행동으로부터 어떤 식으로든 이득을 얻고자 하는 만큼 합리적이라고 간주될 수 있다. 범죄는 인지된 이익이 인지된 비용보다 더 클 때 발생할 것이다. 상황적 범죄예방을 통하여 적용되는 합리적인 선택 관점의 실질적인 의미는 의사 결정권자의 관점에서 봤을 때 특정상황에서 범죄를 저지르는 것이 매력적이지 않은 선택으로 만들어 범죄의 기회를 줄임으로써 범죄가 줄어들 수 있다는 것이다.

합리적 선택 관점으로부터 발전한 것으로 범죄 스크립트crime script를 들 수 있다. 범죄 스크립트는 범죄사건이 시간과 공간에서 단 하나의 지점에서 발생하지 않고, 오히려 범죄가 발생하기까지 며칠이나 심지어 몇 주가 걸릴 수 있고 또한 여러 장소에서 범행이 일어날 수 있다는 점을 잘 보여 준다. 예를 들어, 강도는 범죄자가 범행 수일 전부터 적절한 대상을 물색하고 필요한 도구를 모으는 것으로 시작해서, 강도를 저지르고 수일이 지난 후 도난품을 팔려고 하는 것으로 끝날 수 있다. 시작과 종료 사이에는 수십 개의 개별적인 단계(목표물을 향해 돌진하거나 침입하거나 무엇을 훔쳐야 할지 결정하는 등)가 있을 수 있다. 따라서 합리적인 선택을 할 수 있는 결정 지점은 한 가지가 아니라 여러 가지가 있고 각 결정 지점은 개입을 위한 기회를 제공한다(Leclerc, 이 책 제6장 참조).

클라크는 실무자들을 위한 안내서로서 SCP기법 표를 개발했다. 수년 동안, 그 테이블은 행위자 의사결정에 대한 추가적인 이론적 발견들을 포함시키기 위해 진화하고 확장되었다. 그의 오리지널 테이블은 1992년 등장(Clarke, 1992)했고, 세 가지 전략과 관계가 있고 -보상의 감소, 위험의 증가, 그리고 노력의 증가- 이는 12가지 구체적인 예방 기술들을 도출하였다. 1997년 로스 호멜Ross Homel과 공동으로 범죄에 대한 변명을 제거하는 기법에 대해 검토한 네 번째 칼럼을 표에 추가하여 총 기술의 수를 16개로 증가시켰다(Clarke and Homel, 1997). 이 전략의 근거는 범죄자들은 환경 조건에 도움을 받아서 그들 행동의 인지된 범죄성을 최소화함으로써 개인적인 억제를 줄여서 범행을 한다는 관찰이었다. 추가적 칼럼인, 도발 줄이기는 2003년에 추가되었고, 총 예방 기술의 수가 25개로 증가하였다(Cornish and Clarke, 2003; Clarke, 이 책 제13장 참조). 이 개정안은 상황이 적극적으로 범죄행위를 촉발시킬 수 있다고 주장한 리처드 워틀리Richard Wortley에 대한 대응이었다(Wortley, 2001, 2002). 워틀리는 행동 특이성의 원리를 뒷받침하는 다양한 심리학 이론들을 도출하였다. 그의 주장에 따르면, 범죄자들이 필요적으로 범죄를 저지르려는 동기를 가지고 범죄 현장에 들어가는 것은 아니다. 또래 집단의 압력과 환경적 스트레스와 같은 상황적 요인들은 사람들로 하여금 그들이 의도하지 않았던 범죄를 저지르도록 유도할 수 있다(Wortley, 이 책 제3장 참조).

범죄패턴에 대한 이해와 분석

제프리, 뉴먼, 클라크, 코니쉬 그리고 그들을 따르는 학자들은 왜 특정한 환경이 범죄를 조장하는지 그리고 그러한 환경적 범죄유발 특성을 바로잡기 위해 어떤 조치를 취해야 하는지 관심을 가졌다. 게리와 케틀렛의 인구통계학적 범죄 지도와 시카고학파에서 기술한 도시 내 범죄패턴의 생태학적 분석에서 비롯된 또 다른 연구 분야는 이러한 범죄유발 환경들 또한 범죄들이 시간과 공간 내에 분포되는 방식에 관심을 두고 있다.

클라크가 환경적 관점을 좀 더 세밀하게 조율한 단계로 발전시켰을 무렵, 코헨과 펠슨(Cohen and Felson, 1979)은 거시적인 사회적 힘의 관점에서 범죄패턴과 추세를 조사하고 있었다. 일상 활동 접근Routine Activity Approach, RAA 방식을 적용하며, 코헨과 펠슨은 제2차 세계대전 이후에 경제 상황이 개선되는 것과 동시에 범죄율 또한 상당히 증가했다는 명백한 패러독스를 설명하기 위한 연구에 착수했다. 범죄와 빈곤을 연관 짓는 전통적인 범죄학 이론에 따르면, 범죄율은 이 기간 동안 감소할 것으로 예상되어야 한다. 게리, 케틀렛, 시카고학파의 연구에 기반하여, 그들은 제2차 세계 대전 이후의 높은 범죄율이 경제적 번영과 동반된 일상적인 활동의 변화로 설명될 수 있다고 주장했다. 그들은 '접촉을 통해 발생하는 약탈형 범죄는 범죄의 세 가지 요소가 공간과 시간적으로 일치할 때 발생한다고 주장했다. (1) 동기가 부여된 범죄자, (2) 적합한 대상, 그리고 (3) 위반에 대항하는 유능한 보호자의 부재'(Cohen and Felson, 1979, 589쪽). 향상된 경제 상황은 종종 이 세 요소를 동일한 시공간에 정렬시키는 부수적인 효과를 가져왔다. 예를 들어, 여성의 노동 참여가 증가함에 따라, 낮 동안 방치된 집들의 수도 증가되었다. 동시에, 증대된 부와 기술적 발전은 훔칠 수 있는 가치 있는 개인 소유물이 더 많아졌다는 것을 의미했다. 이러한 요인들이 왜 대낮 주거침입절도 건수가 1960년과 1975년 사이에 두 배로 증가했고, 상업용 절도 건수가 거의 절반으로 감소했는지를 설명한다.

RAA는 원래 거시분석 수준에서 제안되었지만 일반적으로 ECCA에도 큰 영향을 주었다. 펠슨(Felson, 1994; 1998; 이 책 제4장 참조)에 의한 후속 연구들은 합리적인 선택과 상황적 범죄예방을 위한 RAA의 접근방식의 호환성에 대하여 그리고 범죄예방을 위한 중위 및 미시적 수준 분석의 함의를 연구했다(Clarke and Felson, 1993). 범죄를 위한 세 가지 필요한 요건들은(범죄자, 대상, 보호자의 부재) 개별 범죄사건의 역학을 분석하고 범죄예방을 위한 개입 시점을 결정하는 틀을 제공하였다. 예를 들어, 어떤 범죄는 취약한 대상에 대한 접근성이 용이하기 때문에 발생한다. 따라서 이 경우의 개입은 표적 강화 전략target hardening strategy을 필요로 한다. 다른 범죄들은 시설의 관리가 부실한 결과일 수 있으며, 그래서 시설 보호를 강화하는 개입을 필요로 한다. 경찰 치안활동에 사용되는 우리에게 익숙한 범죄 삼각형(범죄자, 장소, 대상)은 일상 활동 접근법에 근거하고 있다(Clarke and Eck, 2003. Scott, Eck, Knutsson and Goldstein, 이 책 제11장 참조).

대부분의 사람들은 범죄의 세 가지 필수 요소로 RAA를 알고 있지만, 코헨과 펠슨이 제공한 진정한 통찰은 이 세 가지 요소들의 수렴이 우연에 의한 것이 아니라 일상생활의 자연적 리듬의 관점에서 설명할 수 있다는 것이다. RAA는 범죄는 피해자와 범죄자들의 일상적인 움직임이 겹치는 곳에 집중될 것이며 이러한 움직임의 근원은 범죄와 관련이 없는 합법적인 활동이라고 제안한다. 여전히 RAA는 이 요소들이 어떻게 시공간에 수렴하는지에 대해서는 거의 설명하지 않는다. 이러한 수렴을 설명하는 것이 폴과 패트리샤 브랜팅엄Paul and Patricia Brantingham의 범죄패턴 이론의 주제인데, 1981년 편집된 책인 환경범죄학Environmental Criminology의 '범죄의 기하학에 관한 노트'라는 장에서 소개되었고, 이 책은 또한 '환경범죄학'을 하나의 독립된 연구 분야로 소개한 첫 번째 책이다.

범죄패턴 이론은 도시환경에서의 범죄사건을 특징짓는 불균일성과 비무작위성을 설명하려고 한다(Brantingham and Brantingham, 1984; 1993; Brantingham, Brantingham and Andreen, 이 책 제5장). 이 접근법의 핵심은 매일 범죄자들과 비범죄자들 모두의 움직임은 직장, 학교, 그리고 특정 지역사회나 레크리에이션 장소로 이동해야 하는 필요성에 의해 좌우된다는 원칙이다. 범죄패턴 이론에서는 개인들이 자주 방문하는 핵심 장소들을 교점nodes으로 칭하고, 이러한 주요 장소들을 연결하는 정규 루트를 경로paths로 불렀다. 개인은 일상생활의 결과로 자주 방문하는 교점과 경로 주변의 영역에 특히 익숙해진다. 이러한 영역들은 개인의 '인지공간awareness space'이라고 불린다. 범죄는 범죄자의 인지공간과 범죄 기회의 교차점에 의해 정의된 예측 가능한 장소에서 일어난다고 주장한다. 범죄자들은 그들이 공격 가능한 범죄 대상과 잠재적 위험에 대한 우월한 지식을 가지고 있을 가능성이 높기 때문에 그들의 인지공간 내에서 범죄를 저지르는 것을 선호한다. 동시에, 일부 교점(쇼핑 센터, 스포츠 경기장, 교통 허브 등)은 잠재적 범죄자와 희생자가 모두 모이고, 풍부한 범죄 기회를 제공하여, 범죄 집중화 또는 핫스팟을 형성한다.

브랜팅엄 부부의 저술은 범죄패턴을 이해하고 예측하는 이론적 기초를 제공했다. 범죄패턴을 경험적으로 분석하는 것의 발전은 1990년대에 퍼스널 컴퓨터 기반 지리정보시스템GIS 소프트웨어가 널리 보급되는 것의 도움을 받았다. 지도화 기법은 범죄의 공간적 · 시간적 분포를 쉽게 모델링할 수 있게 했으며, 특히 핫스팟을 쉽게 식별할 수 있게 했다. 셔먼, 가틴, 뷰거(Sherman, Gartin and Bueger, 1989)가 출판한 약탈범죄에 대한 핫스팟의 분석은 응용 범죄 지도 연구의 새로운 시대를 예고했다. 핫스팟은 경찰자원과 범죄예방 노력에 있어 명백한 우선순위가 되었다(Jonson, 이 책 제10장 참조).

범죄 핫스팟 외에도, 여러 가지 구체적인 범죄패턴들이 범죄예방과 탐지에 미치는 영향 때문에 연구자들의 관심을 끌고 있다. 범죄패턴 이론의 예측과 일치하는, 범죄를 위한 이동journey to crime 연구는 범죄자들이 특징적인 거리 감쇄패턴distance decay pattern을 따르면서 그들의 범죄를 집과 가까운 장소에서 그리고 익숙한 경로상에서 범죄를 저지르는 경향이 있음을 보여 주었다(Rengert and Wasilchick, 2000; 이 책 제7장 참조). 지리적 프로파일링이라고 불리는 기술을 적용하여, 이 지식은 범죄자가 어디에서 살고, 일하고, 이동할 수 있을지에 대한 추정을 위하여 개별 연쇄범죄자들의 이동성 패턴을 모델링하는 데 사용되어 왔다(Rosmo, 2000; Rossmo and Rombout, 이 책 제8장 참조). 마지막으로, 특정 장소나 사람들이 여러 번 반복해서 희생당한 것으로 밝혀지는 반복적 피해 현상은 취약한 대상들을 나타내주고 이들에게 범죄 예방 자원들을 우선적으로 할당할 수 있도록 도와준다(Farrell and Pease, 1993; Farrell and Pease, 이 책 제9장 참조).

범죄 예방을 위한 경찰활동

지금까지 논의 했던 모든 접근 방법들은 경찰활동과 관련된 다양한 의미들을 가지고 있다. 핫스팟과 같은 범죄패턴을 식별하는 것은 아마도 가장 쉽게 적용될 수 있지만, 범죄예방에 대한 경찰의 전념도에 따라, CPTED와 SCP 또한 귀중한 통찰력을 제공한다. 이 장에서 우리는 경찰활동과 관련하여 특별히 공식화된 두 가지 접근법을 조사한다.

첫 번째는 허먼 골드스타인(Herman Goldstein, 1979)의 문제지향 경찰활동POP 이다. 지금까지 논의된 다른 접근법들과 대조적으로, POP는 어떤 특정한 범죄이론을 발전시키거나 어떤 범죄패턴을 묘사하지는 않는다. 그것은 그 개입의 내용이 무엇인지에 집중하기보다는 환경에 대한 개입을 실행하기 위해 필요한 방법과 도구를 경찰에게 제공하는 것에 집중한다. POP는 수동적인 경찰활동에서 적극적인 경찰활동 모델로 옮겨가야 할 필요성을 강조한다. 그것은 경찰이 지역사회 문제들이 악화하거나 통제 불능이 되기 전에 경찰관들이 개입하여 사용할 수 있는 일반적인 문제해결체계general problem solving framework를 제공한다. 하지만 골드스타인(Goldsten, 1990)은 POP는 그 이상의 것을 가지고 있다고 주장했다. '가장 넓은 맥락에서 봤을 때, POP는 경찰조직, 인사, 그리고 운영 전반에 대한 함축적인 의미를 가진 경찰활동에 대한 완전히 새로운 사고방식이다'(3쪽)라고 하였다. POP는 경찰활동이 개념화되는 방식을 근본적으로 변화시키고자 한다.

골드스타인의 동료인 존 에크John Eck와 윌리엄 스펠만William Spelman이 범죄 척결을 위한 행동모델을 제시함으로써 문제지향 경찰활동 접근법을 조작적 정의했다. 그들은 SARA라는 약자를 사용하여 이 모델의 단계를 요약했는데, SARA는 조사Scanning, 분석Analysis, 대응Response 및 평가Assessment를 나타낸다(Scott, Eck, Knutsson and Goldstein, 이 책 11장). 첫 번째 단계는 반복적으로 발생하는 범죄문제를 비슷한 사건들끼리 클러스터로 묶어 조사하는 것이다. 그런 다음 범죄 문제에 대한 정보를 수집하고 분석하고 근본적인 원인을 규명해야 한다. 이러한 정보를 바탕으로 맞춤형 대응이 도출된다. 마지막으로 대응의 효과를 평가하고 필요한 경우(즉, 대응이 효과적이지 않았을 경우), 프로세스를 다시 시작한다. 이러한 프레임워크 내에서, 경찰이 이용할 수 있는 실제 전략은 제공하지 않고, 경찰관은 전통적인 경찰대응 방식을 대신할 참신한 대안을 찾아보도록 권장된다. 문제를 면밀히 분석한 후에는 다양한 대응방안들이 도출될 수 있는데, 이는 경찰관의 열정과 창의력에 달려있다. 이와 관련하여, POP와 SCP는 좋은 동료가 될 수 있다. SCP는 POP에서 부족한 범죄예방 기법의 이론적 배경과 가능한 범죄예방 기법들의 선택지들을 제공한다. 그 대신 SARA는 SPC 실행자들이 범죄유발 위치에 대한 상황분석을 수행하고 가능한 상황적 범죄예방 기법을 고안하는 데 사용할 수 있는 유용한 행동 연구모델을 제공한다.

두 번째 두드러지는 경찰활동 모델은 제임스 Q. 윌슨 그리고 조지 캘링(Wilson and Kelling, 1982)의 '깨진 유리창: 경찰과 이웃의 안전Broken Windows: the police and neighborhood safety'에서 제시되었다. 깨진 유리창 기사는 미국 법무부의 국립사법연구원National Institute of Justice의 자금을 지원받아 캘링과 그의 동료들이 뉴어크Newark와 휴스턴Houston에서 실시한 두려움 감소 실험연구에서 비롯되었다. 뉴어크의 도보순찰 실험은 깨진 유리창 비유의 기초를 만드는 데 특히 영향을 미쳤다. 제이콥스와 뉴먼의 영향을 받은 윌슨과 캘링은 범죄에서 지역사회 쇠퇴의 역할과 경찰활동에 대한 시사점을 언급했다. 그들은 경미하고 사소한 범죄의 작은 조짐에 대한 주의 부족이 더 심각한 범죄 문제로 이어질 수 있다고 주장했다. 깨진 유리창을 고치는 것은 범죄를 유발하는 무질서들을 다루는 것에 대한 은유이다. POP와 대조적으로, 깨진 유리창 접근 방식은 범죄 인과관계에 대한 중심 아이디어에 기반을 두고 있으며, 또한 명시적인 범죄예방 지침도 포함되어 있다. 이론적으로, 윌슨과 캘링은 깨진 유리창이 범죄에 미치는 영향을 설명하기 위해 상황들이 행동에 미치는 영향을 보여 주는 CPTED 및 심리학적 연구에 주목했다. 이 접근법은 1990년대 뉴욕시의 루돌프 줄리아니 시장 아래 윌리엄 브래튼, 하워드 사피르 등 경찰 수장들이 사용한 경찰활동에 전략적 정당성을 부여하면서 공식적인 경찰 전술로 제도화된 것으로 유명했다(Wagers, Sousa and Kelling, 이 책 제15장 참조). 가장 논란의 여지가 있는 것은, 깨진 유리창 접근법이 무질서한 행동과 기타 사소한 범죄들에 대한 엄격한 법집행으로 운영되었다는 점이다. 일부 평론가들은 깨진 유리창 접근법이 뉴욕시의 범죄율이 현저하게 감소하는 데 기여했다고 평가한다.

결론과 책의 구조

서로 다른 다양한 시작점이 있었지만, ECCA는 범죄학에서 가장 빠르게 성장하는 접근법으로 부상했다. 한때 많은 범죄학자들에 의해 난해하고 주로 핵심에서 벗어난 주변적인 것으로 여겨졌던 이 접근법은 점점 더 많이 수용되고 영향력이 커져가고 있다.

　비교적 숫자가 적고 흩어져 있었던 초기 연구자들에 더하여 지금은 전 세계 학자들과 실무자들이 새로운 물결에 동참하여 이 접근법을 진정으로 국제적으로 만들었다. 아마도 대부분의 범죄학적 접근법보다, ECCA는 21세기의 점점 더 세계화되고, 조직화되고, 기술적으로 고도화된 범죄의 성격에 대응하기에 적합한 방식이라고 생각한다. 최근 몇 년간 ECCA 원칙이 적용된 문제로는 조직범죄(Bullock, Clarke and Tilley, 2010), 사이버 범죄(Holt and Bossler, 2016; McNally and Newman, 2007; Newman and Clarke, 2003), 인터넷 아동착취(Wortley and Smallbone, 2006; 2012), 인신매매(Brayley, Cockbain and Laycock, 2011; Cockbain and Wortley, 2015; Savona, Giommoni and Mancuso, 2013), 불법 사냥(Lemieux, 2014, Moreto and Clarke, 2013), 테러와 폭동(Braithwaite and Johnson, 2013; Freilich and Newman, 2009; Clarke and Newman, 2006; Townsley, Johnson and Ratcliff, 2008) 그리고 해적(Marchione and Johnson, 2013; Townsley, Leclerc and Tatham, 2016; Townsley and Oliveira, 2015) 등이 있다.

하지만 여전히 ECCA의 여러 갈래 연구들을 모두 한데 묶은 책은 거의 없다. 이 책을 통하여 서론 이외에도, 선도적인 ECCA 이론가들과 실무자들이 저술한 14개의 독창적인 장들을 소개하고 있는데, 저자들 대부분은 해당 개념들을 처음으로 제시하고 발전시킨 학자들이다.

우리의 목표는 ECCA에 대한 포괄적인 개요를 제안하는 것이며, 핵심 아이디어와 접근법이 서로 연결되어 일관된 연구 분야를 형성하는 방법을 보여 주는 것이다. 기여 원고들을 제시하는 순서는 이러한 노력에 중요한 역할을 한다. 우리가 지적한 바와 같이, 연대적인 순서로 제시하는 것은 도움이 되지 않을 것이다. 이 장의 도입부에서, 우리는 ECCA가 설립되는 것에 대한 세 가지 명제를 정리했다. 범죄자와 즉각적 환경 사이의 상호작용 측면에서 범죄가 가장 잘 이해된다. 따라서 범죄는 범죄유발 환경의 분포에 따라서 패턴화 된다. 그리고 논리적으로 이러한 장소들은 범죄를 예방하고 통제하기 위한 개입의 대상이 된다. 이론, 분석, 적용의 세 분야를 순차적으로 다루는 것이 가장 논리적으로 ECCA 이야기를 전개할 수 있는 방법인 것 같다.

범죄사건에 대한 이해

우리는 왜 범죄사건이 일어나는지, 어디에서 그리고 언제 일어나는지 이해하기 위해 범죄발생에서 즉각적인 환경이 작용하는 역할에 대한 주요 이론적 관점을 제시한다. 이 파트에서는 네 개의 장이 있고 그들은 범죄-환경 관계의 두 가지 다른 측면을 다룬다. 처음 두 장은 범죄자의 심리를 조사한다. 우리는 이전에 ECCA가 범죄성이 아닌 범죄에 주목한다고 주장했다. 이것은 사실이지만, ECCA는 즉각적인 환경이 행동에 영향을 주는 것을 설명하는 범죄자의 심리적인 모델로 시작해야만 이해가 된다. 이 범죄자의 모형이 제대로 갖춰지고, 다음 두 장은 범죄자의 범죄가 시공간에서의 범죄유발 환경의 분포에 의해 어떻게 패턴화되는가에 대한 설명을 고려한다. 범죄와 환경의 연결에 대한 모순된 견해를 제시하기보다는, 이 네 가지 모델은 서로 다른 분석 수준에서 설명들을 제시한다.

그들은 함께 범죄분석과 범죄예방의 실행을 뒷받침하는 환경적 관점에 대한 이론적 기반을 제공한다. 첫 번째 장(제2장)은 데릭 코니시Derek Cornish와 로널드 클라크Ronald Clarke의 '합리적 선택 관점Rational Choice Perspective; RCP'이다. RCP는 상황적 범죄자를 이해하기 위한 기본적인 틀을 제시하기 때문에 RCP부터 시작한다. 코니시와 클라크는 RCP의 기원이 학습이론이었음을 언급하면서 추후 인지 과정의 역할을 모형에 포함하는 것으로 변형한 역사적 발달 과정을 설명하였다. RCP의 기본 전제는 인간은 개인의 이익을 위해 행동하도록 설계되어 있기 때문에 그들이 생각하기에 효용을 극대화하는 선택을 하는 삶을 살아간다는 것이다. 코니시와 클라크는 범죄 행동은 의도적인 것이라고 주장한다(범죄자는 어떤 목적을 달성하기 위해 범죄를 저지르기 시작한다). 그리고 범죄 행동은 합리적이라고 주장한다(그들의 행동은 의도된 목적을 달성하기 위해 이해할 수 있는 전략을 사용한다). 코니시와 클라크는 RCP가 범죄자 심리에 대한 자세한 설명을 제공한다고 생각하지는 않는다. 그들의 의도는 동기가 부여된 범죄자가 즉각적인 환경과 어떻게 상호작용하는지를 관장하는 필수적인 의사결정 메커니즘을 설명하는 것이다. RCP는 연구를 뒷받침하고 범죄예방 실무자들에게 가이드라인을 제공하기 위해 '충분히 좋은' 이론만 있으면 된다. 제2장은 RCP에 대한 비판과 그러한 비판에 대한 그들의 강력한 반박이 요약되어 있다.

제3장에서 리처드 워틀리Richard Wortley는 범죄자 심리분석을 '범죄의 상황적 촉발요인situational precipitators of crime'로 확대한다. 코니시와 클라크가 이전 장에서 제기한 RCP에 대한 비판은 워틀리가 한 것이다. RCP에 대한 다른 비판과는 달리, 워틀리의 비판은 ECCA 내부에서 이루어진다. 그는 RCP가 잘못되었다고 주장하지 않고 단지 불완전하다고 주장한다. 그는 예상되는 범죄행위의 결과에(RCP의 초점) 대해 동기가 부여된 범죄자에게 정보를 제공하는 상황 외에도, 상황이 범죄를 저지르려는 동기를 만들어 내거나 강화시키는 역할도 할 수 있다고 주장한다. 이 장에서 워틀리는 코니시와 클라크가 제시한 상황적 범죄자의 뼈대 모형을 보강하기 위해 상황적 촉발요인situational precipitators의 개념을 포함하는 사례를 제시한다. 워틀리는 상황이 행동을 시작하도록 만들 수 있고 사람들로 하여금 그들이 선택하지 않은 행동을 하게 할 수 있다는 생각이 많은 심리학적 관점에 포함되어 있다고 지적한다. 이러한 관점을 통해 그는 상황이 범죄를 유발할 수 있는 네 가지 주요 방식을 제시한다. 상황이 범죄적 반응을 촉발prompt할 수 있고, 개인에게 압력pressure을 가하여 범죄를 저지르게 하고, 개인

의 범행을 허용permit하도록 만들기 위해 도덕적 금지를 약화시키고, 범죄적 반응을 도발provoke하기 위해 감정적 흥분상태를 만든다. 워틀리는 촉발요인의 개념이 기회의 감소를 넘어 새로운 범죄 예방 기법들을 제시할 수 있다고 주장하는데, 특히 이른바 표출형 범죄expressive crimes에 대해서는 더욱 그렇다.

제4장은 마커스 펠슨의 '일상 활동 접근Routine activity approach, RAA'으로 우리는 범죄자의 특성을 조사하는 것에서 범죄의 패턴으로 전환한다. 사실 RAA는 범죄자에 대해 그/그녀가 범죄의 '동기'가 있고, 더 최근에 단지 범죄의 '가능성'이 있다는 것 이외에 어떤 언급도 하지 않는다. RAA와 함께 범죄패턴 조사를 시작하는 것은 적절하다. RAA는 동시에 범죄 이론 중 가장 간단하고 가장 심오한 것으로 볼 수 있다. RRA의 세 가지 요소(범죄자, 피해자, 보호자의 부재)는 '범죄 화학'의 필수성분을 제공한다. 피해자와 범죄자의 일상적인 활동을 통해 이 세 요소가 수렴한다는 생각은 범죄자의 이동성과 범죄의 패턴에 대한 거의 모든 후속 설명의 중심에 있다. 펠슨은 이 장에서 이론을 가능한 한 단순하게 유지하고 생각을 명확한 언어로 표현했던 명시적인 목표를 기술하면서 RAA에 대한 개요를 제공하고 그 발전의 역사를 제시한다. 그는 이후 자신의 RAA와 ECCA의 다른 접근법들 사이의 연관성을 개략적으로 설명했고, RAA를 그의 후속 저술인 Crime and Everyday Life and Crime and Nature를 통하여 확장했음을 보여 주었다. 마지막으로 펠슨은 RAA의 교훈을 15가지 포인트로 요약하고 있는데, 이것은 30년이 넘는 세월 동안에 걸쳐 일상 활동 사고의 발달을 요약하는 한편, 기본은 같은 상태로 남아 있음을 상기시켜 준다.

제5장은 폴과 패트리샤 브랜팅엄과 마틴 안드레센의 '범죄 기하학과 범죄패턴 이론'이다. 이 장은 펠슨의 거시적 수준 분석으로부터 이웃과 거리수준에서의 범죄 패턴을 설명하기 위해 하위 수준으로 분석을 파고든다. 이 장에서는 두 가지 관련 이론적 관점을 제시하고 있다. 범죄 기하학은 범죄자들이 살고, 일하고, 노는 곳(그들의 주요 교점)에 의해 통제되는 범죄의 기본 패턴과 그들이 이들 장소 사이를 이동하면서 취하는 여정(그들의 이동 경로)에 의해 지배되는 범죄의 기본 패턴들을 설명한다. 그 다음에 범죄패턴 이론은 그런 아이디어들을 RAA와 RCP와 결합시켜 포괄적인 범죄패턴의 메타이론을 형성한다. 이 장은 범죄의 패턴을 결정하는 10개의 규칙을 체계적으로 살펴보는 것으로 구성되어 있다. 이 규칙들은 개별 범죄자뿐만 아니라 범죄자 네트워크에도 적용이 가능하다. 각 규칙을 살펴보면서 범죄 기하학

과 범죄패턴 이론의 중요한 특징들을 순차적으로 제공한다. 범죄 기하학과 범죄패턴 이론은 함께 왜 범죄가 클러스터를 이루고 어디에 그리고 언제 형성되는지에 대한 이론적 설명을 제공한다. 그리고 이 이론들은 다음 장에서 논의 되는 범죄패턴을 해석하고 예측하기 위한 근거를 제공한다.

범죄패턴 분석

이 파트(Part 2)에서는 일반적으로 관찰되는 범죄패턴을 살펴보고, 그것들을 조사하는 데 사용되는 주요 분석기법들을 소개한다. 이전 파트(Part 1)에서는 범죄의 패턴에 대한 이론적인 설명을 제공하지만, 이 절에는 적용에 초점을 맞추고 있다. 구체적인 범죄패턴에 대한 경험적 증거를 조사하여 이러한 패턴이 실무자들에게 미치는 정책적 시사점을 강조한다. 범죄 삼각형에 따라, 이 장들에서 다루는 분석들은 범죄자, 피해자, 범죄장소에 다양하게 초점을 맞춘다.

이 절은 베누아 레클레르Benoit Leclerc의 제6장 '범죄 스크립트Crime scripts'로 시작한다. 범죄 스크립팅은 범죄사건을 구성하는 단계들의 순서를 설정하기 위한 분석기술이다. 우리는 이 주제를 범죄분석 파트를 시작하기 위해 선택했다. 왜냐하면 범죄 스크립트는 범죄사건이 각각의 독자적 분석이 필요한 수많은 하위 이벤트로 구성된다는 기본 원리를 제시하기 때문이다. 범죄 스크립트는 RCP의 논리를 확장한 것이며, 코니시와 클라크는 이 책의 제2장에서 그 개념을 소개했다.

이 장은 레클레르Leclerc가 인지심리학에서 발달된 스키마[2]의 개념으로부터 범죄 스크립트의 기원을 추적하는 것으로 시작한다. 레클레르는 최근 범죄 스크립트의 적용 사례에 대해 논의하면서 어떻게 범죄 스크립트 기법이 정책적 개입 방안을 도출하는데 사용될 수 있는지 보여 주기 위하여 아동 성학대의 사례에 적용하면서 상세히 설명한다. 최근 범죄 스크립트의 발전은 범죄자와 피해자 사이의 교류를 조사하여 범죄사건의 역동적인 성격을 보다 충분히 포착하려는 스크립트를 포함한다.

마이클 타운슬리Michael Townsley의 제7장 '범죄자 이동성Offender mobility'은 범죄패턴 이론에서 논의된 범죄패턴의 일부에 대한 실증적 증거를 제시한다. 구체적으

---

2 역자주: 스키마는 사람, 장소, 사물 및 사건에 대한 지식의 프레임워크 역할을 하는 인지구조이다. 스키마는 사람들이 세상에 대한 지식을 체계화하고 새로운 정보를 이해하는 데 도움이 된다.

로 타운슬리는 이른바 범죄를 위한 이동journey to crime 문헌들을 조사한다. 그 연구는 범죄자들이 범죄를 저지르기 위해 여행한 거리가 거리 감쇄 함수distance decay function 에 따라 특징적으로 짧다는 것을 보여 준다. 거리 감쇄 패턴은 최소 노력 원칙을 증명한다고 볼 수 있다(범죄자들은 목표를 달성하기 위해 필요 최소한 만큼만 범죄 기회를 찾아 이동할 것이다). 타운슬리는 범죄와 관련된 변인들(예를 들어, 재산 대 폭력 범죄) 그리고 범죄자 변수들(연령, 성별, 인종)의 측면에서 범죄를 위한 이동의 변화를 조사하는 연구를 검토한다. 그는 계속해서 범죄자의 이동성을 분석하는 최근의 상황을 조사한다. 그는 모든 범죄 여행의 분포가 암시하는 것보다 개별 범죄자들의 이동 거리의 변화가 덜하다는 것을 지적하면서, 집합된 데이터aggregated data 보다도 개별 범죄자들에 의해 이루어진 여정을 조사할 필요성을 논한다. 그는 또한 보다 복잡한 여행 패턴을 모델링하기 위해 추가 출처(범인, 목표 등)로부터 다양한 변수들을 통합하고자 하는 이산적 공간 선택 분석discrete spatial choice analysis에 대한 새로운 연구에 대해 논의한다.

김 로스모Kim Rosmo와 사샤 롬바우트Sacha Rombouts의 제8장 '지리적 프로파일링 Geographic Profiling'은 개별 연쇄범죄자의 이동성에 초점을 맞춘다. 지리적 프로파일링은 특히 범죄를 위한 이동journey to crime 연구에 초점을 두고 있는데, 범죄패턴이론에서 제시된 원칙들을 이용하여 범죄자들의 주요 교점nodes 주변의 인지 공간 내에서 범죄자들의 이동에 관한 것이다. 한 범죄자와 관련된 여러 범죄 장소들을 분석하여 범죄인이 거주할 가능성이 있는 지역, 그 밖에 범행의 중심지 또는 거점으로서의 장소(예: 작업 장소)를 추정할 수 있다. 로스모와 롬바우트는 지리적 프로파일링을 환경범죄학의 이론적 유산 안에 배치함으로써 이 장을 시작한다. 그런 다음 지리적 프로파일이 구성되는 과정을 설명한다. 그들은 프로파일은 범죄자의 사냥 스타일을 고려해야 한다고 지적한다. 예를 들어, 어떤 범죄자들은 집에서 가까운 곳을 수색하는('사냥/약탈자' 스타일) 반면, 다른 범죄자들은 다른 지역('밀렵/통근자' 스타일)으로 이동하여 물색한다. 로스모와 롬바우트는 원래 폭력범죄에 초점을 맞춰 분석이 시작된 지리적 프로파일링이 주거침입절도, 사기 ATM 인출, 강간, 납치, 폭동, 폭탄 부품의 구매와 같은 다양한 범죄행위들로 확대되는 것에 대해 논의한다. 그들은 지리적 프로파일링이 42개의 개별 사건들로 구성된 연쇄 절도를 조사하는 데 사용된 사례 연구를 통해 이 장을 마무리 지었다. 이 사례에서, 지리적 프로파일링은 다음 절도의 위치를 예측하는 데 성공적으로 사용되었다.

켄 피스Ken Pease와 그레이엄 패럴Graham Farrell의 제9장을 통해서 우리는 '반복적 피해' 현상을 조사하면서 범죄 피해자에 대하여 연구하고 범죄 예방을 위한 정책적 제안을 살펴본다. 피스와 패럴은 최대 40%의 범죄가 반복 피해의 예에 해당한다고 하였다. 반복 피해에 해당하는 범죄들로 주거침입 절도, 강도, 상점 절도, 가정 폭력, 성폭력 피해, 연장자와 어린이 학대, 인종차별적 공격과 괴롭힘 등이 포함된다. 반복은 같은 범죄자가 성공적인 전략을 반복하는 행위(예를 들어, 절도범이 이미 배치를 잘 알고 있기 때문에 이전에 털었던 집을 다시 터는 경우) 또는 다른 범죄자들이 특정 대상의 근본적인 취약점에 이끌려 반복적으로 (예를 들어, 보안이 나빠서 반복적으로 절도의 대상이 되는 집) 저질러질 수 있다. 피스와 패럴은 반복적인 피해자(물)들을 대상으로 하는 것은 범죄예방을 위한 경찰과 여타 자원을 효과적으로 배분하는 방법이라고 말한다. 반복적 피해는 다음 장에서 다루는 예측 지도 기법prospective mapping technique에 대한 기본이 된다.

셰인 존슨Shane Johnson의 제10장, '범죄 지도와 공간 분석Crime mapping and spatial analysis'은 이 파트의 마지막 장이다. 이전 장에 설명된 패턴에 적용할 수 있는 분석 기술을 설정하기 때문에 이 장을 마지막으로 남겨두었다. 범죄 지도는 공간에서 범죄의 군집화를 분석하고 시각적으로 표현하는 방법으로, 흔히 핫스팟 분석이라고 불리는 기법이다. 이 장에서 존슨은 범죄 지도를 만드는 것에 대한 기술적인 측면을 소개한다. 그는 위험을 공정하게 반영하기 위해 범죄율(단순 횟수를 사용하는 대신)을 이용할 필요성을 강조한다. 그는 다양한 유형의 지도를 소개하면서, 그리드와 커널 밀도 추정의 이점과 단점을 요약한다. 그리고 그는 단순 시각적 테스트를 적용하는 것을 넘어 핫스팟이 얼마나 핫 한지를 결정하는 방법(즉, 통계적 유의미성)을 조사한다. 그런 다음 존슨은 맵핑과 관련된 고유한 데이터의 한계를 해결하는 방법을 조사한다. 그는 한 조사 영역에서 일어나는 일이 다른 영역에서 일어난 일에 의해 영향을 받을 수 있는 스필오버 효과를 설명할 필요가 있음을 강조한다. 그는 측정되지 않은 변수의 영향을 어떻게 계산할 것인가를 조사한다. 그리고 다른 수준의 공간집합(예를 들어, 가정 수준 대 거리 세그먼트 수준)에서 작동하는 요인들의 함축성을 조사한다. 이 장에서는 예측 지도 제작을 통해 미래의 범죄위치를 예측하는 것으로 마무리한다. 이전 장에서 언급된 바와 같이, 예측 지도 제작의 논리는 반복적 피해 현상, 특히 근접 반복near repeats 현상에 기반을 두고 있다. 존슨은 반복 피해에 대한 지식과 근접 반복 피해의 패턴에 대한 지식을 통해 단기간의 미래 범죄 핫스팟 위치를 추정할 수 있으며, 이 지역으로 경찰 자원을 배치하는 것은 범죄 예방에 있어 유망한 정책적 의미를 지닌다는 것을 보여 준다.

범죄 예방과 통제|Preventing and controlling crime

마지막인 세 번째 파트(Part 3)에서 우리는 환경범죄학 및 범죄분석의 최종 적용을 검토한다. 범죄패턴을 이해하고 분석하는 것은 범죄가 언제, 어디에서 발생하는지 알려줄 수 있지만, 이러한 이해만으로 효과적인 개입전략을 제안할 수 있는 것은 아니다. 이 절에서 다루는 관점은 범죄 발생으로 확인된 지역의 범죄문제를 해결하기 위해 우리가 실제로 해야 하는 일과 관련이 있다. 마이클 스콧Michael Scott, 존 에크John Eck, 요하네스 넛슨Johannes Knutsson과 허먼 골드스타인Herman Goldstein의 제11장은 '문제지향 경찰활동Problem-oriented policing'에 관한 것이다. 우리가 이전에 언급했듯이, POP는 특정한 환경범죄학이론을 기반으로 하지 않고 또한 특정한 개입전략을 제시하지도 않는다. 우리는 이 파트를 이 장으로 시작하는데, 왜냐하면 대부분의 범죄예방 노력에 적용이 가능하고 그래서 이 후의 장들에도 시사점을 줄 수 있는 일반화된 문제해결 모델인 SARA를 제공하기 때문이다. 이 장은 POP의 개념적 정의를 자세히 분석하는 것으로 시작한다. 그 다음 POP의 적용으로 방향을 바꾼다. SARA 모델과 일상 활동 접근법을 적용한 범죄 삼각형을 소개한다. 이 버전의 범죄 삼각형에서는 RAA를 확장시켜서 다양한 형태의 보호자의 역할을 구분한 것이다. 여기서 보호자guardian라는 용어는 대상이나 피해자를 보호하는 사람들을 묘사하는 데 쓰이고, 조절자handler라는 용어는 범죄자들을 통제할 수 있는 사람들을 묘사하는 데 쓰이고, 관리자manager는 장소나 장소를 돌보는 사람들을 묘사하는 데 쓰인다. 이 장에서는 북유럽 국가 및 미국의 POP 적용 이슈를 예로 들면서 POP 적용의 어려움에 대한 검토로 마무리한다.

제12장은 레이첼 아미티지Rachael Armitage가 쓴 '환경설계를 통한 범죄예방 CPTED'이다. 우리가 언급한 바와 같이, 역사적으로 CPTED는 처음으로 완전한 형태의 환경적 범죄예방 모델을 구체화한 것이었으며, 다른 사람들이 따를 수 있도록 몇 가지 기본 원칙을 제시했기 때문에 여기에 배치하게 되었다. 아미티지는 CPTED를 정의하고, 그것의 역사적 발전을 설명하고, CPTED와 다른 환경범죄학

관점 사이의 연관성을 요약하는 것으로 시작한다. 그리고 나서 그녀는 CPTED의 주요 요소들을 설명하고 평가한다. 방어 공간defensible space과 영역성territoriality, 통과하는 이동의 제한limiting through movement, 감시surveillance, 물리적 보안physical security, 그리고 관리 및 유지보수management and maintenance. 각 사례에서 그녀는 각 요소가 무엇을 의미하는지, 그것이 어떻게 운영되는지와 그것의 효과에 대한 경험적 증거를 설명한다. 그리고 그녀는 잉글랜드/웨일즈, 호주, 네덜란드의 세 곳에서 CPTED의 적용경험에 대해 논의한다. 그녀는 CPTED의 비판과 한계에 대한 비판적인 검토와 평가로 끝을 맺는다.

제13장은 로널드 클라크Ronald Clarke의 '상황적 범죄예방Situational crime prevention, SCP'이다. 클라크는 SCP의 이론적 배경을 개략적으로 설명하면서 이 장을 시작한다. 특히 범죄가 사람과 상황 간의 상호작용의 산물이라는 생각을 제시한다. 그는 기회 없이는 어떤 범죄도 일어날 수 없으며 따라서 기회 감소가 주요 범죄예방전략이라고 주장한다. 아마도 SCP의 가장 독특한 특징은(예를 들어 CPTED와 구별되는) 범죄사건에 초점을 두는 문제해결 방식일 것이다. 클라크에게 있어서, 범죄예방은 범죄문제가 정확한 용어로 명시되어 있고 범죄를 둘러싼 역학이 완전히 파악되고 이해되어야 성공할 수 있는데, 이 접근법이 POP와 공유되는 특징이다. SCP는 특정 문제에 대한 맞춤형 솔루션이라고 할 수 있다. 클라크가 그의 SCP 테이블에서 다양한 상황적 기술을 제시하는 반면, 이것들은 즉시 받아들여지는 것이 아니라 상황적 맥락에 따라 적용되어야 한다고 주장한다. 그는 SCP에 대한 대안으로서 제시되는 범죄자들의 범죄성향criminality을 바꾸는 것은 어떠한 경우라도 매우 달성하기 어려울 것이라고 한다. 행동의 중대한 변화는 범죄성향의 변화 없이도 일어날 수 있다고 지적한다. 클라크는 SCP의 성공에 대한 실증적 증거를 검토하면서 다른 어떤 형태의 개입intervention도 SCP가 달성한 수준만큼 범죄 감소를 달성할 수 없다고 주장한다. 마지막으로, 클라크는 일반적으로 SCP에 제기된 비판인 SCP가 범죄를 예방하는 것이 아니라 단지 전이displace할 뿐이라는 비판에 대해 답변한다. 경험적 증거들은 범죄전이crime displacement[3]가 반드시 발행하는 것이 아니라는 것을 보여줄 뿐만 아니라, 이익의 확산diffusion of benefits(대상 지역 이외의 지역에서의 범죄감소)이 일어날

---

3 범죄전이(displacement): 특정한 지역에 범죄예방전략이 시행됨에 따라 그 지역에서는 범죄가 감소하지만 바로 주변 지역으로 범죄자들이 옮겨서 범죄를 저지르기 때문에 전체적으로 보았을 때 범죄감소효과가 없다고 비판할 때 사용하는 개념

수 있다는 것을 보여 준다.

제14장은 폴 에크블럼Paul Ekblom의 '범죄예방 제품 디자인Designing products against crime'이다. 이러한 접근의 기본 논리는 어떤 제품들은 범죄의 주요한 대상(예를 들어, 휴대폰)이 되기 때문에 또는 범죄를 저지르는 수단(예를 들어, 인터넷)으로 사용되기 때문에 의도치 않게 범죄를 유발한다는 것이다. 범죄예방 제품 디자인의 개념적 뿌리는 CPTED, RAA, RCP, SCP에서 찾을 수 있다. 에크블럼은 범죄예방 관점에서 잘 디자인된 제품들의 몇 가지 예를 소개하면서 이 장을 시작한다. 그는 16세기에 테두리를 깎는 것을 방지하기 위하여 은화의 가장자리를 톱니바퀴 무늬를 넣었던 것과 그리고 결국 20세기에 은을 대신해서 기본적 금속으로 동전을 만들어 본질적으로 무가치하게 만든 것과 같은 예들을 인용하면서, 범죄로부터 안전한 제품을 설계한 오랜 역사를 소개한다. 에크블럼은 범죄예방 디자인의 미래 목표는 이러한 개념을 중요하게 여기도록 만드는 것이라고 하였다. 특히, 디자인 단계에서 어떻게 새로운 제품이 오용될 수 있는지 예상하는 것과 그 단계에서 범죄유발 특징들을 가능한 제거하는 것을 생각할 수 있다. 한 예로 에크블럼은 가정용품과 인터넷에 연결된 제어 시스템과 같은 '사물 인터넷' 제품의 보급이 증가하고 있는데, 이것은 많은 범죄 기회를 제공할 것으로 보인다. 에크블럼은 범죄예방에 있어서 제품 디자인이 할 수 있는 역할과 범죄 대상이 되는 제품들의 특징들을 조사하였다. 마지막으로, 그는 스타일, 성능, 가격과 범죄방지 성능 사이의 균형을 맞추는 것, 범죄자의 적응에 대처하는 것, 그리고 디자이너들이 이 문제에 관심을 갖도록 동기를 부여하는 것과 같은 범죄예방 제품을 디자인하는 데 있어서 직면한 문제들을 조사한다.

우리는 이 파트를 마이클 웨저Michael Wagers, 윌리엄 소사William Sousa, 조지 캘링George Kelling의 제15장 '깨진 유리창broken windows'으로 마무리한다. 깨진 유리창은 ECCA의 측면을 가지고 있으면서 뉴욕시에서 적용하여 유명하게 되었기 때문에 마지막에 배치하였다. 이론적으로, 깨진 유리창 접근법은 CPTED와 사회 심리학에 기반을 두고 있으며, 범죄예방은 무질서를 줄이기 위한 환경설계와 관계가 있다고 하는 ECCA의 전통적인 주장과 연결된다. 그러나 실제로 깨진 유리창 접근법은 심각한 범죄로 확대되는 것을 막기 위해 경미 범죄자들(무임 승차자와 거리 구걸인들)을 체포하는 것과 관련이 있다. 이 장은 깨진 유리창 접근법에 대한 근거를 제시함으로써 시작된다. 그리고 뉴욕에서 시행한 역사를 추적하여 그 성공에 대한 평가를 제시한다. 이 장은 깨진 유리창의 여덟 가지 핵심 원칙들을 통해 소개한다. 무질서와 범죄에 대한 두려움은 밀접하게 연결되어 있다. 경찰이 거리의 규칙을 조율한다. 지역사회마다 규칙이 다르다. 방치된 무질서는 통제의 붕괴를 초래한다. 공동체 통제가 무너진 지역은 범죄 발생에 취약하다. 경찰은 비공식적 지역사회 통제 메커니즘을 강화해야 한다. 문제는 무질서의 집합에서 비롯된다. 그리고 지역사회마다 무질서를 관리할 수 있는 역량이 다르다. 저자들은 깨진 유리창은 경찰관의 재량권 사용을 강조한다는 측면을 강조하면서 이것이 무관용 경찰활동과 차이가 없다는 비판에 반론을 제기한다. 그럼에도 불구하고 이 장은 범죄자들을 체포하는 것이 범죄와의 싸움에서 사용할 수 있는 무기의 일부라는 것을 상기시켜 준다.

범죄사건에 대한 이해

PART

1

합리적 선택 관점

데릭 코니시Derek B. Cornish는 1978년부터 런던 경제대학의 사회과학과 행정학과Department of Social Science and Administration at the London School of Economics에서 심리학과 연구 방법을 가르쳤다. 그곳에서 그는 범죄 의사결정에 대한 합리적 선택 접근법(합리적 범죄자(The Reasoning Criminal, [Springer Verlag 1986]))과 '범죄 스크립트'에 관심을 가졌다. 그는 2002년에 조기 은퇴했고 현재 미국에서 살고 있다. 마사 스미스 박사Dr. Martha Smith와 그는 '실천과 상황적 범죄예방을 위한 이론(Theory for Practice and Situational Crime Prevention [Criminal Justice Press 2003]'과 '안전하고 평온한 여행: 대중교통에서의 범죄와 무질서 예방(Safe and Tranquil Travel: Preventing Crime and Disorder on Public Transport [Willan Publishing 2006])'을 편집했다.

로널드 클라크Ronald V. Clarke는 럿거스 대학Rutgers University의 교수이자 UCL 질단도 연구소Jill Dando Institute, UCL의 객원 교수이다. 그는 영국 내무부에서 15년 동안 근무했으며 1982년부터 1984년까지 연구 및 계획 부서의 책임자였다. 내무부에서 그는 상황적 범죄예방을 개발하고 영국 범죄 조사British Crime Survey를 시작하는 데 도움을 주었다. 그는 '설계를 통한 범죄예방(Designing out Crime[HMSO 1980])', '합리적 범죄자(The Reasoning Criminal[Springer−Verlag 1986])', '초고속정보망 강도: 인터넷 상업 범죄예방(Superhighway robbery: Preventing E−commerce Crime[Willan Publishing 2003])', '문제해결자를 위한 범죄 분석(Crime Analysis for Problem Solvers[US Department of Justice 2005])', '테러리스트 능가(Outsmarting the Terrorists[Praeger 2006])'를 포함하여 300개에 달하는 출판물의 저자 또는 공동 저자이다. 그의 현재 연구 관심은 야생동물 범죄이다.

제2장 합리적 선택 관점

데릭 코니시, 로널드 클라크(Derek B. Cornish and Ronald V. Clarke)

서론

강도가 왜 은행을 털었냐는 질문에 윌리 서튼Willie Sutton은 "돈이 은행에 있기 때문"이라고 대답한 것으로 유명하다(Cocheo, 1997). 이 질문과 답은 범죄성과 범죄의 근본 원인의 발달에 대한 이해에 사로잡혀 있는 전통적인 범죄학 이론의 목표들과 대비하여 범죄가 어떻게 발생하는지 그리고 어떻게 범죄를 저지할 것인가에 더 관심이 있는 새로운 범죄과학의 목표들 사이의 괴리를 깔끔하게 지적한다. 만약 범죄과학을 위한 서튼의 법칙이 있다면 아마도 '범죄를 예방하는 실질적인 방법을 원한다면 범죄의 목표와 범죄자가 어떻게 목표를 달성하려고 하는지에 집중하라' 정도가될 것이다.

합리적 선택 관점은 실질적인 범죄예방을 위한 하나의 이론을 제공한다. 범죄행위를 안정된 범행 성향의 결과라고 보는 대신에, 이 관점은 범죄자와 잠재적인 범죄자들의 욕구, 선호도, 동기에 주목하는데, 이들은 우리 모두와 마찬가지로 범죄행동과 비범죄행동들을 시도하고, 강화하고 때로는 줄이기 위하여 즉각적인 기회와 억제 요인들과 지속적인 상호작용을 한다. 그 핵심에는 선택과 결정의 개념과 지속된 범죄행위에 있어서 범죄사건의 중심성이 있다. 범죄를 저지르는 데 성공하면 범죄적 생활양식의 발달을 촉진하는 반면, 실패는 범행을 줄이거나 심지어 그만두게 만든다.

배경과 역사

합리적 선택 관점은 1970년대에 영국에서 일어난 범죄학의 일반적인 초점 이동의 결과로 볼 수 있다(Clarke and Cornish, 1983). 1960년대에 범죄행위는 개인들로 하여금 범죄를 저지르도록 만드는 지속된 범죄성향과 정신병증의 결과라고 주로 여겨졌다. 연구들은 따라서 범죄성 발달을 억제하기 위한 프로그램에 집중적으로 투자했고, 범죄성은 적절한 처우를 통해 바뀔 수 있다고 믿었으며 한번 변하면 이러한 변화는 지속된다고 생각했다.

기존 프로그램들에 대한 평가에서 효과성에 대한 확실한 증거를 발견하지 못하자, 범죄의 인과관계에 대한 주류이론인 의학-심리학적 이론 모델에 의문을 제기하기 시작했다. 우리가 여기서 소개하는 연구(Cornish and Clarke, 1975)를 포함하여 많은 프로그램들이 교도소와 같은 시설에서 범죄자들을 교화시키려고 노력했고, 출소 후 다양한 지원과 함께 재소자들이 원래 살고 있던 환경으로 돌려보냈다. 하지만 일단 출소하고 나면 재범은 흔한 일이 되었다. 지속적인 변화를 가져오기 위해 실시한 교화 프로그램은 실패했지만, 프로그램을 실시하면서 발견한 수수께끼 같은 특징 중 하나는 범죄자들이 머무는 동안 처우 환경에 분명히 영향을 받았다는 사실이다. 직원들에 의해 주어지는 보상과 처벌 때문이든 혹은 잘못된 행동을 할 수 있는 기회와 같은 처우 환경의 다른 특징의 결과이든, 교정기관의 제도에 따라서 처우 중 수감자들의 행동에 다양하게 영향을 미쳤다는 것을 발견하였다.

그렇다면 교화를 통한 범죄자 교정이라는 이상은 실패했지만, 즉 교화의 효과가 프로그램 처우 이후에 지속되지 않았지만, 그 과정에서 생긴 한 가지 긍정적인 부산물은 처우 환경 그 자체가 범죄자들의 행동에 영향을 미쳤다는 사실을 확인했다는 점이다. 예를 들어, 싱클레어(Sinclair, 1971)의 보호관찰 호스텔에 대한 연구를 보면, 호스텔마다 도주나 다른 비행으로 인해 조기 퇴소하는 소년범들의 수가 다르게 분포되어 있다고 보고하였다. 또한 클라크와 마틴(Clarke and Martin, 1975)도 비행 청소년을 위한 기숙학교의 도주율이 학교에 따라 크게 차이가 난다는 것을 발견했다. 이 연구들을 종합해보면, 즉각적인 환경이 수감자들의 행동에 영향을 준다는 놀라운 증거라고 볼 수 있다.

이 결과들은 교화 프로그램의 바탕이 된 의학-심리학적 이론들은 지지하지 않는다. 대신 이 결과들을 설명해줄 새로운 이론이 필요했는데, 새로운 이론은 현재의 환경이 행동에 미치는 영향을 설명해야 했다. 이 요건에 맞추어 개발한 '환경/

학습 이론environmental/learning theory'(Clarke and Martin, 1975; Cornish and Clarke, 1975)은 4가지 주요 요소를 포함하고 있다(Clarke and Cornish, 1983: 37-38).

1. 개인의 유전된 정서적 특징 및 양육이 비행 발생에 어느 정도 역할을 하지만, 주요한 결정요인들은 현재 환경에 의하여 주어진다.
2. 현재 환경은 비행을 유발하는 신호와 자극을 제공할 뿐만 아니라 강화요인도 제공한다. 따라서 최근의 위기나 사건으로 인한 일시적인 불행과 불안감 등은 어떤 사람이 비행을 저지를 정서적 준비가 되어 있는 상태로 만들 수는 있다. 사실 그 사람이 비행을 저지르는지 여부는 많은 부분에 있어서 기회와 다른 사람들의 예시에 의해 크게 좌우될 것이다. 일단 비행을 저지르고 나면, 다른 행동들과 마찬가지로 비행은 개인의 행동 레퍼토리의 일부가 될 것이다. 이후에는 기회뿐만 아니라 강화reinforcement도 비행 행동 유지에 두드러진 역할을 하게 된다.
3. 비행은 특정한 환경에서 학습되기 때문에, 그것들은 매우 유사한 조건에서만 반복될 것이다. 따라서 시간이 지남에 따른 행동 일관성은 환경의 일관성에 의존한다.
4. 다른 종류의 비행은 행위자에게 동일한 기능을 제공하지 않는다. 각각의 비행은 그것에 특화된 상황적 변수에 의해 저질러지고 유지된다. 그러나 어떤 개인들은 그들의 특수한 상황 때문에 다양한 종류의 비행을 지지를 수도 있다는 것을 부정하지는 않는다.

환경/학습 이론은 의학-심리학 모델의 단점을 설명하고 범죄억제를 위한 미래의 노력을 재조정하기 위해 고안되었다. 비록 초보적이긴 하지만, 이 이론은 지금까지 무시되어온 환경적 조건들이 범죄행동에 미치는 중요한 영향을 지적하였고, 범죄행동이 이전에 생각했던 것보다 훨씬 더 환경적 요인에 의해 결정된다는 것을 보여 주었다. 이처럼 이 이론은 어떻게 즉각적인 환경이 범행 가능성에 영향을 주는지에 대하여 초기 사고의 틀을 제공하였고, 환경을 조작하는 것이 어떻게 범죄를 예방하거나 줄이는데 사용될 수 있는지에 대한 사고의 틀도 제공하였다(클라크, 이 책 제13장 참조).

그럼에도 불구하고, 이 이론은 행동의 인지적 측면을 조사하는 것을 꺼려서 심리학계에서 외면받게 된 급진적인 행동주의로부터 도출된 개념들을 사용해서 고생했다. 상황적 범죄 예방 실천의 급속한 성장은 상황적 범죄예방의 발전과 이에 대한 비판을 모두 제대로 검증할 수 있는 수정된 설명의 틀을 요구하였다. 상황적 범죄예방은 이미 선택choice과 의사결정decision-making이라는 용어를 사용하기 시작했으며, 단순 선택 모델simple choice model을 개발하여 상황적 범죄예방 대책이 필연적으로 범죄전이displacement를 일으킬 것이라는 일반적인 비판에 맞서기 시작했다 (Clarke, 1980). 전이displacement라는 개념은 범죄자가 특정한 범죄를 저지르는 것을 멈추었다면, 그가 다른 시간과 장소, 다른 대상, 다른 범행방법, 또는 다른 형태의 범죄를 선택함으로써 단순히 범죄를 대체할 것이라는 개념이다(Reppetto 1974). 즉, 범죄가 사라지는 것이 아니라 다른 시간, 지역, 대상 등으로 전이displace된다는 것이다. 선택과 의사결정이라는 개념을 사용하여 전이가 발생할 수도 있고 발생하지 않을 수도 있는 상황에 대하여 보다 세밀한 논의를 가능하게 했다.

급진적인 행동주의에서 합리적 선택적 관점으로의 전환은 실질적인 측면에서도 필요했던 부분이다. 의도성intentionality과 선택choice의 언어는 형사사법제도 뿐만 아니라 일상생활에서 이루어지는 담론이다. 범인의 머릿속에 들어가 그들의 의사결정을 살펴보는 것은 급진적인 행동주의에서 채택하고 있는 블랙박스 접근과는 큰 차이가 있었다. 그러나 1980년대 초반 수행되었던 범죄자들의 인식과 의사결정에 대한 많은 연구들을 뒷받침하기 위해서는 새로운 개념적 틀이 필요했다(Bennett and Wright, 1984, Maguire and Bennett, 1982, Walsh, 1980). 그리고 이 연구들은 상황적 범죄예방과 관련이 많았다.

이 무렵 선택모델choice model은 합리적 선택 모형rational choice model으로 발전하고 있었다(Clarke and Cornish, 1983: 50). 코니시(Cornish, 1978)가 수행한 도박에 관한 연구는 이러한 발전에 기여하였다. 전통적으로, 정신과 의사들은 도박을 병적으로 동기가 부여된 범죄로 묘사한 반면, 경제학자들과 결정 이론가들은 그들의 수익결과에 대해 분석했을 때, 도박꾼들의 선택이 명백히 비이성적이라는 것을 발견했다. 그러나 도박꾼들의 실제 동기와 필요성, 그리고 옵션에 비추어 봤을 때, 그리고 도박의 다양한 형태에 비추어 봤을 때, 도박은 생각했던 것보다 훨씬 더 복잡하고 도박꾼들에게 합리적으로 비췄을 수도 있다고 보았다. 불확실한 조건에서 의사결정을 내리는 것의 어려움은 일부 도박 환경 내에서 만들어진 불완전하고 때로는 고의적으로 조작된 정보에 의해서만 증가되었다.

당시의 범죄학 문헌에 대한 고찰을 통하여 클라크와 코니시(Clarke and Cornish, 1985: 149)는 일탈 사회학, 범죄학, 경제학, 인지심리학 등 다양한 학문 분야의 관심을 수렴하여 범죄는 범죄자들의 합리적 선택의 결과라는 개념을 제시하였다. 이 견해는 합리적 선택 관점을 바탕으로 연구한 원본 연구들을 모아서 출판한 책을 통하여 더욱 발달하게 되었다(Cornish and Clarke, 1986b). 합리적 선택 관점은 범죄자들이 특정한 범죄를 저지를지, 저지른다면 어떻게 저지를 지에 대하여 의사결정을 할 때 그들은 범죄 현장의 상황에 대한 단서들을 이용하여 이성적으로 판단한다고 보았다.

합리적 선택 관점의 핵심 개념들

합리적 선택 관점은 전통적인 범죄학적 이론이라기보다 발견적 도구heuristic device 이거나 개념적 도구라고 볼 수 있다. 그것의 목적은 범죄를 바라볼 때 행동에 대한 환경의 즉각적인 영향을 인식하도록 하는 것이다. 여기서 환경은 일상생활의 환경 (즉, 생활양식, 동기, 욕구와 유인 등)과 특정한 목표를 달성하기 위한 도구적 행동의 보다 특별한 환경 모두를 포함한다. 현재 합리적 선택 관점은 6가지 핵심 개념과 이를 구체화한 네 가지 의사결정 모델로 구성된다.

1. 범죄행위는 목적적purposive이다.
2. 범죄행위는 합리적rational이다.
3. 범죄 의사결정은 범죄별로 다르다crime-specific.
4. 범죄자의 선택들은 크게 두 개의 집합으로 나뉜다. '관여involvement' 결정들과 '사건event'결정들
5. 관여involvement에는 구분된 여러 단계가 있다.
6. 범죄사건은 일련의 단계와 결정들로 전개된다.

범죄행위는 목적적이다

인간의 행동을 이해하려고 할 때 우리는 다소 단순한 행동 이론을 이용하는 것 같

다. 사람들은 필요와 욕구가 있고 그리고 이러한 것들이 어떻게 실현될 수 있는지에 대한 믿음이 있다. 이러한 믿음에 이끌려, 사람들은 그들의 특정한 목표를 달성하기 위해 행동을 취한다. 욕구, 믿음, 그리고 행동들 사이의 이러한 관계는 행동을 목적적인 성격으로 만들고, 우리는 행동의 목적을 달성하기 위해 노력함으로써 우리 행동을 이해하고, 욕구와 믿음의 성격을 확인함으로써 행동에 동력을 부여하고 인도한다.

하지만 범죄에 관한 한, 우리는 종종 행동의 도구적 특성을 자주 간과한다. 특히 폭력 범죄에 대한 언론 보도가 공공기물 파손, 조이라이딩, 가정폭력, 폭행, 강간, 축구 훌리건주의, 테러리즘과 같은 다양한 범죄를 다룰 때, 범행들을 무분별하고, 이해하기 힘들고, 비합리적이고, 폭력적이라고 묘사하고 있다. 이러한 보도들이 우리의 공포와 분노를 잘 반영하고 있지만, 그들이 야기하는 감정들은 우리가 범죄행위를 이해하고 예방하는 데 거의 도움이 되지 않는다. 합리적 선택 관점은 범죄가 목적적이고 고의적 행위이며, 범죄자의 이익을 위해 의도적으로 저질러 진 행동이라고 바라본다. 범죄행위의 이익들에는 일반적인 인간 욕구를 충족시키는 것들이 포함되는데, 성적 만족에 대한 욕구, 흥분, 자율, 존경, 복수, 통제, 긴장 완화, 물질적 상품 등을 포함한다. 돈은 물론 이러한 여러 욕구들을 충족시킬 수 있기 때문에 그 자체로서 편리하고 중요한 범죄의 목표가 된다.

범죄행위는 합리적이다

일상생활에서 우리는 대부분의 시간동안 사람들의 행동이 목적적이고 이해할 수 있을 뿐만 아니라 또한 합리적이라고 가정한다. 그들의 동기와 목표를 고려해 볼 때, 개인들은 그것을 성취하기 위해 가능한 가장 좋은 수단을 선택하려고 노력할 것이다. 이러한 합리성의 추정은 인간 행동에 대한 설명의 근간이 된다. 헤른슈타인(Herrnstein, 1990: 356)이 언급했듯이, 합리성은 '행동 과학의 근본적인 원리로 작용한다고 할 수 있다. 다른 어떤 행동 이론도 이렇게 광범위한 학문 분야에서의 지지를 받지는 못했다.' 칼 포퍼Karl Popper는 또한 합리성의 추정을 본질적인 방법론적 원리로 사용하는 것의 장점을 강조하였다(Knepper, 2007). 런던 경제대학의 포퍼의 동료 중 한 명이 강력하게 언급했다.

합리성 원칙은 적용하기 어려운 사례들(명백히 실패한 행동들, 다소 비합리적으로 보이거나 심지어 완전히 미친 짓으로 보이는 행동들)에 적용될 때 가장 발견적인 결실을 맺을 가능성이 있다. 이해하기 어려운 어두운 영역에서 이 원칙의 빛이 더 잘 퍼진다 (Watkins, 1970: 167).

그러나 합리성을 추정하는 것은 '완벽한' 합리성을 추정하는 것은 아니다. 합리적 선택 관점은 현대 경제학과 의사결정론에서 발견되는 합리적 선택의 규범적 모델에서 출발했다. 대신, 그 관점은 허버트 사이먼(Herbert Simon, 1990)의 좀 더 제한적이거나 한정된 합리성이라는 개념을 빌려서 실제에 있어서 합리성에 대한 보다 미묘한 견해를 제공한다. 이것은 현실 세계에서 행동이 종종 완벽하지 못한 상황조건에서 선택한 의사결정을 바탕으로 취해짐을 인식한다. 범행은 본질적으로 위험한 일이며, 예상되는 비용과 이익을 미리 추정하기 어렵다. 이러한 불확실성에다 시간 압력이 더해지고, 어떤 정보가 있는지를 해석하는 데 있어서 개별 범죄자들의 기술과 경험의 차이가 더해진다. 범죄자들의 최고의 노력에도 불구하고 완벽과는 전혀 거리가 먼 이러한 조건하에서, 결정들은 대부분 최상의 결과보다는 '만족스러운' 결과를 낳을 가능성이 있다.

목적성과 (제한된) 합리성의 추정은 범죄행위를 다른 인간의 행동과 같은 지위에 올려놓았다. 물론, 범죄자들의 기술, 경험, 지능은 다양하다. 그들은 때때로 실수를 저지르고, 성급하게 행동하며, 문제의 모든 측면을 고려하지 못하고, 위험을 무시하거나 간과하고, 마약과 술의 영향아래에서 행동한다. 하지만 이러한 합리성에 대한 이탈이 범죄자들로 하여금 다른 사람들 보다 더 쉽게 실수하도록 만든다고 볼 수는 없다. 그리고 범죄자의 의사결정은 여러 제약조건 아래에서 일어나기 때문에 본성상 실수를 하기 쉽다.

범죄 의사결정은 범죄별로 다르다

범죄는 종종 그것이 하나의 단일현상인 것처럼 취급된다. 하지만 범죄는 일련의 다양한 행동들의 집합이라고 볼 수 있다. 범죄를 일반화 시켜 바라보는 시각도 있다. 예를 들어, 집합수준의 범죄율은 사회 병리의 지표로 사용될 수 있다. 그리고 개념상 모든 범죄는 법을 어긴 행동이라는 공통점이 있다. 하지만 범죄를 단일현상으로 취급하는 것은 종종 지나치게 단순한 이론 개발과 간단한 범죄예방 정책을 도출하는 데 그칠 수 있다. 실질적인 범죄통제 노력은 더욱 구체적인 사항에 집중해야 할 필요가 있다. 범죄에 대한 어떤 조치를 취할 때, 범죄의 일반적인 범주로부터 시작해서 구체적으로 유형, 정도, 결과에 따라 구별하는 것부터 시작해야 한다. 사람들이 원하는 것은 특정한 종류의 범죄로부터 보호받는 것이다. 지역 수준에서, 단지 무관용 단속 위주의 치안활동을 펼치는 것은 사람들이 억제하기 원하는 다양한 종류의 구체적인 범죄행위들을 효과적으로 다루기에는 역부족이다.

사실 범죄자들은 (일반적인) 범죄를 저지르는 것이 아니라, 특정한 범죄를 저지르는데, 각각의 범죄는 그 자체만의 구체적인 동기, 목적, 그리고 이익이 있다. 강간은 아마도 성적 욕구와 지배, 통제, 수치의 욕구를 충족시켜줄 것이고, 주거침입 절도는 현금이나 재화의 필요를 만족시키지만, 또한 '몰래 저지르는 범죄의 스릴 sneaky thrill'에 대한 욕구를 충족시켜 줄 것이다(Katz, 1988). 다시 말해서 특정한 범죄는 범죄자에게 특정한 이익을 가져다주고 범죄자는 특정한 동기를 마음에 품고 범죄를 저지른다. 범죄들이 서로 다르기 때문에 범죄자들이 고려하는 요인들과 그들의 의사결정에 영향을 주는 변수들 또한 범죄의 성격에 따라 크게 차이가 날 것이다. 이는 범죄를 저지를 때 내리는 선택과 의사결정을 고려할 때 특히 눈에 띈다. 부도수표를 유통하는 상황과 테러를 모의하고 저지르는 상황은 위험의 성격, 노력과 보상, 수행해야 할 행동, 발생하는 장소 등에서 매우 다를 것이다.

이것은 심지어 강력범죄, 컴퓨터 사기 또는 성범죄 같이 현재 사용하는 범죄구별 유형조차도 범죄 의사결정을 이해하기 위한 근거로 사용하기에는 너무 광범위할 수 있다는 것을 의미한다. 왜냐하면 이 유형들은 여전히 광범위한 범죄자들이 다양한 수준의 기술을 사용하여 다양한 방법으로 저지르는 서로 차이가 많이 나는 범죄행동들을 포함하기 때문이다. 심지어 하나의 그룹으로 묶는 것이 자연스러워 보이는 범죄들조차도(예를 들어, 자동차 절도) 범행의 목적과 수행되는 방식에 있어서 중요한 부분에 차이가 나기도 한다. 따라서 일시적 재미를 위해 차량을 훔치는 것과, 부품을 암시장에 판매하기 위해 차량을 훔치는 것의 범죄 선택과 의사결정을 구분하는 것은 중요하다. 얼마만큼 구체적이어야 하는 지는 궁극적으로는 당면한 목적에 따른 실용적인 결정이 될 것이다. 이론적으로 더 세밀한 구분을 해내는 것이 중요할 수 있지만, 실제적인 범죄예방 목적을 위해, 보다 성공적인 개입 방안을 설계하는 데 도움이 될 수 있는 수준이면 될 것이다.

범죄마다 구체적으로 대응할 필요가 있다는 점이 많은 범죄자들이 다양한 종류의 범죄들을 저지르는 제너럴리스트라는 부분과 서로 상충하는 것은 아니다. 실제로 범죄적 삶의 양식을 살아가는 경험 많은 범죄자들은 특정한 시기에 매우 다양한 종류의 범죄들을 저지를 수도 있다. 예를 들어, 범죄자로서의 삶에서 특정한 시기에 주로 주거침입 절도를 저질렀던 범죄자가 기회가 생겨서 장물 취급, 사회복지급여 사기, 마약 거래 그리고 폭력 등의 범죄도 저지를 수 있다. 각각의 다른 범죄는 아마도 범죄자의 수입과 여타 삶의 양식을 유지하는 데 필요한 욕구를 충족하는 데 필요했을 것이다.

범죄 관여involvement결정과 범죄사건crime event결정을 구분하라

범죄자들과 잠재적인 범죄자들이 내리는 의사결정들은 크게 두 가지 범주로 나눌 수 있는데, 그것은 관여 결정과 사건 결정으로 나눌 수 있다. 사건 결정은 범죄 중심적이고 범죄 수행에 집중된다. 이전에 언급했듯이, 그것들은 범죄마다 구체적이며, 특정 범죄를 준비하고, 실행하고, 마무리 짓는데 관여되는 선택들과 결정들과 관련이 있다. 비록 이러한 결정의 시간이 다양한 종류의 범죄에 따라 다를 수 있지만, 그것들은 이러한 활동들을 완료하기 위해 필요한 만큼 소요된다. 범죄자들이 고려하는 요소들은 또한 제한되어 있어서 잠재적 강도 피해자를 선택하거나 강간을 저지르기에 안전한 장소를 선택하는 것과 같은 당면한 일들에 주로 관심을 가지는 것으로 제한되어 있다. 한편, 관여 결정은 범죄자의 범죄 경력과 관련이 있으며, 초기 관여개시, initiation, 지속적인 관여습관화, habituation, 그리고 중지desistance에 대한 결정들을 포함한다. 이 때문에 관여 결정은 더 긴 시간대에 걸쳐있고, 그들이 범행에 대한 결정들과 반응들을 통합하는 동안, 그들은 또한 더 넓은 범위의 변수들과 관련이 있게 된다.

　　사건 결정들과 마찬가지로 관여 결정들은 범죄마다 구체적이며, 범죄마다 개별적으로 연구되어야 한다. 지하철 테러공격에 관여할 것인지 아닌지를 고려하는 것은 범죄 수행의 복잡도, 달성되는 목적, 연관된 위험도, 필요한 기술, 범죄에 대한 대안, 양심적 고려, 그리고 발각의 결과 등에 있어서 세금 신고서를 조작할 것인가 말 것인가에 대해 고려하는 것과는 완전히 다르다. 특정 범죄의 지속과 중지에 대한 결정에도 유사한 고려가 적용된다. 어떤 형태의 범죄(예를 들어, 주차 위반)는 범죄적 삶의 지속에 상대적으로 미미한 역할을 할 수 있고, 다른 범죄(마약 거래와 같은)는 경제적으로 필수적일 수 있다. 그리고 한 개인의 삶의 다른 측면들에 있어서 소아성애paedophilia와 같은 범죄 중심성은 지속과 중지에 대해 특별한 중요성을 부여할 가능성이 있다.

범죄 관여의 단계들을 서로 구분하라

범죄자가 특정한 형태의 범죄에 관여하는 것을 개시, 습관화, 중지의 세 가지 단계로 구분하는 것은 각 단계에서 서로 다른 세트의 변수들이 범죄자의 결정에 영향을 미친다는 사실을 강조하는 역할을 한다. 예를 들어, 이런 형태의 범죄에서 처음으로 관여하는 것에 대한 결정은 다른 종류의 범죄를 저지른 이전의 경험에 의해 그리고 성격, 양육과 같은 배경 요소들, 그리고 개인의 생활 방식과 욕구와 동기와 같은 현재 상황들과 잠재적 범죄자들에게 허용된 기회와 유인들로부터 함께 영향을 받을 수 있다.

반면에, 범행을 지속하거나 중지하는 결정은 그 범죄자가 선택한 범죄를 지속적으로 저지르면서 경험하는 범행의 성공 또는 실패 여부와 그것이 그들 삶의 양식에 미치는 충격이 가장 강력하게 영향을 줄 것이다. 현실 삶에서 개시에서 중지로 이어지는 것은 연속적이든 그렇지 않든 일어나는 일로 볼 수 있고, 범행에 속도를 내는 것과 잠잠해지는 변화도 또한 나쁜 건강상태, 결혼, 이혼, 가족의 죽음 그리고 여타 사건과 위기들로부터 영향을 받을 수 있다.

실제로, 범죄자는 여러 가지 다른 형태의 범죄들에 다양하게 연루될 수 있다. 이런 경우, 그/그녀는 많은 다른 선택과 결정을 동시에 하게 될 것이고, 한 형태의 범죄를 저질렀던 기존의 경험이 다른 범죄들을 저지르는 결정에 영향을 미칠 수 있다. 중지에 대한 결정들은 이러한 문제의 좋은 예를 제공한다. 예를 들어, 자동차 절도와 같이 특정한 종류의 범죄를 저지르는 데 성공하지 못하면 자동차 절도는 그 빈도를 줄이거나 심지어 중지로 이어질 수 있다. 하지만 만약 범죄자가 그런 종류의 범죄에 경험이 있고 숙련되어 있다면, 그것은 또한 전이displacement로 이어질 수 있다. 따라서 범죄자는 다른 장소에서 다른 시간에 또는 다른 목표를 향해 동일한 종류의 범죄를 계속할 수 있다. 또는, 특히 범죄자가 폭넓은 범행 기술을 가지고 있다면, 그는 다른 방법들로 전환할 수 있고(예를 들어, 단순 차량 절도에서 키 절도나 자동차 납치), 종종 혁신적인 방법으로 전환할 수도 있다. 마지막으로 어떤 범죄자들은 완전히 다른 종류의 범죄로 방향을 돌릴 수도 있는데, 새로운 범죄들도 이전에 선호했던 범죄들과 중요한 특징을 공유하는 경우가 있다.

범죄사건 진행 중의 의사결정: 범죄 스크립트

범죄자가 특정 범죄를 저지르기 위해 사용한 범행수법을 식별하는 것은 범죄를 발견하고 예방하기 위해서 중요한 부분으로 오랫동안 인식되어져 왔지만, 범죄사건의 중심 단계에 대한 의사결정에만 주의를 집중시켰고, 개시단계와 종료단계의 의사결정에는 크게 주목하지 않아왔다. 코니시(Cornish, 1994a, 1994b)는 이 과정을 보다 면밀히 분석하기 위해 범죄자들이 특정 범죄를 저지르기 위해 사용하는 절차를 단계별로 설명하는 범죄 스크립트의 개념을 제안하였다(Leclerc, 6장, 이 책 참조). 범죄 스크립트는 범행 과정의 모든 단계, 각 단계에서 취해야 하는 결정과 행동, 그리고 각 단계에서 효과적인 행동을 위해 필요한 범죄 자원들(공범, 준비물, 적합한 장소)을 식별하는 것을 도와준다. 모든 종류의 성공적인 범죄와 관련된 필요한 단계를 요약한 템플릿을 제공함으로써, 범죄 스크립트는 표면적으로는 '무의미'해 보이는 범죄에서도 합리성을 드러낼 수 있고, 단순해 보이는 범죄의 복잡성마저 드러낼 수 있다.

범죄 스크립트는 비교적 단순한 순서로 된 것에서부터 많은 참가자와 장소, 행동이 개입될 수 있는 더 복합적인 것까지 다양할 수 있으며, 강도를 저지르기 위해 차량과 총이 어디서 도난당했는지, 목격자가 부상당했는지 또는 사망했는지, 그리고 장물이 이후에 장물시장에 유통되었는지와 같은 범죄 스크립트의 다양한 구성요소들이 전체 범죄 과정 분석에 도움을 줄 수 있다. 이러한 복잡한 상황에서 스크립트 분석은 특별히 도움이 될 수 있다. 예시로서, 전문 자동차 절도에 대한 스크립트(Cornish, 1994a; Cornish and Clarke, 2002) 또는 자살 폭탄 테러에 대하여 클라크와 뉴먼(Clarke and Newman, 2006, 표5.3, 64-68쪽)이 개발한 정교한 스크립트를 보라. 범행 수법에 대한 새로운 경험적 자료가 밝혀짐에 따라 기존의 범죄 스크립트는 항상 수정해서 발전시키고 정교화해야 한다. 니와 미너핸(Nee and Meenaghan, 2006)은 최근 표적 주택 내에서 절도범들이 사용하는 수색 방법에 대한 새로운 정보를 제공했으며, 자동차 절도의 맥락에서, 체르본뉴와 코페(Cherbonneau and Copes, 2006)는 도난 차량을 운전하면서 범죄자들이 발각을 피하기 위해 사용하는 전략('공개된 곳에서 숨기') 중 일부를 상세히 기술했다. 자동차 절도와 관련된 특정 범죄 스크립트에 대한 이해에 중요한 기여를 했을 뿐만 아니라, 후자의 연구는 또한 범죄자들이 다른 유형의 범죄를 저지르기 전후와 저지르는 중간에 그럴듯한 역할을 확립하고 유지하기 위해 사용하는 유사한 전략에 더 많은 주의를 기울일 필요가 있음을 시사한다.

　　범죄 스크립트의 개념은 범죄자 의사 결정의 중요성, 범죄 행위에서 결정이 항상 관련이 있고, 그리고 결정의 합리성과 목적성에 대한 더 많은 증거를 제공하는데 도움을 주었다. 또한 범죄 스크립트는 범행 과정을 상세하게 이해할 수 있게 도움을 주었다. 예를 들어, 훔친 차량의 식별 번호를 사고가 났지만 합법적인 차량과 바꿔치기하기(Bremblay et al., 2001)부터 연쇄 성범죄자의 피해자 물색과정(Beauregard et al., 2007), 또는 청소년 성범죄자들의 범행수법(Leclerc and Triblay, 2007)에 이르기까지 도움을 주었다.

의사결정 모델

범죄 관여의 세 가지 단계와 범죄사건에 대한 의사결정 과정을 설명하기 위한 간단한 의사결정 흐름도표들을 개발하였다. 범죄 선택에 대한 모델에서 우리는 이론적, 실제적인 사항들을 모두 고려하였다. 우리는 기존의 지식이 허락하는 한, 최대한 범죄마다 구체적이도록 노력했지만, 또한 특별한 예방 노력을 정당화할 만큼 충분히 흔하고 심각한 범죄를 선택했다. 이러한 이유로, 클라크와 코니시(Clarke and Cornish, 1985)로부터 우리는 발생 건수가 많은 범죄로서 주거침입 절도를 선택했는데, 이 범죄는 공공의 관심이 많고, 이와 관련하여 이미 상당한 경험적 연구가 생성된 바 있다. 범죄 구체성 면에서, 우리는 주택가 절도사건이나 단순 절도사건보다는 교외의 주거침입 절도를 선택했는데, 이는 도심에서 저지른 것과 상당히 다르다고 믿었기 때문이다. 이러한 믿음은 나중에 포이너와 웹(Poyner and Webb, 1991)에 의해 확인되었는데, 도심의 주거침입 절도는 현금과 보석을 찾고 있는 범죄자들에 의해 도보로 행해지는 경향이 있는 반면에, 교외의 주거침입 절도는 자동차를 이용하고 전자 제품을 표적으로 삼은 범죄자들에 의해 행해지는 경향이 있다는 것을 발견했다. 접근에 사용되는 방법의 차이도 발견되었다. 영국에 있는 오래된 타운하우스는 옆과 뒤쪽에 출입이 제한되어 있기 때문에, 정문이나 앞쪽 창문을 통해 침입이 자주 이루어졌다. 그러나 교외에서는 도둑들이 집 뒤쪽이나 옆쪽으로 들어갈 가능성이 앞쪽만큼 높았다.

개시|Initiation

그림 2.1은 교외 주거침입 절도에 관여하기로 한 초기 의사결정에 영향을 미치는 요소들을 보여 준다. 박스 1은 사람들이 범죄를 저지르도록 하는 가치, 태도, 성격에 영향을 미친다고 여겨지는 다양한 심리적, 사회학적 배경 요인들을 나열한다. 합리적 선택 관점에 있어서, 이러한 요소들은 범죄 행동으로 인도하는 역할을 하는 것으로 볼 수 있다. 반면에 그것들은 범죄 행동의 매력성과 성공가능성에 대한 개인의 인식과 판단에 영향을 주는 학습과 경험(박스 2)의 지속적인 과정에 기여한다. 반면, 배경 요인들은 또한 개인의 물질적 조건과 특별한 문제들 그리고 개인이 노출된 기회에 영향을 미친다. 따라서 박스 3은 범죄자의 친구, 고용, 주거, 결혼상태, 생활양식 등과 같은 현재의 생활 상황을 다루고 있다. 이러한 것들은 개인의 현재 욕구needs와 동기motives를 파악하고(박스 4) 이러한 욕구를 충족하기 위한 현재의 기회들과 유인책들을 파악하는데 도움을 준다(박스 5). 다른 상자들은 범죄자가 어떻게 이러한 욕구들을 파악하고 받아들이는지 보여 주는데, 이때 자신의 축적된 경험과 학습에 근거하고, 대안적 행동을 파악하고 평가하는 과정을 통하여(박스 6, 7) 이러한 유형의 범죄에 관여할 준비가 되도록(박스 8) 하는 과정을 거친다. 이 단계에서 배경 요인들은 가장 큰 영향을 미치는 데, 왜냐하면 그들은 개인의 축적된 학습과 경험의 본질과 현재 삶의 상황에 모두 영향을 미치기 때문이다.

습관화|Habituation

습관화 단계에서(그림 2.2) 배경 요인들은 의사결정에 거의 영향을 주지 않는다. 대신에 현재적 요인들이 지배적인 역할을 수행 한다. 현재적 요인들로서 범죄의 보상, 그리고 새로운 친구들의 습득, 늘어난 전문성, 삶의 양식과 관련된 가치의 변화와 같은 범죄자의 상황에 있어서의 변화가 있다.

중지|Desistance

중지 단계에서(그림 2.3) 배경 요인들은 의사결정에 어떠한 영향도 주지 않는다. 오히려, 범죄를 중지하도록 만드는 결정에 중요한 역할을 하는 것은 범행 성공 경험의 부족, 위험 감수 꺼려하기, 결혼과 가족에 대한 책임 증가와 같은 현재 삶의 상황에 대한 다른 변화들이 복합적으로 중지 결정을 내리는데 중요한 역할을 한다.

범죄사건|crime event

경험 있는 범죄자의 경우, 범죄사건과 관련된 의사결정은 범행목적 달성에 있어 도구적 행동을 촉진시키거나 방해하는 상황적 요인에만 집중하는 경향이 있다(그림 2.4). 왜냐하면 욕구와 동기, 도덕적 양심의 가책, 준비성에 대한 문제들은 이전 단계에서 이미 거쳤기 때문에, 이러한 문제들은 이 단계의 의사결정 과정에는 끼어들지 않을 것 같다. 다만 범죄자가 범죄 경험이 없었거나, 범행 중에 기대하지 못한 방해나 또 다른 범죄 기회가 포착되어 계획을 변경하는 것과 같은 방해가 있을 경우에는 다를 수 있다. 그러나 범행 도중에 고려되는 변수들은 숫자가 적을 수 있지만, 의사결정 과정은 결코 간단하지 않다.

그림 2.4에서 의사결정 과정은 범행 지역 및 목표 주택의 선택이라는 두 가지 단계에만 집중되고 있지만, 앞서 언급한 바와 같이 범죄자들은 훨씬 더 복잡한 결정의 순서를 마주하게 된다. 이러한 가능한 순서 중 하나로서 그림 2.5에 교외 주거 침입 절도에 대한 범죄 스크립트에 간략하게 소개했다. 범죄 스크립트의 단계들은 범죄 전반에 걸쳐 비교적 균일하지만, 반면에 그들의 내용(배역, 준비물, 장소와 행동)은 묘사되고 있는 범죄에 따라 구체적으로 차이가 난다.

현금의 필요성, 절도범들 간의 우연한 만남, 또는 적당한 목표물에 대한 핫한 정보가 범죄사건을 시작하게 할 수 있다. 준비는 침입에 필요한 도구들을 준비하는 것과 교외로 가기 위한 차량을 훔치는 것도 포함할 수 있다. 다음 단계로 지역에 진입하는 것, 그곳에 방문한 그럴듯한 이유를 채택하는 것, 그리고 보상은 많지만 침입하는데 드는 노력과 위험은 낮은 집을 선택하는 것을 포함한다. 그 다음 단계는 집에 들어가서, 체계적으로 뒤져보고, 재빨리 훔칠 물건을 선택하는 것이다. 훔친 물건은 이웃이나 행인들이 보지 않도록 밴이나 차로 운반되어야 한다. 그 후에, 구매자를 찾는 동안 물건들을 안전한 장소에 보관되어야 한다. 마지막으로, 물건을 구매자에게 전달하고 현금과 교환한다. 이러한 과정이 발생하는 경우를, 그림 2.5에서 '추가 단계'로 표시했고, 이에 대한 별도의 범죄 스크립트를 만들 수 있다.

[그림 2.1] 개시 모형(예: 교외 주거침입 절도)

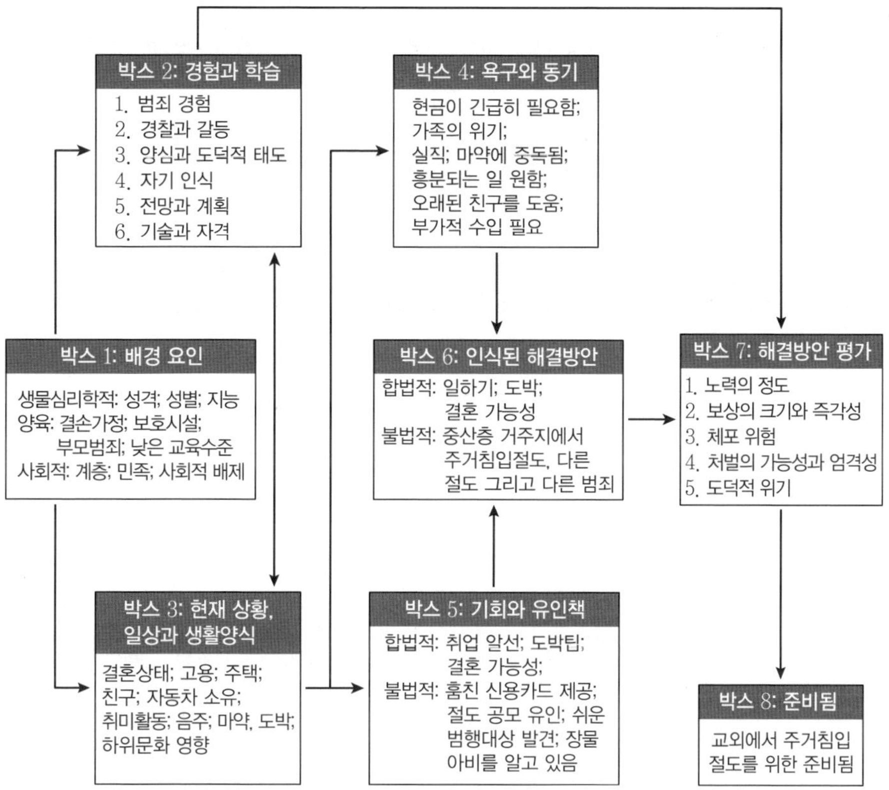

박스 2: 경험과 학습
1. 범죄 경험
2. 경찰과 갈등
3. 양심과 도덕적 태도
4. 자기 인식
5. 전망과 계획
6. 기술과 자격

박스 4: 욕구와 동기
현금이 긴급히 필요함;
가족의 위기;
실직; 마약에 중독됨;
흥분되는 일 원함;
오래된 친구를 도움;
부가적 수입 필요

박스 1: 배경 요인
생물심리학적: 성격; 성별; 지능
양육: 결손가정; 보호시설;
  부모범죄; 낮은 교육수준
사회적: 계층; 민족; 사회적 배제

박스 6: 인식된 해결방안
합법적: 일하기; 도박;
  결혼 가능성
불법적: 중산층 거주지에서
  주거침입절도, 다른
  절도 그리고 다른 범죄

박스 7: 해결방안 평가
1. 노력의 정도
2. 보상의 크기와 즉각성
3. 체포 위험
4. 처벌의 가능성과 엄격성
5. 도덕적 위기

**박스 3: 현재 상황,
일상과 생활양식**
결혼상태; 고용; 주택;
친구; 자동차 소유;
취미활동; 음주; 마약; 도박;
하위문화 영향

박스 5: 기회와 유인책
합법적: 취업 알선; 도박팁;
  결혼 가능성
불법적: 훔친 신용카드 제공;
  절도 공모 유인; 쉬운
  범행대상 발견; 장물
  아비를 알고 있음

박스 8: 준비됨
교외에서 주거침입
절도를 위한 준비됨

출처: Clarke and Cornish, 1985

[그림 2.2] 습관화 모형(예: 교외 주거침입 절도)

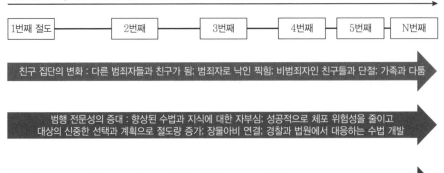

개인적인 최적상태를 찾을 때 까지 주거침입 절도 빈도의 증가(성공으로 인하여)

| 1번째 절도 | 2번째 | 3번째 | 4번째 | 5번째 | N번째 |

친구 집단의 변화 : 다른 범죄자들과 친구가 됨; 범죄자로 낙인 찍힘; 비범죄자인 친구들과 단절; 가족과 다툼

범행 전문성의 증대 : 향상된 수법과 지식에 대한 자부심; 성공적으로 체포 위험성을 줄이고 대상의 신중한 선택과 계획으로 절도량 증가; 장물아비 연결; 경찰과 법원에서 대응하는 수법 개발

생활양식과 가치의 변화 : 절도 수입 재정에 의존함을 인식; 더 많은 절도를 하기로 선택함; 쉽게 돈버는 방식을 즐김; 합법적 일에 대한 가치절하; 범죄성을 정당화함

출처: Clarke and Cornish, 1985

[그림 2.3] 중지 모형(예: 교외 주거침입절도)

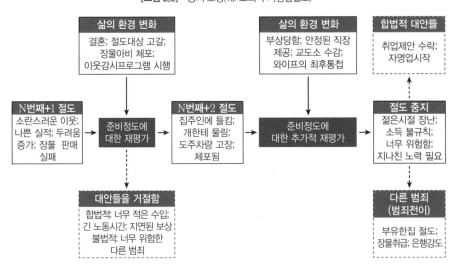

출처: Clarke and Cornish, 1985

[그림 2.4] 사건 모형(예: 교외 주거침입 절도)

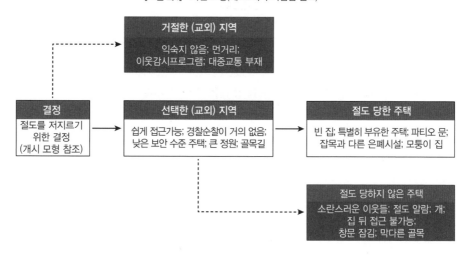

출처: Clarke and Cornish, 1985

[그림 2.5] 간단한 범죄 스크립트 예시(교외 주거침입 절도)

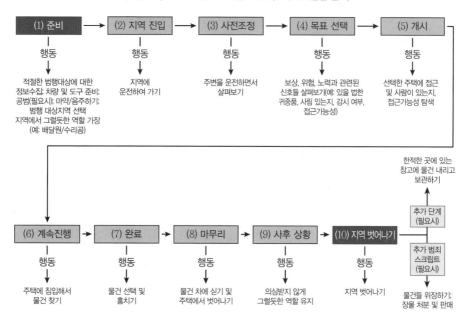

출처: Cornish and Clarke, 2006

합리적 선택 관점의 구별되는 특징들

여기서는 합리적 선택 관점이 전통적인 범죄학 이론들과 구별되는 몇 가지 특징들을 설명한다. 일상활동이론(Felson, 이 책 제4장)과 범죄패턴 이론(Brantingham and Brantingham, 이 책 제5장) 또한 이러한 특징들을 많이 공유한다.

실제를 위한 이론

1960년대와 1970년대의 교화프로그램들의 실패는 이론의 실패만큼이나 실제적인 실패였고, 범죄를 줄이는 새로운 방법을 찾아야 할 필요성은 문제에 대한 새로운 사고방식을 요구하였다. 결국 나타난 합리적 선택 관점은 새로운 형태의 범죄예방 실천법들(상황적 범죄예방)을 위한 개념적 틀을 제시하였다. 합리적 선택 관점이 상황적 범죄예방에 기여한 부분을 네 가지로 정리한다.

1. 범죄 예방을 생각할 때, 합리적 선택 관점은 범죄가 발생하는 즉각적인 상황들의 변화에 영향을 받아 연속적인 결정을 하는 범죄자의 관점을 조사해야한다는 당위성을 제공한다. 에크블럼(Ekblom, 1995)의 용어 '도둑처럼 생각하기Think Thief'는 이 과정을 좀 더 이해하기 쉽도록 만들어 주며, 범죄 스크립트의 개발은 범행 과정의 가능한 한 많은 단계와 결정 지점에서 상황적 범죄예방을 이용해 범죄 기회 감소 기법을 제공할 수 있게 한다.
2. 합리적 선택 관점은 25가지 상황적 예방 개입들을 다섯 가지 주요 항목으로 분류하는 근거를 제공하였는데, 다섯 가지 범주는 범죄에 필요한 노력을 늘리고, 위험을 늘리고, 보상을 줄이고, 변명을 제거하고, 그리고 도발을 줄이는 것이다(Cornish and Clarke, 2003).
3. 합리적 선택 관점은 상황적 범죄예방이 처음 소개되었을 때부터 제기되었던 전이displacement 가능성에 대한 비판에 대응하는 것을 도와주었다(Cornish and Clarke, 1986a). 이러한 비판이 범죄 동기의 본질에 대한 단순한 가정에 의존하는 점을 지적하면서, 합리적 선택 관점은 단계별 범죄 의사결정이라는 좀 더 현실적인 가정에 근거하여 전이 가능성 비판에 대하여 반박하였다. 다른 범죄에 대한 선택적 구조화 속성choice-structuring properties의 개념 또

한 어떤 특정한 경우에 전이의 가능성이 있는 경계를 결정하는 데 도움이 된다. 이러한 이론적 기여는 전이에 대한 경험적 증거들에 대한 연구에서 지지되었고(Guerett and Bowers, 2009), 연구들은 범죄자들이 범죄들 사이에 이동하는 것을 꺼리거나(Tunell, 1992), 심지어 장소를 변경하는 것도 싫어한다고 보고하였다(Weisburd et al., 2006).

4. 합리적 선택 관점은 상황적 범죄예방 연구자들이 상황적 개입으로 인해 흔히 관찰되는 두 가지 결과에 주목하도록 도와주었다. 이익의 확산diffusion of benefits — 이것은 개입이 원래 목표했던 대상을 넘어서서 개입의 유익한 결과가 주변으로 확산하는 것을 말한다(Clarke and Weisburd, 1994). 그리고 선행 이익anticipatory benefits — 이것은 상황적 개입보다 먼저 범죄가 줄어드는 현상을 말한다(Smith et al., 2002). 두 가지 모두의 경우에서 이러한 현상에 대한 설명 중 일부는 합리적 선택 관점에서 찾을 수 있다. 이익의 확산은 범죄자들이 상황적 개입의 정확한 범위와 지역적 경계를 확신하지 못하기 때문이며, 선행 이익은 범죄자들이 언제 상황적 개입이 시작될지 확실하지 않을 경우에 발생할 수 있다.

충분히 좋은 이론Good-enough theory

범죄 행위에 대한 완전한 설명을 제공하기보다는, 합리적인 선택 관점은 그것을 예방하거나 저지하는 방법에 더 관심을 가지고 있다. 상황적 전략이 실용성에 바탕을 두고 발전한 것처럼(Smith and Clarke, 2012), 그 근거가 되는 이론인 합리적 선택 관점 또한 실용성에 초점을 두고 단계적으로 발달하였다. 우리는 이러한 접근 방식을 '충분히 좋은 이론good-enough theorizing[4]'이라고 명명했는데, 이것은 정책과 연관된 이론과 그 실천을 강조하기 위함이다. 우리는 포괄성보다 명확성과 간결성을 선택했고, 복잡한 가정보다 단순한 가정을 선호하고, 필요한 부분에서만 구별을 시도했다. 그것은 또한 우리가 필요할 때만 새로운 개념을 정교하게 설명했음을 의미한다. 예를 들어, 선택적 구조화 속성choice-structuring property의 개념은 범죄전이 가능성의 한계를 설명하기 위해 도입되었다(Cornish and Clarke, 1987, 1989). 이 개념은 서

4　역자주: 실제에 들어맞는, 실용적인

로 다른 범죄들은 범죄의 특징과 범행에 필요한 요구사항들이 매우 다양하게 차이가 난다는 것을 의미한다. 잠재적인 범죄자에게 있어서, 목표의 가용성과 접근성, 범죄 실행에 필요한 지식, 필요한 기술, 도덕적 평가, 필요한 자원 등이 여기에 포함될 수 있다. 다른 범죄들의 선택적 구조화 속성에 대한 이해는 범죄들이 특정한 시기에 특정한 개인에게 차별적으로 이용되고 매력적이게 되는 이유와, 왜 범죄자들이 상황적 범죄예방 개입이라는 의도치 않은 방해로 인해 계획한 특정한 범죄를 저지르지 못하게 되었을 때 단순히 다른 형태의 범죄로 전환(전이)하는 것이 그렇게 간단한 문제가 아님을 설명해준다. 이 개념은 또한 특정한 범죄에 대한 구체적인 특징들과 범행을 위한 요구사항들인 목표의 매력성, 잠재적 피해자의 취약점, 적합한 준비물과 장소 등에 대한 상세한 부분을 고려할 수 있도록 도와주는 유용한 생각의 틀을 제공한다.

사람-상황 상호작용에 대한 강조

전통적인 이론들은 범죄행위가 오래 지속되고 안정된 개인의 범죄성향 때문에 발생하는 것으로 간주하는 경향이 있다. 이러한 관점에서 현재의 생활방식, 욕구와 동기는 이러한 영향들의 장기적인 발현일 뿐이며, 현재의 기회와 유인책은 단순히 오래 지속된 범죄동기를 불러일으키는 방아쇠 역할을 한다. 그 결과, 범죄행위를 다루는 주요한 방법들은 그러한 범죄성향의 발달을 막고, 개인을 개량하거나, 무력화시키려는 시도들로 귀결된다. 이와는 대조적으로, 합리적 선택 관점은 범죄행위를 이해하고, 예방하고, 저지하는 것에 집중한다. 행동은 동기뿐만 아니라 기회에 따라 결정되기 때문에, 합리적 선택 관점은 개인의 즉각적인 목표달성을 위해 현재 환경과 상호작용해야 하는 점에 초점을 맞춘다. 따라서 범죄에 있어서 기회의 역할에 대한 분석, 범행 과정 전반에 걸쳐 상황적 요인의 역할에 대한 자세한 분석과, 선택개념, 결정개념, 행동개념을 이용하는 것은 범죄자들이 상황적 요인과 상호작용하는 방법을 강조한다.

현재 중심의 초점

의사결정 모델은 범죄행동의 즉각적인 전조에 집중하는 것으로 주목할 만하다. 범죄사건 모델과 범죄 스크립트에서 시간은 짧고 행동은 즉각적이다. 습관화habituation 단계에서 범죄자의 현재 생활양식의 특정 측면은 특정한 종류의 범죄를 지속적으로 성공함에 의하여 발전되고 유지된다. 중지desistance는 이러한 지속 상태가 흐트러지는 것을 설명하는데, 범죄행동이 여러 가지 다양한 압력으로 불안정해지고, 범죄적 생활양식을 유지하는 것을 쉽지 않게 만들고, 결국에는 특정한 종류의 범행을 지속하는 것에 대한 재평가를 하게 된다.

개시initiation 모델에서 조차 잠재적인 범죄자를 '범죄개시 경계invitational edge'로 데려가는 욕구와 동기, 유혹, 기회들을 생성하는데 가장 중요한 역할을 하는 것은 범죄자의 현재 삶의 양식과 현재 처한 환경이다(Matza, 1964). 우리는 또한 현재 환경의 역할을 강조했는데, 왜냐하면 현재 환경은 범죄행동과 범죄사건의 즉각적이고 가장 근접한 원인들과 관련이 있기 때문이다. 라웁과 샘슨(Laub and Sampson, 2003: 34-35)이 제안했듯이, 범죄행위에 대한 전통적인 발달 모델과 비교했을 때, 합리적 선택 접근의 현재 중심적인 초점은 그들의 생애과정 관점life-course perspective과 더 잘 어울렸다. 인생의 전환점과 인간의 삶의 예측 불가능성과 사회적 변동성에 중점을 둔 그들의 접근법은 합리적 선택 관점의 관여 모델에서 범죄적 의사결정의 역할과 유사한 접근법을 사용한다.

이것은 이전의 영향들이 특정한 범죄를 저지르는데 더 이상 역할을 하지 않는다고 말하는 것이 아니다. 그러나 이러한 영향들은 개인의 경험과 학습, 그리고 이후 물질적 상황과 관련된 선택옵션들의 질에 대한 효과를 통하여 전달된다. 한편, 성격 특성이나 안정적 범죄성향의 역할은 확실하지 않으며, 우리는 그것들이 편리한 설명이기는 하지만, 오해의 소지가 있는 설명이라고 본다.

범죄자의 본성

합리적 선택 관점은 범죄자의 본성에 대해 거의 언급하지 않는다. '충분히 좋은 이론' 접근에 따르면, 범죄자는 양심의 가책을 저버렸고, 합리적인 행동을 방해할 수 있는 자제력 결여와 같은 결함도 없었다. 그 사람(또는 그녀)은 문제의 범죄를 저지르는 데 이미 동기부여가 되어 있고 다소 범행의 경험도 있고 범죄를 통해 예상되는 보상, 범죄에 필요한 노력, 그리고 범죄가 수반할 수 있는 위험성에 근거하여 범죄 기회들을 평가할 것으로 추정한다. 비록 이러한 묘사는 수년 동안 수정되었지만

(Cornish and Clarke, 2003), 반사회적 약탈자로서의 범죄자는 기본 관점으로 남아있다. 우리가 이 암울한 묘사를 받아들이기를 꺼려하는 데에는 실질적인 이유가 있다. 많은 경우에 상황적 범죄예방은 중지시키고, 줄이거나, 저지하려고 하는 범죄자들에 대해 거의 아무것도 모른다. 이러한 상황에서 가장 효과적인 조치는 아직 확인되지 않은 범죄자에게 합리성 이외의 자질이 거의 없는 것으로 보는 것일 수 있다.

비판

부분적으로는 경제학과의 연관성 때문에, 그리고 이 관점이 범죄학 이론이 갖추어야할 전통적인 관점과 맞지 않기 때문에 합리적 선택 관점은 다양한 오해와 비판에 직면해 왔다. 많은 비판들이 그것의 메타이론적 가정metatheoretical assumptions들과 (Cornish, 1993) 실질적인 목표에 대한 오해나 반대에 기인한다. 심리학자들은 종종 발달과 범죄동기의 중요성 그리고 조기 예방의 장점에 대해 충분한 주의를 기울이지 않는다고 비판한다. 사회학자들은 범죄자들의 삶과 생활양식의 풍부한 배경 내에서 범죄의 의미를 파악하는 것에 실패했고, 지나치게 정책 지향적이라고, 즉 범죄예방에 너무 집중되어 있다고 비판한다. 이러한 전제, 이론적 목표, 그리고 실천에 대한 방향성에 있어서 차이점들은 존재하며 분명히 인식되어야 한다. 가장 흔한 것들 중 일부를 여기에서 소개한다.

주장한 것보다 범죄자들은 덜 이성적으로 행동한다

일찍이 언급했듯이 범죄자들이 결정을 내리는 상황들 때문에 그들의 결정은 완벽한 합리성이라기보다 제한된 합리성을 바탕으로 결정을 내리는 경향이 있다. 그들은 상황에 따라 그들이 할 수 있는 최선을 다하고 있다고 볼 수 있기 때문에, 일반적으로 이정도 이면 합리적인 행동으로 인정하기에 충분하다고 할 수 있다. 예를 들어, 자동차 절도, 주거침입 절도, 강도 등과 같은 재산 범죄자들에 대한 연구를 검토해 보면, 이러한 결론이 상당한 지지를 받는 다는 것을 알 수 있다(Gibbons,

1994). 그러나 많은 경우에서, 범죄자들은 충분히 계획을 세우지 못하고, 충동적으로 행동하며, 결과를 무시하고, 실수를 저지른다. 그들은 또한 마약이나 술의 영향 아래에서 범행을 하거나 또래 친구들의 충동에 의해 무모하게 행동한다고 보고된다(Wright et al., 2006).

　　이러한 제한된 합리성의 주장들이 얼마나 광범위하고 의미 있는 것인지, 그리고 그러한 주장들이 일반적으로 받아들일 만한지 가늠하기 어려운 경우가 많다. 범죄자들이 이성적으로 행동할 수 있다는 관점을 포기하는 것은 그들의 행동에 대해 미묘한 재병리주의로 이어질 수 있다. 그리고 비행청소년과 범죄자가 다른 사람들과는 얼마나 다른지에 대한 논쟁을 재개하도록 한다. 이것은 사회 과학자들이 조심해서 취해야 할 조치이다. 그렇게 하기 전에, 다음 질문을 하는 것이 현명할지도 모른다.

- 응답자들은 문제의 범죄를 저지르는 사람들의 대표적인 표본인가, 아니면 특별히 범죄를 저지르는 데 성공하지 못한 사람들인가?
- 신중한 행동의 증거를 숨길 이유가 있나? 예를 들어, 그들은 친구나 질문자들에게 강한인상을 주려고 결과에 대한 즉흥성, 대담성, 무모함을 주장하려고 노력하는 것은 아닌지?
- 고의적으로 경솔한 결과를 초래한 것이 반드시 비합리성의 증거인가?
- 계획에 대한 증거가 부족한 것이 계획 부족의 증거인가? 증거 불충분은 그런 범죄가 어떻게 진행되었는지에 대한 세부적인 사항을 연구자가 찾는 데 실패한 것으로 설명될 수 있을까?
- 범죄 경험이 많은 범죄자들이 다수의 범죄를 범행 계획 없이 저지르는 것이 비합리성의 증거가 될 수 있나? 아니면 그것이 해당 범죄가 일상화된 것을 나타내는 것인가?
- 스릴과 쾌락을 위해 범죄를 저질렀다는 증거와 파티를 즐기는 생활양식을 유지하기 위해 범죄를 저지르는 것이 비합리성의 증거가 될 수 있나?

　　이와 같은 문제들은 해결하기가 쉽지 않다. 왜냐하면 이 문제들은 경험적 데이터의 질적 문제뿐만 아니라 합리성의 정의, 동기 및 목적에 대한 정확한 식별, 응답자의 진실성, 진행 상황과 관련하여 연구자들의 지식과 전문성, 그리고 사회과학에서 이론화할 때 합리성의 추정을 얼마만큼 수용할 것인가와 관련이 있기 때문이다. 말하자면, 현재 저자들만이 라이트 외Wright et al.'s의 연구에 나오는 강도들의 합리성과 동기의 보편적 속성들을 식별하는 것은 아니다. 큘랜 외Cullen et al.는 1997년 라이트와 데커Wright and Decker의 초기 연구와 관련하여 다음과 같이 지적한다.

> 특히, 그들은 무장 강도 사건의 배후에 있는 결정에 대해 범죄자들로부터 자세한 정보를 제시한다. 라이트와 데커가 얻은 강도 관련 의사 결정 정보는 코니쉬와 클라크Cornish and Clarke가 제시한 합리적인 선택 틀에 꽤 잘 들어맞는다. 구체적으로 라이트와 데커는 강도 사건에 연루된 강도들의 결정에 영향을 미치는 요소들에 대한 자료를 제공하고, 또한 실제 범죄 사건의 과정 중에 강도들이 내린 다양한 결정을 다루는 자료도 제공한다.
>
> (Cullen et al., 2014: 443)

이것은 그러한 문화기술적 연구ethnographic research의 가치와 그 자체의 목적들을 부정하는 것이 아니다. 그것은 단지 범죄를 예방하고 사람과 재산을 보호하는 실용적인 목적에 적합한 자료들이 또한 그러한 과정(우리가 1980년대 중반부터 주장해 온 과정 Cornish and Clarke, 1986b: 15)을 통해서 추출될 수 있다는 것을 제안할 뿐이다. 아이러니하게도, 그것에 대해 많은 노력을 쏟았기 때문에, 대부분의 논쟁은 합리적 선택 관점의 중요한 부분과 관련이 없는 것에서 벌어졌다. 이것은 왜냐하면 그것의 관심은 범죄자가 어느 정도까지 합리적으로 행동하느냐에 대한 것이 아니라 특정 범죄가 어떻게 성공적으로 저질러지는지에 대한 신뢰할 수 있는 정보를 범죄자의 범죄 활동에 대한 설명을 통해서 수집·재구성할 수 있는지에 대한 상황적 범죄예방관련 질문에 대한 관심이 더 컸기 때문이다. 만약 이것이 가능하다면, 상황적 대책이 이 정보에 기반하여 설계될 수 있는 좋은 가능성이 있다. 그리고 실제로, 범행 실패 또는 미수와 관련된 정보로부터 문제의 범죄사건을 성공적으로 예방하거나 저지할 수 있는 상황적 대책을 도출할 수 있는 가능성도 있다. 의도적이고 합리적인 범행을 예방하거나 방지하기 위해 고안된 조치들이 이 정도 합리성에 미치지 못하는 의도적인 범행을 예방하거나 방지할 가능성이 더 높다는 것은 자명하다. 사실, 상황의 논리에 맞지 않는 행동들은 그 자체로 실패하는 경향이 있다.

어떤 범죄들은 비합리적이다

약탈적 재산범죄, 조직범죄 그리고 화이트칼라범죄는 일반적으로 합리적이고 도구적 행동이라고 여겨지며 이 범죄들의 물질적 동기들이 쉽게 이해가 간다. 반면에 성범죄와 폭력과 관련된 범죄들은 이 분야에서 문제를 제기한다. 이러한 범죄자들과 거리를 두고 싶어 하는 경향과 함께, 종종 범죄의 동기를 탐구하거나 그들 범죄 수행에 사용된 수단들을 합리적이거나 도구적 시각으로 바라보기를 꺼려한다. 이것은 특히 폭력범죄에서 그런데 대부분의 사람들이 학교 운동장과 직장에서 폭력 피해를 경험함에도 불구하고, 폭력이 어떤 목표를 달성하기 위한 유용한 도구라는 사실을 불편해 한다.

이러한 주저함은 세 가지 원인에서 비롯된 것으로 보인다. 첫째는 경제적 동기가 부여된 범죄만이 합리적으로 고려되어야 한다는 믿음이다. 이러한 시각은 보편적인 인간의 욕망과 동기들(예를 들어, 지배와 통제하기, 모욕에 대한 복수, 협박하거나 상처 입히기, 용감성과 무모성을 과시하기, 즐기기, 지위나 존경 얻기 등) 때문에 저질러지는 수많은 범죄 행위들을 논의에서 제외시켜버리기 때문에 명백하게 터무니없는 주장이다 (Clarke and Cornish, 2001: 33, Table 1). 두 번째 주저하는 이유는 범행의 동기를 정확히 식별하는 과정 대신에 낙인을 씌워버릴 때 발생한다. 예를 들어, 무분별한, 이해할 수 없는, 비인간적인 범죄라는 낙인을 씌우는 경향이 있다. 동기는 고려할 수 없으므로, 관찰자는 동기가 지능적인지 또는 그 목적 달성을 위해 취해진 수단이 합리적인지를 판단하는 일에서 제외된다. 세 번째 이유도 비슷하며, 수단, 목적, 그리고 동기를 구별 하지 못하는 데서 비롯된다. 연쇄 강간살인의 경우, 범죄의 특정 요소들이 병적으로 보인다면(예를 들어, 동기 그 자체, 광적인 폭력의 사용 등), 범행 과정 전체가 비합리적이라고 치부되어 버리는데, 심지어 범행이 계획적이고, 목표를 선택했고, 증거를 없애고, 그리고 발각을 피하기 위해 다양한 시도를 했다는 상당한 증거가 있음에도 비합리적이라고 간주한다.

특정한 범죄행위의 합리성을 판단하는 것은 동기가 정확히 규명된 후에만 이루어질 수 있다. 동기가 정확히 밝혀지면 '분별없어 보이는' 강도 행위가 이해할 수 있거나 심지어 합리적으로 보일 수 있다. 이렇게 함으로써 사용된 방법의 합리성을 평가할 수 있다. 또 다른 예를 들자면, 습관화(범행 단계 중에서 범죄 스크립트가 가장 잘 발달할 수 있는 단계) 도중에 여러 번의 범행 경험이 있는 범죄자들이 의사결정을 빨리하고 향상시키기 위해 간단한 경험칙을 이용하여 범행의 다양한 측면들을 일상화routinize 한다는 사실에도 불구하고, 눈에 띄는 계획이 부족하다는 이유로 여전히 많은 연구자들에 의하여 비합리적 의사결정의 증거로 인용되고 있다(Garcia-Reameo and Dhami, 2011). 다른 유용한 경험 법칙에는 범죄적 생활을 사는 사람들이 일상적인 자기보호 조치로 무기를 휴대하는 것, 상황이 들어맞을 때 일상적인 범행 준비, 그리고 정형화된 범죄계획 등이 포함될 수 있다. 소머스와 배스킨은 이렇게 언급했다.

> 여성들 삶의 환경이 변함에 따라 그들이 범죄를 저지르는 것 대신에 다른 대안을 적극적으로 고려할 가능성이 점점 줄어들었다. 폭력범죄 실행에 관한 의사결정은 상황적 기회를 인식하고 파악하는 능력에 크게 의존하면서 일상화 또는 패턴화되었다.
>
> (Sommers and Baskin, 1993: 157)

범죄 수행의 세부사항과 범죄자 생활양식의 복잡성에 대한 주의 부족 때문에 연구자들이 합리적 의사결정을 인식하는데 실패했을 수 있다. 그럼에도 불구하고, 범죄의 합리성에 대한 가장 설득력 있는 증거는 특정 범죄에 대한 많은 문화기술적 연구들에서 나온다는 것을 감안할 때, 그 저자들이 우리 자신의 의견과 너무나 다른 범죄자들의 의사 결정의 합리성에 대해 어떻게 결론을 내릴 수 있는가? 특히 그들의 데이터가 합리적 선택의 관점의 모든 가정과 아주 밀접하게 일치하는 것처럼 보일 때 말이다. 위에서 논의된 문제들은 이것을 설명하는데 어느 정도 도움이 되지만, 궁극적으로 개념적 틀이 충돌하고 학문적 선입관과 미션이 다양한 범죄학과 같은 학제적interdisciplinary 연구 분야에서 피할 수 없는 상호 긴장을 잘 반영하는 것으로 볼 수 있다. 범죄를 통제하는 것보다 설명하는 것의 상대적 중요성, 형사사법정책, 정책 지향적 이론과 실천의 지위와 가치에 대한 극단적인 다양한 시각들이 아마도 상호 존중과 협력 의향을 줄일 것이다(Clarke, 2004). 이러한 문제들 중 일부는 아래에서 간략히 소개한다.

합리적 선택 관점은 모호하고 지루하고, 무기력하고, 무력하다

이 비판은 '에너지와 긴장의 범죄학a criminology of energy and tension(John Jay College,

2007)'을 출범시키기 위한 선언문의 한 페이지에 언급되었으며, 합리적 선택 관점과 일반적으로는 정책 지향적 연구에 대한 오래된 사회학적 비판의 핵심이다. 이것은 범죄와 범죄성에 대한 평가appreciative를 강조하는 주장과 형사사법과 범죄과학을 강조하는 주장의 서로 상충하는 차이점들을 극명히 보여 준다. 클라크와 팰슨은 아래와 같이 말했다.

> 우리는 범죄학 이론의 궁극적인 목적이 추상적인 '이해'가 아니라, 사회에 해를 끼치는 그리고 범죄자 자신들에게 해를 끼치는 다양한 이기적인 행동들을 통제하는 데 도움을 주는 방법들을 이해하는 것임을 염두에 두기 위해 노력해야 한다고 하였다.
>
> (Clarke and Felson, 1993: 13)

범죄 생활양식과 그들의 문화적 맥락에 대한 생생하고 극적인 묘사를 배경으로, 범죄 예방과 피해자에 대한 피해 감소와 함께 합리적인 선택 관점의 수단과 목적에 대한 다소 메마른 초점은 비교적 필연적으로 창백해 보일 수밖에 없다. 하지만 아래에 간략히 설명했듯이, 이러한 차이점에는 대해서는 충분한 이유가 있다.

사실, 많은 범죄는 동기와 범행 모두에서 다소 평범하다. 사람들이 크게 관심 있어 하는 강간, 살인, 아동 성학대, 테러 등의 범죄에 집중하기보다 합리적 선택 관점은 초기부터 주거침입 절도, 기물파손 등과 같은 흔하고 자주 발생하는 범죄에 집중하기로 한 것은 실용성을 강조했기 때문이다. 그러나 이러한 접근이 합리적 선택은 모든 종류의 범행을 다루는 것에는 관심도 없고 또한 다룰 수도 없다는 인상을 주었을 수도 있다. 이러한 인상은 다른 영역으로의 확장이 가능함이 증명된 후에도 여전히 남아 있다. 또 다른 비판의 근원은 범죄자의 동기부여 문제를 다루는 것이다. 다시, 범죄사건을 예방하기 위한 목적에서 합리적 선택 관점은 특정 범죄 뒤에 있는 즉각적인 필요나 욕망에 대한 범죄자의 동기 및 선호를 정확하게 파악하는 데 더 관심이 있는 것이 사실이다. 하지만 동기와 선호에 대하여 더 깊게 파고들지는 않는다. 그들의 기원을 추적하는 것에 대하여는, 사회학적, 심리학적 이론가들이 할 일이라고 생각한다. 합리적 선택의 초기 모델은 범죄자들의 동기를 현재의 생활양식 맥락에서 파악했었지만, 다시 한번, 범죄자의 생활양식은 다른 학자들이 설명하는 것으로 하고 지금은 관심을 두지 않는다.

합리적 선택 관점은 범죄 문제에 대하여 포괄적이고 급진적 해결책을 강조하기보다 단편적인 처방의 장점을 강조함으로써 학자들로부터 무기력하고 무력하다고 비판 받아왔다. 하지만 왜 다른 과학분야에서는 점진적인 진보를 하는 과정이 인기가 있지만 범죄학의 일부 분야에서는 그렇게 경멸받는 것일까? 아마도 그것은 우파와 좌파의 이념들이 그들의 유토피아적인 비전을 좀 더 실용주의적인 중간에 강요하기 때문일 것이다. 합리적인 선택의 관점에서 볼 때 다른 접근 방식들은 종종 범죄성을 바꾸려는 시도와 같은 포괄적인 해결접근의 의도하지 않은 결과를 무시하고 넘어가는 것처럼 보인다. 선의의 동기는 결국 유익한 결과를 보장하지 못한다. 사회구조에 대한 분석은 필요하고 중요하지만, 이것을 바꾸는 방법은 잘 이해되지 않았다. 합리적 선택 관점은 자유의지 대 결정주의, 인간 본성의 본질, 본성 대 양육 등 많은 문제에 대해 신중한 견해를 취한다. 이러한 모든 불확실성 때문에 우리는 잠재적이고 정체불명의 범죄자를 바꾸는 방식보다 단편적 처방처럼 보이지만 보상과 처벌원리를 이용해 환경을 조작하는 정책을 선호한다.

비록 무기력하고 무력한 것으로 묘사되었지만, 합리적 선택 관점은 정책 지향성과 상황적 범죄예방에 대한 목표로 인해 가장 많은 비판을 받아 왔다. '행정범죄학', '관리학', '관리주의'와 같은 용어들은 인간 삶을 풍요롭게 하거나 자유롭게 하기보다 제한하고 처벌하는 것에 관심을 두는 관료주의적 통제시스템의 인상을 풍기는데, 이러한 용어들은 주로 정책 지향적인 연구를 비판하는데 사용되었다. 이러한 비난들은 여러 가지 미묘한 수준으로 목소리를 높였다. 예를 들어, 럼가이(Rumgay, 2003: 443)는 갈랜드Garland's의 The Culture of Control에 대하여 서평을 작성했는데, 그 책의 정부 정책에 대한 관점을 '놀랍도록 불공정한 시각'이라고 비판하였다. 문화 범죄학자들의 비판 또한 합리적 선택 관점의 본질 오해하는 것 같다(Hayward, 2007).

이러한 비판에서 간과되고 있는 것은 행정범죄학이 비록 매력적이지는 않지만 시민 사회를 유지하기 위한 형사사법체계를 돕는 데 있어 매우 중요한 역할을 한다는 점이다. 합리적 선택 관점과 상황적 범죄예방의 경우에, 범죄 기회들을 차단해야한다고 강조하는 것은 범죄자들의 이익은 항상 피해자들의 희생에서 비롯된다는 것을 염두에 두기 때문이다. 그러나 범죄 과학은 균형을 맞추기 위해 노력할 수 있다.

"충분히 좋은good enough" 원칙이 단순함을 초래했다

이 비판은 위에서 논의된 다른 것들과 다소 다르다. 이것은 합리적인 선택의 관점에 적대적인 사람들이 아니라, 이 관점을 이용하는 환경범죄학자들에 의해 제기되었고, 보다 발전된 현대적 결정이론의 관점에서 합리적 선택 관점을 갱신하려고 시도하고 있다. 그들은 이러한 발전된 결정이론을 무시하는 것은 의사결정과 관련된 매우 복잡한 영향들을 지나치게 단순화하는 것뿐만 아니라, 환경범죄학에 더 큰 기여를 할 수 있는 더 많은 사회과학자들과 행동과학자들을 불필요하게 적대적으로 만든다고 주장한다. 예를 들어, 많은 사람들은 합리적 선택 관점이 트베르스키와 카네만(Tversky and Kahneman, 1974)에 의해 확인된 인지적 편견thinking bias에 대한 중요한 지식을 무시했다고 주장해왔다. 다시, 밴 개더 외(Van Gelder et al., 2013)는 최근 의사결정이 감정과 인식에 강하게 영향을 받는다는 증거가 합리적 선택의 관점에 편입되어야 한다고 주장했다. 그 분야에 상당한 공헌을 한 피스와 레이콕(Pease and Laycock, 2012)은 행동유도성affordance[5] 개념(Gibbson, 1977)과 보다 최근의 '넛지nudge 이론[6](Thaler and Sunstein, 2008)'을 고려함으로써 이론과 실천 모두 풍족해질 수 있다고 지적했다. 이 모든 논란은 최근에 제기되었으므로 이들 주장에 대하여 간단히 답변한다.

- 합리적인 선택 관점은 이론이 아니다(비록 그것이 지난 30년 동안 올바른 방향으로 움직였을지도 모른다는 것을 알게 되어 기쁘긴 하지만). 이것은 사고를 안내하기 위한 몇 가지 기본적인 가설의 틀이다. 이것의 초점은 범행에 있어서 기회의 역할 그리고 그러한 기회를 줄임으로써 특정 범죄를 예방하는 실질적인 목표에 대한 것이다. 아마도 이것은 메타이론(비슷한 가정을 공유하는 많은 기회이론들을 위한 넓은 컨테이너)으로 가장 잘 묘사될 수 있다(Cornish 1993).
- 비록 트베르스키, 카네만 등의 인지적 편견에 대한 연구를 잘 알고 있기는

---

5 행동유도성(affordance): 환경이나 사물이 그것에 작용하려고 하는 사람이나 동물에게 제공하는 가치 있는 정보를 뜻함.

6 넛지 이론: 사람이 언제나 합리적인 선택을 한다는 일반적인 경제학의 전제를 부정하고 인간 주변의 심리적 사회적 요소가 경제적 의사 결정에 영향을 주는 이론이다. 일상 생활에서 넛지(팔꿈치로 슬쩍 찌르다)의 예를 들자면, 공공화장실 남자 소변기에 파리 하나를 그려 넣음으로써 남성들이 파리를 조준하여 소변을 보도록 만들어 변기 밖으로 소변이 흐르는 것을 막을 수 있도록 한 것이 넛지 이론의 예이다.

하지만(Cornish, 1978; Clarke and Cornish, 1985), 성공적인 범죄 의사결정에 있어 적응형 발견법(휴리스틱스[7])의 역할에 더 많은 관심을 기울여야 할 것이다 (Gegerenzer el al, 2011). 만약 정말로 경험 많은 범죄자들이 이러한 휴리스틱의 사용에 의해 기회 단서가 선택되고 처리가 된다면, 이것만으로도 상황적 범죄예방 디자인에 실질적이고 즉각적인 가치가 있을 것이다.

- 또한 최근 토론에서 클라크(Clarke, 2014)는 의사결정에서 감정과 인지의 역할에 대하여 주의가 필요하다고 제기하였다. 감정의 역할에 대한 더 많은 우려가 있다. 이것들은 별 도움도 되지 않는 범죄를 도구적이거나 표출적인 것으로 구분하는 것; 충동적이고, 더 나쁜 것은 기회주의로 비유하는 경향들; 마치 그것의 적용을 좋아하거나 또는 그 사용에 대해 무관심한 사회적, 경제적 조건에서 분리된 개인적 도덕적 성향이나 성취인 것처럼 자기통제의 모호한 역할을 포함한다. 이것과 신경과학의 최근 진출과 관련된 다른 문제들 이면에는 두 가지 기본적인 우려가 있다. 첫째, 최근에 그 덫을 빠져나간 후, 우리는 계속해서 그 제한된 합리성을 추정하는 대신에, 성급하게 범죄행위를 다시 병리화할 위험이 있다. 그리고 둘째, 새로운 방향을 모색하는 과정에서 우리는 범죄과학에 타당성 검증을 적용하는 것을 머뭇거리게 될 지도 모른다.

아마도 가장 포괄적인 비판은 워틀리(Wortley, 2014)에 의하여 제시되었는데, 그는 환경범죄학에 획기적인 공헌을 했고 또한 질 단도 범죄과학연구소[Jill Dando Institute of Crime Science]의 이사이다. 비판에서, 그는 합리적 선택 관점이 범죄자 의사결정에 대한 일반적인 이론 역할을 했고 상황적 범죄예방의 적용을 위해 고안된 정책 이론으로 역할을 했다는 것을 분명히 인정했다. 그는 왜 합리적 선택 관점이 더이상 이전의 목적을 달성하지 못하는지 설명하고, 왜 더 이상 상황적 범죄예방의 목표에 적절하게 기여하지 못하는지 세 가지 이유를 제시한다.

첫째, 충분히 좋은 이론[good enough theory]은 상황적 범죄 예방에 대한 비

---

7 휴리스틱스(heuristics): 유사한 문제에 대하여 이전 경험을 바탕으로 문제 해결 방안을 찾는 방식. 이 방식은 가장 최선, 합리적, 완벽한 것은 아니지만, 즉각적이면서 충분한 해결방안을 찾는 데 사용된다.

판자들에게 공격 대상이 된다. 현재 방치되어 있고 정교하지 않은 상태에서, 합리적 선택 관점은 상황적 관점을 약화시키고자 하는 사람들에게 쉬운 목표로서 자신을 제공한다. 둘째, 인지 과학의 발전된 최근 연구결과는 상황적 범죄 예방 관점을 심리학과 경제학과 같은 다른 분야와 더 잘 통합하는 데 도움이 될 수 있다. 셋째, 아마도 우리는 현재의 합리적 선택 모델이 결국 더 이상 충분히 좋지 않다는 것을 알게 될 것이다.

(Wortley 2014: 250)

워틀리의 비판들 중 가장 중요한 것은 세 번째지만, 우리의 입장은 더 보수적이다. 우리는 의사결정에 대한 새로운 지식을 통합하는 것이 상황적 범죄 예방의 실행에 실제로 도움이 된다는 것을 명확하게 보여 줄 수 있을 때까지 합리적인 선택의 관점을 바꾸는 것을 거부한다. 결국 합리적 선택 관점의 핵심을 구성하는 현재의 의사결정 모델은 범죄 의사결정에 가능한 기여 요인에 대한 방대한 지식을 이미 요약하거나 언급한다. 이것들의 개별 요소가 새로운 지식으로서 확장될 수도 있고 그 결과는 이 과정에 대한 보다 포괄적인 설명을 제공할 수도 있을 것이다. 그러나 새로운 아이디어의 시장에서의 경쟁자들의 범위는 엄청나다(Bouhana, 2013 참조). 그리고 검증되지 않은 채 통합이 된다면, 이러한 통합의 과정은 합리적 선택의 관점을 사용할 수 없고 이해할 수 없게 만들 수 있다. 즉, 그것은 그 자신의 무게에 의해 가라앉을 수 있다.

대신에 우리는 합리적 선택 관점의 복잡성을 범죄자의 의사결정을 이해하고 범죄 예방 정책을 도출하는 데 도움을 제공하기 위한 틀을 제공하는 수준정도로 최소한으로 유지하려고 의도적으로 노력해왔다. 왜냐하면 우리는 범죄 예방의 실질적인 방안을 알려주고 싶었고 이론의 완벽성completeness보다는 이론의 간결성parsimony을 더 중요하게 생각했다. 한편, 우리는 '이론'이 아닌 '관점'이라고 조심스럽게 부르는 접근법에 수정이 필요할 수도 있다는 것을 항상 인식하고 있다. 그리고 사실, 범죄 스크립트라는 개념의 통합에 의해 가장 중대하게 수정되었는데, 그것은 우연이 아니라, 상황적 개입의 숫자를 범죄를 저지르는 각 단계로 확대시켰다. 만약 어떤 새로운 개념이나 지식이 가시적인 이점을 가지고 있다는 것을 보여줄 수 있다면, 우리는 기꺼이 합리적 선택 관점 내에서 특정한 역할을 부여할 것이다.

결론

결론적으로 위에서 설명한 합리적 선택 관점의 핵심 개념들은 일련의 실용 가설이며 관점 자체는 기존의 범죄학 이론보다 더 직관적인 개념들의 집합이다. 그것의 주된 목적은 범죄사건의 발생으로 이어지는 상황을 분석하기 위한 발견적 장치를 제공하는 것이다. 경험적 진실보다는 결실이 주된 목표이다. 범죄를 '합리적'이라고 여기는 것은 범죄자들을 이성적인 범죄자로 보는 것이다. 이는 결과적으로 범죄관여와 범죄 수행의 맥락에서 합리성 추정의 실용성을 탐구하는 의사결정 모델의 효용성을 보여 준다. 이러한 모델들은 범죄행위에 대한 문화기술적 연구 결과와 새로운 연구 방향들에 의해 발견되는 관점을 종합하는 프레임워크를 제공한다. 특히 범죄가 발생하는 조건의 일부를 파악할 수 있는 방법을 제공함으로써 범죄 행위를 예방하거나 방해하는 새로운 방법들이 개발될 수 있다.

우리가 분명히 밝혔듯이, 합리적인 선택의 관점은 원래 상황적 예방의 개발을 돕기 위해 만들어진 것이었지만, 또한 범죄학에 몇 가지 특별한 기여를 했다. 따라서 반복적 범죄피해와 같은 현상(Farrell et al., 1995), 특정 제품에 대한 도둑들의 선호도(Clarke, 1999), 그리고 영국의 석탄가스를 천연가스로 대체한 후 자살률의 급격한 하락과 같은 현상(Clarke and Mayhew, 1988)에 대한 경험적 자료에 근거한 설명을 제시할 수 있었다. 상황적 범죄 예방 수요에 대한 결과로서, 많은 노력이 이벤트 모델을 개발하는데 투입되었고, 우리는 이제 광범위한 범죄가 어떻게 실행되는지에 대한 상당한 양의 정보를 수집했다. 그러나 개시, 습관화, 그리고 중지 모델들과 관련된 특정한 범죄들의 역할은 그다지 연구되지 않았다. 중지에 대해서는 예외적으로 쿠손과 핀소놀트(Cusson and Pinsonneault, 1986b)에 의하여 왜 무장 강도들이 중지하는지 그리고 슈클라(Shukla, 2006)에 의하여 마리화나 사용을 중지하는 결정에 대한 연구가 있다. 다시 말하지만 어떤 범죄는, 규칙적으로 반복될 때, 습관화 모델을 뒷받침하는 데 중요한 역할을 할 수도 있다. 예를 들어, 자동차 절도에 관한 연구(Copes and Cherbonneau, 2014)는 범죄자들의 생활양식의 많은 측면들에서 이 범죄의 중심성을 강조한다.

보다 일반적으로 합리적인 선택 관점 자체와 범죄패턴 분석과 같은 연합적인 접근법은 절도, 자동차 절도와 같은 재산 범죄로부터 조직범죄(Bullock et al., 2010), 범죄 네트워크 분석 및 교란(Bichler and Malm, 2015), 전자 상거래(Newman and Clarke,

2003), 신원 도용(McNully and Newman, 2008), 그리고 야생동물 범죄(Lemieux, 2014)
와 같은 영역으로 확장되었다. 비이성적이고 충동적이거나 병적 동기 때문에 합
리적 선택분석을 적용하기 어려울 것이라고 생각된 이른바 표출적 범죄행위에 대
한 분석도 베넷(Bennett, 1986)의 아편중독에 대한 초기 연구 이후 상당히 확대되었
으며, 이후 술집폭력(Graham and Homel, 2012), 연쇄 살인(Beauregard et al., 2007), 아
동 성학대(Wortley and Smallbone, 2006), 테러리즘(Clarke and Newman, 2006; Freilich and
Newman, 2006) 등으로 확장되었다.

　　합리적 선택 관점은 여전히 많은 부분에서 개선되고 있는 관점이다. 단순히
'충분히 좋다'가 아니라 '지금 충분히 좋은 이론'을 지향한다. 일단 초기 가설들이
확정되면 상황적 범죄 예방의 발전과 함께 성장하면서 범죄학적 현상(범죄 전이, 범
행과정의 세부적 사항, 범죄자 의사결정의 다른 양상들)에 대한 더 나은 이해를 제공하기
위해서, 실제에 대한 이론으로서 적극적이기 보단 대응적 접근을 취했다. 성장과
변화는 또한 범죄자에 대한 최소주의견해minimalist 비판에 대응하여 일어나고 있다
(Wortley, 2001; Cornish and Clarke, 2003; Ekblm, 2007). 범죄 예방 관행이 소시오페스적
인 약탈자뿐만 아니라, 도덕적 양심의 가책을 가진 일반적 범죄자들의 존재를 암시
적으로 가정한 것은 점진적으로 범행을 결정하는데 있어서 변명, 상황적 압력 그리
고 도발의 역할을 증가시켰다. 우리는 새로운 아이디어와 개념에 대한 이러한 개방
성이 미래의 특징이 될 것이라고 믿는다. 여하튼 1985년에 결론 내렸듯이, 우리는
합리적인 선택 관점이 도움을 주어서 실질적인 범죄 예방 전략들을 만들어 내길 기
대한다.

　　이 새로운 지식의 축적은 다른 모든 좋은 이론들처럼, 선택 이론의 가
　장 오래 지속되는 범죄학적 유산임이 증명될 수도 있을 것이다. 하지만 다
　른 모든 좋은 이론들과 마찬가지로 그것은 그 자체의 파괴의 씨앗을 포함
　해야 한다. 즉각적인 실질적인 가치가 무엇이든, 그것이 만들어 내는 사
　실은 시기적으로 적기에 제공되고 좀 더 정교하고 더 만족스러운 범죄 이
　론을 위한 빌딩 블록을 제공해야 한다.

(Cornish and Clarke, 1985a: 16)

■ 검토 질문

1. 범죄자들은 (제한적으로) 합리적인가?

2. 왜 범죄자들이 제한적으로 합리적이라고 가정하는 것이 유용할까?

3. RCP는 도구적 범죄와 이른바 표출적 범죄에도 동일하게 적용되나?

4. 유형적인 보상 외에 범죄의 이점은 무엇인가?

5. '충분히 좋은 이론'은 충분히 좋은가?

6. 기회가 범죄의 원인인가?

7. 왜 범죄 구체적이라는 개념이 합리적인 선택에 그렇게 중요한가?

제3장

상황적 범죄 촉진요인

리처드 워틀리Richard Wortley는 범죄 과학 교수이자 유니버시티 칼리지 런던의 질 단도 보안 및 범죄 과학 연구소의 소장이다. 그의 연구 관심사는 범죄 행동에서 즉각적인 환경이 미치는 역할과 이것이 상황적 범죄 예방에 미치는 영향에 초점을 맞추고 있다. 연구 주제에는 교도소에서의 불법행위, 내부 고발, 아동 성학대, 친밀한 파트너 살인 등이 포함되었다. 저서는 '상황적 교도소 통제: 교정 시설의 범죄 예방(Situational Prison Control: Crime Prevention in Correctional Institutions [Cambridge University Press 2002])', '아동 성학대 예방:증거, 정책 및 실제(Prevention Child Sexual Abuse: Evidence, Policy and Practice[Willan 2008], 스티븐 스몰본, 빌 마셜 공저)', '인터넷 아동 포르노: 원인, 조사 및 예방(Internet Child Pornography: Causes, Investigation and Prevention[Praeger 2013] 스티븐 스몰본 공저)' 등이 있다.

제3장 상황적 범죄 촉진요인

리처드 워틀리(Richard Wortley)

서론

이전 장에서 살펴본 것처럼 개인이 즉각적인 환경으로부터 획득한 정보를 처리하고 행동하는 방식을 설명하기 위해 환경범죄학에서 사용하는 합리적인 선택 관점은 보편적인 방식이다. 합리적 선택 관점에 따르면 즉각적 환경은 개인이 생각 중인 범죄를 저지를지 말지를 결정하는 데 필요한 데이터를 제공한다. 잠재적 범죄자들은 범죄의 예상 결과를 평가하고, 범죄의 이득이 비용보다 더 크다고 판단되면 범죄를 저지른다. 이 장에서는 합리적인 선택이 즉각적 환경의 역할에 대한 설명의 절반만을 제공한다고 주장한다. 즉각적인 환경은 또한 그 당시에 생각지도 못했던 범죄를 하도록 적극적으로 장려하거나 유도할 수도 있다. 다음 시나리오를 생각해 보자.

짐은 저녁 때 지역 나이트클럽에서 친구들을 만나기로 했다. 그는 즐거운 밤을 보낼 것을 기대하고 기분 좋게 클럽에 도착했다. 그가 입구에 도착했을 때, 입구 직원은 그에게 거칠고 호전적으로 대했지만 결국 안으로 들어가는 것을 허락했다. 그는 나이트클럽에 들어갔을 때 이미 사람들이 꽉 차 있었다는 것을 알게 된다. 그는 군중 속을 헤치고 나아간 후에 마침내 친구들을 찾았다. 책상이나 의자가 남아 있지 않고, 그들은 구석에서 있어야 했으며, 사람들은 그들 주위에서 서로 밀치면서 지나다녔다. 음악은 최대 볼륨으로 쉬지 않고 나와서 서로 대화를 하는 것이 불가능하였다. 에어컨은 사람이 너무 많아 시원하지 않았고 방은 뜨겁고 어둡고 답답했다. 짐과 그의 친구들은 계속 술을 마셨다. 하지만 바에 가는 것이 너무 힘들었고, 주문한 음식을 받는 데 30분도 더 걸렸다. 짐이 주문한 한 잔의 술을 받아서 고군분투하며 자리로 돌아올 때, 다른 사람이 그와 부딪혀 들고 있던 술을 온몸에 쏟고 말았다. 짐의 친구들은 그에게 보복하여 그를 때리라고 눈짓을 보내고 있다.

이 상황에서 짐이 폭행을 행사하기로 결심했는지 여부는 합리적 선택이라는 측면에서 분명히 분석될 수 있다. 아마 짐은 경호원을 눈앞에 두고 싸우는 것이 너무 위험하다고 판단했을 수 있다. 혹은 아마도 그 상대방이 짐보다 더 크거나 그의 친구들이 있어서 짐이 공격을 하면 오히려 더 곤경에 처할 것이라고 판단했을 수도 있다. 대신에, 자기의 구겨진 체면을 회복하는 것이 이 모든 위험보다 더 가치가 있다고 판단하고 펀치를 날릴 수도 있다. 그러나 합리적 선택은 이러한 결정에 이르도록 하는 모든 상황적 사건들을 고려하지는 않는다. 그가 나이트클럽에 도착한 이래로 짐은 일련의 스트레스와 좌절의 상황을 경험했고 이것이 그의 공격성을 절정에 달하게 만들었다. 이 상황에 더하여 그의 음주가 자제력을 약화시켰고, 그의 친구들 앞에서 참는 것이 체면을 구긴다는 점이 복합적으로 작용했다. 술을 쏟은 것은 마지막 결정타였다. 만약 이러한 일련의 사건들이 일어나지 않았다면 다른 사람과 부딪히는 일은 없었을 것이고 그랬다면 폭행을 할지 말지에 대한 합리적 선택 과정도 필요가 없었을 것이다. 비록 낯선 사람이 술을 쏟게 만들었지만, 나이트클럽에서 잘 즐겨서 짐이 기분이 좋았다면 술을 쏟은 것을 단순히 실수라고 생각하고 넘어갔을 수도 있다. 이처럼, 폭력적인 대응의 가능성은 짐의 공격성을 증대시킨 여러 가지 다양한 상황적 요인들(촉진요인)에 의하여 증가하였다.

따라서 상황적 범죄 촉진요인은 범죄를 저지르는 동기를 생성, 유발 또는 강화하는 즉각적인 환경의 모든 측면으로 정의할 수 있다. 이 장에서는 범죄 촉진에 있어 즉각적인 환경의 역할을 검토한다. 이 장은 심리학에서 상황적 영향요인들을 특징짓는 방식을 살펴보고 이를 합리적 선택 관점의 촉진요인과 대조해 본다. 그런 다음 촉진요인들의 분류를 제공한다. 그 다음에는 다른 종류의 범죄자의 행동, 다른 종류의 범죄 그리고 다른 종류의 환경에서 촉진요인들이 수행하는 역할에 대한 조사를 하고, 마지막으로 범죄 예방을 위한 촉진요인들의 정책적 함의를 살펴본다.

인간-상황 상호작용에 대한 확장된 시각

환경범죄학 관점이 처음 제시되었을 때 심리학자들은 행동에서 즉각적인 환경이 하는 역할에 새로운 관심을 기울였다(Wortley, 2011; Wortley & Townsley, Chapter 1 참조). 개인이 다른 상황에서 다르게 행동한다는 생각은 행동주의(또는 학습이론), 인지심리학, 사회심리학 및 환경심리학과 같은 여러 주요 심리적 관점에 내재되어 있다. 두 가지 광범위한 연구가 등장했고, 하나는 합리적 선택 관점이 도출되었던 보상과 처벌의 분배자로서 즉각적인 환경에 초점을 맞추고 있다. 다른 하나는 개인의 현재 심리적 작용과 즉각적인 환경은 밀접하게 연결되어 있다고 보는 보다 생태적인 관점을 취한다. 이 두 번째 관점에서 촉진요인의 개념이 기반을 두고 있다.

수많은 유명했던(실제로는 악명 높았던) 실험들은 상황의 힘이 개인의 심리를 변화시켜서 반사회적 반응을 유도했던 다양한 사례를 보여 주었다. 1963년부터 스텐리 밀그램Stanley Milgram은 권위에 복종하는 일련의 실험을 시작했다(Milgram, 1963; 1974). 실험에서 교사 역할을 할당받은 참가자는 학습 실험에 참여하고 있다는 설명을 듣고 실험에 참여했는데, 연구자로부터 의자에 묶여 있는 다른 참여자(학습자)에게 전기를 통하게 하도록 지시를 받았다. 실제로 전기 충격을 전달하는 기계는 가짜였고, 의자에 묶여 있던 학습자는 충격이 전달될 때 고통스럽게 비명을 지르도록 지시받은 연기자였다. 밀그램은 학습자가 정답을 맞추지 못했을 때 연구자가 패널티로 전기를 통하게 하라고 교사역할 참여자에게 요구했고 참가자의 3분의 2가 최대 450볼트의 전기가 통하도록 했으며, 이때 기계에 '위험-심각한 충격'으로 명확하게 표시되어 있었다. 밀그램은 참가자들이 자신의 행동에 대한 도덕적 비난을 제3자에게로 전가시켰고 이로써 비난 받을 수 있는 행동에 가담할 수 있었다고 주장했다. 후속 연구에서 밀그램(1974)은 참가자들에게 복종하라는 압력이 여러 가지 방법으로 조작될 수 있음을 발견했다. 예를 들어, 연구자가 교사와 가까울수록 그리고 학습자와 교사 사이의 거리가 멀수록 복종이 증가하였다.

1971년 필립 짐바르도Philip Zimbardo와 동료들(Haney, Banks and Zimbardo, 1973)은 똑같이 악명 높은 스탠포드 대학교 교도소 실험Stanford Prison Experiment을 수행했다. 스탠포드 대학 지하에 있는 가상 교도소에서 24명의 남자 대학생들이 무작위로 간 수와 수감자 역할을 맡았다. 원래 2주 동안 진행되도록 예정된 실험은 참가자의 행 동이 점점 더 병리적으로 변함에 따라 6일 후에 중단되었다. 간수들은 잔인하고 권 위주의적이 되어 수감자들에게 가혹하고 자의적인 처벌을 가했다. 예를 들어, 매 시간마다 깨워서 팔 굽혀 펴기를 시켰다. 많은 수감자들은 피동적이고 굴종적으로 되었고, 한 명은 정서적 쇠약을 겪은 후 36 시간만에 석방되었다. 짐바르도는 간수 들과 수감자들이 개인의 정체성은 드러내지 못하고(탈개인화) 각자의 역할에 몰두 했다고 주장했다. 이후 글에서 짐바르도는 스탠포드 교도소 실험과 2003년 이라크 전쟁 중 아부 그 라이브 교도소에서 수감자들에게 가해진 학대를 유사한 사례로 묘 사했다(Zimbardo, 2007). 그는 루시퍼 효과Lucifer Effect라는 용어를 만들었는데 루시퍼 는 악마가 된 타락한 천사인데, 권위에 대한 복종과 탈개인화와 같은 상황적 과정 의 집합이 선한 사람들로 하여금 나쁜 일을 하도록 만들 수 있음을 설명한다. 짐바 르도와 밀그램의 실험에서 상황의 역할은 합리적 선택에서 묘사된 상황과는 매우 다르다. 합리적 선택에서 상황은 잠재적인 범죄자가 받아들이거나 거부 할 수 있는 데이터 제공자 일뿐이며 상황은 합리적 통제 하에 있는 프로세스이다. 범죄를 저지 르는 근본적인 성향은 상황적 요인에 영향을 받지 않는 고정된 속성으로 묘사된다. 단지 그 성향 안에서 행동하기로 한 결정만 바뀐 것이다. 이를 스탠포드 교도소 실 험 참가자들에게 미치는 심오한 심리적 영향과 비교해보면 실험 참가자들은 자신 에 대한 인식 자체가 재정의되었다. 짐바르도와 밀그램 연구는 어떤 시간에 범죄를 저지르려는 욕구 자체가 상황에 따라 달라질 수 있음을 시사한다. 따라서 합리적 선택은 범죄 동기가 있는 개인이 어떤 경우에는 범죄를 저지르지만 다른 경우에는 범죄를 저지르지 않는 이유를 설명하는 반면, 탈개인화 및 권위에 대한 순종과 같 은 심리적 과정은 개인 내 범죄 성향의 변화를 설명하는 데 도움이 될 수 있다. 예 를 들어, 왜 정상적으로 법을 준수하던 개인들이 때로는 범죄를 저지를 수 있게 되 는 지를 설명한다.

[표 3.1] 범죄 분석에 있어서 합리적 선택과 상황적 촉진요인 접근의 비교

차원	상황적 촉진요인	합리적 선택
심리적 영역	감정, 도덕성, 인식, 생각	냉철한 의사결정
분석의 초점	행위의 선행상황	행위의 결과
즉각적 환경의 기능	행위의 시작	행위의 수행
범죄자의 동기	상황에 따라 종속됨	이미 동기가 있음
의식의 수준	(아마도) 낮은 수준의 의식	의식적
범죄자의 통제	(아마도) 비자발적	의도적

　　표 3.1은 합리적 선택과 상황적 촉진요인 접근법들을 몇 가지 차원에서 비교한 것이다. 첫째, 촉진요인들은 여러 가지 심리적 영역(도덕적, 감정적, 지각적, 인지적)에 걸쳐 있는 상황적 효과와 관계가 있지만, 합리적 선택은 개인의 '냉철한' 인식하고만 관련이 있다.

　　나이트클럽의 짐 이야기로 돌아가서, 밤 동안 사건들을 경험함에 따라 짐은 행복, 좌절, 굴욕감과 같은 일련의 심리적 상태들을 경험했다. 합리적 선택은 오직 싸울 것인가 아닌가의 결정에만 관심을 가지고 있다. 둘째, 촉진요인들은 숙고된 행동에 앞서 일어나는 사건들과 영향인자인 반면에, 합리적 선택은 숙고된 행동 뒤에 따르는 사건들에 관심을 갖는다. 짐이 경험한 스트레스와 압박은 행동의 전조이고, 짐이 주먹을 날리면 보안 요원이 제지할 것이라는 생각은 행동에 대한 결과와 관계가 있다. 셋째, 상황적 촉진요인들의 기능은 행동을 시작하게 하는데, 합리적인 선택에서 즉각적인 환경은 행동을 수행하도록 허용한다. 스트레스와 좌절은 짐의 공격적 감정을 활성화 시킨다, 그가 공격적인 행동 방식을 수행할지 여부는 기회에 의해 결정된다. 넷째, 촉진하는 사건들은 개인이 범죄를 저지르는 동기를 제공하거나 강화시킬 수 있다, 합리적인 선택은 개인이 이미 범죄 동기를 가지고 있다고 가정한다. 짐은 나이트클럽에서 경험의 직접적인 결과로 공격적이 되었다. 합리적 선택은 일단 폭력을 저지르려는 동기가 존재하고 난 다음 활성화된다. 다섯째, 촉진요인들은 종종 (비록 항상 그렇지는 않지만) 낮은 수준의 의식적 인지 아래에서 작동한다. 합리적인 선택은 의식적인 과정이다. 짐의 공격성 수준이 높아지는 것은 짐이 충분히 의식하지 못하는 환경적 스트레스에 대한 생리적 반응과 관계가 있다, 짐이 싸우게 된다면 싸움의 결과에 대해서는 잘 알고 있다. 그리고 마지막으로, 여섯 번째, 개인들은 촉진요인의 효과에 대하여 제한적으로만 통제할 수 있지

만, 합리적인 선택은 의도적인 행동으로 볼 수 있다. 짐은 스트레스 수준이 올라간다고 느낄 수 있지만 생리적 효과를 극복할 수 있는 능력은 없다. 폭행 여부를 결정하는 것은 적극적인 선택이다.

코니시와 클라크는 합리적 선택 관점이 범죄자의 의사 결정에 대하여 완전하고 이론적으로 엄격한 설명을 하도록 의도하지 않았다는 점을 강조해야 한다(Wortley, 2013; Corish and Clarke, 이 책 2장). 그들은 합리적인 선택 관점을 단지 범죄 예방 정책에 정보를 제공할 수 있을 '충분히 좋은' 정도로만 발전시켰다. 범죄자(합리적 선택에 방해가 될 수도 있는 자기 통제력의 부족과 같은 결점이 없는 범죄자를 가정함)에 대한 빈약한 심리적 묘사는 의도적인 것이었다. 하지만 환경범죄학 분야의 많은 저자들은 '충분히 좋은' 이론을 넘어서서 범죄자에 대한 보다 충실한 설명을 제공할 때가 되었다고 주장해 왔다(Bouhana, 2013; Ekblom, 2007; Laycock and Pease, 2012; Nee and Ward, 2014; Sidebottom and Tilley, in press; van Gelder, Elffers, Reyald and Nagin, 2014; Wortley, 1997, 2001, 2012, 2013). 상황적 범죄 촉진요인이라는 개념이 제안된 것은 이런 주장과 맥락을 같이 한다. 상황적 촉진요인들과 합리적 선택은 범죄에 대하여 서로 상충된 설명을 하는 것이 아니라 범행 과정의 각 단계를 서로 보완적으로 설명한다고 보아야 한다(Wortley, 1998; 2001; 2002). 범죄의 첫 번째 단계는 잠재적인 범죄자를 준비시키는 상황적 힘과 관계된다(촉진요인). 두 번째 단계는 범죄 기회를 평가하는 것이다(합리적인 선택). (그림 3.1 참조) 필요한 촉진요인이나 기회가 없을 경우 어느 단계에서든 범죄는 피할 수 있다. 상황적 모델에 촉진요인을 포함시키는 것은 범죄행위에 대한 보다 역동적인 설명을 제공하는데, 이는 사람-상황 상호작용의 복잡성과 미묘함을 더욱 완벽하게 포착하는 것이다.

[그림 3.1] 촉발요인과 기회의 관계

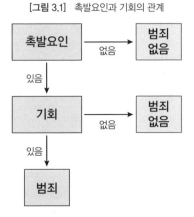

상황적 범죄 촉진요인들의 분류

워틀리(1997, 1998, 2001)는 상황이 어떤 방식으로 행동하려는 개인의 동기에도 영향을 미칠 수 있다는 생각을 포함하고 있는 심리학적 관점을 검토했다. 이러한 관점을 통해, 그는 상황을 통해 범죄를 촉진시킬 수 있는 네 가지 기본적인 방식들을 제시했다. 상황은 범죄를 촉발시키는 신호를 제시할 수 있다, 상황은 개인이 범죄를 저지르도록 사회적 압력을 행사할 수 있다, 상황은 일반적인 도덕적 금지를 약화시킬 수 있고 이는 개인이 범죄를 저지르도록 허용할 수 있다, 그리고 상황은 감정적인 흥분을 유발할 수 있고 이는 범죄를 유발할 수 있다. 각 범죄 내에서 4개의 하위 범주가 제안되었다. 촉발요인들에 대한 분류는 표 3.2에 제시되었다.

[표 3.2] 상황적 범죄 촉발요인 분류

촉발(Prompts)	압박(Pressures)	허용(Permissions)	도발(Provocations)
유발(Triggers)	순응(Conformity)	규칙의 최소화 (Minimizing the rule)	좌절(Frustration)
신호(Signals)	복종(Obedience)	책임의 최소화 (Minimizing responsibility)	혼잡함(Crowding)
모방(Models, Imitation)	준수(Compliance) / 반항(defiance)	결과의 최소화 (Minimizing the consequences)	영역성(Territoriality)
기대(Expectancies)	익명성(Anonymity)	피해자의 최소화 (Minimizing the victims)	환경적 짜증 (Environmental irritants)

촉발Prompts

촉발은 휴면 상태에 있던 생각, 감정 및 욕구를 표면적으로 불러오는 즉각적인 환경의 측면이다. 일상 언어에서 촉발 인자들은 우리를 유혹하고, 우리의 기억을 일깨우고, 기대감을 만들고, 기분을 일으키고, 우리를 자극하고, 경고하고, 우리가 따라갈 수 있는 예시를 제공하는 역할을 한다. 행위를 촉진하는precipitating 데 있어서 촉발의prompt 역할은 학습과 인지 이론에서 설명되지만, 이러한 관점들은 그 과정에 대해 매우 다른 설명을 제시한다. 학습이론learning theory은 행동이 어떤 경우에 발생하기 위해서는 적절한 환경 자극에 의해 자극되어야 한다고 주장한다. 파블로프의 개들이 침을 흘리게 한 종소리는 학습이론의 한 예이다. 인지심리학에서 이와 병렬적인 개념은 점화효과priming이다. 점화prime는 암묵적(잠재의식) 기억으로부터 저장된 정보를 쉽게 검색할 수 있는 환경에서 자극을 주는 것이다. 점화는 우리가 최소한의 정보를 기반으로 심사숙고할 필요 없이 상황에 반응할 수 있게 한다. 예를 들어, 우리가 방금 만난 사람에 대해 기존의 고정관념을 기반으로 반응할 수 있게 한다. 범죄 행위와 관련하여 네 가지의 환경적 촉발요인들(유발, 신호, 모방 및 기대)에 대하여 설명한다.

유발Triggers

일부 환경적 촉발요인들은 무의식적 또는 반사적인 생리적 반응을 일으킨다. 파블로프의 개들에 의한 침흘림은 반사 반응의 한 예이다. 음식을 보는 것은 배고픔을 느끼게 할 수 있고, 에로틱한 이미지를 보는 것은 성적 흥분을 유발할 수 있고, 피를 보는 것은 사람들을 메스껍게 할 수 있고, 담배 연기의 냄새는 흡연자를 니코틴을 갈망하게 할 수 있고, 익숙한 음악을 듣는 것은 향수 같은 감정을 불러일으킬 수 있다. 이런 생리적 반응은 때때로 범죄적인 행동으로 이어질 수 있다. 예를 들어, 칼슨, 마커스-뉴혼 그리고 밀러(Carson, Marcus-Newham and Miller, 1990)는 총과 칼, 폭력적인 그림, 복수심을 주제로 한 범퍼 스티커, KKK 복장, 공격적인 영화 등과 같은 폭력과 관련된 물체와 이미지를 보는 것이 공격적 감정을 조성하고 폭력을 조장할 수 있다는 것을 발견했는데, 흔히 무기 효과weapons effect라고 불리는 현상이다. 유발요인들은 성범죄, 마약, 알코올 남용과 같은 반복적인 행동에서 특히 중요할 수 있다. 예를 들어, 마샬(Marshall, 1988)은 강간범과 아동 성추행범의 1/3이 범행하기 직전에 포르노를 보는 것으로 범죄가 유발되었다고 보고했다.

신호Signals

환경적 신호는 주어진 맥락에서 적절한 행동이 무엇인지에 대한 정보를 제공할 수 있다. 예를 들어, 우리는 신호등이 초록색일 때 교차로를 가로질러 운전하는 것은 적절하지만, 빨간색일 때는 그렇지 않다는 것을 배운다. 범죄자들은 언제 범죄를 저지르기 '적절한 때'인지 알기 위해 항상 그러한 신호들에 의존한다. 집 앞 잔디 위의 수거되지 않은 신문들은 도둑에게 보내는 신호이고, 동성애를 겉으로 드러내는 것은 '동성애자 폭행범gay-basher'에게 보내는 신호이며, 열린 커튼은 관음증자들에게 엿보라는 신호가 될 수 있다. 이러한 신호들은 의식적인 생각을 필요로 하지 않는 자동 반응의 도화선이 될 수 있다. 예를 들어, 주거침입 절도범들의 의사결정에 대한 연구는 경험이 많지 않은 범죄자들 그리고 비범죄자들과 비교하여 경험 많은 범죄자들은 몇 가지 두드러진 단서들을 바탕으로 가능한 목표들에 대해 신속한 판단을 하는 것을 발견하였다(Garcia-Retamero & Dhami, 2009; Nee & Meenaghan, 2006). 니와 미너핸(Nee & Meenaghan, 2006)은 경험 많은 주거침입 절도범 표본의 3/4이 실제로 범죄의 전략을 설명할 때 '자동', '루틴', '제2의 본성', '본능적'과 같은 용어를 사용했다고 보고했다.

모방Models, Imitation

행위를 하는 다른 사람을 관찰하는 것만으로도 모방을 불러올 수 있다. 다른 아이들이 공격적으로 노는 것을 지켜보는 어린이들도 공격적으로 놀기도 한다(Bandura, 1965). 어떤 보행자가 신호등이 빨간불일 때 횡단보도를 건너면 다른 사람들이 따라오는 경우(Lefkowitz, Blake and Mouton, 1955), 학생들이 불법적인 컴퓨터 활동을 하는 교사들을 모방한다(Skinner and Fream, 1997). 근로자들이 그들의 상관이 회사 물건을 훔치는 것을 관찰하면 회사에서 절도를 할 가능성이 더 높다(Hollinger, 1989, Snyder et al., 1991). 모방 모델은 직접 등장할 필요 없이 대중매체에 상징적으로 나타날 수 있다. 인기 TV 프로그램의 자살 묘사 직후 자살이 증가하고(Phillips, 1989; Phillips and Carstein, 1990), 아이들은 텔레비전의 폭력 장면을 보고 나서 더 공격적이 되고(Leyens et al., 1975; Rosenthal, 1990), 주요 권투 경기의 텔레비전 방영이 있은 후에 청소년 살인이 급증하였다(Phillips, 1983).

기대Expectancies

기대는 개인이 어떤 상황에 대하여 이전에 형성되었던 생각에 반응하는 경향을 말한다. 기대효과에 대한 고전적인 예로, 실제로는 토닉 워터만 주어졌지만 보드카와 토닉 워터를 같이 마셨다고 이야기를 들은 사람들이 실제로 보드카와 토닉 워터를 마셨지만, 토닉 워터만 마셨다고 이야기를 들은 사람보다 더 공격적이 되었다(Lang et al., 1975). 개인은 상황적 신호에서 기대치를 유도할 수 있다. 예를 들어, 그레이엄과 호멜(Graham and Homel, 2008)은 나이트클럽의 청결도 수준, 가구 수준 등 물리적 특성에 따라 폭력적이거나 비폭력적인 시설로 평판을 받을 수 있다고 주장했다. 이용자들은 어떤 나이트클럽을 방문할 때 싸움에 연루될 것을 기대했고 그 기대가 마치 예언을 실현하는 것처럼 작용했다고 한다. 유사하게 쓰레기 투기, 기물파손, 황폐화된 집 등이 지역사회의 환경적 쇠퇴와 관리 소홀의 사인이 되고, 이것이 범죄적 행위들을 부르는 메시지가 된다(Willson and Kelling, 1982). 도시 재정비와 다른 환경 미화 프로그램은 잠재적인 범죄자들의 기대를 바꾸어서 지역의 범죄를 줄일 수 있다.

압박Pressures

상황은 개인에게 부적절한 행동을 하도록 사회적 압력을 가할 수 있다. 사회심리학은 개인의 내부 심리적 과정과 행동에 대한 다른 사람들의 영향과 관련이 있다. 인간은 상호작용과 연계를 통해 자신에게 주어지는 기대와 요구에 깊이 영향을 받는 사회적 동물이다. 사회적 영향은 개인의 핵심 태도, 신념, 가치를 발전시키는 데 중요한 역할을 한다. 더 중요한 것은 현재의 목적을 위해, 많은 행동들이 즉각적인 사회적 상황에 의해 좌우된다. 우리는 다른 사람과 있을 때와 혼자 있을 때 다르게 행동한다. 특히 개인들은 집단 규범에 순응하고, 권한 있는 인물들의 지시에 따르며, 요구를 따르거나 거부하고, 집단 내에 자신의 정체성을 녹여버리라는 압박에 직면하게 된다.

순응Conformity

순응은 집단 내 개인들이 집단의 규범과 행동의 기준을 따르는 경향이다. 심지어 이러한 것들이 개인적으로 고정된 믿음과 가치와 상반되는 경우에도 말이다. 우리는 모두 군중을 따라가라는 압력을 경험했고, 범죄자들은 사회적 배척을 피하고 집단으로부터 수용을 얻기 위해 범죄를 저지를 수도 있다. 특히 대부분의 비행 행위는 집단에서 행해지며, 하위문화 규범을 따르려는 또래 집단의 압박이 중요한 요소로 인정된다(Harkins and Dixon, 2010; McGloin and Piquero, 2009). 순응은 갱단 내에서 특히 강하며, 갱 휘장의 사용으로 강화될 수 있다(Quinn and Forsyth, 2009). 유사하게, 조직 내의 부패는 그렇지 않았으면 법을 준수했을 개인들이 불법적인 행동에 순응하도록 하는 힘을 보여 준다. 부패한 관행이 공통적으로 존재하는 조직에 들어

가는 새로운 직원은 동료들로부터 그러한 관행에 동참하는 쪽으로 사회적 압력을 받는다(Clark and Hollinger, 1983).

복종Obedience

복종은 정당한 권위를 가지고 있다고 인식되는 사람이 내리는 직접적인 명령에 따르는 것이다. 특히 심리학에서 관심을 가지고 있는 부분은 앞서 설명한 밀그램(1974) 연구에서처럼 개인이 불합리한 명령에 복종하며 그 과정에서 모든 종류의 잔인한 침범행위를 저지른 것이다. 권위에 대한 복종은 나치에 의한 유대인 학살(Milgram, 1974), 베트남 전쟁 중 마이라이 학살(Kelman and Hamilton, 1989) 등 군사 정권에 의해 저질러진 만행을 설명하는 데 널리 사용되었다. 마찬가지로, 관료조직 내의 부패는 종종 조직에 대한 잘못된 충성심에 의해 상사의 명령에 따라 불법적으로 행동하는 부하들의 행동을 설명한다. 권위 범죄의 예로는 정부의 권력 남용(Kelman and Hamilton, 1989), 기업범죄(Kelman and Hamilton, 1989), 경찰 부패(Fitzgerald, 1989), 교도관 잔혹행위 (Nagle, 1978) 등이 있다.

준수Compliance / 반항defiance

준수는 다른 사람의 직접적인 요청에 따르는 것을 말한다. 준수를 권장하는 것은 잠재적 범죄자와 경찰, 경비원, 나이트클럽 관중 통제자, 그리고 교도관과 같은 공식적인 보호자 사이의 대면 상호작용에 중요한 요소이다. 요청과 명령은 그들이 공정하고, 일관적이며, 합법적인 것으로 인식될 경우 더 따를 가능성이 높아진다(Bottom et al., 1995; Lombardo, 1989; Sparks et al., 1996). 하지만 행동을 통제하려는 시도가 가혹하고 조작적이거나 불합리하다고 여겨질 때, 사람들은 이에 응하지 않거나 심지어 반대 방향으로 반항적으로 행동할 수도 있다(Brehm, 1966; Goodstein et al., 1984; Sherman, 1993). 예를 들어, 벤슬리와 우(Bensley and Wu, 1991)는 고위험의 알코올 방지 메시지가 알코올 소비의 증가를 초래한다는 것을 발견했다. 표지판에 대한 훼손행위(예: '스케이트보드 금지')는 반항의 고전적인 표현이다.

익명성Anonymity

익명성은 개개인이 다른 상황에서 고려하지 않았던 행동을 할 수 있게 하는 금지를 해제하는 효과를 가지고 있다. 익명성은 많은 방법으로 만들어질 수 있다. 실케 (Silke, 2003)는 북아일랜드에서 IRA가 저지른 공격이 공격자가 어떤 형태의 변장을 하고 있을 경우 더 폭력적이라는 것을 발견했다. 익명성은 또한 왜 개인들이 직접 대면 상황 보다 온라인에서 더 난폭하게 행동하는지 설명하는데 도움이 된다 (Johnson, 2007). 익명성은 스탠포드 교도소 실험과 관련하여 앞서 설명한 바와 같이 군중 또는 집단 구성원과 관련된 탈개인화 효과로 이어질 수 있다(Zimbardo, 2007). 대부분의 사람들은 군중 속에 몰입되어 자신의 행동을 감시하는 능력이 떨어지는 느낌을 경험했다. 탈개인화가 반드시 반사회적 행동으로 이어지는 것은 아니다. 그것은 집단의 분위기와 의도에 달려있다. 폭력행위를 불러왔던 탈개인화의 극단적인 예는 '린치몹'의 구성원이 보여 줬던 무리정신과 광란의 행동이 있다(Colman, 1991). 익명성 효과에 대응하는 것은 군중들의 치안유지에 있어 중요한 고려사항이다. 도발적인 군중 통제 방법은 군중들을 선동하고 집단 무질서를 자극할 수 있다 (Reicher, 1991; Shellow and Roemer, 1987).

허용Permissions

상황적 요인들은 도덕적 추론 과정을 왜곡할 수 있고 따라서 개개인들이 통상적으로 금지된 행동을 하도록 허용한다. 사회인지이론(Bandura, 1977; Bandura et al., 1996)에 따르면, 행동에 대한 가장 강력한 제약들 중 하나는 자기 비난이다. 하지만 때때로, 사람들은 그들의 나쁜 행동에 대해 변명을 하고 그들의 행동이 정당하다는 것을 자신들에게 납득시키는 데 성공한다. 이 과정은 범죄학에서 중화이론과 유사하다(Sykes and Matza, 1957). 중화이론에 따르면, 많은 범죄자들은 반사회적 가치를 가지고 있지 않지만, 그들 자신의 범죄성을 최소화하는 방법으로 그들의 행동을 주기적으로 재정의함으로써 범죄의 안과 밖에서 '표류'하고 있다. 사회인지이론은 상황적 조건이 이러한 표류를 용이하게 할 수 있다고 제안함으로써 중화이론을 확장한다. 인간의 양심은 환경과 즉각적인 사회 집단의 피드백에 민감하며, 왜곡된 피드백은 범죄자들이 변명을 하는데 도움을 줄 수 있다. 반두라(Bandura, 1977)는 중화를 도덕규범의 정당성 최소화, 행동에 대한 개인적 책임의 최소화, 행동의 부정적인 결과의 최소화, 희생자의 가치의 최소화 등 네 가지 넓은 범주로 나눌 수 있다고 제안했다(또한 Wortley, 1996 참조).

규칙의 최소화Minimizing the rule

범죄자들은 그들 행동의 본질적인 잘못을 부정함으로써 그들의 행동에 대한 자책감을 피할 수 있을 것이다. 개인들은 올바른 행동을 위한 가이드라인을 위해 동료들의 피드백에 의존하며 주변 사람들로부터 중화하는 데 필요한 지지를 찾을 수 있다. 예를 들어, 부패한 조직 문화 속에 몰입한 사람은 부패한 관행을 정상인 것으로 받아들일 수 있으며, '모두가 그것을 하고 있고 그것은 업무의 일부분이다'와 같은 정서를 옹호할 수 있다(Clark and Hollinger, 1983; Greenberg, 1997). 인간은 또한 규칙이 명확하지 않을 때 자신에게 유리한 쪽으로 모호성을 이용하는 데 능숙하다(나는 그것이 틀렸다는 것을 몰랐다). 공식적인 행동 강령의 존재는 회사 절도(Parilla et al., 1988), 학교 내 집단 괴롭힘(Elliot, 1991), 직장 내 괴롭힘(Randall, 1997)을 줄일 수 있다.

책임의 최소화Minimizing responsibility

범죄자들은 행동에 대한 그들의 역할을 부인하거나 다른 사람들을 비난할 수 있다. 몇몇 사람들은 고의적으로 저지른 반사회적 행동에 대한 변명으로 술을 핑계로 댈 수 있다('술 때문에 어쩔 수 없었다')(Lang et al., 1975). 클라크와 호멜(Clarke and Homel, 1997)은 도서관 절도가 절도범들이 그들로 하여금 책을 훔치도록 만든 도서관이 문제라고 비난하도록 만드는 비효율적인 도서 체크아웃 시스템과 관련이 있을 수 있다고 제안했다('만약 시스템이 더 빨랐더라면 훔치지 않았을 거야'). 반두라(Bandura, 1977)는 조직 내 노동 분화가 개인들이 집단적 책임 뒤에 숨도록 함으로써 부패를 조장한다고 주장했다. 뉘른베르크 재판에서 나치 포로들의 일반적인 방어 중 하나는 그들이 유태인을 강제 수용소로 추방하는 데 작은 역할을 했을 수도 있지만, 그들은 어떤 죽음에도 개인적으로 책임이 없다는 것이었다.

결과의 최소화Minimizing the consequences

범죄자들은 어떤 해도 끼치지 않았다고 주장할 수 있다. 그린버그(Greenberg, 1997)는 사람들이 종종 작은 범죄들의 누적된 효과를 인식할 수 없다고 지적했다. 예를 들어, 그들이 고용주로부터 훔칠 때, 그들은 '회사는 그래도 돼'라는 핑계로 스스로를 안심시킨다. 카터 외(Carter et al., 1988)는 직원 식당에 사내 절도 수준 그래프를 게시하는 것이 절도가 회사에 미치는 영향에 대한 인식을 높이고 절도 감소를 초래한다는 것을 발견했다. 때때로 사람들은 그들 행동의 완전한 효과에 대해 무지하다. 올리버 외(Oliver et al., 1985)는 캠핑객들에게 특정 캠핑 관행의 생태학적 영향에 대한 정보를 제공하는 것이 반달리즘을 50% 감소시켰다는 것을 발견했다. 유사하게, 밴더 스토프와 그래만(Vander Stoep and Gramann, 1988)은 파괴적인 행동의 환경에 대한 결과에 대한 정보를 제공함으로써 역사적 유적지에서 공공 기물 파괴의 현저한 감소를 가져왔다.

피해자의 최소화 Minimizing the victims

사람들은 인간 이하이거나 가치 없는 사람으로 고정관념화될 수 있는 대상들을 희생시키는 것이 더 쉽다는 것을 안다. 실버트와 파인스(Silbert and Pines, 1984)는 가해자를 달래려고 강간 피해자들이 자신이 매춘부라고 말함으로써 오히려 가해자가 더 공격적이고 잔인해졌음을 알아냈다. 인더마우르(Indermaur, 1996)는 강도 사건 당시 피해자들이 저항할 경우 종종 범인에게 '의로운 분노'를 불러일으키고 폭력을 확대시키는 결과를 낳았다는 것을 발견했다. 올웨우스(Olweus, 1978)는 학교 운동장 괴롭힘 피해자들이 체격의 왜소함, 개인위생과 복장 등이 괴상하거나 독특한 경향이 있다는 것을 보고했다. 직원들이 회사로부터 부당한 대우를 받았다고 느낄 때, 그들은 복수의 행위로 훔치거나 공격적이 되거나 파괴적인 행동을 할 수 있다(Greenberg, 1990).

도발 Provocations

상황은 스트레스를 유발하고 반사회적 반응, 특히 어떤 형태의 공격성을 유발할 수 있다. 상황적 스트레스와 범죄와의 연관성은 환경심리학에서 다뤄진다. 환경 심리학은 자연적 환경이나 만들어진 환경이 행동에 미치는 영향에 관심을 둔다. 기후의 극한과 도시화의 상관성 같은 일부 환경 요소들은 스트레스의 원인이 될 수 있다. 환경 스트레스 모델에 따르면(Baum et al., 1981), 한 유기체가 스트레스를 받을 때 그것은 소위 싸움 또는 회피 반응과 같은 방식으로 힘든 조건과 상황에 대처하거나 적응하는 방법으로 반응한다. 환경 스트레스에 대한 반응은 생리적(예를 들어, 각성, 증가된 아드레날린 활동), 감정적(예를 들어, 짜증, 불안, 우울증), 그리고 행동적(예를 들어,

공격, 회피, 자살)으로 나타날 수 있다. 스트레스와 관계된 범죄는 환경적 좌절, 혼잡함, 영토 경계의 침입, 악천후와 같은 환경적 짜증 등에 의해 발생한다.

좌절Frustration

좌절은 개인이 목표를 추구하는 데 어려움을 겪을 때 생기는 감정적 상태이다. 하딩(Harding et al., 1998)은 난폭 운전이 높은 교통량과 관련이 있으며, 느린 운전자와의 만남, 다른 운전자들의 끼어들기, 주차장 경쟁과 같은 요인에 의해 시작되었다고 보고했다. 직장에서의 좌절과 스트레스 또한 증가된 직장 기물파손과 사보타주와 관련이 있는 것으로 밝혀졌다(Spector, 1997). 나이트클럽 폭력은 이용자의 지루함 수준, 자리부족, 음식부족, 보안 요원의 도발적인 행동과 줄서기와 관련이 있는 것으로 밝혀졌다(Cozens and Grieve, 2014; Graham and Homel, 2008; Homel and Clark, 1994). 볼튼(Boulton, 1994)은 젖었을 때 놀이하는 동안 학교 왕따가 증가했다는 것을 발견했고 학생들의 좌절감을 줄이기 위해 놀이 시설의 질을 개선할 것을 권했다.

혼잡함Crowding

혼잡함은 고밀도 상태의 심리적 경험을 말한다. 외부밀도와 내부밀도를 구분할 수 있다. 외부밀도는 도시 또는 근린 수준에서 광범위한 인구 동향을 나타낸다. 연구 결과에 따르면 도시 인구밀도는 범죄율 증가를 포함한 신체적, 심리적, 행동적 문제들과 관련이 있다(Gove, Hughs and Galle, 1977). 내부밀도는 주 거주지역의 점유 정도를 나타낸다. 교도소(Paulus, 1988; Steiner and Wooldredge, 2008), 대학 기숙사(Baum and Valins, 1977), 해군 함정(Dean, Pugh and Gunderson, 1978), 내부 허가지역(Graham and Homel, 2008; Macintyre and Homel, 2013), 그리고 허가지역 바로 외곽(Townsley and Grimshaw, 2013)에 있는 특정 혼잡한 환경에 대한 현장 연구에서 다양한 반사회적 행동들이 보고되었다. 내부밀도의 효과는 일반적으로 외부밀도의 영향보다 더 심각하다.

영역성Territoriality

영역성은 한 지역에 대한 권리를 주장하며 침입자들로부터 그것을 방어하는 것을 말한다. 영역 소유가 반사회적 행동과 관련이 있을 수 있는 두 가지 상충된 방법이 있다. 한편으로는 영역 침범은 공격적인 대응을 불러일으킬 수 있다. 예를 들어, 갱들의 전쟁은 종종 영역에 대한 공격적인 반응으로 야기된다(Ley and Cybriwsky, 1974). 영역성은 침범을 억제하고 친사회적 행동을 조장할 수 있다. '내 집'은 사람들이 긴장을 풀고 그들의 삶을 통제할 수 있는 장소이다. 오닐과 팔럭(O'Neill and Paluck, 1973)은 시설에서 생활하는 지적장애를 가진 소년들에게 자신들의 영역으로 부를 수 있는 구역이 주어졌을 때 공격 수준이 떨어졌다고 보고했다. 세입자들에게 집을 가꾸고 유지하는데 더 많이 관여하도록 할수록 집이 더 잘 관리가 된다고 한다(Foster and Hope, 1993).

환경적 짜증Environmental irritants

환경에서 많은 요소들이 혐오적인 성격과 그것들이 인간의 행복에 위협을 주기 때문에 행동에 영향을 미친다. 기온과 폭력범죄 사이의 상관관계가 보고되었다(Harries and Stadler, 1988). 고란슨과 킹(Goranson and King, 1970)은 폭동이 폭염이 발생했을 때 일어날 가능성이 더 높다는 것을 보고하였다. 르보(LeBeau, 1994)는 가정폭력과 온도−습도지수의 관계를 보고했다. 아틀라스(Atlas, 1982, 1984)는 감옥에서의 폭행률이 에어컨이 설치된 지역과 샤워가 용이한 지역이 온도가 높은데 그런 시설이 없는 지역에 비해 낮다고 보고했다. 로튼과 프리(Rotton and Frey, 1985)는 대기오염 수준과 폭력 범죄 사이의 연관성을 보고했다. 뱅징거와 오웬스(Banzinger and Owens, 1978)는 풍속wind speed과 비행delinquency의 상관관계를 보고했다. 실험실 연구들은 또한 짜증나는 소음이 공격성을 강화시킨다는 것을 보여 주었다(Donnerstein and Wilson, 1976).

어떤 조건에서 촉진요인들이 작동하나?

논쟁의 여지없이, 촉진요인과 합리적인 선택 모두 범죄의 한 부분으로 역할을 한다. 하지만 각각의 상대적 중요성은 경우에 따라 다를 수 있다. 여기에서는 범죄자 유형, 범죄 유형, 범죄 환경 유형에 따라 촉진요인들이 하는 역할을 검토한다. 촉진요인들이 특히 중요하게 작용할 수 있는 상황들을 살펴본다.

범죄자 유형

상황적 접근 방식이 심리적 행동이론에 의하여 개념적으로 뒷받침되는 반면, 범죄자들 간의 개별적인 차이는 일반적으로 환경범죄학에서 거의 역할을 하지 못했다. 하지만 범죄 촉진요인의 개념은 범죄자를 기본적으로 약탈자predator로 보는 합리적인 선택 관점의 입장을 재고하도록 한다. 코니쉬와 클라크(Cornish and Clarke, 2003)는 범인의 범죄성향 강도와 그 범죄행위에서 촉진요인과 합리적 선택이 하는 역할을 바탕으로 범죄자 유형론을 제안했다. 세 가지 범죄자 유형(반사회적 약탈자, 평범한 범죄자, 그리고 도발된 범죄자들)이 제시되었다.

- 반사회적 약탈자들은 전형적이고 계산적인 범죄자들이다. 이 범죄자들은 내재된 범죄성향을 가지고 있으며 그들의 범죄는 고의적이고 최소한 약간의 기초적인 범행계획을 포함한다. 그들은 범죄를 저지르려는 기존의 동기를 가지고 범죄현장에 침입하고, 그들의 범죄는 의도적으로 그리고 목적을 가지고 수행된다. 범행의 동기는 그들이 저지르는 범죄가 가져다줄 보상에서 비롯된다. 그들은 상황 데이터를 활용하여 범죄 참여의 상대적인 비용과 이득에 대해 합리적인 선택을 하고 적극적으로 범죄 기회를 찾거나 만든다. 약탈자는 특정 유형의 범죄를 전문으로 하거나 다양한 범죄를 저지를 수도 있지만, 어떤 경우에도 모두 '위험과 노력을 최소화하고 보상을 극대화할 수 있는 충분한 지식, 기술 및 경험'을 갖추었을 것이다(Cornish and Clarke, 2003, p.57).
- 평범한 범죄자들은 범죄 실행에 있어 양가적이며ambivalent 범행 여부는 기회에 따라 달라진다. 그들은 가끔 낮은 수준의 범죄에 가담하고 일반적인 충동억제 문제를 가지고 있을 수 있다. 일반적으로 그들은 충동이 생겼을 때 깊이 생각하지 않고 범죄를 저지르는 경향이 있다. 약탈 범죄자와 마찬가지로 그들은 범죄로부터 이익을 얻으려고 하지만 순응에 더 큰 이해관계를 가지므로 행동에 대한 더 강력한 사회적 제약을 받는다. 그러나 이러한 제약은 때때로 약화되고 평범한 범죄자는 범죄 동기를 유발하는 촉진적인

사건에 취약하다. 특히 도덕적으로 금지된 행동을 수행하기 위해 그들은 상황적 요인이 개인적 책임을 모호하게 만드는 상황을 바탕으로 범죄에 대한 중화를 시도한다. 평범한 범죄자들은 유혹에 대한 취약성에 따라 범죄에 관여하는 정도가 다르지만 전반적으로 범죄의 심각성과 빈도는 약탈 범죄자보다 약하다.

- 도발된 범죄자들은 그들이 달리 저지르지 않았을 범죄를 저지르도록 유도하는 특정한 환경적 상황들(상황적 좌절, 짜증, 사회적 압력 등)에 반응한 결과로 범죄를 저지른다. 그들의 범죄에는 '순간적 감정 폭발로 인한 폭력 범죄, 또는 유혹에 압도되어 저지른 충동적인 범죄 또는 일시적인 자기 통제의 실패' 등이 포함된다(Cornish and Clarke, 2003, p. 70). 도발된 범죄자는 기존의 가치 체계를 가지고 있으며 도발이 없었다면 법을 준수하는 삶을 살았을 것이다. 범죄에 연루된 것은 일시적 탈선이라고 볼 수 있고, 촉진하는 사건이 없었다면 발생하지 않았을 것이다.

범죄자 유형 구분은 다른 유형의 범죄자에 대하여는 다른 유형의 예방 전략이 필요함을 시사한다. 유형 구분에 따르면 반사회적 성향이 강한 범죄자일수록 범죄 발생 상황에 대한 수동적 대응 보다는 적극적인 조작자가 될 가능성이 더 크다(표 3.3 참조). 약탈적인 범죄자에 있어서 상황 데이터는 주로 공격할 대상을 선정할 때 정보를 주는 역할을 한다. 그들은 기회를 적극적으로 찾으며 때로는 만들기도 한다. 공격하는 데 방해물이 있으면 극복해야 할 대상으로 인식한다. 따라서 이들에 대한 범죄예방은 고강도 기회 감소 전략이 필요하다.

평범한 범죄자들에게 있어서 상황은 유혹을 제공하는 역할을 한다. 그들은 기회를 잡는 사람들이다. 평범한 범죄자들은 도덕적 양면성 때문에 쉬운 기회가 없다면 범죄를 저지를 만큼 충분한 동기부여가 되지 않을 것이다.

도발된 범죄자의 경우 상황은 범행에 대한 충동을 제공한다. 그들은 즉각적인 환경에 대한 반응자들이다. 그들의 범죄에 대한 참여는 발동을 필요로 하며, 촉진하는 상황을 완화하는 것만으로도 범행을 방지하기에 충분할 수 있다.

범죄자 유형과 상황적 영향력 사이의 상호작용을 해석할 때 주의할 필요가 있다. 약탈적이고 기회주의적이며 도발된 범죄자들과 약탈적이고 기회주의적이며 도발된 범죄들을 서로 구별해야 한다. 촉진요인들이 도발된 범죄자들에게만 해당

된다고 가정하는 것은 실수일 것이다. – 약탈적이고 기회주의적인 범죄자들 또한 도발된 범죄를 저지른다. 실제로 개인의 범죄성향이 강할수록 쉽게 도발될 가능성이 있다(Wortley, 2012). 따라서 표 3.3에서 나타내듯이, 범죄자 유형은 그 아래에 제시된 범죄패턴을 보인다.

[표 3.3] 범죄자 유형과 상황적 특징 사이의 상호작용에 따른 범죄자의 행동

상황	범죄자		
	약탈자	평범한(기회적) 범죄자	도발된 범죄자
도전적	조작함		
유혹적	이용함	이용함	
촉진적	반응함	반응함	반응함

범죄 유형

합리적인 선택에 대한 비판 중 하나는 그것이 오직 신중한 범죄, 즉 범죄자가 분명한 이익을 계산할 수 있는 범죄에만 적용된다는 것이다(Hayward, 2007; Tunell, 2002). 그것은 폭력 또는 성범죄와 같이 감정적이거나 병적인 행동에 대해서는 적용가능성이 적다고 비평가들은 주장한다. 이러한 행동들은 상황적 요인이 아닌 심리적 결함의 산물로 널리 보여진다. 합리적 선택에 대한 이러한 비판이 도전을 받았으나(Clarke, 1997; Cornish and Clarke, 이 책 2장), 전통적으로 상황적 범죄 예방 연구들이 대인범죄 보다는 재산범죄에 대하여 불균형적인 관심을 보였던 것은 사실이다. 촉진요인들의 포함은 상황적 접근의 범위를 넓히고 소위 '비합리적 범죄'에 대한 보다 포괄적인 분석의 근거를 제공한다. 여기서 두 가지 예(대인 폭력범죄와 아동 성학대)에 대하여 논의한다.

대인 폭력범죄

연구자들은 전통적으로 도구적 폭력(분명한 목적을 가지고 계획된 공격)과 표출적 폭력(순간적 감정의 폭발을 일으키는 사건에 대한 충동적 반응으로서 공격)을 구분하였다(Bowker, 1985). 합리적인 선택은 분명히 도구적인 폭력을 설명하는 데 도움이 될 수 있지만,

표출적인 폭력의 경우 충분한 설명을 제공하는 것 같지 않다(Lowenstein and Lerner, 2003; Van Gelder et al., 2014). 도구적 폭력과 표출적 폭력이 분명하게 구분되지 않는다는 보고가 있었지만(Tedeschi and Felson(1994)은 비록 표출적 폭력이라 할지라도 합리적인 요소는 포함하고 있다고 주장한다), 상당히 많은 폭력이 의심의 여지없이 대인 갈등이나 여타 환경적 촉진요인들로 인하여 시작되고 사전에 계획된 경우는 드물다. 예를 들어, 호주 살인사건에 대한 통계 분석에서 사례의 19%만이 도구적 폭력으로 분류되었다(Davies and Mousas, 2007). 전체적으로 피해자와 가해자의 60%가 서로를 알고 있었다. 모든 가해자의 약 절반이 범죄 당시 알코올에 영향을 받았다. 남성 가해자와 관련된 사건의 35%, 여성 가해자와 관련된 사건의 58%가 가정 갈등이나 여타 분쟁 과정에서 발생했다. 이 사건들에서 합리적 선택의 역할을 유지하더라도 살인으로 이어지는 상황적 사건들은 가해자의 합리적 의사 결정 능력을 현저하게 떨어뜨렸다.

아동 성학대

아동 성범죄자의 전형적인 이미지는 통제할 수 없는 심리적 충동에 의해 범행하는 교활한 약탈자이다. 사실, 연구에 따르면 많은 아동 성범죄자들이 아동에 대한 확고한 성적 매력을 가지고 있지는 않다. 아동 성범죄자의 재범률은 놀랍게도 낮으며, 5년 내 재범률이 13%에 불과하다(Hanson and Bussiere, 1998). 스몰본과 워틀리(Smallbone and Wortley, 2001)는 대다수(94%)의 아동 성범죄자가 이미 알고 있는 아동을 학대했으며, 1/4 미만이 이전에 성범죄로 유죄 판결을 받은 전력이 있으며, 거의 절반이 한 명의 피해자만 학대했다는 사실을 발견했다. 동시에, 소아 성애가 없는 성인 남성이 때때로 아이들에 대해 성적으로 흥분될 가능성은 일반적으로 추정되는 것보다 더 널리 퍼져있고(Barbaree and Marshall, 1989; Laws and Marshall, 1990), 워틀리와 스몰본(Wortley and Smallbone, 2014)은 유죄 판결을 받은 아동 성범죄자 표본의 40%만이 아동성애를 고백한 것으로 나타났다. 강한 비정상적인 동기가 없는 상황에서 즉각적인 환경은 아동 성학대를 촉진하는 데 중요한 역할을 한다(Smallbone, Marshall and Wortley, 2008; Wortley and Smallbone, 2006; Wortley and Smallbone, 2014). 성적인 충동은 종종 목욕시키기, 옷 입히기, 달래기, 잠재우기, 난동 달래기 등 친밀한 보호 활동 중에 유발되며 가해자가 성적으로 충동되는 것을 경험한다. 그러한 상황적 촉진요인의 역할은 성범죄자 치료 분야에서 한동안 인식되어 왔다. 재발 방지를 위해, 가해자는 성적 자극을 받을 수 있는 상황을 피하거나 관리하도록 배운다(Pithers, Marques, Gibat and Marlatt, 1983).

범죄환경 유형

촉진요인들은 교도소, 고아원 및 기숙사와 같은 거주시설이나 나이트클럽과 스포츠 아래나와 같은 오락시설 같이 특정 목적을 위해 사람들을 모아놓거나 모이는 제한된 공간인 '캡슐' 환경에서 특별히 두드러진 효과를 나타낼 수 있다. 이러한 환경의 밀폐된 특성과 결합된 사람들의 압박은 압력솥 조건을 만들 수 있다. 캡슐을 탈출할 수 있는 옵션이 제한됨으로 인해 상황적 촉진요인들이 비정상적인 행동을 생성할 수 있는 가능성이 커진다. 촉진요인들의 역할을 자세히 살펴볼 장소로 나이트클럽과 교도소를 선택했다.

나이트클럽

나이트클럽 폭력과 관련된 시나리오는 환상적인 것과 거리가 멀다. 나이트클럽 및 술집 폭력에 대한 연구는 상황적 촉진요인들이 수행하는 중요한 역할을 분명히 지적한다. 호멜과 동료들(Homel and Clark, 1994; Homel, Hauritz, Wortley, Mcllwain, and Carvolth, 1997; Macintyre and Homel, 1997)은 인기 있는 호주 관광 휴양지의 나이트클럽 지역에서 만성적인 폭력 수준을 조사했다. 폭력은 건물의 물리적 상태 및 알코올 제공 정책과 관련이 있었다. 호멜과 클라크(Homel and Clark, 1994)는 폭력이 담배 연기의 양, 환기 부족, 조명 부족, 보안요원의 태도와 같은 일련의 악화된 환경적 특징과 상관관계가 있음을 발견했다. 메킨타이어와 호멜(Macintyre and Homel, 1997)은 다양한 건물의 평면도를 분석했다. 그들은 화장실로 가는 통로가 술집으로 가는 통로와 교차하는 디자인이 서로 부딪히는 경우를 증가시켜 폭력의 수준을 상당히 높이는 것과 관련이 있음을 발견했다. 호멜 외(Homel et al., 1997)는 과도한 술값 할인, 음주 경쟁, 술에 만취한 고객에게 술 제공, 술 대신에 다른 것을 제공하는 정책의 부재 등 무책임한 술 판매 관행이 고객 폭력에 크게 기여했음을 발견했다. 허가된 장소에서 책임있는 서비스를 장려하기 위한 규제의 시행과 주류 면허법을 시행하기 위한 외부 규제의 강화가 나이트클럽 주변의 알코올 관련 폭력건수를 크게 감소시켰다고 한다.

교도소

교도소와 같은 종합시설total institution이 거주자들 사이에 병리적 행동을 불러일으킨다는 사실은 이미 밝혀진 사실이다(Goffman, 1961). 교도소 환경은 매번 수감자들에게 실망스럽고 혐오스러운 경험을 주고있다(Wortley, 2002). 교도소는 붐비고 수감자는 다른 상황에서는 결코 사귀지 않았을 사람들과 함께 살도록 강요받는다. 건축설계는 일반적으로 단조롭고 스파르타식이며 일상은 지루하고 반복적이며 운영자들은 통제적이고 때로는 억압적이다. 대부분의 교도소에서 수감자는 감방 조명을 켜고 끄고 난방을 조절하는 것과 같은 환경의 가장 단순한 측면을 제어할 수도 없다. 수감자가 외부에서보다 2배 이상 많은 폭행을 저지르고(Cooley, 1993), 교도소에서 자살할 가능성이 4배 이상 더 높다(Ramsay, Tanney and Searle, 1987)는 사실은 전혀 놀랍지 않다. 수감자의 행동을 통제하는 전통적인 방법은 합리적인 선택과 일치하는 전략인 강력한 보안조치를 이용하는 것이다. 그러나 결과를 고려하는 것이 교도소 무질서의 유일한 결정 요인은 아님이 분명하다. 예를 들어, 알라드, 워틀리 그리고 스튜어트(Allard, Wortley and Stewart, 2008)는 CCTV가 도구적 공격은 감소시켰으나 표출적 공격은 그러하지 못했다는 것을 발견했다. 대안으로 교도소 무질서를 촉진하는 상황적 압박을 감소시키는 것이 필요하다.

정책적 함의와 결론

이 장에서 제시된 범죄에서 상황의 역할은 환경범죄학에서 일반적으로 개념화되었던 상황들과 다른 역할을 한다. 상황이 동기가 부여된 범죄자들에게 기회를 제공할 뿐만 아니라 상황은 범죄 동기를 부여하는 역할도 할 수 있다. 게다가 합리적 선택에서 묘사되었던 의식적인 과정과 다르게 범죄자는 환경이 자기에게 미치는 영향을 잘 인식하지 못할 수도 있다. 범죄자 행동의 상황적 모델에서 촉진요인의 역할을 포함시키는 것이 환경범죄학의 근본적인 가정인 사람과 상황 사이의 상호작용의 결과로서 범죄의 개념을 완전히 포착하는 것이 가능하다고 주장한다. 환경범죄학자들은 실용적인 집단이며, 이론을 위한 이론을 만드는 것은 지양한다. 전혀 범죄를 고려하지 않았던 사람이 상황 때문에 범죄를 저지르도록 유도될 수 있다는 생각은, 비록 그것이 사실일 지라도, '그래서 어쩌라고so what' 시험을 통과해야 한다. 촉진요인이 중요한 다섯 가지 이유를 설명한다.

- 상황적 촉진요인에 대한 고려는 상황적 예방에 이용 가능한 기법의 범위를 넓힌다. 상황적 범죄 예방 과제는 전통적으로 범죄의 기회를 줄인다는 측면에서 프레임화 되었다. 상황적 촉진요인의 분석에 의해 제안된 기법은 기회 감소의 개념을 확장시킨다. 워틀리(Wortley, 2001; 2002)는 상황적 범죄 촉진요인의 범죄 예방에 대한 정책적 함의에 대해 상세히 설명하며 범죄 예방 기법을 제안했고, 동시에 상황적 범죄 촉진요인의 개념은 또한 '도발을 줄이라reducing provocation'는 라벨 아래 클라크의 상황적 범죄 예방 기법에 통합되었다(Cornish and Clarke, 2003; Clarke and Eck, 2003; Clarke, 이 책 13장).
- 상황적 범죄 예방 모델에 촉진요인을 포함시키는 것은 지금까지의 상황적 예방 연구자들에 의해 비합리적 행위이거나 다른 이유로 소홀히 취급되었던 범죄행위들에 대한 분석을 촉진시켰다. 비판가들은 대인관계 폭력이나 성범죄와 같은 행동은 상황적 범죄 예방이 잘 설명하지 못한다고 주장했다. 이러한 비판은 항상 논쟁의 여지가 있었을지 모르지만, 상황적 분석의 일부로 범죄 촉진요인들을 포함시킨다면 논란은 훨씬 줄어들 것이다.
- 상황적 촉진요인들에 의해 제안된 많은 개입들은 '부드러운' 범죄예방 옵션을 제공한다. 예를 들어, 제안된 많은 촉진요인 통제 전략은 환경으로 인한 스트레스 유발과 비인간적인 환경을 개선하는 것을 포함한다(Wortley, 2002). 합리적인 선택에 대한 비판은 예방 전략으로 목표물 강화Target hardening에 지나치게 집중하게 된다는 것이다. 비판가들은 상황적 범죄 예방을 '경직된' 요새사회와 동일시하며 비판했다. 이런 비판은 억울한 것으로 보일 수 있지만(Clarke, 1997), 촉진요인들은 더 균형 잡힌 형태의 상황적 범죄 예방 이미지를 제공하는 데 도움이 된다.
- 촉진요인들은 범죄전이crime displacement[8]와 관련된 회의론에 대항하는 데 도

---

8 범죄전이: 어떤 개입을 통하여 한 지역의 범죄를 억제하면 다른 지역으로 옮겨가서 범죄를 저지른다는 주장. 결과적으로 사회에서 범죄의 총량은 줄지 않고 단지 장소와 시간을 바꾸어서 범죄가 발생한다는 주장.

움이 된다. 상황적 범죄 예방에 대한 빈번한 비판들 중 하나는 범죄 동기가 부여된 사람들이 한 번의 범죄 기회가 막히면 단지 다른 장소나 목표로 이 동한다는 것이다. 경험적으로 예방된 범죄의 양은 대체된 범죄의 양을 초 과하는 것으로 명백하게 드러났다(Clarke, 1997 참조). 촉진요인들이 이에 대 한 설명을 제공한다. 만약 상황이 잠재적인 범죄자의 범죄 동기부여에 기 여한다면, 촉진요인들을 통제하는 것은 그들이 대체 범죄 기회를 찾는 동 기 자체를 감소시킬 것이다.

- 촉진요인들은 역효과를 낳는counterproductive 상황적 범죄 예방 개입에 대 한 설명과 방어를 제공한다. 때로 기회감소 전략은 범죄를 감소시키기보 다는 증가시키는 효과가 있다(Wortley, 1998; 2002 참조). 예를 들어, 너무 엄격한(지나치게 엄격한 교도소 운영과 같은) 행동에 대한 제한은 좌절과 반 감을 유발할 수 있고, 표출적인 폭력(예를 들어, 교도소 폭동)을 증가시킬 수 있다. 즉, 극단적인 상황에서는 일부 기회감소 전략이 촉진요인으로 바 꿜 수 있다. 범죄예방 담당자들은 '조임'과 '느슨함' 사이에서 적절한 균형 을 맞출 필요가 있다.

1. 자신이 품위 없다고 생각하고 자랑스럽지 않은 일을 했을 때를 생각해 보자. 그 당시의 이러한 생각이 들도록 만든 상황적 요인들이 어떤 것들이었는지 생각해 보자.

2. 밀그램의 권위에 대한 복종 실험에 참여자라면 어떻게 했겠는가? 주어진 상황에서 우리 모두는 진정으로 책임감 있는 행동을 할 수 있을까?

3. 고도로 감정적으로 혹은 성적으로 흥분되었을 때 완전히 자제력을 잃는가? 범죄 촉진요인의 개념이 사람들이 자기 행동에 책임이 있다는 원칙을 위협하는가?

4. 장 초반에 설명된 짐의 나이트클럽 방문 사례를 보고, 표 3.2에 나타난 촉진요인의 분류를 참조하자.

   (a) 짐에 작용하는 촉진요인의 종류를 파악하여 분류표에서 찾자.

   (b) 각 촉진요인에 대하여 촉진요인의 영향을 줄이기 위해 도입될 수 있는 개입을 제안해 보자.

5. 범죄 촉진요인을 줄이는 것이 범죄 기회를 증가시킬 수 있는 세 가지 상황과 범죄 기회를 감소시키는 것이 범죄 촉진요인을 증가시킬 수 있는 세 가지 상황을 파악해 보자. 이런 경우에 적절하게 균형을 맞추는 방법은 무엇인가?

일상 활동 접근

마커스 펠슨Marcus Felson은 텍사스 주립 대학교의 형사사법학 교수이며 범죄율 분석에 대한 일상 활동 접근법의 창시자이다. 그는 '범죄와 자연(Crime and Nature, [Sage 2006])'의 저자이자 메리 에커트Mary A. Eckert와 공동 저술한 '범죄와 일상(Crime and Everyday Life [Sage 2009])'의 저자이다. 펠슨 교수는 로널드 클라크와 함께 '기회가 도둑을 만든다(Opportunity Makes the Thief [Home Office 1998])'를 공동저술하였다. 그의 일상 활동 아이디어는 공범 과정, 조직 범죄, 화이트칼라 범죄, 대중교통 범죄, 사이버 범죄, 약물 남용, 그리고 많은 부가적인 주제들로 확장되었다. 그의 연구는 수십 년 동안 다양한 시간 사용이 어떻게 사람들을 매우 다른 범죄율과 피해율에 노출시키는지에 초점을 맞춰왔다.

제4장 일상 활동 접근

마커스 펠슨(Marcus Felson)

일상 활동 접근이란?

일상 활동 접근은 제2차 세계대전 이후 미국의 범죄율이 크게 증가한 것을 설명하기 위해 약 30년 전에 개발되었다. 이러한 증가는 특히 1963년에 베이비부머들이 성년이 되었을 때 시작되었지만 단지 인구학적 변화만으로는 설명할 수 없었다. 가난과 같은 전통적인 사회학적 변수들의 변화도 엄청난 범죄 증가와 일치하지 않았다. 이러한 사실이 좀 더 깊게 고민하게 만들었다.

먼저, 나는 범죄자가 아닌 범죄에 집중해야 할 필요성을 깨달았다. 전통적인 이론들은 범죄사건들보다는 사람들에 초점을 맞췄다. 문제해결을 위해서는 변화가 필요했다.

둘째, 나는 범죄분석에 있어서 세 가지 요소로 된 접근법에 도달했다. 각 범죄사건은 세 가지 요소가 물리적으로 수렴되어야 한다. 동기가 부여된 범죄자, 적당한 대상, 유능한 보호자의 부재. 그것은 범죄사건과 그것이 얼마나 자주 일어날지를 이해하기 위해서는 첫 두 가지(범죄자, 대상)는 있어야 하고 나머지 하나(보호자)는 없어야 한다는 것을 의미한다.

셋째, 나는 범죄 피해자 조사 결과에서 범죄사건들이 직장, 학교, 가정생활의 패턴을 포함한 전통적인 합법적인 활동들과 밀접하게 연관되어 있음을 인지했다.

넷째, 범죄 예방을 위해 사람들과 사물들에 대한 감시를 하는데 있어, 경찰과 경비원들은 보통 사람들에 비하여 훨씬 덜 중요한 역할을 하는 것이 분명했다.

다섯째, 제품들이 점점 더 가벼워지고 파운드 당 가치가 높아져서 훔치기 쉬운 물건들을 많아졌다는 것이 분명했다. 따라서 범죄자에 대한 범죄 대상의 가치, 그 물품의 무게, 그들의 가시성, 그리고 범죄자가 그 대상들에 대한 물리적인 접근을 얻을 수 있는지 여부의 측면에서 범죄로부터의 보호가 가장 잘 설명되었다. 게다가, 비슷한 생각들은 폭력적인 범죄를 이해하는데 도움이 되었다.

따라서 일상 활동 접근은 물리적 특징이 없는 사회적 세계보다는 사회적-물리적 세계를 강조함으로써 범죄분석을 과학적인 접근으로 옮겼다. 사람들이 어디에 있는지, 그들이 무엇을 하고 있는지, 그들의 재산이 어디에 있는지, 누구와 함께 있고, 범죄와 피해가 일어날 가능성이 있는지 등에 대하여 무시한 채 단지 범죄는 나쁜 사람들이 저지르는 것이라고 하는 것은 더 이상 범죄를 이해하는데 유효하지 않다. 범죄학이 형이상학적, 철학적 또는 외계적인 것에서 좀 더 물리적인 것이 되었다.

발전

반세기 전에 출현한 이후, 일상 활동 접근은 이 책에 기술된 것처럼 범죄분석에 대한 다른 접근법들과 융합되어 발전되었다. 1970년대 후반 시작 단계부터 일상 활동 접근은 범죄율이 어떻게 결정되는지에 대한 미시적이고 거시적인 접근을 모두 사용한 이론이었다. 미시적으로 볼 때 이 이론은 잠재적인 범죄자가 유능한 보호자가 없을 때 적합한 대상과 만났을(수렴했을) 때 일반적인 범죄들이 발생한다고 설명한다. 거시적 수준에서, 이 이론은 더 큰 사회와 공동체의 특정한 특징들이 범죄 구성요소들의 수렴이 훨씬 더 쉽게 일어나도록 만들 수 있다고 주장한다.

이 이론은 범죄에 대한 모호한 이론들에 대한 대안을 제공하려는 의도로 가장 단순하지만 가능한 완전한 형태로 만들어졌다(Cohen and Felson, 1979년 참조; Felson and Cohen, 1980). 이 이론은 또한 자기 부정을 피하도록 만들어졌다. 많은 범죄 이론들이 좋은 아이디어를 가지고 시작했지만 시간이 지나면서 그 원래 아이디어가 점진적인 재평가를 통해 수정된다. 어린 시절의 전화 게임에서, 한 무리의 아이들이 원을 그리고 첫 번째 아이가 다음 아이에게 메시지를 속삭이고, 또 그것을 옆의 아이에게 전달하고, 그리고 마지막까지 그 메시지가 전달되었을 때 완전히 달라진 경우를 흔히 발견한다. 이러한 현상이 많은 범죄 이론들에서 발견된다. 일상 활동 접근법은 너무 간단해서 이러한 왜곡 과정을 대부분 회피할 수 있다. 한편, 일상 활동 접근은 원문을 읽지 않고 축약된 한 단락의 교과서를 읽거나, 이에 대한 후속 논문이나 책을 읽지 않은 사람들에 의해 가끔 오해를 받거나 하찮게 여겨지는 경우가 있다.

1979년의 첫 번째 일상 활동 논문은 분명히 일반적인 지적 진술general intellectual statement과 중간 단계의 범죄 이론 모두의 성격을 가졌다. 일반적인 지적 진술에서 범죄는 광범위한 합법적인 활동들과 관련이 있었다는 것을 보여 주었다. 즉, 범죄는 일상생활의 광범위한 생태계의 일부로 해석되었다. 1950년에 아모스 홀리Amos Hawley에 의해 언급된 인간 생태론은 일상 활동 이론의 발전의 근거가 되었다.

이론에 대한 명확화와 이론의 역사

이 이론을 인용하는 일부 사람들이 이러한 이론의 일반적인 근거를 전혀 알지 못하거나, 첫 번째 논문이 사회의 기술과 조직이 범죄에 어떻게 영향을 미치는지에 대한 다양한 아이디어를 제시하는 지에 대하여 잘 모르고 있는 것 같다. 수천 명의 사람들이 일상 활동 방식을 인용하지만 대부분이 범죄자, 대상, 보호자만 알고 있고, 극히 일부만이 보다 깊이 있게 이해하는 것처럼 보인다. 실제로, 미국의 거시적인 범죄변화 패턴을 설명할 때 일상 활동 접근법은 가족과 가정으로부터 멀어진 일상 활동들의 분산과 재화와 서비스의 기술적인 변화 때문인 것으로 설명한다는 점을 아는 사람은 많지 않다. 수십 년 이상 된 일반적인 생태학적 이론이 일상 활동 접근에 연결된다는 것을 알고 있는 사람은 많지 않다.

미시적인 수준에서도 이론을 정확하게 인용하는 사람은 많지 않다. 보호자guardian는 통상적으로 경찰관이나 보안요원을 의미하는 것이 아니다. 보통 범죄에 대한 보호자는 범행현장 근처에 있으면서 범죄를 억제하는 누구라도 될 수 있다. 보통 사람들은 일상 활동 가운데 무심코 자기의 재산을 스스로 보호한다. 때로는 사람들은 친척들, 친구들 심지어 낯선 사람들을 보호하기도 한다. 일상 활동 접근에서 '보호자guardian'라는 용어는 '경비guard'를 의미하는 것이 아니다. '관리supervision'라는 용어가 덜 모호하다고 생각되며 내가 자주 이용했었다. 그러나 '관리자supervisor'라는 용어는 영어에서 직장의 보스라는 뉘앙스가 있어서 용어의 선택은 항상 문제가 있었다.

용어의 선택

'피해자victim'가 아닌 '대상target'이라는 단어의 선택은 또 다른 흥미로운 결정이었다. 피해자학은 그 당시에 매우 인기가 있었고, 피해자 연구는 급증했다. 그러나 '피해자'라는 단어는 직접적인 신체적 폭행 피해자들과 부재중에 집을 침범당한 사람들을 구분하지 않았다. 일상 활동 접근법은 피해자 또는 사회의 관점이 아니라 가해자의 관점에 초점을 맞춘다. 재산 범죄자의 관점에서 보면, 그가 당신을 알지도 못하지만 당신의 재산은 그에게 매우 흥미롭다. 분명히 어떤 재산범죄는 사람에 대한 공격의 일환으로 의도된 것이지만, 직접적인 물리적 접촉은 범죄자와 범죄대상(간혹 사람 혹은 사물) 사이이다.

'일상 활동 접근'이라는 용어의 선정은 몇몇 평범한 단어들이 범죄학에서 특별한 의미를 취했기 때문에 필요했다. '기회opportunity'는 '경제적 기회economic opportunity'를 의미하는 것으로 선점되었다. '통제control'도 다른 목적으로 선점당해 버렸다. '생태학ecology'은 이미 상호의존보다는 지역 영역을 의미하는 의미로 쓰였다. 그래서 일상 활동이 용어가 되었다. 그것은 아이러니한 느낌을 주는 동시에 접근법을 독창적이도록 해주었기 때문에 다행스러운 선택이었다. 범죄는 많은 계산이 따르는 비교적 드문 사건이다. 그러한 드문 사건이 일상적인 사건들의 결과라는 사실은 뒤틀린 것처럼 보이고 또한 도전적으로 보이게 한다. 그것이 바로 내가 원했던 것이다.

다른 사람들은 이제 그것을 일상 활동 이론이라고 부르지만, 나는 하나의 실질적인 이유와 하나의 전술적인 이유로 '접근approach'을 선호한다. 실질적인 이유는 이것이 완전한 이론이 아니라는 것이다. 전술적인 이유는 그 생각들이 전통적인 범죄학자들에게는 충분히 불쾌할 것이라고 생각했기 때문이다; 그것을 이론이라고 부르는 것은 황소 앞에서 빨간 망토를 흔드는 것과 같았다. 그것을 접근이라고 부르는 것은 좀 더 겸손해 보였지만, 물론 그것은 아무도 속이지 않았다. 이론은 전통적인 범죄학에 대한 명백한 도전이었고, 나는 어떻게든 그것을 출판해야 했다. 학술지 논문 심사자들의 상당한 저항을 극복하기 위해 지속적인 노력이 필요했다.

출판의 어려움

내가 일상 활동 논문의 첫 초안을 작성하고 출판되기까지 3년이 넘게 걸렸다. 그 과정에서, 새로운 범죄학 동료인 로렌스 코헨Lawrence Cohen이 교수진에 합류하여 그 초안을 좀 더 입맛에 맞게 다시 쓰는 것을 도왔다. 적어도 처음에는 실패했다. 지금은 일상 활동 접근이 범죄학에서 가장 많이 인용되는 이론 중 하나임에도 불구하고, 첫 번째 논문 원고는 세 가지 사회학 저널인 The American Sociological Review, American Journal of Sociology 그리고 Social Forces를 포함한 여섯 개의 저명 학술지로부터 게재 불가 판정을 받았다. 논문 심사자들의 코맨트는 아래와 같다.

> '흥미있는 경험적 휘갈겨 쓰기'
> '증거가 충실하지 않다'
> '동떨어지고 미숙하다'
> '인간 생태학 접근 … 아무것도 아니다'
> '매우 의문스러움'
> '낡은 이론을 새 옷에 … 클라우드와 올린의 모방'
> '답을 하기 보다 문제제기만 함'
> '이상한 논문'
> '너무 비밀스럽고 의심스러운 달변'
> '패러독스의 집합'
> '길고 지루함'
> '분석을 할 수 있을까? 의문임'
> '이 똑똑한 사회학자가 문제에 좀 더 의미있게 접근하길 추천한다'

그 과정에서 American Sociological Review가 우리 캠퍼스인 일리노이 대학—어바나 샴페인으로 옮겨졌다. 편집자는 우리나 우리의 이론을 좋아하지 않았고, 그것을 비밀로 하지 않았다. 비록 그 저널이 논문을 거절했지만, 부편집자는 그 논문을 매우 좋아했고(편집자에게 묻지 않고) 우리가 다시 제출하도록 허용했다. 그는 원고를 엄격하지만 권위 있는 심사위원들에게 할당했고 심사에서 최종 통과되었기 때문에 편집자는 그것을 출판할 수밖에 없었다.

출판되기 전에, 그 논문의 버전이 1978년 뉴올리언스에서 열린 Academy of Criminal Justice Science^{ACJS, 형사사법 과학 아카데미}의 연례 학술대회에 발표되었다. 당시 ACJS는 장기적으로 영향을 미칠 것으로 생각되는 논문에 상을 수여했다. 수상위원회는 일상 활동 논문을 강력하게 추천했지만, 보다 높은 위원회에서 뒤집어졌고 전년도에 발표되었던 논문을 최종 수상논문으로 정했다.

사회 해체 이론에 대한 저항

1979년에 이 이론이 마침내 출판된 후 몇몇 사람들은 나와 공동 저자에게 전통적인 범죄학 아래에 일상 활동 방식을 포함시키라고 충고했다. 가장 좋은 방법은 쇼와 맥케이의 사회 해체 접근법과 통합하는 것이었다. 내 공동 저자(Lawrence Cohen)와 나는 갈라졌다. 그는 전통적인 사회학으로 돌아간 반면에 나는 내 자신의 원래 출발점에서 더욱 발전시켜 새로운 접근법과 이 책에 포함된 새로운 지적인 친구들을 향해 더 멀리 나아갔다.

이론의 진화

몇 년에 걸쳐, 일상 활동 접근은 몇 가지 방법으로 진화해 왔다. 첫째, 범죄에 대한 실질적인 정책과 연계되어 왔다(Felson and Clarke, 1998 참조). 둘째, 초기 접근보다 더 많은 기본적인 것들을 다루었다.

클라크와 브랜팅엄Clarke and Brantinghams과의 연계

원래의 접근 방식은 범죄가 사회의 기본 구조의 주요 변화에 따라 달라지며, 현대 세계에서 높은 범죄율은 사실상 불가피하다는 점을 아주 분명히 밝혔다. 1980년대 초반 런던에서 로널드 클라크Ronald V. Clarke를 처음 만났고 그는 이러한 시각에 대하여 동의하지 않았다. 만약 증가된 범죄 기회가 범죄율을 증가시킨다면, 반대로 감소된 범죄 기회는 범죄율을 내려가게 만들어야 한다. 한 문장으로 그는 상황적 범죄 예방과 일상 활동 접근이 서로 얽혀 있다는 점을 나에게 설득시켰다. 폴과 페트리샤 브랜팅엄Paul and Patricia Brantingham이 약 1년 전에 나를 밴쿠버에 초청하기 전에 나는 우리 세 사람이 다른 용어를 사용하여 그리고 서로 다른 방향에서 연구해왔으나 하나의 같은 이론으로 수렴하고 있다는 것을 깨달았다(이 책의 Clarke와 Brantingham을 포함하고 있는 장 참조).

이론을 일반화하려면, 그것은 다양한 기본적 사항들을 커버해야한다. 원래 일상 활동 접근은 '대면 약탈적 범죄', 즉 한 사람이 다른 사람이나 다른 사람의 재산에 직접적인 접촉을 통하여 피해를 주는 범죄에 적용되었다. 비록 그것도 매우 넓게 적용되지만, 통신범죄(사이버 범죄)는 직접적인 물리적 접촉이 없다. 더 중요한 것은 원래의 일상 활동 접근 방식이 미시와 거시를 모두 고려했지만 그 사이에는 아무 것도 없다는 것이다. 이 이론은 비록 함축하고는 있지만, 범죄를 위한 이동journey to crime이나 피해자의 이동journey to victimization에 대하여 설명하지 않는다. 또한 일상 활동 접근은 의사결정하는 범죄자를 암시하지만 결정 과정을 명시적으로 나타내지는 않았다. 따라서 일상 활동 접근 방식을 범죄지리학, 환경범죄학, 상황적 범죄 예방 및 범죄자 선택 모델과 융합하는 것이 필수적이 되었다.

이론의 확장

또한 시간이 지나면서 일상 활동 접근이 연쇄 살인 및 성적 학대를 포함한 비일상적인 범죄를 이해하는 데 도움이 된다는 것이 분명해졌다(Rossmo, 1995 참조). 다시 말하지만 이 책에 있는 다른 학자들의 연구들과 연계하는 것으로 일상 활동 접근이 너무 적은 기반을 다루고 있다는 주장을 논박한다고 본다.

또한 이용 가능한 범죄 데이터와 분석 기법을 통해 범죄를 연구하고 이해하는 능력이 크게 향상되었다. 일상 활동 접근은 이러한 발전에서 많은 것을 얻었다. 일상 활동 접근이 이러한 결과에 영향을 미쳤는지 여부 또는 어느 정도 영향을 줬는 지는 모르지만, 점점 더 많은 범죄 데이터가 사건 기반 데이터로 수집되고 또한 지오코딩되고 있다. 많은 범죄학자들이 아직 깨닫지 못했을지라도 시간이 흐르면서 커뮤니티 지역community areas, 이웃neighborhoods 및 인구조사지역census tracts에 대한 이론적이고 경험적인 의존은 한물간 것이 되었다. 21세기의 데이터는 몇 몇 소수의 주소지에서 지역 문제의 대부분이 발생하고 있고, 범죄가 높은 지역들 내부에서도 범죄가 매우 다양하게 변하는 것을 보여 준다. 더욱이 범죄자들과 대상들이 매일 인구조사지역을 가로질러 이동하기 때문에 오래된 이론과 관측값들은 구식이 되어 무용지물이 된다.

오늘날 일상 활동 이론은 원래 만들어진 것보다 범죄자들에 대해 훨씬 더 많은 것을 말하고 있다. 범죄자들은 종종 함께 범죄를 일으키기 때문에 공동 범행이 일상 활동 이론의 한 주제가 되었다. 범죄자 수렴 환경('노는 장소hangout')은 범죄자들이 서로 찾아서 시간과 장소적으로 만나는 장소로서, 그곳에서 범죄를 저지르기도 한다(Felson, 2003 참조). 많은 학자들이 과거에 공범에 대해 이야기했지만, 보통 특정한 장소보다는 일반적인 영향의 관점에서 이야기한다.

초기 일상 활동 접근법은 통제이론control theory과 타협하지 않았고, 그것을 그냥 제쳐두었다. 하지만 곧 일상 활동 이론은 스스로 통제적 관점을 받아들였다(Felson, 1997). 통제를 내면화 된 것으로 보기 보다는, 그것은 사람을 감독할 수 있는 다른 사람들의 존재나 부재를 강조한다. 따라서 부모들은 자녀들이 옳게 행동하도록 영향을 줄 수 있지만, 부모가 없을 때는 그렇게 효과적으로 영향을 미치지 못한다. '조절자handler'라는 개념은 일상 활동 이론에서 네 번째 요소로 추가되었다. 범인은 먼저 조절자(어머니 등)로부터 탈출한 뒤 보호자가 없는 대상을 찾는다. 다시, 실제적인 설정은 범죄 과정을 이해하는 데 중심이 되었다.

에크Eck's의 범죄 삼각형

이 네 가지 요소는 '범죄 삼각형'('문제 삼각형'이라고도 불리며, 이 책 제12장에 묘사됨)을 고안한 존 에크John Eck에 의해 정교하게 묘사되었다. 이것은 두 개의 삼각형인데, 하나가 다른 하나를 집어삼킨 형태이다. 삼각형의 축소된 크기 버전을 참조를 위해 여기에 제공한다. 내부 삼각형은 일반적인 범죄가 일어나기 위해 수렴해야 하는 세 가지 요소를 가지고 있다. 잠재적인 범죄자, 범행 대상, 범행 장소 또는 환경. 범죄가 발생하려면 범죄자는 적당한 장소에서 대상을 찾아야 한다.

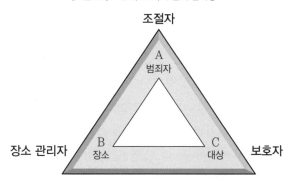

[그림 4.1] 에크(Eck's)의 범죄 삼각형

바깥쪽 삼각형은 세 종류의 감독자(조절자handler, 보호자guardian 그리고 장소 관리자 place manager)들을 묘사한다. 조절자는 범죄자를 감독하고, 보호자는 대상을 감독하고 장소 관리자는 범행 환경을 감독한다. 그들의 부재 때문에 범죄가 가능하게 된다. 범죄는 범죄자가 조절자를 피하고, 보호자가 없는 대상들을 찾고, 장소 관리자가 없는 환경에서 발생한다. 이처럼 일상 활동 접근은 초기 버전을 훨씬 넘어서면서 성장했다.

범죄와 일상생활

범죄와 일상생활(Crime and Everyday Life, Felson, 2002)에서, 나는 여러 가지 방법으로 일상 활동 이론을 넓혔다. 가장 중요한 것은 얼마나 많은 사람들이 범죄에 대해 잘못 생각하는지 비평하는 것이다. 이것이 다섯 가지 주요 오류이다.

- 극적 오류dramatic fallacy: 일상적인 범죄들은 인지하지 못하면서 가장 널리 알려진 범죄들만 강조한다.
- 경찰과 법원의 오류cops-and-courts fallacy: 형사사법체계의 범죄에 대한 힘을 과대평가한다.
- 나는 아니다 오류not-me fallacy: 자신이 범죄를 저지르기에는 너무 좋은 사람이라고 생각한다; 범죄자들은 나와는 다른 종류의 사람이라고 생각한다.

- 독창성 오류ingenuity fallacy: 범죄를 저지르는 데 필요한 기술을 과대평가한다.
- 의제 오류agenda fallacy: 범죄 감소와 자신이 가장 좋아하는 이데올로기, 종교 또는 정치적 의제를 연결시킨다.

이러한 오류들은 범죄학의 많은 전통적인 접근법에 대한 일반적인 비판을 제시하고, 왜 현대의 범죄분석이 다른 방법을 취해야 하는지 설명한다. 일상생활에서의 범죄는 언제, 어디서, 어떤 상황에서 누구를 만나느냐에 따라 결정되는 사회적 화학의 일종으로 해석되었다. 범죄 삼각형은 몇 가지 가능성을 일반화한다. 또다른 일반적인 형태로는, 대인관계 폭력은 선동하는 사람이 포함된 분쟁자들이 중재자가 없는 상황에서 수렴될(만날) 때 발생한다. 그러한 수렴convergence은 때때로 일종의 화학적 반응으로 이어지기도 해서, 분쟁들이 생겨나고 때로는 범죄행위로 확대되기도 한다. 이러한 생각은 나의 동생 리차드 펠슨(Tedeschi and Felson, 1994 참조)에게서 차용되었는데, 이 후 사회화학 측면에서 단순화되고 수정되었다.

범죄와 자연

자연과학은 두 개의 넓은 분과를 가지고 있다. 물질과학Physical Science과 생명과학Life Science이다. 나는 얼마간 물질과학의 관점에서 범죄를 바라보았다. 범죄자들과 다른 범죄 참가자들이 불법 행위를 위한 화학작용을 만들기 위해 공간적으로 수렴하는 것으로 보았다.

곧 나는 화학을 포함한 물리학이 범죄 행위를 이해하기에는 너무나 기계적이라는 사실을 깨달았다. 그렇다고 해서 우리가 물리적 요소들을 버려야 한다는 것을 의미하지는 않는다. 그러나 생명과학의 과정을 좀 더 자세히 묘사할 필요가 있다는 것을 의미한다.

물리학에서 모든 전자는 다른 전자들과 서로 동일하고 같은 상황에서 같은 일을 한다. 생명과학에서 모든 아메바가 모든 면에서 같은 것은 아니다. 생명과학은 훨씬 더 많은 변화를 허용하므로 범죄 연구에 더 적합하다. 어떤 자극도 대안적인 반응을 낳을 수 있다. 그것은 물리적 과정이 더 이상 중심적이지 않다는 것을 의미하거나, 생물들이 그들이 원하는 어떤 것도 할 수 있다는 것을 의미하지는 않는다. 하지만 그것은 선택과 대안을 허용하고 이는 생명 그 자체에 대한 기본적인 개념이다. 범죄와 자연(Crime and Nature, Felson, 2006)에서 나는 범죄를 다양한 생명 과정과 연관시켰다. 나는 생명과학의 개념을 이용하여 우리가 범죄에 대해 알고 있고 알아야 할 것들을 체계화했다. 나는 생명과학에서 나온 수많은 개념들이 범죄를 연구하는 데 매우 밀접하게 적용된다는 것을 확인했다. 생명과학은 유전학보다 훨씬 더 광범위하고 고등학교의 생물수업 보다 더 풍부하다고 강조한다. 나는 전통적인 생물학이 더 큰 생명과학의 한 부분이라고 보는데, 후자는 범죄와 그 예방을 포함한다고 본다.

열다섯 가지 요점

일상 활동 접근법을 사용하는 사람들은 세부사항과 정교함 때문에 길을 잃을 필요가 없다. 그들은 언제나 '범죄자, 대상, 보호자'로 돌아갈 수 있다. 그들은 언제든지 어떻게 범죄자들이 보호자가 없는 대상을 찾는지 탐구할 수 있다. 실제로, 일상 활동 아이디어는 15개의 기본적인 요점들로 쉽게 이해할 수 있다.

1. 대부분의 범죄는 일상적이다. 범죄는 단순한 절도, 단순 주거침입, 두 세 명의 범죄자가 한 명의 피해자에 대한 무력행사 또는 단순 무기 사용 등이 대부분이다. 대부분의 범죄는 단순한 수법으로 순식간에 발생한다.

2. 범죄는 평범한 일상을 먹고 산다. 도둑은 집이 비어 있을 때 발생한다. 사업체 강도는 상점이나 사무실이 문을 닫았을 때 발생한다. 소매치기는 군중을 따라다닌다. 대인 강도는 군중으로부터 분리된 낙오자들에게 발생한다. 통근에 사용되는 차량들에 대한 절도는 노동자들 근무 스케줄과 주차장이 있는 위치에 달려 있다.

3. 불법 행위들은 정책 통제에 의해 좌우된다. 조경 및 기타 계획의 설계 및 유지관리를 통해 거리와 모이는 장소의 가시성을 향상시킬 수 있다. 거리는 배치될 수 있고 교통은 안전을 위해 조직될 수 있다. 직장, 학교, 행사를 더욱 안전하게 만들기 위한 활동이 계획될 수 있다.

4. 범죄자, 대상, 보호자부터 시작한다. 범죄자들은 극단적 범죄자들에 한정

되지 않고, 범죄가 발생하기 위한 한 가지 요건일 뿐이다. 쉬운 대상들은 피해를 당하기 쉽고 더 어려운 대상들은 공격당할 가능성이 훨씬 적다. 보호자들은 경찰이나 보안 요원들이라기보다 오히려 시간과 공간상에 존재함과 부재함으로 범죄 위험도에 영향을 주는 평범한 시민들이다.

5. 작은 조각의 시간과 공간 단위가 큰 단위의 분석 단위보다 훨씬 더 중요하다. 범죄는 하루의 시간마다 빠르게 변한다. 군중의 밀집과 행위들은 분 단위로 변화한다. 범죄 위험도는 한 주소지에서 다른 주소지로 이동할 때, 한 블록에서 다른 블록으로 이동할 때 크게 변화한다.

6. 측정이 매우 집중(세밀화)되었을 때 일상 활동과 범죄 위험 사이의 통계적 관계가 매우 강하게 된다. 이것을 보기 위해서는 일상적인 노출에 대한 정확한 측정과 관련성이 높은 범죄에 대한 정확한 측정과 연관성이 있어야 한다. 그래서 밤에 엔터테인먼트 지역의 군중들은 그 시간대에 그 지역들의 범죄 위험을 증가시킨다.

7. 더 좋은 데이터가 데이터에 집중하는 데 도움을 주고 더 강한 관계를 찾을 수 있도록 한다. 매우 큰 데이터 세트는 범죄의 유형과 시간대별로 하위 그룹핑을 허용한다. 더 나은 소프트웨어는 범죄 지도를 과거보다 훨씬 더 정밀하게 만들 수 있다. 시간과 공간의 극적인 수렴은 이러한 분석을 통해 나타난다.

8. 어떤 사람들은 많은 범죄를 저지르는 반면, 많은 사람들은 함께 많은 범죄를 저지른다. 매우 활동적인 범죄자들은 주목을 받을 만하지만, 가끔씩 범죄를 저지르는 사람들은 그 숫자가 너무 많기 때문에 범죄율에 크게 영향을 미친다. 우리는 두 경우 모두에 대하여 고려해야 한다.

9. 어떤 재산 대상들targets은 특별히 위험에 처해 있다. 특정 아이템은 다른 아이템보다 100배 또는 1000배 더 자주 도난당할 수 있다. 어떤 종류의 사업체들은 범죄 종류가 특정되었을 경우 범죄의 위험이 훨씬 더 높다.

10. 모든 범죄분석이 성능이 큰 컴퓨터를 필요로 하는 것은 아니다. 작은 컴퓨터와 심지어 손으로 하는 계산을 통해서도 매우 강력한 범죄 집중도와 일상 활동과의 연관성을 보여 준다. 컴퓨터 크기가 어떻든 간에, 여러분은 항상 작게 생각해야 한다. 범죄는 범죄자들이 일상 활동을 이용하여 그들의 이기적인 이익을 추구하면서 실제 세계에서 발생한다.

11. 일상 활동 접근은 성장할 수 있다. 존 에크의 '장소 관리자place manager'를 포함한 몇 가지 다른 요소들이 추가되었다. 그의 '범죄 삼각형'은 6가지 요소를 포함하고 있으며, 다른 세부 사항들은 이 글에서 소개되었다.

12. 일상 활동 사고는 사이버 공간에 적용될 수 있다. 컴퓨터는 많은 코드의 시퀀스와 이러한 시퀀스에 의해 처리되는 데이터의 흐름을 포함하는 정교한 시간 구조에 의존한다. 컴퓨터 루틴은 매우 빠른 속도로 일어난다. 범죄자들은 그 시퀀스에서 약점을 발견함으로써 그들의 이익을 위해 컴퓨터 루틴을 이용하려고 한다.

13. 일상 활동은 공동 범죄와 조직 범죄에 적용된다. 범죄자들은 종종 수렴 환경(노는 장소)에 따라 시간과 공간에서 모인다. 청소년들이 노는 장소들은 청소년들이 계획되지 않은 범죄 상황으로 어떻게 표류하는지 설명하는 데 중요하다.

14. 일상 활동 이론은 다른 이론적, 실제적인 발달과 융합되었다. 이것은 범죄 패턴분석과 환경범죄학, 상황적 범죄 예방, 문제지향 경찰활동, 범죄지리학, 범죄자들의 지리적 프로파일링을 포함한다.

15. 이러한 원칙들은 국가, 문화, 그리고 사회를 초월한다. 가난한 지역에서 범죄를 발생시키는 동일한 디자인 특징들이 부유한 지역에도 적용된다. 일상적 범죄 기회들은 도보, 차량, 자전거 그리고 대중교통을 이용하는 범죄자들에게 발견된다.

이 15개의 요점들은 지난 30년 동안 진행되어 온 일상 활동 사고의 발달을 잘 요약해 주고 동시에 이론의 기본은 여전히 같다는 것을 상기시켜준다.

범죄와 관련된 일상 활동들에 대한 연구

일상 활동 접근법은 초급, 중급 그리고 고급 수준에서 배울 수 있다. 원래 범죄 삼각형의 세 요소로 시작했던 학생은 여섯 요소까지 쌓을 수 있다. 마이크로 레벨에서 시작하는 학생은 다음으로 사회의 거시적 변화에 주목해 볼 필요가 있다. 학생들은 다음으로 어떻게 범죄 요소들이 모이거나 갈라지는지, 그리고 그 정보를 이용하여 어떻게 범죄를 막을 수 있을지를 연구하는 방향으로 나아갈 수 있다.

상황적 범죄 예방, 범죄학, 범죄지리학, 범죄자 선택, 그리고 이들 사이의 관계들을 고려하면, 범죄에 대한 연구는 상당히 어렵다. 범죄의 다양성과 과정은 더 큰 생활 안에 들어있고, 그에 따라 연구될 수 있다.

▣ 검토 질문

1. 당신이 17세 학생일 때 주중과 주말의 일상 활동 패턴을 스스로 지도로 작성해 보라. 어떤 역할로든 범죄 위험이 가장 높았던 곳과 시기는 언제였나?

2. 왜 경찰이나 민간 경비원들이 일반 시민들보다 범죄를 저지하는 데 덜 중요할까?

3. 왜 범죄에 더 적극적으로 참여하는 사람들이 또한 범죄 피해를 당할 가능성이 높은가?

4. 술집, 집, 자동차, 혹은 비공식적인 노는 장소들 중에서 술과 관련된 범죄를 발생시킬 가능성이 가장 높은 환경은 무엇일까?

5. 술을 마실 수 있는 나이가 되기 전인 십대 시절에 비공식적으로 노는 장소들은 무엇이며 범죄에 어떤 영향을 미칠 수 있는가?

제5장

범죄 기하학과 범죄패턴 이론

폴 브랜팅엄Paul J. Brantingham(BA, JD, Dip. Crim.)은 변호사이자 범죄학자로서 사이먼 프레이저 대학의 범죄학 교수이다. 그는 사이먼 프레이저 대학교의 범죄학부에 들어가기 전에 플로리다 주립 대학교에서 가르쳤다. 브랜팅엄 교수는 1980년대 중반 캐나다 공공서비스위원회의 특별심사국장을 지냈으며 1969년부터 캘리포니아 변호사회California Bar의 일원이었다. 브랜팅엄 교수의 가장 잘 알려진 책은 '소년사법 철학(Juvenile Justice Philosophy [West Pub. Co. 1974; second edition 1978])', '환경범죄학(Environmental Criminology [Waveland Press 1981; second edition 1991])', '범죄 패턴(Patterns in Crime [Collier Macmillan 1984])' 등이 있으며 모두 패트리샤 브랜팅엄과 공동 집필했다.

수학자이자 도시계획가인 패트리샤 브랜팅엄Patricia L. Brantingham(AB, MA, MS, PhD)은 RCMP 대학교 계량 범죄학 교수이자 사이먼 프레이저 대학교의 캐나다 도시 연구소Institute for Canadian Urban Research Studies at Simon Fraser University의 소장이다. 1980년대 중반 캐나다 법무부 평가국장을 지냈다. 브랜팅엄 박사는 24권의 책과 과학 모노그래프, 100편이 넘는 논문과 과학 논문의 저자 또는 편집자이다. 그녀는 환경범죄학의 창시자 중 한 명이며 현재 전 세계 대학 연구소를 연결하는 계량 범죄학 분야 국제 협력의 리더이다.

마틴 안드레센Martin A. Andresen은 사이먼 프레이저 대학교의 범죄학 및 캐나다 도시 연구소School of Criminology and Institute for Canadian Urban Research Studies, Simon Fraser University의 교수이다. 그의 연구 분야는 공간범죄 분석, 범죄 및 장소, 범죄지리, 환경범죄학, 응용 공간 통계 및 지리정보 분석 분야이다. 그는 3권의 편집본, 2권의 책과 Applied Geography, British Journal of Criminology, Journal of Criminal Justice, Journal of Research in Crime and Delinquency, and Journal of Quantitative Criminology 등에 100편 이상의 논문과 글을 게재하였다.

폴 브랜팅엄, 패트리샤 브랜팅엄, 마틴 안드레센

(Faul J. Brantingham, Patricia L. Brantingham and Martin A. Andresen)

서론

범죄학은 범죄사건과 범죄행위를 설명하려고 한다. 이것은 '왜 어떤 사람들만 범죄를 저지르는가?', '왜 어떤 사람들은 반복적으로 범죄피해를 당하는 반면, 다른 사람들은 거의 피해를 당하지 않는 것일까?', '왜 어떤 장소들은 범죄가 많이 발생하지만 다른 장소들에서는 거의 범죄가 발생하지 않을까?'와 같은 오래된 질문들에 답하려고 한다. 이 질문들은 법률, 동기가 부여된 범죄자 그리고 환경적 배경에 분포된 범행대상의 특징들에 의하여 발생하는 다양한 범죄사건들에 의해 만들어지는 범죄패턴에 대한 이해를 요구한다. 범죄사건의 각 요소들은 과거의 경험과 미래의 의도에 의해, 일상 활동과 삶의 리듬에 의해, 그리고 환경의 제약에 의해 형성된 역사적 궤적을 가지고 있다. 많은 범죄사건들을 조사하여 도출한 이러한 복잡성 내의 패턴들은 범죄 전반에 대한 이해로 우리를 인도한다.

범죄는 시간과 공간 또는 사회에서 무작위로randomly 또는 균일하게uniformly 발생하지 않는다. 범죄는 이웃이나 사회 집단, 또는 개인의 일상 활동이나 개인의 생애 동안 무작위적이거나 균일하게 발생하지 않는다. 사실 균일성을 주장하는 것이 한때 인기가 있었지만, 지금은 거의 지지를 받지 못하고 있다. 범죄에는 핫스팟과 콜드스팟이 있다; 높은 반복적 재범자와 높은 반복적 피해자가 있다. 사실, 두 그룹은 자주 서로 연결되어 있다. 정확한 숫자는 용어의 정의와 연구대상 인구의 크기에 따라 계속 논란이 있지만, 매우 적은 수의 사람들이 대부분의 알려진 범죄들을 저지르고(Carrington, Matarazzo and de Souza, 2005; Farrington, Lambert and West, 1998; Wolfgang, Figlio and Sellin, 1972) 또한 매우 적은 수의 사람들이 희생자의 높은 비율을 차지한다(Fattah, 1991). 범행대상과 희생자의 완전한 무작위성에 대한 주장은 더 이상 타당하지 않다. 술집 싸움은 평일 오후보다 금요일이나 토요일 밤에 더 자주 발생하며, 절도는 낮에 제한된 시간 동안 일어나며, 어떤 가게에서는 다른 곳보다 더 많이 발생한다. 그리고 소득세 탈루는 만기일에 몰려있다. 범죄를 이해하려면 실제 범죄사건을 특징짓는 패턴화된 불균일성과 비무작위성을 설명하기 위해 사용될 수 있는 개념과 모델이 필요하다.

복잡한 패턴을 이해하려면 단순한 규칙들이 제안되고 그 규칙들을 결합하는 방법이 기술된 형식을 필요로 한다. 복잡한 이론적 패턴이 정립될 때, 그것들은 다양한 정보 소스로부터 관측된 실제 범죄패턴과 지속적으로 비교되어야 한다. 실제 범죄패턴에 대한 관찰은 데이터 수집 과정에서 발생하는 잡음과 불명확함을 포함하고 있고, 일상생활의 역동성으로 인하여 지속적으로 작은 변화가 발생한다. 기본 이론적 규칙들과 이 규칙들을 공식적으로 구조화된 패턴으로 결합하기 위한 과정들은 그러한 패턴들에 대한 더욱 분명한 이해와 그들을 범죄 감소에 활용하기 위한 인지적 구조를 제공한다.

두 가지 이론적 관점들이 이러한 규칙들의 틀을 잡는데 방향을 제시한다. 그것은 범죄 기하학과 범죄패턴 이론이다. 범죄 기하학은 우리가 시간을 보내는 장소와 그들 사이의 경로를 범죄 가해와 피해에 연결시킨다. 범죄패턴 이론은 환경범죄학 내에서 세 가지 주요 이론적 관점을 통합한 메타 이론이다. 범죄 기하학과 범죄패턴 이론 모두 범죄를 복잡한 현상으로 간주한다. 그러나 고도의 복잡성을 가정하더라도, 분석단위가 서로 다른 범죄사건과 범죄자들의 행동 모두에서 식별할 수 있는 패턴 찾아낸다. 즉, 패턴들의 기반이 되는 규칙들은 분석단위가 세밀한 수준인 경우 그리고 일반적인 수준인 경우 모두에서 발견될 수 있다. 패턴은 객체, 규칙 그리고 과정 간에 인식할 수 있는 상호 연결성을 설명하는 데 사용되는 용어이다. 이러한 상호 연결성 또는 연계는 물리적이거나 개념적일 수 있지만, 상호 연결성을 인식하는 것은 지역 조건에 의해 왜곡된 사건들 안에서 상호 연결성의 표본 또는 원형을 구별해내거나 유사점을 찾아내는 인지과정과 관련이 있다(Churchland, 1989).

패턴은 어떨 때는 명백하지만, 때로는 초기 통찰력, 특별히 환경 전체에 내재되어 있는 통찰력을 통해서만 식별할 수 있다. 범죄들은 패턴화되고, 범죄를 저지르기 위한 결정들도 패턴화되며, 범죄를 저지르는 과정도 패턴화된다.

이 장은 범죄 기하학과 범죄패턴 이론을 요약한 것이다. 규칙들은 1) 개인 범죄자, 2) 범죄자 네트워크, 3) 개인 범죄자들의 집합을 위해 각각 제시된다. 이 규칙들은 시공간 맥락에서 배치되어 있다. 시공간적 맥락에서 규칙을 배치함으로 아래 것들을 설명하는 데 도움이 된다. 1) 대상/피해자target/victim 평가를 반영한 범죄 템플릿, 2) 일상적인 매일의 지리적 이동에 기초한 시공간 활동 공간에서의 범죄 위치, 3) 주요 교점들nodes의 경로들paths을 따라 발견되고 주로 지역사회의 가장자리edges에 제한된 범죄 집중화, 그리고 4) 범죄 유인장소crime attractor 및 범죄 유발장소generator. 범죄패턴 이론의 기본은 범죄자의 적응, 범죄전이crime displacement 및 감소를 조사하는 데 사용된다.

범죄 기하학Geometry of crime

범죄 기하학은 환경범죄학 내의 세 가지 기본이론(일상 활동 이론, 범죄 기하학, 합리적 선택 이론) 중 하나이다. 범죄 기하학은 범죄패턴에 대한 이해를 위해 케빈 린치(Kevin Lynch, 1960)의 연구를 수용한 폴과 패트리샤 브랜팅엄(Paul and Patricia Brantingham, 1981, 1993a)의 연구에서 시작되었다. 도시에 대한 이러한 이해에 근거하여 우리는 우리가 하는 모든 일에 영향을 미치는 건축된 환경 그리고 사회적 환경 속에서 우리가 이동한다는 것을 이해할 수 있다. 이는 곧 규칙 1을 도출한다.

규칙 1. 배경환경backcloth이 중요하다. 우리의 모든 활동(범죄 활동 포함)은 사회적, 경제적, 정치적, 물리적 차원으로 구성된 배경에서 펼쳐진다.

규칙 1은 간단히 우리 사회의 사회적, 경제적, 정치적, 물리적 측면이 우리가 환경(가장 자주 도시 환경)을 통해 움직이는데 어떤 역할을 한다고 말한다. 사회적 규범, 경제적 현실, 그리고 정치적 자유는 모두 우리의 선택에 영향을 미친다. 게다가, 모든 사회에 걸쳐 일관되게, 우리의 구축된 환경은 우리가 어떻게 이곳저곳으로 이동하는가에 영향을 미친다. 우리의 도로망과 (대중)교통 시스템의 물리적 특성 때문에, 우리는 우리의 환경을 어떻게 통과할 수 있는지에 대한 제약을 받는다. 우리가 우리의 환경을 어떻게 통과할 것인가에 대한 선택권이 있다고 하더라도, 그러한 선택들은 우리의 환경이 어떻게 사용되는지에 의해 제약을 받는다. 예를 들어, 우리는 옆길과 골목길을 이용해 한 장소에서 다른 장소로 이동할 수도 있지만, 교통 혼잡 속에서도 주요 간선도로가 대부분 가장 빠르고 더 직접적인 통로일 것이다.

이것은 우리에게 규칙 2를 제시한다. 매일 움직이는 패턴은 내제된 이동 패턴으로 구성되어 있다. 즉, 주중이나 중심 상업 지구와 같은 광범위한 일상과 활동 교점[9]들nodes의 집합 내에서 사람들은 더 많은 제약적인 세부 활동과 움직임 패턴을 가지게 된다. 예를 들어, 집 안에서, 사람들은 여러 장소에서 시간을 보내지만, 다른 방들보다 특별히 시간을 많이 보내는 방들이 있다. 이러한 방들 사이를 이동할 때는 일상적인 통로들paths을 이용한다. 어느 방에서든 그 내부에서는 또한 움직임의 하위 패턴이 있다. 예를 들어, 부엌에서 식사를 준비하는데, 아마도 냉장고, 스토브, 싱크대 사이에 세부 움직임 패턴이 있을 것이다. 주방을 이용하는 다른 시간에는 차나 커피를 만드는 것이 포함될 수 있다. 어느 정도 이동 경로는 겹치지만 음식을 요리하는 데 사용되는 경로와는 다르다. 유사한 세부 패턴들은 직장과 학교에서, 식료품점에서 쇼핑을 할 때, 그리고 많은 다른 교점들 내에서 존재한다.

규칙 2. 보다 넓은 배경환경 위에, 개인들은 다양한 일상적인 매일의 활동을 한다. 보통 이것들은 집, 직장, 학교, 쇼핑, 오락, 친구들의 집이나 가장 좋아하는 장소와 같은 다른 활동 교점들nodes 그리고 이러한 교점들을 연결해 주는 통로들pathways 위에서 발생한다.

더 넓은 수준의 범위에서 사람들은 보통 일상적인 활동을 발달시킨다. 한 사람은 체육관에 가고, 직장에 가고, 그리고 점심에 근처 상점을 방문하고, 그리고 나서 퇴근 후에 곧장 집으로 가서, 집에서 가까운 술집에서 친구들과 밤을 보내기도 한

---

9 개인들이 자주 이용 또는 방문하는 핵심 장소들을 교점(nodes)이라고 함. 예를 들어, 집, 학교, 직장, 쇼핑몰, 스포츠 아레나 등.

다. 다른 사람은 대학에 가고, 수업과 도서관에서 시간을 보내고, 오후에 친구들을 만나고, 대학 근처의 식당에서 식사를 하고, 그리고 저녁에 공부하기 위해 집으로 가는 것을 포함할 수 있다. 각 개인마다 차이가 있겠지만, 모두는 각자가 밤을 보내고 하루를 시작하는 시작 지점이 있고, 일상적인 낮시간 활동, 때때로의 쇼핑, 저녁에 친구 만나기, 야외 오락 활동을 하고 마지막으로 다시 밤을 보내기 위해 집으로 돌아가는 움직임이 있다.

다른 수준의 해상도로 올라가면, 사람들은 주중 일과는 하나의 활동 패턴을 가지지만, 레저 활동하는 날은 다른 패턴을 보인다. 주말과 공휴일의 패턴들은 다르지만, 많은 사람들에게는 대체로 반복적이다. 사실, 많은 사람들은 일상적인 휴가 장소들, 교점들 심지어는 휴가를 위한 별장들이 있다.

이러한 반복적인 여행의 패턴은 활동 교점들 사이의 경로를 배우고 그것을 지속적으로 사용하는데 정착하는 것을 포함한다. 그 경로를 이용하는 것은 거의 생각이 필요 없는 일상적인 결정이라고 할 수 있다. 물론, 사람들은 일상적인 길을 따라가는 데 어려움이 있을 때 대안을 시도할 것이다. 예를 들어 도로공사, 교통사고, 또는 유난히 혼잡한 교통체증은 사람들로 하여금 다른 길을 선택하게 하거나 가능하면 이동 시간대를 수정하게 할 것이다. 이용할 수 있는 대안의 범위는 지역에 대한 개인의 일반적인 지식과 일상 스케줄의 유연성에 달려 있다.

그림 5.1은 일반적인 주요 교점node 집합과 경로 선택 패턴을 나타낸다. 이 예제를 위하여, 교점들은 집, 직장, 쇼핑 그리고 오락 장소로 한다. 다른 개인들은 (비록 이에 국한되지 않지만) 학교, 체육관, 보호관찰소와 같은 활동 장소를 포함하여 다른 주요 교점들을 가지고 있을 수도 있다. 교점들의 집합과 그것들 사이를 연결하는 경로들을 일반적으로 활동 공간activity space이라고 부른다. 활동 공간의 시각적 범위 내에 있는 영역은 일반적으로 인지 공간awareness space이라고 부른다.

범죄자들은 이러한 학습된 경로나 활동 교점들 근처나 그들의 친구 네트워크의 경로 또는 활동 교점들 근처에서 초기 범죄를 저지를 가능성이 있다. 범죄는 이러한 활동 공간들 근처에서 뭉칠 가능성이 높으며, 활동 교점들 근처에는 집중도가 높다. 그림 5.2는 개인의 가상적인 범죄의 패턴을 보여 준다.

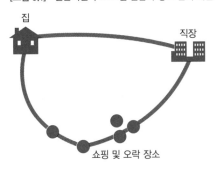

[그림 5.1] 일반적인 주요 교점 집합과 경로 선택 패턴

집

직장

쇼핑 및 오락 장소

[그림 5.2] 개인의 가상적인 범죄패턴

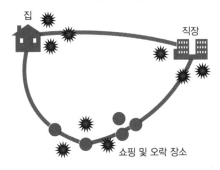

집

직장

쇼핑 및 오락 장소

규칙 3. 범죄를 저지르는 사람들은 다른 사람들처럼 정상적인 시공간 이동 패턴을 가지고 있다. 범죄 발생 가능성이 있는 장소는 이 정상적인 활동과 인식 공간 근처이다.

여기서 중요하게 인식해야 할 것은 범죄자들이, 대부분의 경우, 범죄를 저지르지 않는 사람들처럼 행동한다는 것이다. 범죄자들은 그들이 잘 알고 있는 이러한 지역들에서 범죄를 저지르는 것을 가장 편안해 할 것이다. 이러한 사실은 범죄를 위한 이동journey-to-crime 연구들에서 가장 자주 발견된다(Townsley, 이 책 제7장 참조). 적어도 1930년대까지 거슬러 올라가는 범죄를 위한 이동 문헌에서(White 1929), 범죄를 위한 이동은 짧다는 것이 밝혀졌고(대부분 2킬로미터가 채 안 된다) 재산범죄보다 폭력범죄가 더 짧다(Andresen, Frank and Felson, 2014). 범죄를 위한 이동 연구들에 관하여 여러 가지 방법론적 우려들이 있지만(Rengert, 2004; Rengert, Piquero and Jones, 1999; Townsley and Sidebottom, 2010; van Koppen and De Keijser, 1997), 그 결과는 대체로 경험적, 이론적 견지에서 일관성이 있다. 왜 필요한 것보다 더 멀리 여행하는가(Rhodes and Conly, 1991)? 이웃과 도로망의 구조는 범죄를 위한 이동의 방향성을 형성하고(Frank, Andresen and Brantingham, 2012) 범죄자와 대상 사이의 접근성 채널을 만들고, 범죄가 집중되는 장소를 제한하는 사회적, 물리적 장벽을 만든다. 이것은 특히 토지 사용 변하는 가장자리에서 그렇다(Brantingham and Brantingham, 2015; Clare, Fernandez and Morgan, 2009; Song, Spicer and Brantingham, 2013; Song et al., 2015).

개별 범죄패턴들

우리는 규칙 1에서 3까지 논의했던 개인들의 활동에 대한 규칙을 바탕으로 복잡한 범죄패턴들에 대하여 이해하고자 한다. 첫 번째로 일반 사람들의 개인적 활동들에 대하여 이해하고 그 다음으로 범죄를 저지르는 개인들의 특별한 행동 사례를 이해고자 한다. 범죄를 저지르는 사람들도 대부분의 시간을 비범죄 활동에 보낸다는 것을 기억해야 한다. 비범죄 활동을 형성하는 것은 범죄 활동도 형성하는 데 영향을 준다.

> 규칙 4. 개인들은 결정을 통하여 일련의 활동들을 거치면서 생활한다. 활동들이 자주 반복되면 결정 과정이 규칙화된다. 이 규칙화는 추상적인 안내 템플릿guiding template[10]을 만든다. 범죄를 저지르기 위한 결정들에 대하여는 범죄 템플릿crime template이라고 부른다.

[그림 5.3] 추상적인 안내 템플릿의 생성

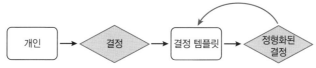

그림 5.3은 규칙 4에 대한 요약을 제공한다. 개인들은 반복적인 일상(루틴)을 개발하고 일단 확립되면 루틴은 어느 정도 안정성을 가진다. 루틴들은 다양한 스케일에서 볼 수 있지만 루틴 형성의 본질은 스케일과 무관하다. 우리는 모두 아침에 일어나서 아침 차 또는 커피를 끓이거나, 직장을 향해 가거나, 다른 일상적 활동들

---

10 템플릿: 견본, 본보기, 형판

을 하는 루틴들을 발달시킨다. 우리는 가정, 직장/학교, 오락, 쇼핑 그리고 심지어 특별한 이벤트 사이에 일상적인 이동 루트를 개발한다. 루틴의 형성 과정은 일련의 작은 결정들에 대한 첫 번째, 두 번째, 세 번째, 그리고 지속적인 반복결정을 통해 이루어진다. 사람들이 이사하거나, 직업을 바꾸거나, 학교를 바꾸거나, 또는 삶의 주기에 대한 주요한 변화가 있을 때, 루틴들이 깨지지만, 새로운 장소와 환경에서 루틴들은 다시 확립되고, 새로운 루틴들은 오래된 루틴들의 영향을 받는다.

범죄자와 비범죄자 모두에게 루틴한 의사결정과정의 형성은 일련의 잘 작동하는 결정들을 인식하는 것과 관련이 있다. 잘 작동한다는 것이 반드시 객관적인 최적 기준을 충족하는 것은 아니지만, 원하는 것을 만족시킬 수는 있다(Brantingham and Brantingham, 1978; Clarke and Cornish, 1985; Cornish and Clarke, 1986; Cromwell, Olson and Avary, 1991).

그림 5.3에서 '개인'이라는 용어는 '동기가 부여된 범죄자'로, '결정'이라는 단어는 '범죄 결정'으로 확대할 수 있다. '결정 템플릿'이라는 용어는 '범죄 템플릿'으로 바꿀 수 있다.

결정 과정은 확장될 수 있다. 범죄는 범죄 동기가 부여된 개인이 범행의 예상 이익과 비용을 따져봤을 때 만족시킬 수 있다고 판단하는 상황에서 적절한 대상자를 만났을 때 발생하는 사건 또는 일련의 행동이다. 그러한 단어들을 사용할 때, 전통적인 경제학에서 한발 물러서는 것이 중요하다. 범죄를 저지르거나 시도하는 데는 여러 가지 이유가 있다. 커슨(Cusson, 1983)은 범죄는 경제적 또는 정서적 이익을 위해서뿐만 아니라 분노와 복수, 스릴에 대한 욕구에 의해도 촉발될 수 있다고 했다. 특히 도구적 범죄instrumental crimes와 감정적 범죄affect crimes를 구분하는 것이 중요하다. 마약 중독자들의 탐욕 범죄나 마약 구매를 위해 돈이 필요하여 즉각적이고 단기간의 욕구에 반응하는 경우에는 도구적인 것과 감정적인 것이 합쳐질 수 있다.

개인들의 네트워크

개인 활동 공간과 의사결정 템플릿은 사회적 네트워크에 의하여 수정될 수 있다. 대상 선택 위치는 친구 네트워크의 활동 공간과 인지 공간에 의해 수정될 수 있기 때문이다. 기본적으로 2단계 과정이다.

개인의 일일 및 주간 활동 패턴과 주 활동 교점들은 친구들 네트워크에 의해 형성되거나 수정된다. 이 네트워크는 시간이 지남에 따라, 학교나 직장과 같은 기본 활동 교점들처럼 바뀌고, 변화와 함께 활동 공간과 인지 공간에 수정이 일어난다. 범죄 발생 장소들은 여러 활동 공간들이 겹치는 곳에 집중한다. 예를 들어, 같은 학교에 다니는 청소년들이 친구가 아닐 때, 그들은 여전히 학교나 아마도 학교 근처 또는 지역 사회의 다른 장소들을 포함한 중복된 활동 공간을 가지고 있다. 마찬가지로, 지역 쇼핑센터는 다양한 장소에서 사람들을 끌어들이고 그들의 활동과 인지 공간의 중복은 주요 활동 교점을 결정한다.

> 규칙 5. 대부분의 사람들은 홀로 활동하지 않고, 가족, 친구, 지인 네트워크를 가지고 있다. 이러한 연결들은 다양한 속성들을 가지고 있고, 네트워크 안에서 다른 사람의 결정에 영향을 미친다.

그림 5.4a는 친구 네트워크의 상호작용과 함께 발생하는 인지 및 활동 공간의 상호교환을 나타낸다. 대상의 활동 공간과 탐색 위치를 수정하는 정보 교환은 친구 네트워크를 넘어 다른 소스에서 나올 수도 있다. 언론에서의 광고, 서로 아는 사람들과의 대화, 그리고 들은 소식 등이 몇 가지 예이다.

[그림 5.4] 친구 네트워크 사이의 상호작용과 함께 발생하는 활동 공간과 범죄 템플릿의 변화

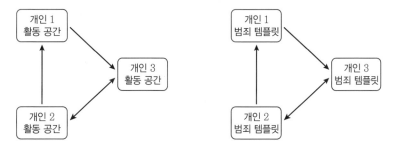

그림 5.4b는 세 명의 개인들 사이의 가상적 관계를 나타내고 그 관계가 결정 과정과 범죄 템플릿에 어떻게 영향을 미칠 수 있는지 보여 준다. 친구들은 누군가가 범죄적 기회로 인정하는 것에 영향을 줄 수 있다. 세 명의 개인에 대한 것으로 그림 5.4에 나타난 이 본질적으로 간단한 법칙은 그 요소들이 모두 변수이기 때문에 실제 응용에서 현저하게 복잡해진다. 네트워크에 있는 사람의 수는 다양하다. 구성원들 간의 관계의 강도는 다양하다. 범죄를 저지르려는 결정을 내릴 준비가 되

어 있는 정도도 일정하지 않다. 그것은 사람마다 다르다. 그리고 배경환경이나 맥락이 달라짐에 따라 시간과 공간에 걸쳐 각 개인에 따라 다르다.

구성원들 간의 연관 네트워크는 범죄학에서 계속 관심을 두고 있다. 한 쪽 극단에서 이 네트워크는 범죄 집단일 수 있지만, 이 네트워크는 보호자, 관계자, 공동 시공간 관리자로서 강력한 연계를 형성하는 법을 준수하는 구성원들로 구성될 수도 있다. 사회해체 이론(Shaw and McKay, 1942); 차별적 접촉 이론(Sutherland, 1937)과 집합효율성 이론(Bursik and Grasmick, 1993; Sampson and Groves, 1989; Sampson, Raudenbush and Earls, 1997)은 모두 범죄행위를 억제하는 방법으로 사회적 네트워크 연결을 강화하는데 기초를 두고 있으며, 시간과 공간에 걸쳐 다른 범죄자들과의 네트워크 연결 측면에서 범죄를 설명하려고 한다.

이 장에서는 간단한 개인 및 네트워크 모델을 일상적인 이동 패턴의 상황 안에 배치하고 다른 도시의 다양한 상황들이 일상적인 이동 패턴에 어떻게 영향을 미치는지 설명하는 규칙을 나중에 추가한다. 패턴이 나타나기 시작하는 것은 이러한 규칙들과 연관된 구성 과정으로, 실제 범죄의 패턴과 유사하다.

종합Bring it all together : 대상과 피해자 위치

지금까지, 동기가 부여된 범죄자와 적절한 대상/피해자는 분리하여 논의되었다. 하지만 범죄 기하학의 주요 측면 중 하나는 동기가 부여된 범죄자들의 측면과 적절한 대상들 측면을 동시에 고려하여 우리가 범죄패턴을 보다 잘 이해할 수 있도록 한다. 피해자들과 대상들의 공간-시간적 움직임은 범죄자들의 공간-시간적 움직임 패턴과 유사하다. 피해자들은 이동하지만 자신의 활동 교점들 중 하나나 그 근처에서 자주 피해를 당한다. 자동차나 자전거와 같은 움직이는 대상들은 소유자들의 이동 패턴을 따른다. 따라서 범죄는 피해자의 활동 공간과 범죄자의 활동 공간이 교차하는 지점에서 발생한다. 사업장이나 거주지와 같은 대상들은 정지되어 있지만 사람들을 끌어들이는 정상적인 (모임)장소들을 가지고 있다. 이러한 장소들은 일반적인 활동 교점activity node 상에 위치해 있거나 일반적인 활동 교점들 사이의 경로path를 따라 위치하며 범죄 템플릿에 들어맞기 때문에, 이러한 장소들은 범죄자들의 활동 공간activity space 안에 들어갈 수 있다. 이처럼, 범죄패턴들이 드러나는 곳은 동기가 부여된 범죄자들과 적절한 대상들의 활동 공간들의 중첩이 동시에 일어나는 장소이다.

> 규칙 6. 잠재적 대상들과 피해자들은 잠재적 범죄자들의 활동 공간들과 교차하는 수동적 또는 능동적 장소들 또는 활동 공간들을 가진다. 잠재적 범죄자의 범행 의지가 촉발되고 잠재적 대상 또는 피해자가 범죄자의 범죄 템플릿에 적합할 때 잠재적 범행 대상과 피해자는 실제 범죄의 대상 또는 피해자가 된다.

피해자들과 범죄자들은 범죄가 일어나기 위해 시간과 공간이 중첩되어야 한다. 범죄자가 특정한 피해자나 대상을 검색할 수 있는 상황들이 있지만 이러한 경우는 흔치 않고, 어떤 사람이 피해자가 될 가능성이 높아지는 이유는 범죄자와 생활양식이나, 공간-시간적 이동 패턴들 또는 일반적인 교점 활동 영역의 사용이 서로 중첩되기 때문이다. 개인범죄의 피해자가 가해자의 가족 또는 지인일 때(또는 가해자의 친구 네트워크에 있는 사람의 가족 또는 친구일 때) 활동 중첩이 명백하다. 피해자와 범죄자가 같은 시기에 같은 교점 활동 지점에 있거나 일상적인 경로가 교차할 때 중첩이 발생한다.

대상들과 범죄자들은 시공간에서 만날 필요가 있다. 대상들이 거주지나 사업장과 같이 한 장소에 고정되어 있는 경우가 많기 때문에 이해하기가 훨씬 쉽다. 이러한 상황에서 범죄자의 인지 공간에는 대상의 위치가 포함된다. 범죄가 발생하기 위해서는 범죄자는 대상을 보고 몇 가지 추가 결정 단계를 통해 적정한 대상을 찾아야 하며 범죄 템플릿 내에서 대상을 찾아야 한다. 범죄자들이 여러 종류의 범죄를 저지르는 것처럼, 개인들과 목표물들도 여러 종류의 범죄의 피해자가 될 수 있다. 이것은 어떤 범위의 범죄자들의 종합적인 경로들과 교점 활동 장소들이 이들의 친구 네트워크의 활동 공간들과 서로 중복되는 것이 반영된 것으로 볼 수 있다.

도시 배경환경Urban backcloth

위에서 언급했듯이, 도시의 배경환경은 범죄나 범죄가 아닌 우리의 모든 활동에 영향을 미친다. 결과적으로, 범죄는 도시 형태에 의해 만들어진 맥락 속에서 발생한다. 도로, 토지 이용, 도시를 이끄는 경제적 동력, 거주자와 노동자들의 사회 경제적 지위, 그리고 지역 도시들의 위계에서 해당 도시의 위치 등 모든 것이 배경환경의 요소가 된다. 도시 배경환경은 고정되어 있지 않다. 낮 동안의 도시는 밤 동안의 도시와는 다르다. 도시의 엔터테인먼트 지역은 낮에는 활동이 없고 저녁때와 특히 주말에는 에는 활기를 띤다(Bromley, Tallon and Thomas, 2003; Felson and Poulsen, 2003). 쇼핑 지역은 다른 성수기와 비수기를 가지고 있다. 유사하게, 대부분의 주거 지역은 낮에는 조용한 시간을 가진다.

모든 도시 개발 형태들에 있어서 몇 가지 공통된 요소들이 있다. 기본적으로 주요도로를 바탕으로 한 기본적 도로망이 있고 여기에 인도와 대중교통 노선이 보충적으로 망에 연결되어 있다. 이러한 도로망을 따라 다양한 토지 이용방식이 배열되고 구역계획과 도시계획에 따라 군집화(클러스터화)된다. 사업체들은 일반적으로 상업지역 내에 군집화 된다. 공장과 창고는 공업지역으로 군집화된다. 주거지역은 종종 단독주택 지역과 공동주택 지역으로 구분된다. 이러한 기본 요소들, 토지 이용과 이동 경로 네트워크는 도시의 구조를 형성하고 어디에 활동 교점들이 만들어지는 것과 어떤 장소들에서 범죄가 집중될 수 있는지 영향을 미친다.

규칙 7. 범죄 유발장소들crime generators은 교점 활동 지점들nodal activity points로 유입되는 높은 유동인구 흐름에 의해 만들어진다. 범죄 유인장소들crime attractors은 범죄를 저지르려는 의향이 큰 개인들이 주로 모이는 교점 활동 지점들에 범죄 대상들이 위치할 때 만들어진다.

범죄의 군집화는 도시의 기본 도로 구조와 관련이 있다. 네트워크 이론이라 불리는 수학의 영역은 도로 구조의 영향을 분석하는 메커니즘을 제공한다. 네트워크와 네트워크 이론은 인터넷을 움직인다. 사람들(또는 메시지)은 특정 경로를 따라 흘러 종착지end point 또는 교점node에 도달한다. 자동차와 트럭과 버스를 탄 사람들은 주요 도로를 따라간다. 많은 독립 개체들로 구성된 트래픽 흐름은 개천에서 시내 그리고 강으로 유입되는 흐름을 사용하여 모델링할 수 있다. 도로 네트워크는 강 시스템과 마찬가지로 원활한 흐름과 정체 지점이 있는 조용한 지역이 있다. 그림 5.5는 도로 네트워크의 가능한 예를 보여 준다. 모든 네트워크는 높은 활동 영역들이 있을 가능성이 있는 중심부를 가지고 있다. 이곳들은 자연스럽게 상업적 시설을 위한 지역이 된다. 그들은 또한 상업적이지 않고 정부 관공서 기능이 집중되는 경향도 있는데, 이는 그 지역들이 쉽게 접근이 가능하기 때문이다. 도시 계획 관행은 이러한 높은 활동 교점들 근처에 높은 밀도의 주거 지역을 집중하는 경향이 있다.

[그림 5.5] 도로 네트워크의 보기들

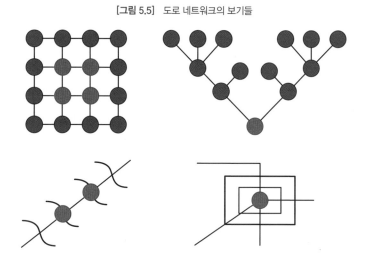

범죄의 실제 패턴은 잠재적인 범죄자의 위치에 달려 있다. 전과자인 범죄자들의 군집화는 적합한 대상들이 집 근처에 있다고 가정할 때 자연스럽게 이들의 집근처에 범죄 군집이 조성될 것이다(Block, Galary and Brice, 2007). 범죄가 상업과 관련된 상황에서 그 범죄는 상업 지역에 위치할 것이다. 예를 들어, 그림 5.5의 네 가지 가상의 거리 네트워크에서 보여지는 중심 지역들은 상업적 중심 지역이며, 상업적 범죄는 높은 활동 영역에서 발생할 것이다.

다르게 말하자면, 비슷한 대상 선택, 범죄자 그리고 인구이동의 규칙을 따르고, 또한 비슷한 수의 동기가 부여된 범죄자들을 가정할 때, 만약 범죄를 공간상의 점들로만 표시한다면 두 도시의 범죄는 매우 다른 패턴을 가지는 것으로 보일 수 있다. 사람들이 도시에서 움직이는 방식, 범죄 유인장소들crime attractors과 유발장소들crime generators이 어디에 위치해 있는지 그리고 잠재적인 범죄자들이 어떻게 의사결정을 내리는지를 고려한다면 범죄패턴들은 유사하다고 할 수 있다.

범죄 유발장소들과 범죄 유인장소들은 규칙 1에서 8에 규정된 과정의 결과로서 범죄의 핫스팟들이 되는 장소들이다. 범죄 유발장소들은 일상생활에서 행동하는 많은 사람들의 인지와 활동 공간awareness and activity spaces의 총합적인 결합의 결과이다. 범죄 유인장소들은 범죄 경험과 네트워크 커뮤니케이션의 누적된 영향의 결과이다.

　범죄 유발장소들crime generators은 범죄 동기들과 상관없이 다수의 사람들을 모이게 만드는 특정한 교점 지역들이다. 대표적인 예로는 쇼핑구역, 오락지구, 사무실지구, 또는 스포츠 경기장이 등이 있다. 범죄 유발장소들은 특정 유형의 범죄 행위 발생이 용이한 상황을 만들면서 피해가능한 사람들과 다른 대상들의 적절한 집중화를 제공하는 시간과 장소를 만들어 범죄를 일으킨다. 유발장소 위치에 모인 사람들과 섞이면, 범죄를 저지르려는 명백한 의도를 가지고 그 지역에 오지는 않았지만, 잠재적 범죄자들은 제시된 범죄 기회들을 알아차리고 이용한다. 지역 내부와 외부인들 모두 범죄 유발장소 위치에서 범죄를 저지르고 싶은 유혹을 받을 수 있다.

　범죄 유인장소들crime attractors은 특정 유형의 범죄에 대해 잘 알려진 기회들 때문에 의도적인 범죄자들을 끌어들여 범죄 기회를 그들에게 제공하는 특정 장소, 지역, 인근 지역들이다. 그 장소들은 재범자들을 위한 활동 교점들이 된다. 예를 들어, 술집구역, 성매매 집결지, 마약시장, 대형 쇼핑센터, 특히 주요 대중교통 환승장소, 사업 또는 상업지역에 보안이 취약한 주차장을 들 수 있다. 그러한 지역들의 범죄는 대게 다른 지역에 사는 사람들이 와서 저지르고 종종 인근에 사는 사람이 저지르기도 한다. 우연한 만남이나 대상이 풍부하다는 지식의 전파는 한 지역으로 범죄자들을 끌어당기고 먼 곳에서도 이곳에 오게 만든다. 즉, 범죄자들이 이들 지역의 대상을 찾기 위해 비교적 먼 거리를 여행할 것이다. (내부자들이 그러한 지역에서 범죄를 저지를 때, 그들은 아마도 그 지역들의 범죄 유인적 특징에 끌려서 다른 지역에서 이사 왔을 수도 있고, 많은 도시에서와 마찬가지로 가난한 지역이 상업지역 근처에 주로 위치하기 때문에, 집 근처에 많은 접근 가능한 대상들이 만들어 졌을 수 있다.)

　대부분의 도시에는 범죄 중립 지역들도 있다는 점은 주목할 만하다. 범죄 중립 지역들은 의도적인 범죄자들을 끌어들이지 않으며, 유혹적인 범죄 기회를 조성하지도 않는다. 대신에, 그들 지역에서는 지역 내부자들에 의해서 가끔씩 범죄가 발생한다. 단순 거리 감쇄 모형simple distance decay model과 경로 모형pathway model은 그러한 장소에서의 범죄들의 발생 지형을 잘 설명한다.

　지역이 완전히 범죄 유인지역이거나 또는 완전히 유발지역 또는 완전히 중립적인 지역인 경우는 드물다. 대부분의 지역들은, 그 지역들이 어떤 종류의 범죄나 어떤 개인들에는 범죄 유인지역일 수도 있고, 다른 종류의 범죄나 다른 개인들에는 범죄 유발지역일 수도 있고, 그리고 여전히 많은 종류의 범죄와 관련하여 중립적일 수도 있다는 점에서, 혼합 지역이라고 볼 수 있다.

핫스팟과 범죄전이|Hotspots and crime displacement

그동안 논의된 일곱 가지 범죄 기하학 규칙들의 상호작용을 통해 일반적인 범죄 핫스팟 형성(Brantingham and Brantingham, 1999)과 핫스팟에서 범죄통제 개입을 했을 때 잠재적으로 범죄전이crime displacement가 발생한다(Brantingham and Brantingham, 2003a)는 우려에 대하여 포괄적인 언급을 할 수 있게 된다.

　　범죄패턴 이론에서 논의 되었던 여덟 가지 요소들을 융합한 것을 고려하면 핫스팟들의 구체적인 위치가 예측될 수 있다: 범행 의도를 가진 범죄자 인구들의 거주지와 활동 장소들, 취약한 피해가능 인구들의 거주지와 활동 장소들, 다른 형태의 범행 대상들의 공간적 시간적 분포, 다양한 형태의 보안 또는 경비 시설의 시간적 공간적 분포, 도시의 광역적 거주지와 활동 영역의 구조, 활동 유형과 토지 이용의 복합적 고려, 교통 또는 통행 방식과 교통 네트워크의 구조, 도시의 공간과 시간에 걸쳐서 사람들의 실제적인 교통의 흐름.

　　범죄전이crime displacement는 범죄억제를 위한 경찰개입intervention이 시행되는 핫스팟의 유형에 따라 다르다. 범죄 유발장소crime generator인 핫스팟에서의 경찰개입은 범죄들이 주로 기회적인 범죄들이기 때문에 범죄전이가 일어나지 않을 것이다. 범죄 유인장소crime attractor인 핫스팟에서의 범죄전이는 훨씬 더 일어날 가능성이 크며 세 가지로 요약이 가능하다. 첫째, 범죄 유인장소에서의 범죄 활동들은 근처에 매력적인 다른 대상들이나 피해자들이 있을 경우 그 유인장소 주변의 이웃 지역으로 전이될 가능성이 있다. 둘째, 범죄 유인장소 주변 지역으로 전이가 일어날 수 없는 범죄 활동은 다른 주요한 유인지 교점들로 옮겨갈(전이할) 가능성이 있다. 셋째, 범죄 유인장소를 둘러싼 이웃 지역으로 전이가 일어날 수 없는 범죄 활동과 다른 주요한 범죄 유인장소로 대체할 수 없는 범죄 활동은 범죄 유인장소의 이웃 지역과 유사하거나 가까운 지역이 아닌 범인의 집 근처로 전이될 가능성이 있다. 이것은 도시 형태와 인지 공간의 상호 작용에 따라 추정할 수 있다. 그 결과, 일부 감소와 다양한 장소에서의 범죄전이를 예측할 수 있다. 주요 활동 교점들을 생성하는 총괄적인 인지 공간들의 역순을 고려할 때, 높은 활동 교점들로부터 주변으로의 전이에 대한 연구는 내재된 대상들이 있는 주변 지역들과 근처의 유사한 활동 영역들을 살펴볼 필요가 있고, 아니면 원래 범죄 유인장소 교점 보다 큰 영역 범위로 전이가 확산될 수 있다고 예상할 필요가 있다.

범죄패턴 이론Crime pattern theory

의사결정 규칙Decision rules

의사결정 규칙은 환경범죄학에서 이론을 구성하고 연구를 하는데 있어 매우 중요한 부분이다. 의사결정 규칙은 합리적 선택 관점의 영역에서 주로 다루기 때문에 여기서는 깊게 다루지 않을 것이다(Cornish and Clarke, 이 책 제2장 참조). 하지만 범죄패턴 이론의 목적은 환경범죄학의 이론 내에서 연결성, 즉 패턴을 보여 주는 것이기 때문에, 의사결정 규칙은 여기서 중요한 개념이다. 기본적으로 개인적 측면에서 범죄 동기의 수준이 개인마다 다르고, 다양한 종류의 범죄에 관여하려는 의지 또한 다르다. 단지 극소수의 범죄자들만 오직 한 종류의 범죄만을 저지른다. 대부분의 범죄자들은 다양한 종류의 범죄를 저지른다. 이해해야 할 중요한 것은 어떻게 개인(혹은 단체)이 범죄를 저지름에 따라 이득이 있다고 결정하는가이다. 특히 주목해야 할 것은 행동에 대한 공식적인 혹은 비공식적인 제한이 없는 것과 결합된 기회의 중심성이다. 기회가 도둑을 만든다(Felson and Clarke, 1998)는 말은 잠재적 대상들과 피해자들의 상대적 가용성을 잘 요약한 것이다. 마커스 펠슨에 따르면, 적절한 대상들이 있는데, 보호자는 없고 동기가 부여된 범죄자가 있는 상황들이 있다.

> 규칙 8. 개인들 또는 집단들은 범죄를 촉발하는 사건triggering event이 있고 범죄 템플릿 내에 적합한 대상이나 피해자를 찾을 수 있는 후속 과정이 뒤따를 때 범죄를 저지른다.

개인들은 단순히 그들의 현재 활동, 대부분 일상적인 활동을 하는 가운데 촉발 사건triggering event을 마주친다. 이 촉발 사건은 어떤 형태의 대상에 대한 최소 또는 광범위한 물색으로 이어진다. 만약 대상 물색이 최소한에 머무는 정도라면, 촉발

사건은 이들이 우연히 범죄 기회를 마주친 것일 가능성이 높지만, 광범위한 물색의 경우 개인이나 집단이 특정 대상을 찾기로 결정하고 난 다음에 시작될 것이다. 범죄패턴 이론을 위해서 범죄를 저지르는 과정이 순환적이라는 것과 어떻게 그것이 범죄 템플릿과 일상적인 활동에 초점을 맞추는지를 반영하는 규칙을 추가하는 것이 중요하다.

> 규칙 9. 촉발사건은 개인이 현재 일상적인 활동들을 수행하는 가운데 발생한다. 범죄사건의 결과는 범죄 템플릿과 개인들의 일상 활동들에 영향을 미친다. 범죄 행위들은 축적된 경험의 양을 변화시키고 미래의 행동들을 변화시킨다.

규칙 9는 모든 사람은 항상 변화하는 지식 기반을 가지고 있음을 보여 준다. 성공적으로 범죄를 저지르는 것은 기존의 범죄 템플릿과 범행 패턴을 강화한다. 실패는 첫 번째의 경우 거의 효과가 없을 것이다. 그러나 실패가 지속된다면, 무언가 변화가 일어날 것이다. 개인들은 다양한 방식으로 적응한다. 개인들은 성공적으로 범죄를 저지르는 데 방해가 되는 요소들을 극복하기 위하여 범죄를 저지르는 방식을 바꿀 수 있다, 그들은 범죄의 장소나 시기에 대해 그들의 범죄 템플릿을 수정할 수 있다, 또는 그들은 대신에 비범죄적 활동에 참여하는 것으로 적응할 수도 있다. 유사하게 일상적인 활동 내에서 수행된 범죄의 성공 경험은 그러한 일상적인 활동을 강화할 것이다. 그러나 비일상적인 활동들이 수행되었다면, 그러한 활동들은 성공적인 범죄 수행으로 인하여 일상화될 수도 있다. 그림 5.6은 범죄가 시도된 이후에 이러한 강화 패턴 또는 변경 패턴을 나타낸다.

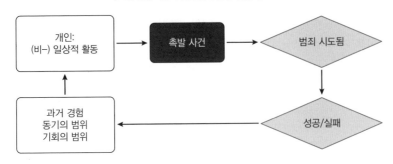

[그림 5.6] 범죄 템플릿과 일상 활동 강화

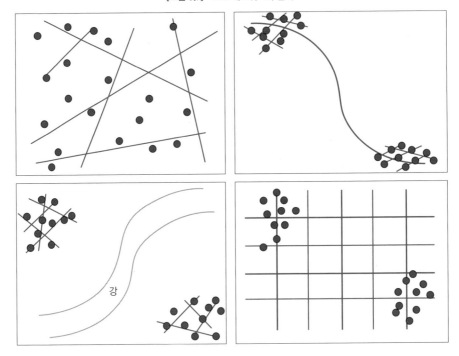

[그림 5.7] 도로 네트워크와 범죄

여기서 제시된 마지막 규칙인 규칙 10은 범죄 활동의 맥락에서 앞서 제시한 규칙 1을 다시 정립한 것이다.

규칙 10(규칙 1 재정립). 구조적 배경환경은 개인의 일상적인 활동과 범죄를 저지르려는 의사결정에 영향을 준다.

앞서 논의 했듯이, 배경환경backcloth은 우리의 이동을 제한하고 우리에게 기회들을 제공하는 조성된 환경이라고 쉽게 생각할 수 있다. 그것의 그러한 성격 때문에 배경환경은 우리의 일상적 그리고 비일상적 활동들을 구조화한다. 우리의 모든 활동들이 배경환경에 따라 구조화되어 있듯이 범죄 또한 그러하다.

그림 5.7의 네 가지 패널들을 고려해 보자. 좌측 상단 패널은 주요한 도로들이 본질적으로 무작위하게 배치되어 있고, 범죄를 나타내는 점들 또한 무작위하게 나타난다. 우측 상단 패널의 경우, 도로망의 집중화로 인하여 범죄사건들이 두 군데로 군집화된 것을 보여 준다. 좌측 하단의 경우 강을 사이에 두고 두 개의 범죄 군집들이 분리된다. 이것은 우측 상단과는 매우 다른 패턴이다. 우측 하단 패널은 정방형 도로망 환경에서 범죄패턴을 보여 준다. 이러한 도로망의 경우, 연구자들은 두 지역의 범죄 군집에서 범죄 유인요인들이 무엇인지 질문해봐야 한다. 아마도 범죄 기회에 영향을 주는 주택 패턴 또는 다른 토지 사용 패턴들이 있을 것이다.

도로망을 기반으로 한 간단한 예는 또한 구축된 환경과 함께 고려되는 사회적 및/또는 심리적 배경환경을 고려하는 것으로 확장될 수 있다. 서로 다른 사회적 배경환경들은 동기가 부여된 범죄자들이 다른 선택을 하도록 유도할 수 있는 다른 기회들을 제공한다. 이것은 다시 합리적 선택이론으로 이어진다.

다양한 범죄패턴들이 생기는 것을 고려했을 때 배경환경의 성격에 대하여 이해하는 것은 매우 중요해졌다. 예를 들어, 폭력 범죄들(적어도 두 사람의 존재를 요구하기 때문에)은 주변 인구가 더 많은 곳에서 더 자주 발생할 것이다(Andresen, 2011; Andresen and Jenion, 2010; Boggs, 1965) − 유사하게 주택 밀도와 주거침입 절도도 관련이 있을 것이다. 우리의 자동차 주도형 문화에서는, 사람들의 존재는 자동차가 존재한다는 것을 의미하고 이는 또한 자동차 관련된 범죄 기회가 많은 것을 의미한다. 상업지역 절도는 상업 지구이거나 상업과 혼합된 토지 이용구역에서 발생할 수 있다. 결과적으로, 이러한 요인들 중 어떤 것들이 공간 및/또는 시간에 군집화되면 (그리고 이미 군집화된 것을 알고 있다!) 우리는 범죄의 집중화를 예상해야 한다. 따라서 환경범죄학자의 과제는 범죄의 패턴 그 자체를 파악하는 것이 아니라, 왜 그들이 나타나는지를 이해하는 것이다. 또는, 다시 말해서, 위에서 논의된 규칙 중 어떤 것이 가장 적절한가를 파악해야 한다.

결론

범죄는 시간과 공간에서 무작위로 분포되지 않는다. 군집화되지만, 군집화의 모양은 사람들이 도시 내에서 어디에 살고 있는지, 어떻게 그리고 왜 그들이 도시에서 이동하는지, 그리고 서로 아는 사람들의 네트워크가 어떻게 시간을 보내는지에 따라 큰 영향을 받는다. 중첩된 활동 교점들이 집중될 것이고, 그 교점들 내에서 범죄 유발장소들이 되는 상황과 범죄 유인장소들이 되는 상황들이 있을 것이다.

범죄 장소들의 대표성을 검토할 때 우리는 개인 범죄자들 그들의 일상적인 활동 공간들을 고려하고; 어떤 범죄에 관여하는 친구 네트워크와 그들의 공동 활동 공간들을 고려하고; 고정 대상들의 위치와 움직이는 피해자들과 대상들의 활동 공간, 고정된 대상들이 집중된 지역들을 고려해야한다. 패턴들은 역동적이다. 그것을 명심하는 것은 범죄패턴을 이해할 수 있게 할 것이다. 그래서 범죄전이 수준을 고려한 범죄억제 개입 방안을 적절히 설계할 수 있다.

1. 왜 당신이 시간을 보내는 곳이 범죄패턴에 영향을 미칠까?

2. 당신의 모든 주요한 활동 교점들과 경로들을 고려하여 당신의 인지 공간 지도를 작성하자. 두꺼운 선은 경로를 나타내고, 교점들은 당신이 많은 시간을 보내는 곳이다. 당신의 활동들은 얼마나 예측 가능한가?

3. 배경환경backcloth이란 무엇인가? 그것의 중요성은? 왜 그것은 변하는가?

4. 당신 거주지 주변에 있는 범죄가 많이 발생하는 지역의 배경환경을 묘사해 보라. 어떤 측면이 고정적인가? 어떤 측면이 변화하는가?

5. 동기가 부여된 범죄자들이 목표물을 찾을 때 왜 거리가 고려요소가 되는가?

PART

2

범죄패턴 분석

PART

2

범죄 스크립트

베누아 레클레르Benoit Leclerc는 그리피스 대학교Griffith University, Australia의 범죄학과 형사사법학 부교수이다. 그의 연구 관심사는 스크립트 분석과 상황적 범죄 예방이다. 그는 현재 호주 연구 위원회의 자금 지원을 받아 성범죄 예방에 상황적 범죄 예방의 효과성에 대하여 연구를 이끌고 있다. 많은 연구들이 British Journal of Criminology, Child Abuse & Neglect, Criminal Justice and Behavior, Criminology, Journal of Research in Crime and Delinquency, and Sexual Abuse: A Journal of Research and Treatment 등에 게재되었다. 그는 최근 '인지와 범죄: 범죄자 의사결정과 스크립트 분석(Cognition and Crime: Offender Decision-Making and Script Analyses [Routlege 2013] Richard Wortley공동 편집)'과 "21세기 범죄 예방: 범죄예방 이니셔티브에 대한 통찰력 있는 접근(Crime Prevention in the 21st Century: Insightful Approaches for Crime Prevention Initiatives [Springer, 2016] Ernesto Savona와 공동 편집)"이라는 제목의 책을 출간했다.

제6장   범죄 스크립트(Crime scripts)

베누아 레클레르(Benoit Leclerc)

서론

범죄 스크립트 분석^{crime script analysis}은 1990년대 중반 데릭 코니시 (Derek Cornish, 1994a; b)가 인지심리학에서 스크립트^{script}의 개념을 빌려 범죄에 적용하면서 나타 났다. 당시 합리적 선택적 관점에서 범죄사건을 이해하기 위해 행위자 의사결정 에 대한 사건모형^{event model}이 개발되었다(Clarke and Cornish, 1985). 이 모형은 원 시적인 형태의 스크립트분석을 잘 보여 주었지만 범행과정에서 대상을 선택하는 단계에만 집중하여 한계가 있었다. 스크립트의 개념은 범죄자들이 특정한 종류 의 범죄를 저지르기 전 단계, 범죄 도중, 범행 후에 내린 선택과 결정을 설명하는 틀을 제공한다.

　　범죄 스크립트의 개념은 합리적 선택 관점을 뒷받침하는 가정들을 공유하는 데, 그 중 범죄는 목적성이 있고 범죄자의 의사결정은 범죄사건마다 구체적으로 차 이가 난다는 것이다. 범죄 스크립트는 범행을 저지르는 과정에 대한 표준화되고 체 계적이며 포괄적인 이해를 제공하기 위해 고안되었다. 여기서 논의하고자 하는 바 와 같이, 범죄 스크립트의 궁극적인 목적은 범행을 저지르는 과정의 모든 단계를 파악함으로써 상황적 범죄 예방의 잠재적 효과를 극대화하는 것이다. 이런 맥락에 서, 범죄를 예방하고, 줄이거나, 방해할 기회가 상당히 증가한다.

　　이 장에서는 먼저 스크립트 개념의 기원에 대해 간략하게 설명하고, 이 개념이 환경범죄학에서 왜 그렇게 중요한지를 강조한다. 그리고 가장 최근의 범죄 스크립트 분석의 발전에 초점을 맞춘다. 성범죄와 조직범죄 두 범죄가 특별히 범죄 스크립트 분석을 통하여 많은 도움을 얻었다. 또한 폭력 범죄의 역동성과 피해자 스크립트와 보호자 스크립트와 같은 최근 새로운 형태의 스크립트의 출현을 이해하는데 도움을 줄 수 있는 관계형 스키마(또는 대인관계 스크립트)도 논의한다. 마지막으로 스크립트 제작에 대해 간략히 논의한다. 이 장의 주요 목적은 독자들에게 범죄 스크립트의 개념과 주요 목표들을 소개하고, 가장 최근의 발전 과정을 되짚어 보는 것이다.

스크립트의 개념과 범죄 스크립트의 기여

사람들의 뇌에는 서로 다른 형태의 스키마들이 있다(Augustinos, Walker, and Donaghue, 2006). 스키마는 과거의 행동과 경험에 기초한 사회적 세계에 대한 가정과 기대를 담고 있는 인지 구조이다. 사람들은 평생 많은 스키마를 개발한다. 스키마의 주요 목적은 사람들이 그들의 사회적 세계를 탐색하는 것을 돕는 것이다. 예를 들어, 모든 사람은 원하는 목표를 달성하기 위해 자신, 다른 사람들 그리고 따라야 할 행동의 순서에 대한 지식을 축적한다. 사람들은 또한 다른 사람들과 소통하는 방법에 대한 안내를 제공하는 스키마도 가지고 있다. 이에 따라 서로 다른 형태의 스키마(예: 자기 스키마, 인물 스키마, 관계 스키마, 사건 스키마)가 존재한다(Augoustinos et al., 2006; Balswin, 1992; Fiske and Taylor, 1991). 예를 들어, 자기 스키마는 사람들이 자신에 대해 가지고 있는 지식 구조를 가리키는데, 이것은 개인의 특징과 과거의 행동과 연결되어 있어서 이 사람에게 정체성을 제공한다. 인물 스키마는 사람이 개인적으로 또는 평판에 의해 알고 있는 다른 사람의 성격 프로토타입을 포함하는 지식 구조이다. 이 구조는 사람들이 다른 사람들의 우세한 성격 특성에 따라 그들을 분류하는 것을 도와주고, 그리고 나서 그들의 성격에 따라 그들과 상호작용을 하도록 돕는다. 관계형 스키마(대인관계 스크립트)는 사람들이 다른 사람들과 상호 관계를 맺는데 도움을 주는 인지 구조이다(Baldwin, 1992; 1995). 대인관계 스크립트는 특정한 상황에서 정형화된 관계적 패턴을 보이도록 하고, 다른 사람들의 행동과 사회적 상황을 해석하는데 사용되고, 상황에 따라 적절하게 행동하도록 도움을 준다(어떤 행동이 뒤따라야 하는지 어떤 반응을 해야하는 지 등). 마지막으로, 사건 스키마(보통 스크립트로 불림)는 특정 상황에서 채택할 행동들의 순서를 조직하는 지식 구조이다. 스크립트의 기원에 대한 보다 자세한 소개를 위해, 독자들은 1994년에 Crime Prevention Studies에 발표된 코니시의 글을 읽어보기 바란다(Cornish, 1994a).

스크립트는 목표를 달성하기 위해 어떤 상황에서 어떻게 행동해야 하는지에 대해 생각할 필요를 덜어준다(그것은 스크립트의 실행과 맞지 않거나 새로운 사건이 발생할 때까지 행동 과정을 자동화 시켜준다). 생크와 아벨슨(Schank and Abelson, 1977)은 레스토랑에서 음식을 먹는 고전적인 예를 사용하여 스크립트의 개념(그리고 과정)을 설명했다(즉, 레스토랑의 고객이 취해야 하는 행동들의 순서). 고객은 식당에 들어가야 하며, 자리에 앉을 때까지 기다려야 하며, 메뉴판을 받고, 주문을 하고, 식사를 하고, 계산서를 받고, 돈을 내고, 퇴장해야 한다. 이를 범죄에 적용하면, 스크립트 개념은 범죄를 저지르는 과정을 훨씬 쉽게 식별하고 이해하도록 만든다. 코니시(Cornish, 1994a; b)는 처음에는 특정 범죄의 범행 과정의 모든 과정, 각 단계에서 취해야 하는 결정과 행동, 그리고 범죄의 성공적인 완성에 필요한 자원을 체계적으로 조사하고 식별하기 위한 틀을 만들기 위해 스크립트 개념을 차용했다. 이 템플릿은 범죄학자들에게 범죄를 저지르는 과정과 관련된 것 외에 예방을 위한 추가 개입 지점을 파악할 수 있는 기회를 제공하기 때문에 범죄 예방에 매우 적합하다. 그림 6.1은 범죄 스크립트의 예를 제공한다. 이 그림은 교외에서 주거침입 절도를 저지르는 것과 관련된 범행의 각 단계별 과정을 보여 준다.

범죄 스크립트 분석을 수행하는 것에는 두 가지 주요 목표가 있다. 첫째, 범죄 스크립트 분석은 특정 범죄를 저지르도록 인도하는 단계별 과정을 분해하고 식별할 수 있는 틀을 제공한다. 특정한 범죄를 저지르는 것과 관련된 의사결정 과정이 범죄자의 행동에 숨겨져 있다. 따라서 범죄 스크립트 분석은 범행과정을 드러내기 위한 도구 이상의 역할을 한다. 그것은 또한 범죄자들이 무엇을 생각하고 있는지에 대한 통찰을 제공하고 범행의 이유를 이해하는데 도움을 준다. 스크립트 개념은 인지심리학에 근거를 두고 있고 이 분야의 글들에 따르면 스크립트 개념은 단순한 분석적인 방법이 아니라 인간의 행동을 이해하는 중요한 개념이다(예: Baldwin, 1992). 둘째, 범죄 스크립트 분석은 상황적 범죄 예방을 위한 새로운 방법을 제공한다. 범행을 저지르는 과정을 일련의 단계별로 분해함으로써, 스크립트 분석을 하지 않았다면 발견되지 않았을 여러 개의 개입의 지점을 보여 준다. 각 단계는 상황적 예방 기법을 설계하고 적용하여 스크립트 수행을 방해하고 결과적으로 범죄를 예방할 수 있는 개입 지점을 나타낸다.

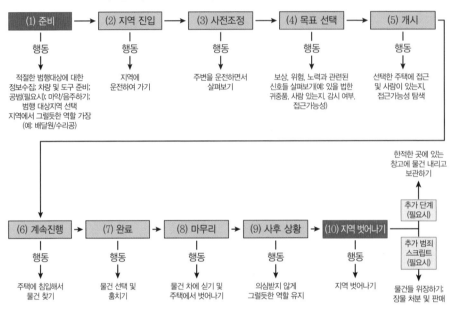

[그림 6.1] 교외지역 주거침입 절도에 대한 범죄 스크립트 예시

그림 6.1의 절도 예제를 사용하여 그림 6.2는 예방 목적으로 스크립트의 어떤 특정한 단계에 집중할 수 있음을 보여 준다(예를 들어, 대상 선택 또는 완료). 만약 이 단계에서 시행된 기술들이 성공적이었다면, 절도는 그 지점에서 실패했을 것이다. 또한 범죄자의 관점에서 스크립트에서 약한 지점인 다른 특정한 단계에 초점을 맞추거나 범행실패 가능성을 극대화하기 위해 모든 단계를 목표로 삼을 수도 있다.

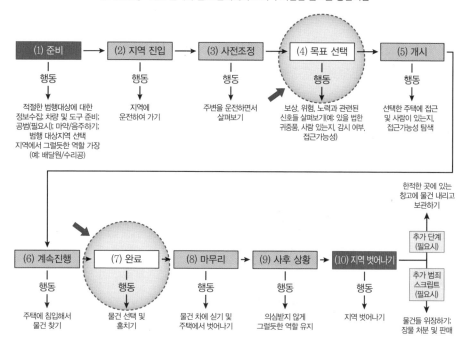

[그림 6.2] 목표 선택과 완료 단계에서 교외 주거칩입 절도를 중단시킴

레클레르, 워틀리, 그리고 스몰본(Leclerc, Wortley and Smallbone, 2011)이 경험적으로 개발한 아동 성학대 스크립트를 사용하여(그림 6.3), 표 6.1은 상황적 예방 조치가 적용될 수 있는 잠재적인 개입 지점의 전체 범위를 파악하는 것으로 스크립트 분석의 주요 결과를 보여 준다. 표 6.1은 그림 6.3의 각 스크립트 단계에 대해 설명하고, 각 단계에서 범죄자들의 행동 및 범죄자들의 행동을 촉진시키는 상황 그리고 그들을 저지하기 위한 상황 예방 대책을 제시한다. 각 단계는 예방 대책을 고안하기 위한 잠재적인 개입 지점으로 사용된다. 이 훈련에 포함되는 대책들은 단지 할 수 있는 것(혹은 아마도 행해진 것)을 이용하려는 시도일 수도 있다 – 가장 중요한 요지는 예방이라는 생각을 먼저 자극하고 발생 전에 범죄를 막을 기회를 확대하는 것이다(또 다른 예로서, 자살 폭탄 테러에 대한 논의를 위해 Clarke and Newman, 2006 참조). 예를 들어, 5단계에서, 범죄자들은 종종 성적 접촉을 위해 아이들을 격리시킨다. 이 단계에서 범행을 촉진하는 조건들은 본질적으로 감독의 부재 또는 부족과 범행을 유리하게 하는 물리적 환경의 존재이다. 어떤 잠재적 범죄자들은 아이를 학대할 뚜렷한 의도가 없는 상태에서 그 아이와 함께 혼자 있는 상황에 처하게 될 수도 있고, 그 기회를 이용하여 학대를 저지르게 될 수도 있다. 예를 들어, 어떤 사람이 아이에

게 목욕을 시켜 주면서 아이를 관찰하다가 자극을 받을 수 있다. 다른 사람들은 아이를 보살펴주거나 어딘가로 데려가는 것을 제안함으로써 이러한 기회를 적극적으로 모색할 수도 있다. 일부 가능한 대응책으로 아이부모들에게 부모가 없는 상태에서 아이들을 남이 돌보도록 맡기는 것에 주의하라고 경고하는 것이 포함될 수 있다. 부모들은 또한 아이가 돌봄 받지 않는 시간을 줄이기 위해 아이들과 더 많은 시간을 보낼 수 있다. 직원들과 기관의 내외부에서 아동과 상호작용 하는 상황들을 규제하는 규칙은 아동 성학대를 예방하는 다른 수단들을 제공할 수 있다.

[그림 6.3] 아동 성학대 스크립트

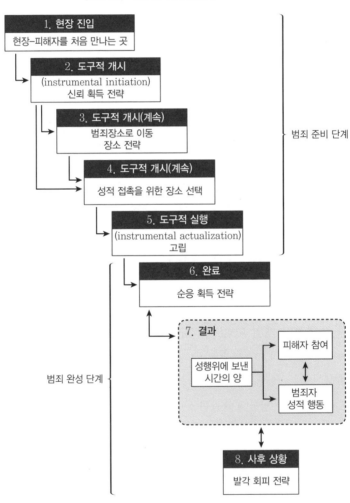

출처: Leclerc, Wortley, and Smallbone, 2011

[표 6.1] 아동 성학대 스크립트와 상황적 대책을 위한 개입지점

연속선상의 단계	범죄자 행동	촉진 상황	대책 개입
범죄 준비 단계			
1. 현장 진입 범죄자가 피해자를 처음 마주치는 현장	• 집에서 아동을 인지하고 친밀한 관계 형성 • 기관에서(스포츠클럽, 학교, 교회 돌봄 환경) 아동을 인지하고 친밀한 관계 형성 • 아이들이 모여 있는 공공장소(놀이터, 오락실)에서 아동을 인지하고 유혹함	• 유능한 보호자의 부재 또는 부족 • 기관에서 위험인물을 걸러내는 과정의 부재 또는 부족 • 기관이나 위기 가정에 취약한 아동의 존재	• 아동 관련 기관에서 상황적 위험 검사 실시 • 아이들이 모이는 곳에 대한 감시 증대(예: 장소 관리자) • 집에서 새로운 사람에 대한 스크리닝(예: 이혼한 엄마의 새로운 남자친구) • 기관에서 직원들에 대한 성범죄 전과, 입사동기, 아동대상 직장경험 등 조사
2. 도구적 개시 피해자의 신뢰 획득	• 애정과 관심 나타내기 • 선물과 특혜 주기	• 범죄자가 취한 범행수법에 대한 부모나 유능한 보호자의 지식 부족 • 아이에 대한 관찰 부재 또는 부족 • 기관이나 가정현장에서 잠재적으로 부적절한 행동에 대한 개입을 꺼려함	• 부모들 대상으로 성학대 상황과 범행수법에 대한 훈련 제공 • 선생님들 대상 가정내 학대 발견 방법에 대한 교육 • 아동에 대한 관찰 증대(예: 아이들의 친구나 나이 많은 아는 사람) • 직원과 아이들 상호작용에 대한 규칙을 제정하는데, 직원을 참여시킴 • 잠재적으로 부적절한 행동에 대한 직원/선생/가족 간 소통할 수 있는 통로 제공
3. 도구적 개시 (계속) 범죄 장소로 이동	• 선물과 특혜 주기 • 폭행	• 아이에 대한 관찰 부재 또는 부족 • 기관에서 명확하고 공식적인 규칙의 부재 또는 부족 • 부모나 고용주의 범죄자에 대한 신뢰	• 선물과 특혜에 대한 관찰(부모) • 어른으로부터 계획된 활동에 대한 명확한 정보 요구/아이와 활동에 대하여 이야기하기 • 아이가 어른과 함께 숙박 여행을 가는 것 허락하지 않기 • 직원과 아이의 상호작용에 대한 규칙(감시 안 되는 지역의 경우 직원 두 명이 있기)

연속선상의 단계	범죄자 행동	촉진 상황	대책 개입
범죄 준비 단계			
4. 도구적 개시 (계속) 성적 접촉을 위한 장소 선택	• 집에서 성학대를 위한 장소 선택 • 기관에서 성학대를 위한 적절한 장소 선택 • 공공장소에서 성학대에 용이한 장소 선택	• 아이들에 대한 관리 부재 또는 부족 • 유능한 보호자의 부재 또는 부족 • 범행에 적합한 물리적 환경(예: 자연적 감시의 부재)	• 환경 개선을 통한 아이들에 대한 접근 통제(예: 화장실, 침실에 잠금장치설치) • 환경 개선을 통한 자연적 감시 증대(침실에 TV 두지 않기) • 감시되지 않는 장소에 두 명의 직원 배치하도록 규칙 마련 • 화장실 사용중에 문을 잠그도록 규칙 마련 • 아이 침실에 들어가지 못하도록 규칙 마련 • 공원이나 기관에서 감시되지 않는 지역에 접근 통제 • 아이들이 모이는 장소에 감시 증대(예: CCTV, 장소 관리자)
5. 도구적 실행 피해아동을 고립시킴	• 성적 접촉을 위해 피해아동과 둘이 있는 상황을 만들거나 이용함.	• 아이들에 대한 관리 부재 또는 부족 • 범행에 적합한 물리적 환경(예: 자연적 감시의 부재)	• 감시 없이 다른 사람에게 부모 대신에 부양활동이나 친밀한 활동 허용하는 것 피하기 • 아이 혼자서 보내는 시간제한 • 직원이 아이를 집으로 데려가는 것 금지 • 범죄를 촉진하는 장소에 대한 환경개선을 통한 감시 증대(출입문에 투명유리 패널 설치)
6. 완료 피해아동의 성행위 순응 획득	• 피해아동에게 성학대 둔감하게 만들기 • 선물과 특혜 주기 • 폭력	• 아동이 적절한 신체접촉과 부적절한 신체접촉을 구분하는데 어려워 함. • 아이들에 대한 관리 부재 또는 부족 • 범행에 유리한 물리적 환경(예: 자연적 감시의 부재) • 성적으로 흥분된 범죄자	• 부모들과 아이들 대상으로 성학대 상황과 범행수법에 대한 교육 제공 • 선생님들 대상 가정내 학대 발견 방법에 대한 교육 • 아이들에 대한 회복탄력성 기르기(예: 자존감, 자신감, 자기주장 기르기) • 선물과 특혜에 대한 감시 • 환경개선(예: 화장신과 침실에 잠금장치설치, 침실에 TV 두지 않기) • 집에 포르노 없애기 • 성학대 방지 핫라인('Stop It Now') 설치

연속선상의 단계	범죄자 행동	촉진 상황	대책 개입
범죄 준비 단계			
7. 결과 a) 직접적 결과(성행위에 보낸 시간의 양) b) 종료 결과(피해자 참여 그리고 범죄자 성행위)	• 피해아동과 성행위에 시간을 보냄 • 피해아동이 범죄자에게 성행위를 하도록 강요함; 피해아동에게 성행위를 함	• 부모 그리고 유능한 보호자의 아동 성학대 범행 수법에 대한 지식부족 • 아이들에 대한 적절한 관리 부족 • 아동 성학대의 눈에 잘 띄지 않는 특성	• 부모들과 아이들 대상으로 성학대 상황과 범행수법에 대한 교육 제공 • 선생님들 대상 가정내 학대 발견 방법에 대한 교육 • 아이들과 장기간 반복적 접촉 제한 • 활동에 대한 후속조치(어른으로부터 활동에 대한 명확한 정보요청/아이와 활동에 대하여 토론) • 아이들에 대한 회복탄력성 기르기(예: 자존감, 자신감, 자기주장 기르기) • 학교에 아이들에 대한 일반적 검사를 위한 간호사/심리상담사 배치 • 선생님들이 학대 의심 상황에 대한 의무적 신고
8. 사후 상황 발각 회피	• 정서적 협박 사용	• 가정에서 대화 부족 • 아동 성학대를 신고할 대화 채널 부족 • 아동의 창피한 감정/죄책감	• 개방적, 따뜻하고, 지지적인 양육 스타일 • 기관에서 아이들이 쉽게 말할 수 있는 채널 제공 • 선생님들에게 어떻게 아이들이 가정내 학대를 말할 수 있도록 하는지에 대한 교육제공 • 피해아동을 위한 익명 신고 핫라인

출처: Leclerc, Wortley and Smallbone, 2011

범죄 스크립트의 활용

범죄 스크립트 분석은 이제 다양한 종류의 범죄를 이해하기 위해 사용되고 있다. 이 장에서는 두 가지 이유로 성범죄와 조직범죄에 대하여 조사한다. 첫째, 성범죄와 조직범죄에 대한 연구는 범죄 스크립트 분석으로부터 큰 이득을 보았다. 둘째, 이 두 범죄 현상의 역동성은 예방 목적을 위해 범죄 수행 과정을 조사하기 위한 스크립트 분석을 이해하기에 비교적 복잡하다.

성범죄

1990년대 후반 환경범죄학 및 범죄분석 연례 심포지엄에서 발표된 아동 성학대 스크립트에 대한 코니쉬(Cornish, 1998)의 이론적 저술은 환경범죄학 발전에 큰 돌파구를 마련했다. 이 연구는 일부 범죄학자들에 의해 비이성적으로 인식되는 범죄들, 소위 "표출적 범죄들expressive crimes"이 상황적 예방의 렌즈를 통해 조사될 수 있다는 것을 보여 주었다. 다시 말해서, 이 연구는 환경범죄학이 스크립트 분석을 넘어, 이제 대인 범죄를 다루기 위해서도 상황적 예방 접근법을 사용할 수 있음을 의미했다.

   아동 성학대와 여성에 대한 성범죄는 잠재적으로 가장 논란이 되는 범죄 형태이다. 어린이와 여성의 성범죄 피해는 감정적으로 민감한 주제이며, 이것은 대부분의 사람들로부터 혐오, 분노, 그리고 납득할 수 없는 감정을 불러일으킨다. 범죄학 분야에 있어서 성범죄를 조사하는 것을 다소 꺼려했음에도 불구하고, 몇몇 학자들은 환경범죄학 관점, 특히 성범죄자들이 어떻게 범죄를 진행하는지 이해하기 위해 합리적 선택 관점을 채택했다. 1995년, 프룰크스와 그의 동료들(Proulx, Ouimet, and Lachaine, 1995)은 합리적 선택을 통해 아동 성범죄자들의 의사결정 과정을 이해하기 위한 첫 번째 시도를 했다. 그 논문은 아동 성범죄자들이 잠재적인 피해자들에게 접근하기 위한 장소 선택과 특정 아이를 성적으로 학대하기 위해 채택한 전략에 관한 많은 결정들을 포함하는 인지적 과정을 거친다는 것을 보여 주었다.

   프룰크스의 연구에 이어, 보어가드와 레클레르Beauregard and Leclerc는 성범죄를 연구하기 위해 합리적 선택을 주요 시각으로 채택하였고, 이로 인해 범죄 스크립트에 대한 관심을 갖게 되었다. 지금까지 성범죄에 대한 연구는 스크립트 분석으로 가장 많은 도움을 얻었다고 주장할 수 있다. 성범죄에 대한 스크립트 분석의 최근 발전은 그림 6.4에 그려져 있다. 보어가드, 프룰크스, 로스모, 레클레르, 그리고 알레르(Beauregard, Proulx, Rossmo, Leclerc, and Allaire, 2007)는 범죄자의 이동성에 중점을 둔 낯선 연쇄 성범죄자들의 표본에 스크립트 분석을 적용했다. 이 연구는 성범죄자들이 범죄를 저지르기 위해 세 개의 광범위한 스크립트(협박형coercive, 조작형 manipulative, 비설득형non-persuasive)를 따를 수도 있지만, 범행 수행 과정 전반에 걸쳐 다른 장소를 사용한다는 것을 보여 주었다. 같은 샘플로 들라리에-바랭과 보어가드(Deslariers-Varin and Beauregard, 2010)는 범죄자들이 전형적으로 잠재적인 피해자를 표적으로 삼는 방법과 관련하여 피해자의 일상적인 활동을 이해하기 위해 스크립트 분석을 사용했다. 레클레르 외(Leclerc et al., 2011)는 아동 성범죄자의 스크립트를 조사했고 스크립트의 각 단계마다 수많은 가상의 상황적 예방 대책을 고안했다. 이 연구는 특히 스크립트 분석이 아동 성학대가 상황적 관점에서 어떻게 예방될 수 있는지에 대한 생각을 도출하는데 사용될 수 있다는 것을 증명했다. 브래일리, 콕베인, 그리고 레이콕(Brayley, Cockbain, and Laycock, 2011)은 예방 목적으로 영국에서의 아동 섹스 트래피킹을 스크립트 분석했고, 레클레르, 스몰본, 그리고 워틀리(Leclerc, Smallbone and Wortley, 2013)는 아동 성학대에서 범죄자-피해자 상호작용을 연구하기 위해 스크립트 분석을 사용하였다(그림 6.3 참조). 최근 치우와 레클레르(Chiu and Leclerc, 2015 in Press)는 스크립트 분석을 이용하여 지인에 의한 여성에 대한 성범죄를 조사하였다. 이 연구에서 치우와 레클레르는 클라크와 에크(Clarke and Eck, 2005)가 개발한 범죄자, 장소, 피해자를 포함하는 문제 삼각형을 이용하여 상황적 예방 대응책들을 분류했다. 이 세 요소는 내부 삼각형을 형성하고 바깥쪽 삼각형에 있는 관련 요소(조절자, 장소 관리자, 보호자)에 의해 조절된다. 조절자, 장소 관리자 및 보호자는 상황적 대응책을 제시하는 틀 역할을 했다.

[그림 6.4] 최근 범죄 스크립트 분석 적용 예

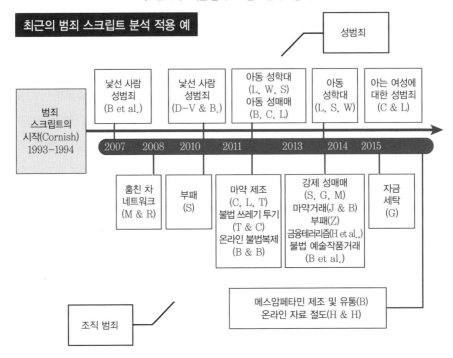

조직범죄

스크립트 연구로 상당히 이득을 본 범죄학 연구 분야가 바로 조직범죄이다(그림 6.4 참조). 성범죄와 같은 대인 범죄는 범죄자와 피해자의 상호작용과 시간이 지남에 따른 범죄의 반복적 성격으로 인해 스크립트 분석에 어려움이 있을 수 있지만, 조직범죄 또한 스크립트 분석에 있어서 고유한 복잡성을 가지고 있다. "조직범죄"의 범주에 포함될 가능성이 있는 범죄는 다수 범죄자들의 관여를 의미할 뿐만 아니라 활동 범위가 여러 나라에 걸쳐 확장될 수 있는 여러 범죄조직이나 네트워크를 포함할 수 있다. 어떤 범죄 네트워크는 연구목적을 위해 잠입하는 것이 거의 불가능할 수 있다(Moreto and Clarke, 2013). 이러한 어려운 관계에도 불구하고 많은 학자들이 스크립트 분석을 통해 조직범죄 연구에 흥미로운 기여를 했다.

　　모셀리와 로이(Morselli and Roy, 2008)는 스크립트 분석을 통해 도난 차량을 수입하는 네트워크를 조사했다. 이 연구는 브로커와 같은 네트워크 내부의 특정 인물한 명을 무력화하면 네트워크 전체가 붕괴될 수 있다는 것을 보여 주었다. 사보나

(Savona, 2010)는 이것이 어떻게 방지될 수 있는지를 묘사하기 위해 이탈리아의 세 가지 부패사건(즉, 공공 건설 산업에서의 이탈리아 조직범죄의 잠입)에 대한 범죄 수행 절차를 스크립트 분석했다. 톰슨과 체이니(Tompson and Chainey, 2011)는 분석을 위한 데이터 요구 사항을 파악하고 불법 폐기물 프로세스를 조사하는 도구로서 스크립트를 사용하여 불법 폐기물 활동을 이해하는 데 초점을 맞췄다. 치우, 레클레르, 그리고 타운슬리(Chiu, Leclerc and Townsley, 2011)는 법원 기록을 이용하여, 문제 분석 삼각형을 통한 예방 대책을 도출하기 위해 마약 제조와 관련된 범죄 수행 과정을 파악했다. 사보나, 지오모니, 그리고 만쿠소(Savona, Giommoni, and Mancuso, 2013)는 성적 착취 인신매매 사건에 대한 두 건의 체포영장을 이용하여, 나이지리아에서 이탈리아까지, 그리고 동유럽에서 이탈리아까지 각각 두 개의 성적 착취 인신매매에 대한 스크립트를 작성했다. 그들은 이를 이용해 상황적 예방 기법들을 제안하였다.

　　스크립트 분석을 적용한 다른 유형의 조직범죄로 온라인 불법복제(Basanowicz and Bouchard, 2011), 마약밀매(Poulos, Freilch, Chermak, and Newman, 2013), 테러자금을 위한 담배밀수(Hiropoulos, Freilich, Chermak, and Newman, 2013), 공공조달 부패(Zanella, 2013), 자금세탁(Gilmour, 2014), 도난 데이터 시장(Hutchings and Holt, 2015) 등이 있다. 스크립트 분석은 또한 소셜네트워크 분석과 연계하여 범죄 수행 과정 전반에 걸쳐 범죄 네트워크에 대한 체계적인 조사를 수행하는 데 이용되었다. 모셀리와 로이(Morselli and Roy, 2008) 외에 메스암페타민 제조와 밀매에 관한 브라이트(In Press, Bright, 2015)의 연구와, 불법 미술품 거래에 관한 비클러, 부시, 그리고 말름(Bichler, Bush, and Malm, 2013)의 연구 등이 있다. 비클러, 부시, 말름(Bichler, Bush, and Malm, 2015)은 최근 모셀리와 로이의 하이브리드 스크립트-네트워크 접근법을 이용하여 국가 간 불법 시장에 대하여 연구하였다.

치명적인 자동차 사고

블레이스Blais, 레클레스Leclerc, 로이Roy와 포이리에Poirier는 최근 스크립트 접근법을 사용하여 젊은 운전자들의 치명적인 자동차 사고를 조사했다. 이 연구는 젊은 운전자들의 치명적인 자동차 사고 위험과 관련된 요소들의 범주를 파악하기 위해 운전자 중심적인 접근에서 좀 더 상황 중심적인 접근으로 나아가기 위해 공중 보건학자들의 제안을 따랐다. 공식적인 수사 자료와 교통사고 보고서가 스크립트를 만들기 위해 사용되었고, 위치, 운전자의 행동, 장애 수준, 제3자, 그리고 모든 사건에서 운전자, 자동차, 그리고 도로 환경과의 상호작용에 대한 데이터가 사용되었다. 사고 직전, 사고 중, 그리고 사고 직후 사이의 관계가 스크립트의 정교함을 위해 보존되었다. 일반적인 행동 범주는 8개의 단계로 통합되었다. (1) 초기 상황 initial context, (2) 준비 the preparation, (3) 엔트리 entry, (4) 사전 조건 pre-condition, (5) 도구적 사전 조건 instrumental pre-condition, (6) 실현 및 도구 개시 actualization and instrumental initiation, (7) 충돌 the crash, 그리고 (8) 사후 여파 the aftermath. 전통적으로 공중보건 분야에서 조사된 문제에 대하여 스크립트 분석을 적용한 것은 정보제공과 예방 목적으로 범죄 스크립트가 사용될 수 있음을 보여 준 또 다른 흥미로운 발전이다.

범죄 스크립트 연구를 위한 새로운 스키마

범죄-피해자 상호작용과 관계적 스키마

범죄자-피해자 상호작용에 대한 아이디어는 거의 40년 전에 출판된 살인사건에 대한 루켄빌(Luckenbill, 1977)의 연구로 거슬러 올라간다. 이 개념의 핵심은 범죄자가 범죄 중에 피해자에 대해 어떻게 행동하느냐가 피해자가 어떻게 반응할 것인지를 결정하게 될 것이며, 이는 또한 범죄가 끝나거나 중단될 때까지 범죄자와 피해자의 반응을 결정할 것이다. 범죄자-피해자 상호작용은 방관자(또는 잠재적인 보호자)와 같은 제3자를 포함하도록 확대될 수 있다. 다시 말해서, 잠재적인 보호자들이 개입할 때 범죄자와 피해자의 행동이 영향을 받아 특정한 방식으로 행동을 할 것이고 이 개입으로 인하여 또한 범죄자와 피해자의 다음 행동에 영향을 줄 것이다.

인지심리학 분야에서, 범죄자-피해자 상호작용의 역동적인 성격은 대인관계 스크립트의 개념을 통해 포착할 수 있다(Baldwin, 1992; 1995). 개인은 목표를 달성하기 위해 어떤 일련의 행동들을 채택할 것인가에 대한 선언적이고 절차적인 지식을 개발하지만, 또한 유사한 상호작용 패턴의 경험을 바탕으로 다른 사람들과의 상호작용에 대해서도 지식을 발전시킨다(Baldwin, 1992). 이 지식은 특정한 상황에서 개인들 사이의 상호작용의 본질을 포착하는 관계형 스키마라고 불리는 인지 구조 하에서 조직된다. 구체적으로, 대인관계 스크립트는 정형화된 관계 패턴으로서, 어떤 행동에 어떠한 반응이 뒤따르는 지에 대한 요약과 사회적 상황과 다른 사람들의 행동을 해석하는 데 사용되는 요약을 포함한다. 예상할 수 있듯이, 이러한 스크립트는 한 개인의 행동 선택이 다른 개인의 행동에 좌우되는 복잡한 행동 순서를 포함한다. 스크립트는 다른 사람과 상호 작용하는 데 필요한 적절한 행동을 계획하는 데 사용할 수 있다. 전형적인 스크립트는 선형적이지만, 대인관계 스크립트는 다수의 루프loop를 포함하는 반복적인 과정으로 구성된다.

대인관계 스크립트를 설명하기 위해 볼드윈(Baldwin, 1992)은 10대 소년이 어머니의 자동차 열쇠를 빌리는 다음 예제를 사용한다.

> 그의 목표는 열쇠를 빌리는 것이고, 그의 어머니의 목표는 자동차와 아들이 안전하게 돌아올 수 있도록 하는 것이다. 그래서 그는 어머니가 망설인다면, 그가 책임감 있게 행동할 것이라는 것을 어머니에게 확신시키는 것이 필수 행동이라는 것을 알고 있다. 그래서 그는 "11시까지는 집에 갈 거야", "조심해서 운전할 거야"와 같은 과거에 성공한 구절들을 구두로 표현한다. 그의 기대는 그의 어머니가 그를 책임감 있고, 그가 조심할 것이라는 확신을 가지고 있으며, 궁극적으로는 열쇠를 줌으로써 이러한 행동에 반응할 것이라는 것이다. 그렇지 않다면, 그는 급하게 차를 써야 한다는 점을 강조하거나, 그녀 행동의 불공정성에 대해 불평하는 등 다른 방식을 사용할 수도 있다.

(Baldwin, 1992, 468쪽)

볼드윈(Baldwin, 1992)은 이 상호작용이 둘 이상의 개인과 관련이 있을 수도 있다고 말하는데, 이는 상황에 있는 모든 개인들 사이의 상호작용의 역동성에 영향을 미칠 것이다. 위의 예에서, 우리는 그 소년과 어머니 사이의 상호작용에 만약 아버지가 관여한다면 어떻게 진전될 수 있는지 상상할 수 있다.

범죄학에서, 에크블럼(Ekblom, 2007)은 범죄자-피해자 상호작용을 스크립트 충돌이라고 하였다. 워틀리(Wortley, 2012)는 반복적인 사람-상황 교류로서 상호작용에 대해 논한다. 레클레르, 스몰본, 그리고 워틀리(Leclerc, Smallbon, and Wortley, 2013)는 아동 성학대 사례에서 범죄자-피해자 상호작용을 조사하기 위해 대인관계 스크립트 틀을 사용했다. 구체적으로, 그들은 범죄자와 피해자 사이의 상호작용을 범죄자가 성적 행동을 위해 아동의 순응을 유도하는 단계에 초점을 두고 조사했다. 그림 6.5에 시나리오 개요를 보여 준다.

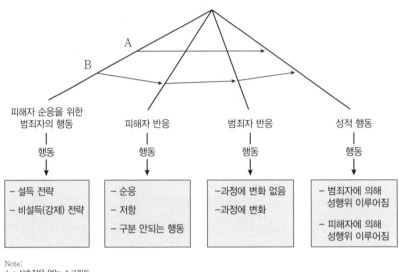

[그림 6.5] 성인의 아동 성학대에 있어서 범죄자-피해자 상호작용

이 과정은 네 단계로 구분할 수 있다. 1) 성행위에서 피해자의 순종을 얻기 위한 범죄자 행동, 2) 피해자의 반응, 3) 피해자 반응에 대한 범죄자 반응, 그리고 4) 성적 행동. 레클레르와 그의 동료들은 피해자가 범죄자에게 어떻게 반응하는지가 학대의 심각성을 결정하는 데 영향을 준다는 것을 발견했다. 예를 들어, 피해자가 순응적이라면, 범죄자에 의하여 시도되는 성행위의 침해 수위가 높아진다. 이 발견은 만약 피해자가 특정한 행동을 채택한다면, 범죄자 스크립트가 그에 따라서 조정되고 또 다른 결과로 이어질 수 있다는 것을 보여 준다.

첫 번째, 대인관계 스크립트는 범죄자와 피해자 간의 상호작용의 성격을 이해할 수 있는 잠재력이 있다. 이 점에 초점을 맞추면 조사 대상범죄의 실체를 정확하게 파악할 수 있으며, 그 결과 특히 목표물 강화target hardening(또는 피해자 자기보호)와 관련된 상황적 범죄 예방 이니셔티브를 도출할 수 있는 가능성을 높일 수 있다. 말하자면, 피해자 반응과 피해자 반응에 대한 범죄자 반응은 사실상 유연하며, 다수의 순열이나 하위 스크립트로 이어질 수 있다는 것을 명심해야 한다. 둘째로, 대인

관계 스크립트들은 인간 상호작용의 복잡성을 계속 따라가고 있다. 실제로 이 틀은 범죄자와 피해자 간에 상호작용이 진행됨에 따라(예를 들어, 범죄자의 첫 행위 – 피해자 반응 – 범죄자 반응 등) 분석에서 서로 다른 역할(서로 다른 입장에서 사고해 보기)을 수행하도록 하기 때문에 우리가 대인범죄를 어떻게 조사할지를 용이하게 해준다. 가해자와 피해자의 상호작용을 검토하는 것은 또 다른 흥미로운 질문을 도출한다. 범죄 피해자나 보호자가 아닌 배우들의 관점에서 스크립트를 행하는 것이 가능하고 가치가 있을까?

범죄 스크립트를 위한 새로운 방향

범죄 스크립트 연구에서 새롭게 떠오르는 방향은 스크립트를 다른 관점에서 사용하는 것이다(Leclerc, 2013a; b). 스크립트 분석의 한 가지 장점은 범죄자 이외의 배우들의 관점과의 호환성이다(Leclerc, in Press, 2015). 범죄자 입장에서만 스크립트를 생각하기보다 피해자와 또는 보호자의 관점에서 스크립트를 생각할 수 있는데, 이는 범죄를 예방하기 위한 우리의 능력을 실질적으로 향상시킬 수 있다. 사실, 이러한 발전 방향은 범죄사건이 상황적 예방을 통하여 이해되고 억제될 수 있다는 두 가지 추가적인 측면(피해자와 보호자)을 제공한다.

표 6.2는 세 가지 스크립트 적용 프로그램을 제공한다. 첫째, 범죄자 스크립트를 분석하는 것의 초점은 범죄 수행 과정의 모든 단계를 파악하여 개입할 수 있는 지점의 범위를 더 많이 확보하는 것이다. 궁극적인 예방 목표는 범행 완성 이전에 스크립트를 파괴하는 것이다.

[표 6.2] 범죄사건에서 주요 행위자들에 대한 스크립트 분석 적용

차원	범죄자	피해자	보호자
사건에서 행위자에 의해 추구된 목적	범죄 저지르기	피해 피하기	개입하기
스크립트 분석의 초점	범죄 수행 과정	자기 예방 과정	개입 과정
예방 목적	스크립트 파괴	스크립트 촉진	스크립트 촉진

둘째, 잠재적 피해자는 당연히 범죄자가 이루고자 하는 것의 반대, 즉 피해를 피하기 위해 노력한다. 그러므로 잠재적 피해자 관점에서 스크립트 분석의 초점은 피해를 피하기 위해 채택될 수 있는 자기 예방 프로세스를 열거하는 것이다. 따라서 이러한 맥락에서 스크립트의 궁극적인 목적은 잠재적인 피해자가 스크립트 실행을 용이하게 하여 희생을 피할 수 있도록 하는 것이다. 셋째, 보호자는 범죄를 통제하고 예방하려고 노력한다. 보호자의 입장에서 스크립트 분석의 초점은 범죄 예방으로 이어지는 모든 가능한 단계들을 파악하는 것이다. 범죄자 스크립트와는 다르게, 궁극적인 예방목적을 달성하기 위해서 스크립트 과정을 완성하도록 독려해야한다. 즉, 우리는 잠재적인 보호자가 범죄를 예방하고 성공적으로 개입하기를 원한다.

스미스(Smith, 2010)는 스크립트 분석법을 적용하여 웨일스의 카디프시에 있는 택시 운전사들을 대상으로 강도 피해를 당할 뻔한 과정을 분석하였다: 범죄자 그리고 피해자와 관련된 세 가지의 주요 스크립트들을 분석하였다. (1) 전통적인 범죄자 범죄 스크립트, (2) 잠재적 피해자 스크립트, 그리고 (3) 실제 피해자 스크립트. 택시 운전사들이 제공한 자료에는 이러한 사건들이 전개되는 동안 범죄자들의 행동에 대한 운전자들의 대응이 포함되어 있었다. 스미스는 두 가지 잠재적 결과(금전적 손실; 운전자에 해를 끼치는 것)를 피하는 데 초점을 맞춘 운전자들의 반응을 발견했다. 성공적인 예방 전략에는 돈을 숨기거나 은닉하는 것과 범죄자에게 돈이 없다는 것을 설득하는 것이 포함되어 있다. 범죄자들로부터 벗어날 수 있었던 운전자들은 피해를 피했다. 스미스는 또한 코니쉬와 클라크(Cornish and Clarke, 2003)가 개발한 25가지 상황적 예방 기술을 적용하여 택시 운전자들이 피해를 피하거나 피해를 최소화하는 잠재적인 방법들을 모색했다.

레클레르와 레이날드(Leclerc and Reynald, 2015)는 보호자guardianship 개념으로 스크립트 분석을 통합했다. 구체적으로, 그들은 공공장소에서 범죄에 대한 보호자들의 개입을 용이하게 하기 위해 스크립트 분석을 이용하여 이론적 모형을 개발하였다. 이를 위해 12단계로 구성된 개입 스크립트가 개발되었다: (1) 개입 가능성, (2) 개입 능력, (3) 범행 인지, (4) 상황 감시, (5) 책임지기, (6) 개입 결정, (7) 행인 또는 잠재적 보호자에게 경고, (8) 범죄 현장/범인에게 접근, (9) 범죄자 단념시키기, (10) 범죄자 무력화, (11) 피해자 부조, (12) 범죄 신고. 스크립트는 잠재적 보호자의 개입을 용이하게 하기 위한 상황적 예방대책을 체계화하는 데 사용되었다. 스크립트는 직접적 개입과 간접적 개입이 모두 범죄 예방으로 이어질 수 있지만, 성공적 개입으로 이어지는 과정에서 일부 변형이 발생할 수도 있다는 것을 보여 주었다. 개입 스크립트는 범죄가 저질러질 수 있는 상황에서 채택될 수 있는 보호자 행동에 대한 첫 번째 틀을 제공했다.

범죄 스크립트 구축

만약 우리가 범죄 스크립트로부터 효과적인 범죄 예방 대응책을 고안하고 설계하기를 원한다면, 경험적 스크립트를 구축할 필요가 있다. 블록, 클라크 그리고 틸리(Bullock, Clarke, and Tilley, 2010)는 경험적 범죄 스크립트를 구축하는 데 유용하게 사용될 수 있는 여러 가지 데이터 소스들을 제안하였다. 예를 들어, 범죄자 자체 보고서(Leclerc et al., 2011; Leclerc et al., 2013), 피해자 자체 보고서(Smith, 2010; 2016), 법원 기록(Chiu and Leclere in press, Chiu et al., 2011) 그리고 경찰 수사 기록(Savona et al., 2013) 등이 있다. 어떤 자료들은 매우 구하기 어려우나, 다른 자료들은 구하기 쉬운 것도 있다.

법원 기록은 가장 구하기 쉬운 자료중의 하나이다. 치우 외(Chiu et al., 2011)는 23개의 법원 기록을 사용하여 마약 제조 스크립트를 도출했다. 이 자료들은 인터넷에서 공개적으로 구할 수 있었다. 법원 기록을 먼저 모두 수집하고 나중에 따로 분석하였다. 그 후 각 법원 기록에서 도출한 데이터베이스에 입력하여 최종 "마스터" 스크립트를 만들었다(방법에 대한 자세한 내용은 Chiu et al., 2011 참조). 이 방법은 노동 집약적이고 연구자의 세부사항에 대한 체계적인 접근과 꼼꼼한 주의를 필요로한다. 한편, 법원 기록에 대한 접근은 거의 즉각적이며, 법원 기록에 포함하고 있는 정보의 질에 따라 상대적으로 적은 수의 사건으로 범죄 스크립트를 구축하기에 충분하다.

범죄자 자체 보고서는 범죄자들이 우리가 분석하고자 하는 범행을 하는 사람들이라는 단순한 이유 때문에 범죄 수행과정에 대한 스크립트를 구축하는 데 있어 가장 좋은 방법이라고 주장할 수 있다(피해자나 보호자의 경우 같은 논리가 적용될 것이다. 피해자 스크립트를 작성하기 위한 피해자 자체 보고서 또는 보호자 스크립트를 개발하기 위한 보호자 자체 보고서). 범죄자만이 범죄 수행과정에 대한 완전한 과정을 우리에게 제공할 수 있다. 피해자들은 범죄자와 상호 작용하는 범죄 수행절차에 대한 정보를 제공할 수 있지만, 범죄의 준비나 시작에 대한 어떠한 정보도 제공할 수 없다. 이와 유사하게, 경찰 자료(또는 법원 기록)와 관련하여, 범죄 수행 과정과 관련된 정보가 경찰 보고서를 통해 제공될 수 있지만, 범죄 수행과정의 특정 단계에 대한 정보는 누락될 가능성이 있다. 이런 상황에서 가장 어려운 과제는 범죄 기록을 작성하기 위한 범죄자들의 표본에 접근하는 것이다. 비록 교도소에서 수감자들을 대상으로 연구를 수행하는 것이 많은 행정 절차들을 거쳐야 하지만, 범죄자들을 만나기 용이한 곳이 교도소이기 때문에, 범죄자 자체 보고 자료를 수집하는 최선의 방법인 것처럼 보인다. 체포되지 않은 활동 중인 범죄자들을 대상으로 범죄 스크립트를 만들 수도 있지만, 연구자의 안전 문제와 같은 다른 문제를 일으킬 수 있다. 희망적인 말로 마무리하기 위해, 많은 학자들이 범죄 스크립트를 만들기 위해(위에서 논의한 바와 같이) 다양한 접근법을 사용해왔다. 게다가, 범죄자들은 경험적 범죄 스크립트를 도출하기 위해 이전부터 사용되어왔다. 사실, 범죄자 자체 보고 자료에 근거한 스크립트 분석 연구는 성범죄 분야에서 많은 도움이 되었다.

결론

성범죄와 같이 과거에는 비합리적인 범죄로서 상황적 범죄 예방 수단을 이용하여 예방이 불가능하다고 여겨졌던 범죄의 범죄 수행과정을 분석하기 위해 새로운 분석기법으로서 스크립트 분석이 지금 사용되고 있다. 스크립트 분석을 이용한 범죄 연구로서 조직범죄에 대한 연구도 떠오르고 있다. 스크립트 분석은 범죄뿐만 아니라 그 범죄에 책임이 있는 범죄 조직의 활동을 방해하는 데 도움을 줄 수 있다. 또한 상황적 예방 대응책을 도출하기 위하여 지금은 스크립트 분석이 흔하게 이루어지고 있다. 이것은 범죄 감소를 위해 상황적 범죄 예방 기법의 사용을 증가시키려는 코니쉬의 목표와 일치한다. 마지막으로, 범죄 스크립트 분석에 대한 이론적 연구 활동이 점점 인기를 끌고 있다(예: Borrion, 2013; Ekblom and Gill, 2015; Leclerc, 2013a, 2013b; Leclerc and Reyald, 2015). 이 새로운 연구들은 범죄를 이해하고 예방하기 위한 스크립트 분석을 장려하고 용이하게 하기 위한 하나의 궁극적인 목표를 가지고 있다. 범죄 스크립트 분석은 아직 완전한 잠재력에 도달하지 못했고 이 분야에서 예방을 위하여 많은 것을 달성할 수 있을 것으로 생각한다.

▣ 검토 질문

1. 스크립트 개념을 어떻게 가장 잘 설명할 수 있을까? 스크립트의 예를 들어보면?

2. 범죄 스크립트 분석의 두 가지 주요 목표는 무엇인가?

3. 대인관계 스크립트는 무엇인가? 대인관계 범죄 스크립트 분석을 수행하는 것의 장점은 무엇인가?

4. 스크립트 개념을 범죄자 이외의 관계자에게 적용가능한가? 그렇다면 이유를 설명해라.

5. 범죄 스크립트 분석을 수행하기 위한 가장 좋은 데이터 소스는 무엇일까? 이유를 설명해 보라.

인사말:

저자는 이 원고의 이전 버전에 대한 도움되는 논평에 대해 데릭 코니시와 마사 스미스에게 감사를 표하고 싶습니다.

범죄자 이동성

마이클 타운슬리Michael Townsley는 그리피스 대학교의 범죄학과 형사사법대학원의 부교수이다. 그는 빈집털이 위험이 전염성이 있다는 것을 증명한 것으로 가장 잘 알려져 있는데, 이 발견은 수많은 범죄 유형에 대하여 다른 국가들에서 반복 증명되었다. 이 발견은 예측 경찰 및 범죄 예측 방법의 많은 부분을 뒷받침한다. 더 넓게 보면, 그의 연구 관심사는 범죄 발생을 줄이거나 예방하거나 완화하기 위해 범죄 문제를 진단하는 데 초점을 맞추고 있다. 그는 이전에 UCL 질 단도 범죄 과학 연구소, 유니버시티 칼리지 런던, 리버풀 대학교에서 연구직을 맡았었다.

제7장 범죄자 이동성(Offender Mobility)

마이클 타운슬리(Michael Townsley)

서론

이 장에서는 범죄자 이동성에 대해 다루는데, 이 분야는 범죄자가 범죄를 저지르면서 이동하는 것과 피해자 물색 패턴과 관련된 연구 분야이다. 여기서는 두 가지 부분에 대하여 살펴본다. 첫 번째는 범죄자들이 범죄를 저지르기 위해 얼마나 멀리 여행하고, 그곳에 가기 위해 어떤 길을 택하는지에 관한 범죄를 위한 이동journey to crime에 관한 것이다. 이 분야는 비교적 잘 정립되어 있고, 범죄자의 이동에 관한 경험적 증거를 바탕으로 다양한 분석이 가능한 탐구영역이다. 두 번째 부분은 범죄자 장소 선택에 대한 연구로서 새로운 분야이지만, 점점 주목을 받고 있다. 이 연구들은 범죄자들이 어디서 범죄를 저지를지를 선택하는 것에 영향을 주는 관계를 추정하는 것을 목표로 한다. 이 연구들이 상당히 정교한 통계 기법을 사용하지만, 여기서는 방법론의 기술적 세부사항에 얽매이지 않고 이러한 유형의 연구 논리를 설명할 것이다.

지면의 제약 때문에 이 장에서 직접적으로 다루지 못하는 범죄자 이동성의 많은 측면들이 있다. 여기서는 범죄자가 범죄를 저지른 후 어디로 가는지를 조사하는 범죄이후 이동journey from crime과 연쇄 범죄자들의 개별적인 이동 패턴에 대한 것은 다루지 않는다.

더 소개하기 전에 왜 범죄자 이동성이 조사할 가치가 있는 주제인지 살펴본

다. 환경범죄학의 중심 신조 중 하나는 모든 범죄는 사람−상황 상호작용의 산물
이라는 것이다(Wortley 2012). 사람−상황 상호작용의 한 측면이 공간적 상호작용이
고, 이것은 개인이 한 장소에서 다른 장소로 이동하는 동적인 과정이다(Haynes and
Fotheringham, 1984). 공간을 횡단하는 것(직장에 가는 것; 학교에 가는 것; 친구들에게 가는
것)은 시간과 노력이 필요하며, 이것은 결국 여정(이동방향 및 거리) 선택에 영향을 미
친다. 범죄를 저지르는 것은 거의 항상 어느 정도의 여정과 관련이 있는데, 특히 범
죄자들이 적당한 범행 기회를 찾는 범죄를 계획하는 단계에서는 더욱 그렇다. 범죄
자들이 어떻게 공간을 통해 그들의 경로를 선택하는가는 범죄에 대한 이해와 대응
에 중요한 의미를 가지며 범죄자 체포와 범죄 예방 활동에 좋은 정보를 제공한다.
이 장은 범죄를 위한 이동journey to crime과 관계된 문헌들을 자세히 살펴본다.

　　여기서는 범죄자들이 어떤 범행 대상을 목표로 삼을 것인지에 대한 결정을 내
리기 전 단계에서, 특별히 범죄자들의 여행 의향willingness to travel에 초점을 맞추면서
이와 관계되는 다양한 의사결정 모형의 개념들을 소개한다. 이 분야 연구에서 부족
한 부분을 다루기 전에, 범죄를 위한 이동과 관련된 핵심 지식들을 소개한다. 이러
한 이슈들은 이 장의 두 번째 부분인 범죄자 장소 선택 모델로 이어진다. 범죄를 위
한 이동 연구의 한계를 바탕으로 이 새로운 영역은 범죄자의 이동성에 대한 기존의
접근법보다 더 포괄적인 접근을 해야 한다고 주장한다. 이에 대한 주요 특징과 몇
가지 예시적인 연구들을 소개한다.

범죄를 위한 이동journey to crime

범죄를 위한 이동은 범죄자들이 범죄를 저지르기 위해 얼마나 멀리 여행할 의향이
있는지에 대한 연구이다. 렌거트(Rengert, 2004)는 범죄로 가는 여정을 다음과 같은
구성 요소로 분할한다: 여행 출발지, 여행 방향, 여행 거리. 또는 여행 출발지를 여
행 목적지로 대체할 수 있다. 이 장 후반에 자세히 설명하겠지만, 이 분야의 대부분
의 연구들은 범죄를 위해 이동한 거리에만 초점을 맞추고 있다. 범죄를 위한 이동
연구에서 잘 알려진 사실은 거리 감쇄distance decay에 관한 것인데, 짧은 여행이 긴
여행보다 더 흔하다는 것이다(Rengert, Piquero and Jones, 1999). 이것은 범죄자들이

받는 두 가지 주요 제약으로 인한 자연스러운 결과라고 할 수 있다: 거리와 시간. 범죄자들은 한 번에 한 곳만 위치할 수 있다. 그들은 동시에 여러 환경을 탐색할 수 없다. 이 탐색 전략은 사냥 전략과 유사하며, 쉬운 기회를 위해 탐색 반경을 증가시킬 때, 어느 지점을 넘어 서게 되면 수익이 감소하게 된다(Comber et al. 2006; Johnson 2014). 거리 감쇄 현상이 많은 연구들에서 뒷받침되고 있는 반면, 실제는 이 간단한 가설보다 더 복잡하다는 것을 이 장 뒷부분에 설명한다. 그 부분을 파악하는 것은 범죄를 이해하는 데 도움이 된다. 그림 7.1은 일반적인 거리 감쇄 패턴이 어떻게 보이는지 보여 주는데, 처음에 갑자기 증가하다가 오른쪽으로 길게 늘어지는 꼬리를 보인다. 긴 거리보다 짧은 거리에서 범죄가 더 흔하다.

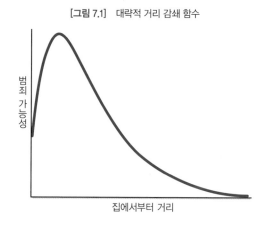

[그림 7.1] 대략적 거리 감쇄 함수

세로축: 범죄 가능성

가로축: 집에서부터 거리

환경범죄학 관점은 기회가 범죄 수행 과정에서 중요한 역할을 한다는 사실을 중요하게 여긴다. 더 많은 범죄 기회가 더 많은 범죄로 이어진다. 환경범죄학은 또한 어떤 개인들이 범죄성 때문에 반드시 선천적으로 범죄자 되는 것이 아니라고 강조한다. 사람-상황 간의 상호작용은 법을 준수하는 시민들이 범죄행위를 하도록 강요할 만큼 충분히 강력할 수 있다(Milgram, 1963년, Wortley, 2008). 범죄자 의사결정은 정말로 일반적인 의사결정과 크게 차이가 없다. 이것은 집을 사는 것과 같은 비범죄적 의사결정에 대한 연구가 집에 침입하는 것과 같은 범죄적 의사 결정 과정에 대해 추론하는데 사용될 수 있다는 것을 의미한다.

제임스 보사드James Bossard의 연구는 이러한 점에서 좋은 실례가 된다. 1932년 연구에서, 보사드는 필라델피아의 5000개의 결혼 허가증을 조사했고 각 부부의 결혼 전 거주지 사이의 거리를 측정했다. 그는 커플의 3분의 1이 5블록 이내에 살고 있었다는 것을 발견했다. 커플 중 6분의 1은 같은 블록에 살았고 8명 중 1명은 같은 건물에 살았다(Bossard, 1932). 이 연구 결과들은 미국의 다른 주요 도시의 다른 학자들에 의해 반복된 연구에서 재확인 되었다. 이 발견의 중요성은 무엇인가? 결혼에 대한 결정이 대부분의 사람들이 내리는 가장 중요한 결정들 중 하나라는 것을 고려하면, 이 예비 배우자들이 서로 매우 가까이 살았다는 것은 매우 놀라운 발견이다. 또한 이 연구는 이혼이 흔하지 않은 시기에 행해졌다는 것을 감안하면 그래서 오늘과 달리 그들의 결혼 결정은 아마도 지금보다 더 중요했을 것이다. 여러분이 자란 동네를 생각해 보고, 그리고 여러분의 어린 시절 집을 둘러싸고 있는 다섯 개의 주거 블록을 상상해 보라. 그렇게 소규모 그룹의 사람들로부터 인생의 파트너를 찾으려 한다는 것을 상상할 수 있는가? 물론 오늘날 우리는 더 많은 기회 덕분에 이러한 제약으로부터 해방되었다. 온라인 데이트는 이제 새로운 사람들을 만나고 친구를 사귀기 위해 흔히 사용하는 네트워크로서 잘 알려진 방법이다. 이제 전 세계에서 파트너를 선택할 수 있다. 여성 노동력의 사회 참여는 급격히 증가했고 교통수단으로 더 넓은 지역을 여행할 수 있게 되었다. 이러한 모든 기회들은 적절한 파트너를 찾는 우리의 능력을 크게 향상시켰다.

거리 감쇄는 다른 상황에서도 관찰된다(Haynes, 1974). 예를 들어, 무역은 중력 모델에 부합하는 것으로 입증되었는데, 어느 두 도시 사이의 무역량은 그들의 상대적 인구와 그들 사이의 거리의 함수이다(Eldridge and Jones, 1991; Jaynes and Fotheringham, 1984). 멀리 떨어져 있는 두 도시나 나라 간의 교역은 그 중 적어도 한 곳, 이상적으로는 두 곳 모두 인구가 많아야 규모가 클 것이다. 멀리 떨어진 두 작은 도시들 사이의 교역은 무시할 만한 수준일 것이다. 이것은 명백해 보일지 모르지만, 이러한 관행이 무역로와 상업을 수천 년간 지배해 왔다.

이러한 두 가지 예시(1930년대의 무역과 배우자 선택을 위한 중력 모델)를 지배하는 원칙을 최소노력의 원칙principle of least effort이라고 한다(Zipf, 1965). 조지 지프George Zipf가 처음 공식적으로 제안한 이 원칙은 모든 목적적인 행동은 목표나 요구를 충족시키기 위해 필요한 것 이상으로 탐색할 필요가 없다는 생각을 따를 것이라는 것을 명시하고 있다. 다시 말해, 현실은 더 복잡해서, 사람들은 어떤 환경에서든 서로 다른 사람들과 다른 목표를 가지고 있다. 하지만 중요한 것은 대부분의 사람들이 효용성 극대화를 추구 한다는 것이다. 그들은 선택의 이익을 극대화하기를 원하거나 비용을 최소화하기를 원한다.

범죄자의 여행 의향Offender's willingness to travel

결혼 예제로 돌아가 이것을 어떻게 범인들이 목표물을 물색하는지에 대한 비유로서 사용하기로 한다. 연속적으로 제시되는 옵션 중에서 하나를 선택해야하는 상황에 직면했을 때 가장 좋은 선택을 하는 규칙을 결정하는 방법에 초점을 맞춘 수학 문제들(최적 정지 이론)이 있다. 본질적으로, 어떤 시점에서(혹은 가능성의 연속에서) 당신의 기대했던 결과를 극대화하는 결정을 내려야 할까? 이것을 이해하는 가장 쉬운 방법 중 하나는 배우자 선택 문제이다. 누구와 결혼할 것인지를 결정하는 과정은 다음과 같은 시나리오를 이용하여 진행된다. 사람들이 여러분 앞에 늘어서 있다. 줄에 있는 각 사람에 대해 선택할 수 있다: (i) 그와 결혼하거나 (ii) 다음 사람으로 이동하는 것. 결정적으로, 당신은 이전에 보았던 사람들에게 돌아갈 수 없다. 현실보다 더 추상적이지만, 이것은 남녀가 사귀는 과정을 단순화한 버전이다.

그렇다면 선택을 위한 최적의 규칙은 무엇일까? 예비 파트너를 고려하고 거절하는 초기 단계에서, 예비 파트너에 대한 평균적인 적합성을 결정하기 위한 조정 과정을 거친다. 그리고 조정 과정이 끝나면, 개인들이 다른 후보들보다 더 매력적인 잠재적인 파트너를 식별하는 것은 상대적으로 쉽다. 최적의 전략은 다음과 같다. 먼저 후보들의 일부를 거절하고(이 사람들을 보정calibration 그룹이라고 부른다), 그리고 그 다음에 만나는 후보 중에 보정 그룹에서 본 최고의 인물을 초과하면 받아들인다. 물론 어떤 사람은 좀 더 매력적인 사람을 기대하면서 좀 더 많이 보고 선택을 하려고 할 수 있지만, 그 경우 그 사람은 탐색에 시간과 에너지를 소비해야 하기 때문에 덜 최적화된 선택을 할 가능성이 있다.

배우자 선택 문제는 범죄자들이 범죄 기회를 평가하는데 어떤 과정을 거치는지 이해하는데 도움을 준다. 일단 인지 조정cognitive balancing 행위가 수행된다. '이 집은 침입하기 쉬운 집처럼 보이지만 훔치기에는 그리 큰 집이 아닐 수도 있다.' 아니면 '저 집은 훔칠 물건이 더 많을 것 같은데, 보안이 좀 더 어렵게 보인다. 위험을 감수할 가치가 있을까?' 그러나 범죄자들이 범행 장소를 선택할 때 추가적인 고려 사항이 있다.

첫째, 배우자 선택 문제에서 일단 선택한 사람은 이전에 거부된 후보에게 되돌아갈 수 없다. 하지만 이것은 범죄자들에게는 제약이 되지 않다. 과거에 범행하지 않고 지나쳤던 범죄 기회가 미래에 다시 선택될 수 있다. 두 번째 문제는 일련의 잠재적 배우자들은 서로 독립적인 것으로 간주된다는 것이다. 이 사람들은 서로 알고 있지 않고, 인구로부터 무작위로 추첨된 것으로 여겨진다. 다시 말하지만 이 가정이 범죄 기회에 적용될 가능성은 거의 없다. 토블러Tobler의 첫 번째 지리 법칙은 모든 것이 다른 모든 것과 관련이 있지만 가까운 것은 먼 것보다 더 관련이 있다고 말한다(Tobler, 1987). 환경범죄학 관점에서 이것은 범죄자들과 가까운 곳에 위치한 범죄 기회들은 멀리 있는 범죄 기회들 보다 서로 유사할 가능성이 높다는 것을 의미한다. 예를 들어, 교외의 부유한 동네와 저소득층 동네를 생각해 보라. 두 지역 모두에서 매력적인 범행 대상 주거지가 있을 것이다. 그러나 부유한 교외 지역의 집들은 부유한 지역의 집들과 더 많은 유사점을 공유하고, 저소득층 지역의 집들과 유사점을 공유할 가능성은 낮다. 토블러의 제1법칙의 의미는 기회의 유사성이 기회의 집중을 만들어낸다는 것이다. 배우자 선택 문제와 범죄 위치 선택 문제의 차이를 인정하면서, 조지 랭거트George Rengert는 관련이 있지만 대체 모델인, 집 구매 문제를 사용하였다(Rengert and Wasilchick, 1990). 여기서 논리는 배우자 선택 문제와 유사하지만 집 구매의 경우 이전에 고려되었던 기회로 되돌아갈 수 있다. 각 시점에서 구매자는 집을 살 때 '구매' 또는 '계속 찾기' 두 가지의 옵션을 가지고 평가한다. 구매 선택은 미래에 더 좋은 집이 있으면 어쩌지 하는 염려를 야기하고, 찾기를 계속하는 것은 시간을 낭비하게 만든다는 생각이 들게 한다. 배우자 선택 문제와 다른 점은 서로 이웃하고 있는 집들은 멀리 떨어져 있는 집들 보다 많은 특성들을 공유하고 있다는 것이다.

하지만 거의 모든 사람들에게 있어 집을 구매하는 것은 매우 드문 일이다. 우리가 어디에서 전/월세 집을 구할지 결정하는 것으로 문제를 바꾸더라도, 사람들은 집이나 살 동네를 매일 또는 매주 살펴보고 평가하지는 않는다. 범죄자들이 매일 또는 매주 범죄 기회를 평가하는 것과 이것을 대조해보자. 범죄자의 의사결정과 좀 더 유사하게, 일상적으로 이루어져야 하지만 약간의 시공간적 제약을 가지고 있는 결정을 필요로 하는 상황은 소매 쇼핑이다. 일상적 쇼핑의 경우 쇼핑에 소요되는 시간의 양을 최소화하면서, 쇼핑에 전념하는 노력(시간과 돈 모두)을 최소화하고 효용성(가치 및/또는 쾌락)을 극대화하고자 하는 것이 합리적인 가정이다.

고객의 쇼핑 전략이 범죄자의 범행대상 물색 과정에 대한 좋은 비유임에도 불구하고 어떤 비유도 완벽하지는 않다. 가장 명백한 차이점은 범죄자의 이동성은 범죄이기 때문에 제약을 받는 점을 포함시킬 필요성이 있다. 계획된 범죄의 경우, 범죄자들은 주위 사람들과 잘 섞일 수 있고, 그들의 존재가 의심을 불러일으키지 않을 지역을 찾을 것이다. 소수민족 인구가 많은 도시에서, 범죄자들은 자기가 속한 민족 집단이 살고 있는 지역을 선호하고, 그들의 존재가 쉽게 드러나는 지역은 피한다고 한다(Reynald et al. 2008). 경험의 차이, 기회 분포에 대한 이해도의 차이, 그리고 어디에 위치해 있는지 등의 차이로 인하여, 개별 범죄자들이 경험하는 제약 조건은 서로 다를 것이다. 이것의 대부분은 그들의 인지 공간awareness space에 의해 포착된다.

요약하자면, 범죄자들은 얼마나 멀리 여행할 것인가를 결정할 때 아래와 같은 제약 조건들을 고려한다.

- 그 장소에 쉽게 접근이 가능하다. 아무도 필요 이상으로 더 멀리 여행하지 않는다.
- 그 장소에 대하여 범죄자가 알고 있다. 범행 대상이 되기 위해서는 그 장소가 고려되어져야 하고, 고려되기 위해서는 그곳에 대하여 알 필요가 있다.
- 그 장소에서 범죄자의 존재가 눈에 띄지 않을 필요가 있다.

여러 제약 조건이 포함된 상황에는 특별한 해결책이 없다. 범죄자들은 모든 제약 조건을 만족시키는 위치를 파악할 수 없을 수도 있지만, 가능한 한 많은 것을 준수해야 한다는 압력이 있다고 기대하는 것은 타당하다.

범죄를 위한 이동journey to crime에 대해 밝혀진 사실

앞서 언급했듯이, 범죄를 위한 이동에 세 가지 요소가 있다: 출발점, 방향 그리고 거리. 연구의 대부분은 후자에 초점을 맞췄다: 범행 장소까지 거리. 이 분야에 출판된 거의 모든 연구는 범죄를 위한 이동의 다른 두 가지 요소는 언급하지 않고 범행 장소까지 거리에 초점을 맞추고 있다. 이것은 나중에 보겠지만, 해석에 중요한 의미를 가지고 있다.

방향성에 초점을 맞춘 연구는 몇 개만 발표되었다(Van Daele and Bernasco, 2012). 렌거트와 와실칙(Rengert and Wasilchick, 2000)은 범죄행동 패턴에서 방향 편향이 존재한다는 것을 증명했다. 필라델피아 도시 외곽의 절도범과의 인터뷰를 통해, 그들은 공통축을 따라 범죄자 집단이 집에서부터 직장까지 또는 레크리에이션 장소까지의 방향을 도식화했고, 그들이 저지른 범죄 위치에 대한 각도를 보여 주었다 (예를 들어, 각 범죄자의 집에서 직장으로 방향을 0도로 보정시키면, 그 경로에 대한 반대 방향에서 저질러진 범죄는 180도 상에 위치하게 될 것이다). 그 결과는 매우 일관되게 나타났고, 범죄가 직장/레크리에이션 장소(0도 축)의 방향 경로를 따라 좁은 군집 안에 위치해 있음을 보여 주었다. 범죄자들이 45도 이상을 벗어난 경우는 그들의 표본에서 거의 발견되지 않았다.

사이드바텀(Sidebottom, 2006)은 차량에서 절도를 저지른 범죄자들의 이동 패턴을 조사했다. 영국 본머스Bournemouth에서 기록된 5년 동안 적발된 범죄들을 조사하면서 거리와 방향을 모두 조사하였는데, 여러 번 재범을 저지른 범죄자들의 하위집단에서 해안선 방향으로 방향 편향이 있음을 보고하였다. 흥미롭게도, 나이와 범죄와의 거리 관계가 잘 정해져 있는 것 외에도, 사이드바텀은 나이 든 범죄자들이 더 어린 범죄자들에 비해 더 좁고, 더 일관된 범행 방향을 나타내는 나이-방향 관계를 발견했다.

코스시스 외(Kocsis et al., 2002)는 절도범 이동 패턴에 대한 연구에서 방향 벡터 접근법을 사용했다. 그들은 이전에 제시된 가정과는 달리, 절도범들이 대상을 선택할 때 모든 방향에서 범죄를 저지르는 방사형 패턴을 보이지 않고, 그들의 본거지에서 상대적으로 좁은 통로 이내에서 범죄를 저지르는 경향이 있다는 것을 발견했다. 더군다나, 그들은 통근자 모델commuter model에 맞는 범죄자들(즉, 그들의 본거지에서 범죄를 위해 다른 지역으로 여행을 하는 범죄자들)은, 그들이 더 많이 범행을 저지를수록 점점 더 그들의 본거지에서 멀어진다는 것을 관찰했다. 따라서 통근자들은 더 작은 방향 벡터 범위 또는 좁은 통로 폭 내에서 더 긴 범죄 거리를 보였다.

잘 주목 받지 못했지만, 범죄 이동 방향direction to crime에 대한 추가적인 연구로서 코스탄조, 할페린, 그리고 게일(Costanzo, Halperin and Gale, 1986)의 연구가 있다. 그들은 논문에서, 범죄와 관련된 연구의 대부분은 중간 수준의 집계 자료(예를 들어, 센서스트렉트 또는 근린 수준)에서 수행되었는데, 이것은 이 연구의 결과가 개인 수준에 적용될 때 생태학적 오류라는 익숙한 문제를 야기한다고 지적하였다(이 부분은 이 장에서 나중에 다시 언급될 것이다). 코스탄조, 할페린 그리고 게일(1986)은 적절한 분석 단위에 관한 문제들 외에, 범죄를 위한 이동 문헌들이 '범죄자의 공간 행동에 대한 객관적인 척도로 단지 거리 하나만 강조하는 한계가 있다'고 지적했다(p. 80). 그들은 위스콘신 밀워키 시에서 7가지 범죄 유형의 범죄자 이동 패턴을 조사했다. 모든 범죄 유형에서 본거지–방향 상관관계를 나타냈다(그래서 서로 근처에 사는 범죄자들은 같은 방향으로 움직이는 경향이 있었다). 하지만 통계적으로 유의미한 목적지–방향 상관관계는 상업 강도, 폭행, 상업 절도에서만 관찰되었다. 게다가, 반 대앨레와 베르나스코(Van Daele and Bernasco, 2012)는 주거지 절도들의 표본에서 방향적 일관성을 발견했다.

연구자들은 다양한 종류의 범죄를 대상으로 범죄자들이 범죄를 위해 얼마나 멀리 여행할 수 있는지 조사했다. 그림 7.2에서 5년 기간 동안 텍사스 주 댈러스에서 범죄자들의 평균 이동 거리가 조사되어 있다(막대는 1 표준오차의 간격을 나타낸다). 이 자료들은 에커만과 로스모(Ackerman and Rossmo, 2015)에 의해 조사되었는데, 범죄를 위한 이동 연구 중 가장 최근에 진행된 대규모 연구 중 하나이다. 도표를 통해서 추론할 때 일부 주의를 기울여야 하지만 몇 가지 관찰을 할 수 있다.

[그림 7.2] 텍사스 주 댈러스의 범죄자들이 이동한 평균 거리

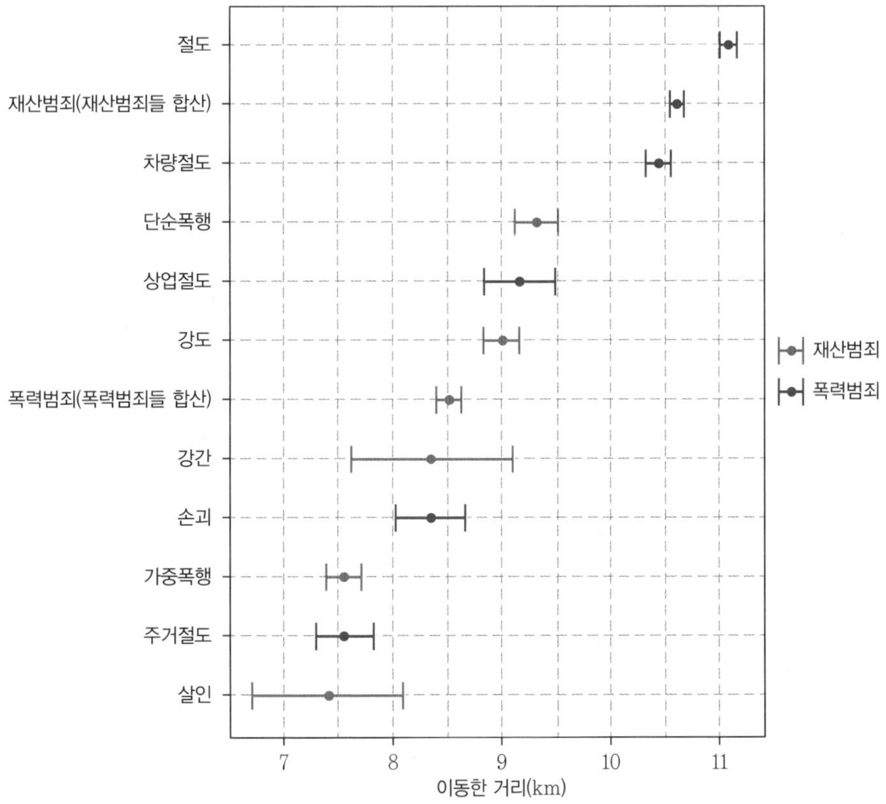

출처: Ackerman and Rossmo, 2015

이동 거리가 가장 짧은 범죄는 놀랍게도 살인이다. 이동 없는 범죄(즉 범인의 집에서 범죄가 발생한 경우)가 제거되었기 때문에 이러한 관찰은 친밀한 파트너 간의 살인에 국한되지 않는다. 두 번째로 가장 짧은 이동 거리를 보인 것은 7.5km의 주거 절도이다. 이 거리를 상업 절도까지의 평균 거리와 비교해보자. 상업 절도의 거리는 주거 절도보다 평균 2.5km 더 길다.

이것은 실질적으로 동일한 범죄이지만, 목표의 종류가 다를 경우 다른 여행 거리를 나타냈다. 이러한 현상을 설명할 수 있는 여러 가지 이유가 있다. 첫째, 상업 절도는 여러 명이 집단으로 저지를 가능성이 더 높으며, 이는 개별 범죄자들에게 부과된 물리적 제약 조건이 덜 반영되고, 범죄 기회에 대한 여러 명의 정보가 합쳐져서 더 넓은 지역을 여행하도록 한다. 이것을 설명할 수 있는 두 번째 요인은 주거와 상업 절도의 대상물의 분포가 다르다는 점이다. 상업 시설은 산업 단지나 상업 단지에 밀집되어 있는 경향이 있다. 교외의 주거지역 환경은 풍부한 기회를 제공하고 있어서 절도범들이 굳이 멀리 여행할 필요가 없었을 것이다. 평균적으로 폭력 범죄는 재산범죄에 비하여 여행 거리가 더 짧았다(8.5km 대 10.6km).

이동 거리에 대한 앞의 언급들은 모두 범죄들 마다 차이가 있다는 점을 보여 주는데, 이것은 아마도 근본적인 기회 구조를 반영했기 때문일 것이다. 하지만 범죄 내부에도 차이가 있다. 그림 7.3에는 영국의 노샘프턴셔 경찰Northamptonshire Police이 여러 번 범죄를 저지른 절도범들이 여행한 거리를 도식화한 것이다. 이것은 분명하게 편향된 분포를 보이는데, 적은 숫자 이지만 매우 먼 이동 거리를 보인 것들이 있다. 수치적으로 그 개수가 적지만, 이것들은 범죄 거리에 대한 집합적 지표를 왜곡하는 경향이 있다. 예를 들어, 이 절도들의 중앙값으로서 이동 거리는 약 700m였지만, 평균값은 2Km를 초과했다. 이러한 큰 평균값은 적은 수의 긴 거리의 값들이 전체 분포에 미치는 왜곡성을 보여 준다. 일반적으로 데이터 집합에서 중앙값과 평균값의 차이가 클수록 그 데이터의 분포가 왜곡되었을 가능성이 높다.

실제로 이것은 애커맨과 로스모(Ackerman and Rossmo, 2015)의 연구에서 모든 범죄 유형에서 발견되었는데, 모든 범죄 거리 분포가 왜곡되었음을 암시한다. 게다가 그림 7.3에 표시된 것과 같이 왜곡된 분포는 측정 범위에 제한이 있을 때마다 더 크게 나타난다(즉, 거리는 양수여야 한다). 이 제약 조건은 보편적인 거리 감쇄 패턴을 생성하는 데 도움이 된다.

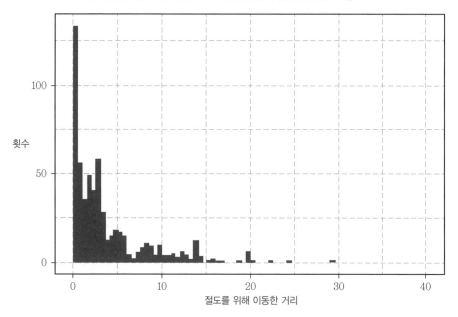

[그림 7.3] 영국 노샘프턴셔의 여러 번 절도를 저지른 범죄자들의 이동 거리

출처: Smith et al., 2007

이 일반화 가능한 발견(범죄와의 거리가 거리 감쇄 패턴에 부합한다는 것)의 또 다른 함축적 의미가 있다: 범죄 유형 내에서도 차이가 있다. 이러한 차이점에 대한 주요 원인은 범죄자들의 특징과 결정을 내리는 범죄자들이 속한 환경적 배경, 두 가지이다.

범죄를 위한 이동에 영향을 준다고 잘 알려진 범죄자들의 특징들이 있다.

- 나이. 평균적으로 젊은 범죄자들은 나이든 범죄자들만큼 멀리 여행하지 않을 것이다(Baldwin and Bottoms, 1976; Gabor and Gottheil, 1984; Levine and Lee, 2013; Warren et al., 1998). 많은 연구들이 청소년 범죄자들이 성인이 될 때까지는 범죄를 저지르기 위해 여행하는 거리가 늘어나지만 그 이후 절정에서 서서히 줄어드는 경향이 있다는 것을 확인했다. 이 패턴에 대한 해석은 전형적으로 증가된 재량 시간, 부모 감독의 축소, 범죄 기회에 대한 노출 증가와 관련이 있다. 한 가지 예를 들자면, 서구의 대부분의 나라에서 대부분 10대 후반에 자동차를 운전하는 법을 배우며, 성인이 되면서 자유가 증가함에 따라 그들의 인지 공간이 크게 확장된다. 일단 20대 중반 경까지 안정적인 관계가 형성되면, 재량 시간의 양이 줄어들고 새로운 범죄 기회에 대

한 노출이 제한된다(Andresen, frank and Felson, 2014).

- 성별. 평균적으로 여성 범죄자들은 남성 범죄자들만큼 멀리 가지 않는다 (Groff and McEwen, 2006; Levine and Lee, 2013; Rengert, 1975). 그러나 반대되는 증거를 보이면서 이 연구들과 대조를 보이는 몇몇의 연구들이 있다(Clarke and Eck, 2003; Phillips 1980). 이러한 대조적인 결과들 중 일부는 잠재적인 방법론적이나 표본 문제 때문에(단일 범죄 유형에 초점을 맞춘) 평가 절하될 수 있지만, 전부를 부정할 수는 없다. 따라서 이것은 명확한 합의 없이 쟁점으로 남아있다. 그 동안, 연구들은 범죄자의 이동성에 성별의 영향이 있다는 것을 보여 준다.

- 민족. 범죄자들은 자신과 비슷한 인구통계학적, 사회적 환경을 가진 지역을 선호한다. 민족 측면에서 보면, 변장하기 어려운 속성인(나이와 성별과 같이), 비원주민 또는 소수민족 범죄자들은 소수민족의 비율이 높은 지역에 더 끌리게 될 것이다(Reynald et al., 2008). 예를 들어 니콜스(Nichols, 1980)와 필립스(Phillips, 1980)는 백인 범죄자들이 비백인 범죄자들보다 더 멀리 여행하는 경향이 있음을 보여 준다. 미국에서 사회경제적 지위가 낮은 지역들은 전형적으로 도심 지역에 위치해 있고, 더 부유한 지역들은 시 외곽의 교외에 위치해 있다. 미국에서 민족과 부유함 사이에는 매우 강한 상관관계가 있으며, 이로 인해 외곽 지역에 백인들이 그리고 도심 지역에 흑인들이 공간적으로 집중하게 된다. 우리는 미국에서 백인 범죄자들이 범죄를 저지르기 위해 평균적으로 더 먼 거리를 여행한다는 것을 추론할 수 있다. 왜냐하면 교외에 살기 때문에 더 많이 이동해야 한다. 100개의 목표물을 조사하기 위해서 교외에 살고 있는 도둑은 도심의 고밀도 주거지역에 살고 있는 도둑보다 더 먼 거리를 여행해야 한다.

범죄유형과 범죄자 특성의 차이점이 범죄를 위한 이동 연구의 모든 다양한 결과를 설명해준다, 정말?

범죄를 위한 이동에 대한 패턴은 연구를 통하여 어느 정도 정착되었고, 새로운 연구들은 단지 예전에 행해진 연구 결과를 재확인하거나, 성별과 거리 선호도의 관계에서와 같이 엇갈린 발견들이 있었다는 것이다. 최근 이러한 엇갈린 발견들을 설명하기 위한 추가 연구가 나왔다. 이 연구는 또한 기존에 발견된 패턴에 대한 타당성에 의문을 제기한다. 두 가지 연구에서(Smith, Bond and Townsley, 2009; Townsley and Sidebottom, 2010) 경험적 증거를 바탕으로 제기한 주장은 대부분의 연구에서 범죄 여정crime trip은 내재되어nested 있다는 것(즉, 개별 범죄자들은 서로 다른 횟수의 범죄 여행을 한다)과, 그리고 이러한 내재된 특성을 분석에 반영하지 못해서 편향된 결과가 도출되었다는 것이다. 이것은 생태학적 오류의 한 예인데, 집단 수준의 관찰된 결과가 개인수준에서 관찰되지 않을 수도 있는 것이다(Robinson, 1950).

그림 7.4는 네 명의 연쇄 강간범들이 범죄를 위해 이동한 거리와 자료의 내재성 문제를 보여 준다(LeBeau, 1992). 각각의 범죄자가 고전적인 거리 감쇄 패턴을 나타내는 것은 분명하지만, 또한 각각의 활동 범위가 매우 다르다는 것 또한 명백하다. 범죄자 3은 매우 제한된 활동 범위를 갖는 반면, 범죄자 4는 상당히 넓은 범위에 걸쳐 범죄를 저질렀다. 범죄자 1은 흥미로운 패턴을 보여 주었는데, 그의 거주지에서 25km 이내에서는 범죄를 저지르지 않았다.

[그림 7.4] 네 명의 연쇄 강간범들의 이동 거리

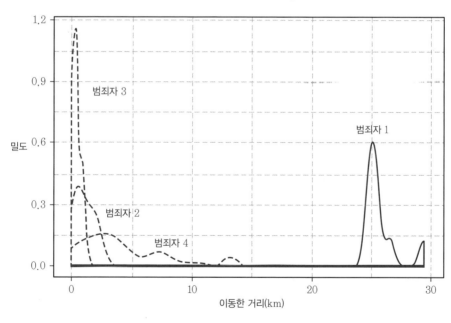

출처: Lebeau, 1992

두 가지 연구는 이 논쟁을 더 깊이 조사하여 개별적인 차이에 의해 설명될 수 있는 변량의 양을 계량화했다. 스미스, 본드 그리고 타운슬리(Smith, Bond and Townsley, 2009)는 영국에서 여러 번의 재범을 저지른 절도범 집단을 연구했고, 범죄 여행 변량의 3분의 2 정도가 개별 범죄자 내부 사건수준에 의해서 설명되어졌다고 보고했다. 이것은 개별 범죄자들의 이동성은 모든 범죄 여행들의 분포가 나타내는 것보다 훨씬 작은 변동성을 보인다는 것을 의미한다. 모든 범죄 여행 자료의 분포와 비교했을 때, 개인 범죄자 수준에서 이동성은 상당히 높은 일관성을 나타냈다. 타운슬리와 사이드바텀(Townsley and Sidebottom, 2010)은 훨씬 더 큰 규모의 데이터를 이용하여 동일한 결과가 도출되는지 검증하였는데, 범죄 여행 거리 변량의 거의 절반 정도가 범죄자 개인 수준에 존재하는 것으로 밝혀져서 매우 유사한 결과를 발견했다.

이러한 결과는 어떤 범죄 여행들이 어떤 개인에 의해 이루어지는지를 관찰하는 것의 중요성을 보여 주지만, 그들은 기존에 밝혀진 범죄를 위한 이동 연구 결과들에 직접적으로 이의를 제기하지는 않는다. 일부 범죄자들이 다른 범죄자들과 다른 시작 지점이나 활동 범위를 가지고 있을 수도 있지만, 여전히 유사한 여행 분포를 나타내고 있다(그림 7.4의 르보의 연쇄 강간범 자료에서 볼 수 있듯이). 이 가능성을 조사하기 위해, 스미스, 본드 그리고 타운슬리(Smith, Bond and Townsley, 2009)와 타운슬리와 사이드바텀(Townsley and Sidebottom, 2010)은 각 범죄자들의 여행 분포를 보고 각 범죄자들이 거리 감쇄 형태에 일치하는 정도를 분석했다. 두 연구 모두 여러 번의 재범을 저지른 범죄자 중 소수만이 양의 방향으로 왜곡된 분포(즉, 거리 감쇄 모양과 일치함)를 가지고 있다는 것을 발견했다. 스미스, 본드 그리고 타운슬리(2009)는 이 수치를 20%로 잡은 반면 타운슬리와 사이드바텀(2010)은 더 크고 더 대표적인 표본에 동일한 방법을 사용하여 40%에서 50% 사이로 두었다. 이러한 결과는 대부분의 범죄자들이 범죄를 저지르기 위해 짧은 거리를 여행한다는 기존의 문헌들의 일관된 발견에 반하는 놀라운 증거이다.

그러면 우리는 어떻게 해야 하나? 스미스, 본드 그리고 타운슬리(2009), 타운슬리와 사이드바텀(2010)과 거의 동시에, 범죄자 이동성 탐색을 위한 새로운 방법인 이산 공간 선택 모델discrete spatial choice model이 적용된 연구가 보고되었다(Bernasco and Nieubeerta, 2005). 이 연구는 범죄자의 이동성에 대한 기존의 연구들보다 훨씬 더 정교한 설명을 제공하였다. 대부분의 기존 학자들은 범죄자의 주거지와 범죄 장소 사이의 거리를 분석하면서 개인 특성 변수들, 환경 변수들, 그리고 기회 제공 변수들을 순차적으로 모형에 넣어 영향요인을 분석하는 점진적인 접근법을 이용하였다. 점진적 분석 모형의 문제점은 이동성과 어떤 한 요인과의 관계를 분석하는 데 있어서 다른 변수들과의 상관관계 또는 혼동 요인의 영향을 감안하지 않는다는 점이다. 범죄자의 이동성에 대한 종합적인 설명을 하기 위해서는 분석에 가능한 많은 변수를 포함시키는 것이 유리할 것이다. 이것이 바로 범죄자 장소 선택 연구가 하는 일이다.

범죄자 장소 선택Offender location choice

범인 이동성에 대한 지식을 향상시키기 위해서 새로운 유형의 연구가 지난 10년 동안 이산 공간 선택discrete spatial choice이라는 접근법을 사용하여 등장했다. 베르나스코와 니우베에르타(Bernasco and Nieuwbeerta, 2005)가 범죄학 문헌에 처음 출판한 반면, 이 접근법은 미시경제학 분야에서 잘 알려진 분석 기법을 적용하고 있다. 이산 선택 분석은 결정자가 정해진 대안 세트(다른 종류의 청량음료, 다른 교통수단 등)에서 선택해야 히는 상횡에시 사용된다. 이러한 언구들은 선택 옵션의 특성들(비용, 편안함, 명성)과 의사 결정자의 특성들(급여, 나이)을 통합하려고 시도한다. 어떤 연구는 의사 결정자와 선택 옵션 간의 상호작용을 살펴볼 수도 있다. 선택 대안 세트는 유한하기(그리고 이산) 때문에, 연구자들은 선택된 대안의 특성과 선택되지 않은 대안들의 특성을 살펴볼 수 있다. 이것은 단지 선택에만 초점을 맞추는 접근법보다 선택 선호도에 대한 더 깊은 통찰을 제공한다.

베르나스코와 니우베에르타(Bernasco and Nieuwbeerta, 2005)가 사용하는 접근법을 이산 공간 선택이라고 부르는데, 여기서 선택 세트는 범죄자들이 범죄를 저지르기 위해 여행하기로 결정한 다른 공간들을 의미한다. 이산 공간 선택에는 두 가지 구성 요소가 있다. 행동 규칙과 통계 모형이다. 행동 규칙은 범죄자가 범죄 장소를 선택하기 위해 거치는 과정을 의사결정 미적분학으로 묘사한다. 행동 규칙은 어떻게 구성되나? 첫 번째 구성 요소는 범죄자들이 위계적 구조hierarchical structure에서 대상을 선택한다고 가정한다. 즉, 범죄자는 먼저 범행을 저지를 동네를 선택하고, 그리고 난 다음 선택된 동네 안의 하위 지역(거리)을 선택한고, 다음으로 선택된 거리 안에 위치한 집을 선택한다. 두 번째 요소는 범죄자들의 선택에 영향을 줄 것으로 생각되는 요소들이다. 현재까지 대부분의 연구들은 첫 번째 구성요소인 지역과 집 선택 사이의 위계적 연결에 대한 모형을 도출하는 데 집중하였다.

장소 선택 연구는 범죄자의 이동성에 대해 훨씬 더 많은 가설을 실험할 수 있게 하기 때문에 인기가 높아졌다. 이전 접근법은 장소 선택의 단일 차원에 초점을 맞추는 경향이 있었다(Bernasco and Nieuwbeerta, 2005; Bernasco and Ruiter, 2013). 범죄자 기반Offender-based 연구는 일반적으로 이 장 앞부분에 설명된 대로 범죄를 위한 이동을 분석한다. 목표 기반Target-based 연구는 피해자 또는 목표의 속성에 초점을 맞추고 어떤 속성이 더 높은 피해률과 연관되는지 추론한다. 이동성 기반Mobility-based 연구는 공간들 사이에 개인들의 들어옴과 나감에 대해 살펴본다. 하지만 이 모든 분석적 접근법들은 분석에 포함될 수 있는 요인들과 통찰에 있어 한계가 있다. 범죄자 기반 연구는 범죄자의 이동거리와 범죄자 자체의 특성만을 고려하기 때문에, 다른 목표물에 대한 상대적인 매력에 대한 정보는 없다(Stouffer, 1940). 결국 선택된 목표로 가는 도중에 다른 목표들이 고려되었지만 왜 선택되지 않았는지에 대한 정보는 없다.

유사하게 목표 기반 연구는 목표의 매력적인 특성을 식별할 수 있지만, 그들은 일반적으로 누가 범죄를 저질렀는지에 대한 정보를 포함하지 않기 때문에 범죄자들에 대한 정보를 통합할 수 없다. 이 때문에, 범죄자들이 더 가치 있는 목표를 선택하기 위해 기꺼이 투자하려는 노력의 양을 확인할 수 없다. 이동성 기반 연구는 범죄자들이 범죄를 저지르기 위해 얼마나 멀리 이동하는지에 대한 통찰을 제공하고, 집합 수준에서 목표 매력성을 분석에 통합할 수 있도록 한다. 하지만 이것은 일반적으로 모집단 수준에서 이루어지므로, 범죄자들 간의 차이는 조사할 수 없다. 집합 수준의 데이터를 서로 다른 범죄자 집단이나 특성별로 분할할 수 있지만, 검사된 각 요인은 사용 가능한 표본 크기를 줄인다. 이것은 모델의 통계적 파워에 영향을 미치므로, 몇 가지 요인을 통계모형에 포함하게 되면 유의미한 통계적 관계를 관찰하는 것이 더 어려워진다는 것을 의미한다.

앞서 언급했듯이, 이 유형에 대한 첫 번째 연구는 베르나스코와 니우베에르타(Bernasco and Nieuwbeerta, 2005)가 수행하였다. 그들은 다수의 절도 연구들을 검토하고 난 다음 절도범들의 행동 규칙을 제시하였다. 범죄자들은 가치 있는 물건들이 있어 보이는 지역(부유한 지역)을 선호하고, 적은 노력으로 이동, 도착, 침입이 가능한 지역(가깝고 접근이 쉬운 건물)을 선호하고, 적발의 가능성이 낮은 장소(즉, 사회적 장벽이 없거나 낮음)를 선호한다. 그들은 행동 규칙의 각 구성요소를 측정하기 위해 다양한 변수를 사용했고, 네덜란드 헤이그의 주거 절도범들은 보호 수준이 낮고 쉽게 접근할 수 있는 목표물이 있고 그들의 집에서 가까운 곳에 있는 지역을 선호한다는 것을 발견했다. 놀랍게도, 기존의 많은 범죄를 위한 이동 연구 결과와 반대로, 그들은 지역의 부유한 정도는 아무런 영향을 미치지 못했다는 것을 발견하였다. 베르나스코와 니우베에르타(Bernasco and Nieuwbeerta, 2005)는 이 연구에서 꽤 큰 공간 단위(면적당 평균 가구 수는 2,380가구)를 사용했으며, 비슷한 크기의 공간 단위를 사용하면서 지역의 부유한 정도를 포함한 다른 연구들에서도 부유한 정도는 유의미한 관계를 나타내지 않았다(Clare, Fernandez and Morgan, 2009; Townsley et al., 2015b; Townsley et al., 2015a). 이것은 대부분의 범죄자들이 다른 모든 조건이 동일할 경우에 더 부유한 지역을 찾지 않는다는 것을 의미한다. 베르나스코(Bernasco, 2010a)는 훨씬 작은 공간 단위(지역 당 평균 가구 수가 18가구)를 사용할 때 부유한 정도가 강한 관계를 보이는 것을 발견했다.

타운슬리 외(Townsley et al., 2015b)는 베르나스코와 니우베에르타(Bernasco and Nieuwbeerta, 2005)가 사용했던 분석을 그대로 반복하는 전국적인 규모의 연구를 수행했다. 그들은 베르나스코와 니우베에르타(Bernasco and Nieuwbeerta, 2005)와 동일한 행동 규칙을 사용했고 두 개의 새로운 지역을 포함했다: 브리즈번 오스트레일리아Brisbane, Australia와 영국의 버밍엄Birmingham, UK. 원랜 연구였던 헤이그 데이터셋이 연구에 포함되었는데, 이는 모든 연구 지역에 대한 통계 모형의 결과를 직접 비교하는 것을 가능하게 했다. 타운슬리 외(Townsley et al., 2015b)는 세 나라 모두에서 범죄자의 집 근처 지역, 목표 접근성 및 목표의 수가 범죄자의 선호도에 대부분 비슷한 정도의 역할을 했다는 것을 발견했다(비록 효과 크기에 있어서는 차이가 났지만).

타운슬리 외(Townsley et al., 2015b)는 또한 절도범들의 나이가 각 연구 지역의 공간적 선호도에 미치는 영향을 조사하였다. 그들은 다른 연령대의 절도범들이 두 가지 근접 변수를 제외하고는 본질적으로 같은 종류의 선호도를 갖는 것을 발견했다: 범죄자의 집 근처에 가깝고 도시 중심부에 가까운 것. 세 가지 연구 지역 모두에서 청소년들은 어른들보다 더 강한 선호도를 보였다. 버밍엄과 브리즈번에서 이러한 차이점들의 정도는 통계적으로 유의미했지만 헤이그는 아니었다.

다른 연구들은 베르나스코와 니우베에르타(Bernasco and Nieuwbeerta, 2005)가 처음 제안한 행동 규칙에 다른 것들을 추가하였다. 예를 들어, 클레어, 페르난데스 그리고 모건(Clare, Fernandez and Morgan, 2009)은 지역 간의 자연 장벽이 범죄자들에게 덜 매력적으로 여겨질 것이며, 다른 모든 조건들이 동일할 때, 잘 연결된 지역이 더 매력적일 것이라고 제안했다. 이 아이디어는 연구들에 의하여 주목 받았지만, 제한된 범위를 대상으로 한 연구 결과물들로 인하여 엇갈린 결과들을 보고하고 있다. 호주 서부의 퍼스를 연구 지역으로 활용하여 클레어, 페르난데스 그리고 모건(Clare, Fernandez and Morgan, 2009년)은 넓고 다리가 별로 없는 스완 강과 대규모 간선도로를 자연 장벽으로 설정하고 연구를 수행했다. 그리고 열차 네트워크는 연결망의 예로서 사용되었다. 경쟁 설명 요인들을 통제하기 위해 행동 규칙으로 출발점과 목표지역 사이의 거리, 지역의 부유함 정도, 지역 안정성의 척도, 각 지역의 주택 수를 포함하였다. 그 결과 두 종류의 장벽 모두 범죄자의 이동성을 방해하는 것으로 나타났다. 그리고 열차 네트워크는 연결망 역할을 했다. 두 관계 모두 다른 요인들을 통제하고서도 통계적으로 유의미했다.

또 다른 연구들은 범죄자들의 특성들이 어떻게 그들의 장소 선택 선호도에 영향을 미치는지 연구했다. 베르나스코(Bernasco, 2010b)는 현재와 과거의 거주가 장소 선택에 미치는 영향을 고려했고, 범죄자가 이전에 거주한 적이 있는 지역에 대해 매우 강한 선호도를 보이는 것을 발견했다. 과거 거주 지역의 영향력은 시간이 지남에 따라 쇠퇴하는 것으로 보였는데, 범죄자들은 최근에 이사를 나갔던 지역을 더 강하게 선호했다. 베르나스코(Bernasco, 2010b)는 또한 거주한 기간의 영향, 각 주소에 얼마나 오랫동안 거주했는지를 평가하였다. 거주 기간은 장소 선택과 양의 상관관계를 보였는데, 이는 범죄자가 오랫동안 거주한 지역을 범행 지역으로 더 선호했다는 것을 의미한다.

베르나스코, 존슨 그리고 루이터(Bernsasco, Johnson and Ruiter, 2015)와 램머스 외(Lammers et al., 2015)는 범죄자들이 이전에 범죄를 저질렀던 지역이 미래의 범죄 장소 선택에 영향을 미치는지 조사하였다. 이 연구들은 절도범들이 이전에 절도를 저질렀던 지역을 훨씬 더 선호한다는 것을 발견했다. 최근에 저질렀던 지역을 더 선호하고, 더 많이 저질렀던 지역을 선호했다.

이러한 범죄자 장소 선택 연구에서 주목할 만한 특징 중 하나는 분석의 단위로 일반적으로 사용되는 비교적 큰 공간 단위를 사용했다는 것이다. 범죄자들이 위계적 공간 선택을 한다는 가정을 고려한다면, (예를 들어, 절도범들은 지역을 선택하고, 그 다음에는 선택된 지역의 거리, 그 다음에는 선택된 거리에 있는 집) 범죄자들이 지역의 매력도를 평가한다고 생각하는 것은 비현실적일 수 있다. 이에 대응하여, 다수의 연구들이 더 작은 분석 단위를 이용하여 분석을 시도했다. 예를 들어, 베르나스코(Bernasco, 2010a)는 매우 작은 분석 단위를 사용한 연구에서, 큰 지역을 분석 단위로 이용한 베르나스코와 니우베에르타(Bernasco and Nieuwbeerta, 2005)의 연구와 상당히 유사한 결과를 발견했다. 이 맥락에서 가장 최근의 연구는 밴드바이버 외(Vandeviver et al., 2015)에 의한 것이다. 인상적인 기술적 연구로 그들은 벨기에 이스트플란더스East Flanders, Belgium에 있는 50만 가구에 대한 거주지 수준의 자료를 얻었다. 범죄자가 적발된 거의 650건의 절도 사건을 살펴보면서, 그들은 위험, 노력, 보상이라는 속성들을 담고 있는 거주지 수준에서 목표 선택에 대한 행동 규칙을 개발할 수 있었다. 그 결과는 노력과 관련된 특성(더 쉬운 대상이 더 많이 선택됨)이 지지됨을 보여 주었다; 인지된 보상이 더 높은 것과는 부적인 관계를 나타냈다. 위험을 나타내는 특성들은 유의미한 관계를 나타내지 않았다.

요약하면, 이산 공간 선택은 범죄자의 이동성에 대한 연구에서 현재 '최첨단'이라고 할 수 있다. 이 분석 기법은 여러 자료 출처(범죄자, 목표 등)로부터 얻어진 범죄 기회들에 대한 특성들을 통합할 수 있으며, 결과적으로 다른 접근법보다 더 복잡한 행동 규칙을 고려할 수 있다. 하지만 그것은 출판된 문헌에서 최근에야 등장했고 다른 행동 규칙들도 최근에야 문헌에 등장하기 시작했다. 이 모델링 접근법의 진정한 잠재력은 여전히 실현되고 있다.

결론

이 장은 범죄자의 이동성에 대해 알려진 사실들에 초점을 맞췄다. 이 분야 연구 문헌의 대부분은 범죄를 위한 이동journey to crime에 관한 연구와 관련이 있다. 이 연구들은 일반적으로 여행 거리를 설명해야 할 종속변수로 사용했으며, 이러한 연구들은 개입 기회와 범죄자의 특징과 같은 범죄자 이동성의 두드러진 특징들을 완벽하게 포착할 수 없는 내재적인 약점을 가지고 있다. 게다가, 많은 범죄를 위한 이동 연구는 반복적인 범죄를 고려하지 않았으며, 집합적 자료 분석에 수반되는 문제를 가지고 있다. 범죄자 안에 내재된 여러 건의 범죄 여행이 있는 자료 구조를 관찰한 몇 안 되는 연구들은 범죄 여행에 대한 집합 수준에서의 패턴이 단지 소수의 범죄자들에게서만 관찰된다는 것을 시사하고 있다.

가장 포괄적인 범죄자 이동성 연구들은 이산 공간 선택 모델을 사용한 연구들이다. '범죄자 속성', '선택 옵션' 그리고 '범죄자 속성-선택 옵션 상호작용'을 결합함으로써 범죄자 이동성에 대한 보다 포괄적인 묘사가 가능한데, 이는 행동 규칙의 유도와 데이터의 획득 여부에 의해서만 제한된다.

이러한 연구들로부터 발견된 사실을 적용하는 것은 다양하다. 지리적 프로파일링(Rossmo and Rombout, 제8장, 이 책 참조)은 범죄를 위한 이동의 연구를 적용한 가장 잘 알려진 분야이다. 거리 감쇄 규칙이 전체 접근법의 핵심이 된다. 그러나 이 사례는 연쇄 범죄자에게 제한적으로 적용되고 일반적인 범죄에는 적용하기 어렵다. 하지만 범죄자의 이동성에 대한 연구결과는 일반적인 범죄 분석과 예방 활동에서 적용될 수 있다. 토지 이용, 대중교통, 도로 네트워크의 변화는 배경환경 environmental backcloth을 수정하고 이는 범죄 기회 분포도 수정한다. 예를 들어, 주요 인프라 변화가 범죄패턴에 미치는 영향은 이산 공간 선택 접근법을 사용하여 예측할 수 있다. 모든 조건이 같다면, 새로운 기차역이 들어선다면 그 지역사회는 범죄자들이 더 쉽게 접근할 수 있게 되는 것과 같다. 이러한 지식은 범죄 급증에 대응해서 범죄 예방 활동을 고안하고 활성화시키도록 자극할 것이다.

이 장에 설명된 두 가지 유형의 연구에 한계가 있다. 범죄를 위한 이동 및 이산 공간 선택 분석에 사용된 데이터들은 거의 대부분이 적발된 범죄사건에서부터 나왔다. 이것은 두 가지 주요 문제를 소개한다. 첫째, 사건해결 비율clearance rates은 악명 높게도 낮다(범죄 유형에 따라 10~20% 사이). 그래서 데이터에 항상 선택 편향에 대한 비판이 있다. 아마도 연구에서 발견된 공간적 관계는 체포된 범죄자들에게만 적용된다고 볼 수 있을 것이다. 극단적으로 봤을 때, 단순히 범죄자들이 통근과 같은 일상생활의 일부로서 기회를 접했기 때문에 범죄를 저질렀을 가능성이 크지 않다. 적발되지 않은 범죄자들이 전혀 다른 공간 탐색 과정을 거칠 것이라는 가능성도 매우 낮을 것이다. 둘째, 범죄를 위한 이동의 출발점이 범죄자의 집인 것으로 추정되지만 이것이 사실인지는 확실치 않다. 보다 유효한 선택은 가장 최근에 방문한 교점(예: 학교, 친구 집 등)일 것이다. 그러나 기록된 범죄 데이터를 사용하는 연구자들은 범죄 장소와 주거지 주소만을 얻을 수 있을 것이다.

이러한 우려에 대처하기 위해, 범죄자들이 직접 제공한 자료를 이용한 연구(문화기술적 연구 및 자기 보고 연구)가 연구 결과를 보강하는 데 사용될 수 있다. 그럼에도 불구하고, 이 연구들은 대표성 부족으로 인한 문제를 가지고 있다. 포함된 범죄자들은 전형적으로 여러 건의 재범을 저질렀거나 오랜 시간 범죄를 저질러 왔던 사람들이다.

마지막 요소는 공범과 관련이 있다. 많은 범죄자들이 하나의 범죄 장소를 선택하는 다대일 시나리오는 대부분의 분석 기법이 공범과 같은 네트워크 역학을 수용하지 못하기 때문에 일반화할 수 있는 관계를 구축하려는 연구자들을 좌절시킨다. 비록 그래프 이론이나 사회 연결망 분석이 사용되었지만, 여러 명이 저지른 범죄가 많다면, 의미 있는 통찰을 얻을 수 없을 것 같다.

범죄자 이동성은 앞으로도 몇 년 동안 환경범죄학자들의 초점이 될 것으로 보인다. 이 분야는 범죄학에서 이론적인 의미가 있다. 환경범죄학에서의 공간적 상호작용과 거리 간의 관계는 그 이론과 적용에서 가장 기본적인 관계이다.

1. 거리 감쇄를 따르지 않을 것으로 예상되는 범죄가 있을까? 왜 따르지 않을까?

2. 이동 거리의 차이는 범죄자의 차이와 환경적 배경 차이의 산물이다. 몇 가지 개인적인 차이점이 나열되었다(연령, 성별, 민족성). 다른 환경적 배경이 범죄자들의 여행의향에 어떻게 영향을 미칠까? 최소 세 가지의 가설적 관계를 나열해보자.

3. 거리 감쇄 패턴에 대한 설명은 범죄자가 시간 그리고 거리/노력 제약 하에서 활동한다는 것이다. 범죄자들에게 같은 제약 효과를 갖도록 할 수 있는 다른 요소들을 생각해낼 수 있는가?(즉, 거리 감쇄 패턴에 대한 경쟁적 설명 요인을 생각해 낼 수 있는가?)

4. 여러분이 도심에서 자동차 절도 문제를 연구하는 분석가라고 가정하자. 다음 정보를 사용하여 어떻게 미래 범죄를 예방할 수 있을지 설명하시오.

   (a) 분석은 여행 출발점의 일관성을 보여 준다(많은 범죄자들이 같은 공동체에 살고 있다).

   (b) 분석은 여행 출발점 불일치를 보여 준다(많은 범죄자들은 서로 다른 공동체에 살고 있다).

   (c) 분석은 방향적 일관성을 보여 준다(많은 범죄자들이 같은 방향으로 이동한다).

지리적 프로파일링

김 로스모Kim Rossmo는 텍사스 주립대학교의 범죄학과 학과장 이자 지리공간 정보 및 수사센터의 소장이다. 캐나다 밴쿠버 경찰국의 전직 수사관이었던 그는 환경 범죄학, 범죄 지리, 범죄 수사 분야에서 연구하고 출판했다. 로스모 박사는 경찰수사운영에 대한 국제경찰서장기구 자문위원회 위원이며 국제범죄수사분석 펠로우십의 풀 펠로우이다. 그는 범죄 수사 실패와 지리학적 프로파일링에 관한 책을 썼다.

사샤 롬바우트Sacha Rombouts는 범죄 심리학자다. 그의 연구 관심사는 청소년 성범죄자들의 재범, 테러리즘, 프로파일링, 위험 평가 도구 개발에 초점을 맞추고 있다. 그는 시계열, 메타 분석 및 다단계 모델링을 포함한 여러 가지 정교한 통계 기법의 전문가이다. 롬바우트 박사는 범죄 현장 재구성, 미해결 범죄의 행동 증거 분석 및 GIS 소프트웨어에 대한 교육을 받았다.

제8장 지리적 프로파일링

김 로스모, 사샤 롬바우트(Kim Rosmo and Sacha Rombouts)

서론

신원 미상의 범죄자를 찾는 것은 범죄 수사에서 중요한 과정이다. 일상 활동 이론은 같은 시간과 장소에서 피해자와 범죄자의 상호 작용이 범죄가 일어나기 위해서 반드시 필요한 전제조건이라고 제시한다(Cohen and Felson, 1979; Felson and Eckert, 2016). 따라서 범죄자와 피해자 양쪽의 공간적 행동은 알려지지 않은 범인의 제소에 도움이 될 수 있는 중요 단서를 제공할 수 있다.

지리적 프로파일링의 목적은 범죄자의 잠재적 위치를 파악하기 위해 범죄 장소에 대한 정보를 이용하는 것이다. 근본적인 전제는 범죄 장소의 패턴이 범죄자, 피해자, 그리고 범죄 기간 동안의 환경과의 상호작용에 대해 우리에게 뭔가를 알려준다는 것이다. 범죄 또는 연쇄범죄의 지리적 특성은 범죄 계획의 수준, 범죄현장 및 그 주변 지역에 대한 범죄자의 친숙성, 범인의 범죄환경 이용이 범인의 비범죄적 공간생활 양식을 반영한 정도 등에 대한 정보를 제공할 수 있다. 지리적 프로파일링은 환경범죄학과 관련연구를 바탕으로 특정되지 않은 범죄자를 찾는 방법들을 체계적으로 정리하여 제공하는 수사 도구라고 할 수 있다. 수사 지원 서비스, 범죄 분석 결과, 수사 절차 그 자체로 생각할 수 있으며, 수사관들이 연쇄 범죄를 해결하는 데 어려움을 겪는 것을 도와주기 위해 개발되었다.

지리적 프로파일링은 전통적으로 특정되지 않은 범죄자의 거주지를 파악하기 위해 일련의 범죄를 분석하는 데 사용되는 수사 지원체계로 정의되어 왔으나, 가장 넓은 의미에서는 수사를 지원하기 위한 정보 관리 시스템으로 간주될 수 있다. 범죄의 지리적 특성에 초점을 맞추어 범죄와 관련된 시공간적 행동에 대한 정량적이고 질적인 분석결과를 제공함으로써 수사 노력을 지리적으로 집중시킬 수 있다. 지리적 프로파일링은 그 자체로 이론적인 모델이라기 보다는, 이전 장에서 제시된 환경범죄학이론들 중 일부를 끌어내는 응용 방법론이다.

이 장에서는 지리적 프로파일링 프로세스의 모델을 제시한다. 그렇게 함에 있어서, 몇 가지 핵심 주제들이 설명되어 있다: (1) 범죄와 관련된 공간적 행동을 해석하기 위한 환경범죄학 이론의 이용, (2) 공간행동 분석을 위한 수학적/통계적 방법의 사용, (3) 범죄수사에 지리적 프로파일링을 적용하는 것에 대한 신뢰성, 타당성 및 유용성 검증.

지리적 프로파일링의 이론적 배경

프로파일링 접근법은 범죄자의 지리적 탐색과정에 대한 가정에 근거를 두고 있다.

> 범죄자의 피해자 선택은 범죄자의 거주지 쪽으로 공간적으로 편향되어 있다. 따라서 범죄자는 자기의 거주지에서 멀어질수록 범죄를 저지를 확률이 낮아진다는 거리 감쇄 공식을 따른다. 그러나 이 모델은 또한 범죄자들이 적발가능성을 낮추기 위해 자신의 집에서 너무 가까운 곳에서는 범죄를 저지르지 않는 완충지대가 있다고 명시하고 있다.
>
> (Hicks and Sales, 2006: 221)

어떤 식으로든 지리적 프로파일링 과정에 기여하는 환경범죄학의 네 가지 주요 분야가 있다. 범죄를 위한 이동journey-to-crime, 합리적 선택 이론, 일상 활동 이론, 그리고 범죄패턴 이론이다.

범죄를 위한 이동 연구들은 범죄는 범죄자의 본거지에 가까울수록 더 자주 발생하고 더 멀리 떨어질수록 범죄가 발생할 가능성이 낮아진다는 거리 감쇄 공식을 따른 다는 생각을 뒷받침하고 있다. 최소노력의 원칙(또는 근접성 원칙)에 따르면, 범죄자들은 일반적으로 목표를 달성하기 위해 제한된 거리를 여행한다(Zipf, 1949). 이러한 "범죄지까지의 거리" 함수는 대부분의 지리적 프로파일링 소프트웨어 응용프로그램을 구동하는 알고리즘의 기반이 된다. 그러나 범죄자들의 여행 패턴에는 약간의 변형이 있다. 범죄 여행은 범죄유형과 범죄자 특성에 따라 다양하다(Ackerman and Rossmo, 2015; Andresen, Frank, and Felson, 2014; Baldwin and Bottoms, 1976; Babor and Gottheil, 1984; Rhodes and Conly, 1981; Rossom, 2000; Tita and Griffiths, 2005).

지리적 프로파일링은 주요 접근 방법에 있어서 범죄를 위한 이동 연구와 차이가 난다는 것을 염두에 둘 필요가 있다. 첫째, 범죄를 위한 이동journey-to-crime연구에서 사용하는 거리는 범죄자의 거주지와 범죄현장(보통 유클리드 측정법) 사이의 직접적인 측정치이다. 하지만 범죄자가 여행한 실제 노선은 상당히 다른 경로를 따를 수도 있다(Rossmo, Lu and Fang, 2011). 둘째, 범죄자의 근거지가 항상 그들의 거주지는 아니다. 경우에 따라서는 그들의 직장, 이전 거주지, 또는 다른 중요한 위치일 수도 있다(Bernasco, 2010). 마지막으로, 범죄를 위한 이동 연구는 여러 범죄자들의 여행 패턴에 대한 분석에 초점을 두고 있는 반면에, 지리적 프로파일링은 개별 범죄나 연쇄 범죄사건에 공간 기법을 적용하는 것에 관심이 있다. 집합-수준의 범죄 여행 분포가 때때로 개인-수준 거리 확률 함수로 혼동되어 잘못 적용될 때가 있다; 두 가지는 동일한 것이 아니다(van Koppen and de Keijser, 1997).

합리적 선택이론은 의도적인 사냥(피해자 물색) 패턴이 존재할 수 있다는 근거 기반을 제공하면서, 범죄자의 환경에 대한 인지를 강조하고 범죄자가 이 환경과 상호작용을 할 때 연속적인 의사결정 과정을 거친다고 주장한다(Clarke and Felson, 1993; Cornish and Clarke, 1986). 지리적 프로파일링과 관련된 범죄자 의사결정의 두 가지 핵심적 개념에는 최소노력의 원칙(범죄자들은 첫 번째, 또는 가장 가까운 기회에 행동할 가능성이 더 높다)과 완충지대(범죄자들은 집에서 너무 가까운 곳에서는 범죄를 저지를 가능성이 적다)가 있다. 이 개념들을 종합해 보면, 범죄자는 자신의 거주지에서 주목 받는 것을 피하려는 욕구와 동시에 범죄를 저지르기 위해 필요 이상으로 여행을 하지 않으려는 욕구가 동시에 존재함을 암시한다. 따라서 범죄자는 특정 시간과 장소에서 잠재적 피해자와 맞닥뜨릴 때 잠재의식적 수준에서 주기적으로 비용-편익 분석을 수행하게 된다.

일상 활동 이론의 주된 주장은 범죄가 일어나기 위해서는 동기가 부여된 범죄자와 적절한 대상/피해자가 보호자가 없는 동일한 시공간에서 서로 교차해야 한다는 것이다(Cohen and Felson, 1979). 이 교차는 일반적으로 양측의 비범죄적 공간 활동의 결과로 생기게 된다(Felson and Eckert, 2016). 따라서 일상 활동 이론은 비범죄적 그리고 범죄적 공간 패턴 사이의 관계를 구축하고 지리적 프로파일링 방법은 범죄자의 공간 행동 분석을 위해서 비범죄적 공간 행동을 바탕으로 추론하는 근거를 제공한다(예: 거주지). 이 이론은 또한 가해자 탐색 패턴을 확립하기 위해 피해자의 일상적인 활동을 이용하는 것의 중요성을 강조하며, 이로 인해 범죄자, 피해자, 그리고 환경의 상호작용이 발생할 수 있다(Rossmo and Summers, 2015).

브랜팅엄과 브랜팅엄(Brantingham and Brantingham, 1981, 1984)의 범죄패턴 이론은 지리적 프로파일링 과정에 가장 강력한 영향을 미쳤다. 범죄 장소의 선정과 이들 범죄 장소와 범인의 본거지나 앵커포인트(anchor point, 거점) 사이의 관계에 초점을 맞추는 것은 범죄 장소들이 무작위로 선택되지 않는다는 사실을 강조한다. 범죄자의 인지 공간(또는 공간적 환경에 대한 정신 지도)과 적절한 대상의 분포(대상 배경분포) 사이의 상호작용에 대한 강조는 지리적 프로파일링 발달의 초석이자, 범죄자/피해자/환경 패러다임에 대한 일관성과 예측가능성을 제공하는 이론적 근거가 된다(Warren et al., 1998: 39). 인지 공간 개념은 범죄자의 외부세계와 내부세계와의 연계를 제공함으로써 알려지지 않은 범죄 장소를 기반으로 범죄자의 의사결정을 추론할 수 있도록 한다.

지리적 프로파일링의 프로세스 모델

역사적으로, 지리적 프로파일링은 경찰이 심각한 폭력 범죄(전형적으로 악명 높았던 성범죄와 같은 범죄)를 해결하기 위해 용의자들에게 우선순위를 매길 필요가 있다는 맥락에서 발달되었다. 이런 필요성은 수사가 연쇄 범죄 또는 범죄패턴에 초점을 맞출 때,[11] 범죄자와 피해자가 서로 모르는 관계일 때, 그리고 전통적인 수사기법이

---

[11] 지리적 프로파일링이 단일 범죄로서 여러 범죄 장소와 관련된 범죄에도 유용할 수 있으나, 본 장에서는 연쇄 범죄 수사에 있어 지리적 프로파일링의 역할에 초점을 맞춘다.

실패했을 때 제기된다. 낯선 사람에 의한 연쇄범죄를 수사하는 것은 수백 또는 수천 명의 용의자를 대상으로 정보를 수집하기 때문에 정보 과부하에 시달리게 되는 것이 다반사다. 범죄 수사 과정은 두 가지 단계를 포함한다: (1) 범인을 찾고, (2) 유죄를 증명한다. 지리적 프로파일링은 이 과정의 첫 단계를 도울 수 있는데, 정보관리를 통하여 용의자 또는 지역에 대한 우선순위를 제공할 수 있다. 방법론은 범죄를 해결하기 위해 고안된 것은 아니고, 범죄 해결은 목격자, 자백, 또는 물리적 증거를 통해서 가능하다.

그림 8.1은 지리적 프로파일링 프로세스의 모델을 보여 준다. 지리적 프로파일링 기법을 신뢰성 있게 적용할 수 있기 위해서는 분석되고 있는 대부분의 범죄가 동일한 개인에 의하여 저질러졌다는 합리적인 확신이 있어야 한다. 따라서 지리적 프로파일링을 준비하는 초기 단계는 대상사건들에 대한 연계 분석을 하는 것이다. 그 다음에는 범죄 장소들에 대한 정보 수집과 수학적/통계적 분석을 통한 범죄자−피해자−환경의 상호작용을 결정하는 것이다. 이 단계의 결과물이 범죄자의 거점 또는 범행의 본거지를 포함할 수 있는 다양한 확률의 지리적 탐색 패턴을 도출해내는 것이다. 환경범죄학 프레임워크는 범죄자의 시공간적 행동에 대한 분석과 해석을 뒷받침하고 그 범죄자의 비범죄적 시공간적 행동 및 관련 환경적 요인의 식별에 관한 가설을 유도한다. 이러한 분석의 결과는 지리적 프로파일 형식(양적자료와 질적 자료를 포함하고 있는 보고서인데, 확률을 색으로 표시한 지도도 제공한다)으로 수집된다.

[그림 8.1] 지리적 프로파일링의 프로세스 모델

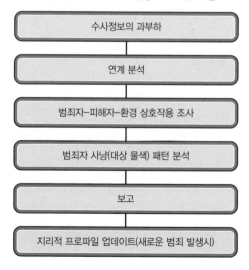

연쇄범죄와 연계분석Serial crime and linkage analysis

연계분석(또는 비교 사례분석이라고도 알려진)은 지리적 프로파일링 단계 이전에 필요적으로 수행되어야 하는 과정이다. 다수의 범죄를 저지르는 범죄자들은 많은 수의 범죄를 저지르기 때문에(Canela-Cacho, Blumstein, and Cohen, 1997), 이들에 의하여 범죄가 연쇄적으로 발생하는 것이 드문 것은 아니다. 예를 들어, 아벨, 미텔만 그리고 베커(Abel, Mittelman, and Becker, 1985년)의 성도착 범죄에 대한 연구에서 70퍼센트의 범죄들이 실제로 오직 5퍼센트의 범죄자들에 의해 저질러졌다는 것을 발견했다. 하지만 많은 연쇄범죄들이 연계실패 또는 기관 내·외부 간의 의사소통 문제로 인해 완전히 밝혀지지 않고 있다(Egger, 1984). 한 범죄자가 저지른 모든 범죄들을 서로 연결시키는 것은 경찰의 적절한 대응을 가능하게 하고, 정보 공유와 동일 용의자라고 의심될 경우 용의자 특정을 쉽게 하며, 보다 정확한 행동 및 지리적 프로파일링을 가능하게 한다.

연계분석의 본질적인 목적은 어떤 범죄들이 서로 연결 되어 있다는 확률적인 확실성을 도출하는 동시에 유사하지만 연결되지 않은 범죄들의 영향력을 최소화하는 것이다. 범죄들 사이의 연계성을 확립하는 세 가지 방법이 있다:

1. 물리적 증거,
2. 범인 묘사,
3. 범죄현장에서의 행동.
   - 시간과 장소의 근접성proximity in time and place
   - 범행 수법modus operandi
   - 독특한 특징signature

각각의 방법에는 장점과 단점이 있다. 여러 범죄 현장에서 발견된 DNA나 지문과 같은 물리적 증거가 범죄들을 서로 연계시키는 가장 결정적인 방법을 제공하는 반면, 어떤 범죄 현장들에서는 물리적 증거가 거의 없는 경우가 있다. 다음으로 좋은 접근 방법은 범죄자들에 대한 피해자 또는 목격자의 진술이나 감시 카메라나 보안 카메라의 사진을 이용하는 것이다. 하지만 여전히 많은 범죄들의 경우 목격자나 사진이 없는 경우가 있다. 게다가 범죄자들이 마스크를 착용할 수도 있고 목격자들은 신뢰할 수 없는 경우도 있다.

결과적으로, 수사관들은 종종 범죄를 연계시키기 위해 범죄현장행동crime scene behavior을 조사하는 데 의존해야 한다. 시간과 공간적으로 밀접하게 붙어서 발생하는 범죄들은 서로 연계되어 있을 가능성이 높다. 연구에 따르면 공간적 근접성이 범죄 연계성의 가장 강력한 지표라는 것을 보여 주었고, 그 다음으로 시간적 근접성이었다(Bennell and Jones, 2005). 하지만 범행 유형이 흔한 타입 일수록 "잘못된 연계"가 발생할 가능성도 증가한다.

범죄 행동 분석은 범죄를 저지르는 방법인 "범행 수법Modus Operandi, M.O."에 대한 조사와 관련이 있다. 하지만 어떤 범행 수법들은 서로 비슷한 경우가 많다. 게다가, 범죄자들은 종종 그들의 행동에 일관성이 없거나 상황이나 피해자 반응에 따라 그들의 범죄 현장 행동을 수정하기도 한다. 컴퓨터화된 범죄 관리 시스템은 대규모 데이터 베이스를 검색하고 M.O. 유사성을 식별하는 능력을 통해 연쇄 범죄의 동일성 및 연결에 도움을 줄 수 있다. 이러한 시스템은 경찰서에서 점점 더 많이 사용되고 있다(Brahan, Lam, Chan and Leung, 1998; Ribaux and Margot, 1999).

마지막으로 성범죄의 독특한 특징적인 측면은 때로는 강한 연계를 세울 수 있게 한다(Douglas and Munn, 1992). 독특한 특징들은 실제 범죄를 저지르기 위해 꼭 필요한 행동은 아니지만 판타지를 추구하기 위한 행동들이라고 할 수 있다. 하지만 이러한 행동들은 흔하지 않고 대부분의 범죄 현장에 없는 경우가 많다.

범죄들을 연계하기 위해 범죄현장행동을 분석하는 것은 물리적 증거나 목격자의 범죄자에 대한 진술을 사용하는 것보다 더 주관적인 방법이다. 분석결과가 확률적으로 고려되어야 하기 때문에 여러 가지 변수들을 조사하는 것이 하나의 요인만 고려하는 것보다 더 신뢰성 높은 결과를 제시한다. 범죄들을 연계하는 것은 관련된 사건들과 관련이 없는 사건들을 모두 고려하여 사건들의 유사점과 차이점들을 비교하는 과정을 필요로 한다. (1) 연계된 범죄들은 차이점 보다 더 많은 유사성을 보여 주어야 한다. 그리고 (2) 연계되지 않은 범죄들은 유사성보다 더 많은 차이점을 보여 주어야 한다(Rossmo, 2000). 이것은 각 비교 변수들에 해당하는 범죄현장행동의 일관성 측정치를 독특성 측정치로 나눈 것을 이용하여 가능성 비율을 계산하는 베이지안 접근법을 이용하여 공식화 할 수 있다.

범죄자-피해자-환경 상호작용 검토

일련의 범죄들에 대한 공간적 분석을 실시하는 "지리적 프로파일링"은 실제로 분석 단계의 핵심 부분을 구성한다. 분석의 목적은 범죄자 추적 패턴을 개발하기 위해 알려진 범죄 장소들을 이용하여 거꾸로 작업함으로써 범죄자의 예상 앵커 포인트anchor point, 거점를 결정하는 것이다. 공간정보의 종류와 성질은 환경범죄학 이론에 명시된 다섯 가지 주요 매개변수를 바탕으로 분석된다. 로페즈(Lopez, 2005)에 따르면, 이 중 네 가지 매개변수는 범죄자의 인지 공간과 관련이 있다: 범행 범위range of operation, 거리 감쇄distance decay, 완충지대buffer zone 및 이동 방향travel direction이다. 마지막 요소는 범죄자의 기회 공간opportunity space 또는 대상 배경환경target backcloth에 관한 것이다. 범죄 현장에는 범죄자, 피해자, 그리고 그들의 상호 작용의 특징에 대한 정보가 포함될 수 있으며, 알려지지 않은 범죄자의 비범죄적 공간 환경을 암시하는 정보를 제공할 수도 있다. 예를 들어, 살인 사건에서 범죄 현장들에는 조우장소, 공격장소, 살해장소, 시체처리장소가 있는데, 이 장소들은 모두 범인에게 다른 기능과 의미를 가지고 있다.

지리적 프로파일을 작성하기 위해서는 범죄발생지역에 대한 주소, 날짜, 시간, 경찰보고서(범죄현장 사진을 포함한다), 현장방문, 경찰관계자와의 인터뷰, 행동프로필(가능한 경우), 사회인구학적 정보, 교통지도 및 범죄가 발생한 지역의 범죄통계 등 다양한 범위의 자료를 수집·분석하여야 한다. 이 데이터는 지리적 프로파일링의 수학적/통계학적 모델링 구성 요소를 가이드할 뿐만 아니라 질적 자료도 제공하여 특정 사건의 경우에 환경범죄학 이론이 적용될 수 있는 방법을 제시한다. 예를 들어, 위에서 제시한 정보는 범죄 장소들과 범죄자 사이의 연계성, 범행에 있어서 기회 공간이 차지하는 역할, 그리고 범인이 성공적으로 범행을 저지르기 위해 사회-공간 환경과 관련된 방법을 결정하는 데 도움이 된다.

범죄자는 특정한 목적을 위해 범죄 현장을 선택한다. 범죄는 범죄자의 인지 공간이 적절한 목표와 수렴할 때 발생할 가능성이 높아진다. 범죄자는 더 많은 목표를 찾기 위해 밖으로 움직이고 이동 거리가 증가할수록 범죄 가능성은 줄어든다. 한 명의 범죄자에 의해서 만들어진 범죄 장소들 집합은 그 범죄자의 범행방식, 피해자/대상 탐색 과정 그리고 범행을 수월하게 하기 위하여 이용한 방법에 관한 정보를 제공한다. 서로 다른 범죄 장소들 사이의 연결은 범인의 이동성과 범죄 기술 수준에 대한 더 많은 단서를 제공한다. 좀 더 복잡한 형태의 범죄 장소 집합들의 조합은 범행방법에 있어서 행동의 일관성을 보이면서 이동적인 성향의 범죄자를 가리키는 경향이 있다(LeBeau, 1985). 다른 범죄 장소들 또한 그 중요성과 경찰에게 알려진 정도에 있어 다양성을 보인다. 예를 들어, 살인에서 수사관들은 보통 시체 유기장소의 위치는 알고 있지만, 조우장소는 때때로 추론되어야 할 수도 있다.

　　범죄 장소의 선택은 또한 범인에게 주어지는 기회 구조로부터 영향을 받을 것이며, 이는 비범죄적 교점nodes, 경로paths 및 자연환경이나 인공구조물에 의해 만들어진 경계edges로부터도 영향을 받는다(Brantingham and Brantingham, 1993). 범죄 장소 자체는 사회 인구학적 환경에 내재되어 있는데, 장소마다 특정 대상들의 가용성과 매력도가 차이가 난다. 공간 기회 구조는 일반적으로 대상 가용성, 사회 인구통계학적 및 시간적 요소를 포함한다. 대상 분포는 범인의 범행 범위에 큰 영향을 미친다. 범행 장소가 획일적인 대상 배경환경에 있으면 범죄자의 활동 공간이 가장 잘 드러난다. 반면, 획일적이지 않은 대상 분포를 보이는 범죄패턴은 범죄자보다 기회 공간에 대해 더 많은 정보를 제공한다. 게다가, 심각한 범죄의 피해자들은 거시적 지역사회 구조의 측면에 있어서 비피해자와 다르다는 것을 발견했다(Dobrin, Lee and Price, 2005). 따라서 피해자에 대한 분석은 지리적 프로파일 개발에 영향을 미칠 수 있다.

　　범죄자-피해자-환경 상호작용을 이해하는 것은 특정되지 않은 범죄자의 사냥 방식을 결정하는 데 도움이 된다. 범죄자의 사냥 방법은 범죄현장 패턴에 영향을 미치므로 지리적 프로파일링과 관련이 있다. 사냥 방식은 네 가지 피해자 물색 방법(사냥꾼hunter, 밀렵꾼poacher, 낚시꾼troller, 덫사냥꾼trapper)과 세 가지 피해자 공격 방법(랩터raptor, 스토커stalker, 매복자ambusher)을 고려한 것이다. 사냥 방식에 대한 자세한 설명을 위해 로스모(Rossmo, 2000)를 참조하기 바란다. 지리적 프로파일링이 모든 종류의 범죄에 적절하지 않을 수도 있다는 것을 강조하는 것도 중요하다(예를 들어, "밀렵꾼/통근자"[12]가 저지른 범죄). 하지만 심지어 밀렵꾼들조차도 지오 프로파일을 통해 때때로 식별될 수 있는 대안으로 사용될 수 있다(아래에서 논의된 어바인Irvine의 주거 침입 절도 사례 연구 참조).

---

[12]　연쇄 범죄자의 행동에 관한 연구들은 범죄자의 공간 행동을 "사냥꾼/습격자(hunting/marauder)" 유형(거주지 주변 지역에서 피해자 찾는 스타일) 또는 "밀렵꾼/통근자(poaching/commuter)" 유형(범죄를 저지르기 위해 다른 동네로 여행하는 스타일) 두 가지로 분류하는 것을 지지한다.

범죄자의 물색 패턴 생성

범죄 장소의 공간적 분석은 지리적 프로파일링의 핵심 분석 요소를 구성한다. 이 과정은 환경범죄학 이론을 바탕으로 중심화centrographic 원칙과 범죄를 위한 이동journey-to-crime 원칙을 결합하여 특정되지 않은 범죄자의 거점anchor point을 포함할 수 있는 가장 큰 확률의 지리적 공간의 하위 영역을 도출한다. 범죄자 지리적 타깃팅Criminal Geographic Targeting, CGT이라는 용어는 범죄 현장에 대한 공간 분석의 기초를 이루는 수학적 알고리즘을 기술하기 위해 처음 사용되었다(Rossmo, 1995). CGT는 사냥 영역을 4만 화소(40,000 pixels)의 격자로 분할하여 각각의 개별 픽셀이 범죄자의 거점을 포함하고 있을 가능성을 계산한다. CGT는 브랜팅엄과 브랜팅엄 (Brantingham and Brantingham, 1981)의 범죄현장 선정 모형을 역방향으로 적용하고, 일상 활동 이론에 기반하고 있으며, 범죄를 위한 이동 행동을 시뮬레이션 하기 위해 확률 함수를 사용한다. 이 알고리즘은 환경범죄학 리서치 주식회사Environmental Criminology Research Inc., ECRI가 개발한 리겔 지오그래픽 프로파일링 소프트웨어의 기반으로 사용된다.

리겔 소프트웨어는 5단계 과정을 따른다. 첫째, 연계된 범죄 장소들을 이용하여 범죄자의 사냥 지역을 도출한다. 둘째, 각각의 범죄 장소와 사냥 지역에 있는 각각의 격자 픽셀 사이의 맨해튼 거리(거리 격자를 따라 측정된 직교 거리)를 계산한다. 셋째, 이렇게 계산된 거리들은 가능성 값을 도출하기 위해 CGT 알고리즘에 투입된다. 넷째, 서로 다른 범죄 위치에 대한 개별 값들을 이용해 사냥지역에 있는 각각의 픽셀에 대한 종합 점수를 도출하기 위해 합산된다. 높은 점수는 그 픽셀이 공격자의 거점을 포함하고 있을 가능성이 더 높음을 의미한다. 마지막으로, 이러한 점수들은 각각 2차원 또는 3차원 지도에 색깔을 이용한 확률지도로 표시되고, 각각 지오프로파일 그리고 위험 표면jeopardy surface으로 불린다. 이 지도들을 이용해 경찰이 수사력을 지리적으로 집중시킬 수 있게 된다.

프로파일링 과정에서 중요한 단계는 유효한 시나리오를 개발하는 것이다(즉, 프로파일링될 범죄 장소들의 최적 부분 집합). 일반적으로 시공간에서의 근접성 때문에 비독립적인 범죄 현장을 걸러내기 위해 실용적인 규칙이 개발된다. 리겔은 전문가 시스템 형태로 이러한 규칙들을 사용하고 있다.

지리적 프로파일 준비

지리적 프로파일링의 질적 요소는 일련의 연계된 범죄에서 나타나는 공간적 행동에 대한 분석을 통해 범인의 정신지도를 추론하는 것을 포함한다. 지리적 프로파일을 준비하는 데 고려되는 요소 중 몇 가지는 다음과 같다: (1) 범죄 장소들, (2) 날짜/요일/범죄 횟수, (3) 범행유형, (4) 사냥방식, (5) 대상 배경환경, (6) 간선도로 및 고속도로, (7) 버스정류장 및 기차역, (8) 물리적 · 심리적 경계, (9) 구역 및 토지이용, (10) 근린 인구통계, (11) 피해자들의 일상적 활동, (12) 공간적 전이spatial displacement. 이 방법은 범죄자 행동에 대한 보다 완벽한 설명을 제공하기 위해 환경 범죄학을 사용한다.

경찰이 분석 결과를 바탕으로 조치를 취하지 않는 한 지리적 프로파일은 별 가치가 없다. 지리적 프로파일 보고서는 적절한 수사 전략을 위한 제안들을 담고 있다(표 8.1 참조).

[표 8.1] 수사 전략

수사 전략	설명
용의자 우선순위 결정	후속 수사를 위해 개인들의 우선 순위 결정
포화 순찰과 거점 수사	지령순찰, 검문검색, 중요지역의 감시
경찰 정보관리 시스템	경찰 데이터베이스와 정보 교차 검증
기관 외부 데이터 베이스	가석방/보호관찰기관, 서비스 기관 및 상업기관 자료 검색
테스크포스 컴퓨터 시스템	주요 데이터 베이스와 교차 검증
이웃 탐문수사(canvasses)	개별가구 수색과 격지 수색의 최적화; 정보 우편 발송
성범죄자 등록부	등록된 성범죄자의 주소지 교차 검증
유죄 인지 거짓말 탐지기 검사	피해자가 잃어 버린 물품에 대한 지역 수색
대량의 DNA 검사	지리적으로 초점을 맞춰 잠재적 피의자에 대한 DNA 검사

평가

어떤 방법론이던지 세 가지 기준(타당성, 신뢰성, 효용성)을 충족시켜야 한다(Rossom, 2011). 지리적 프로파일이 타당하다고 간주되기 위해서는 범죄자의 거주지와 관련 있는 격자 셀의 점수가 거주지와 관련이 없는 다른 대부분의 셀 점수들보다 높아야 한다. 따라서 프로파일의 성능은 범죄자의 거주지가 포함된 픽셀의 점수보다 높은 점수를 가진 픽셀 수와 사냥지역 안에 있는 전체 픽셀의 수(예를 들어 4만 픽셀)의 비율을 계산해서 측정할 수 있다. 따라서 적중 점수 백분율은^{Hit Score %} 범인의 거주지를 발견하기 전까지 검색해야 하는 총 면적의 백분율을 나타낸다.

지리적 프로파일링 과정은 여러 가지 면에서 제한되어 있다. 첫째, 지리적 프로파일링 알고리즘은 범죄자들의 사냥 지역의 바깥쪽에 있는 거주지를 찾기 위해 고안된 것이 아니므로 일반적으로 밀렵꾼/통근자형^{poacher/commuter} 범죄자에게 적합하지 않다.[13] 둘째, 합리적 선택 모델이 합리적 범죄자 의사결정을 지향하는 반면, 적은 수의 위치만을 포함하는 경우에 인간 행동에 내재된 무작위성이 강조된다. 따라서 CGT 성능은 범죄 현장 수와 함께 (어느 정도) 증가한다. 이 모델은 몬테카를로 시뮬레이션을 사용하여 테스트되었으며, 그 이후의 결과는 10퍼센트 이하의 적중 점수 백분율을 위해 적어도 6곳의 범죄 장소가 필요하다는 것을 보여 주었다. CGT 모델의 전산화와 수학적 단순성은 신뢰도 향상에 기여한다. 표준화된 교육, 시험 및 자격증은 범죄 지역 선택과 지리적 프로파일링의 다른 질적 측면에서 드러나는 주관성을 최소화하도록 도와준다.

교육

지리적 프로파일링 훈련에는 두 가지 종류가 있다. 국제범죄수사분석기구^{International Criminal Investigative Analysis Fellowship, ICIAF} 프로그램은 자체인 지리적 프로파일링 역량을 갖추고자 하는 대형 경찰기관 회원들에게 종합적인 교육을 제공하고 있다.

이 훈련은 살인, 강간, 폭탄 공격을 포함한 모든 범죄 유형을 다룬다. 충분한 자격을 갖춘 지리적 프로파일러가 멘토로서 지원자에게 1년간의 교육을 제공한다. 교육 프로그램은 네 개의 블록으로 나뉜다: (1) 확률, 통계 및 컴퓨터 시스템; (2) 강

---

[13] 이후에 소개 하는 사례 연구에서, 지리적 프로파일링을 이용해 자기의 집에서 약 50킬로미터 떨어진 목표 도시로 출퇴근한 전문 주거침입 절도 밀렵꾼(poacher)을 체포하는 데 성공했다. 이 사례는 방법론에서의 적절한 훈련의 중요성과 연계된 범죄들에서 가능한 모든 환경적 요인들을 고려해야 한다는 것을 보여 준다.

력 · 성범죄, 범죄 연계; (3) 폭력적 성범죄자와 범죄자 프로파일링; 그리고 (4) 양적 공간기법과 지리적 프로파일링으로 구성된다. 처음 세 블록은 학과 멘토의 감독 하에 비대면 교육을 통해 이루어진다. 네 번째 블록(16주)은 멘토가 근무하는 경찰서에 상주하면서 이전 사건 파일들에 대한 검토와 현재 수사 중인 사건들을 검토하는 것으로 진행된다. 교육을 성공적으로 마치기 위해, 지원자는 훈련 기간 말에 자격시험을 통과해야 한다.

지리적 프로파일링 분석Geographic Profiling Analysis, GPA 교육 프로그램은 지역 경찰서의 범죄 분석가들과 형사들에게 재산 범죄에 대한 지리적 프로파일링을 가르치는 것을 통해 지리적 프로파일링 기법을 보다 쉽게 이용하도록 돕기 위해 시작되었다(Rossmo and Velarde, 2008). 그 훈련은 교실 과정과 현장 평가/멘토링을 포함한다. GPA 커리큘럼은 두 개의 1주일 과정의 코스로 구성된다. 첫째 주, 범죄 지리학에서는 환경범죄학, 범죄지리학, 범죄 연계, 그리고 재산범죄에 대한 지리적 프로파일링의 실제적 측면에 대한 개요를 제공한다. 두 번째 주, 리겔 분석가는 소프트웨어 사용, 지리적 프로파일 개발, 케이스워크 훈련, 보고서 준비 등을 다룬다. GPA 학생들은 대부분 범죄 분석가이자 범죄 수사관들이다. 15개국에서 온 329개의 경찰, 군, 정보기관을 대표하는 700명 이상의 사람들이 지리적 프로파일링 분석에서 훈련을 받았다. GPA 훈련은 현재 여러 대학과 경찰서를 통해 국제적으로 이용이 가능하다.

다른 적용례

경찰의 연쇄 폭력 범죄 수사를 지원하기 위해 개발되었지만, 지리적 프로파일링은 이제 일반적으로 절도, 신용카드 사기, 그리고 다른 재산 범죄에도 사용된다. 그 기법은 또한 단일 범죄를 수사하는 데도 유용함이 증명되었다(Beauance, Proulx and Rossmo, 2005; Schmitz, Coper, De Jong and Rossmo, 2015). 좀 더 혁신적인 응용 프로그램 중에는 강간 사건에서 은행 현금 인출기에 대한 지리적 프로파일링, 살인 사건의 공중전화 부스, 납치 사건의 휴대폰 타워 장소, 폭탄 부품을 구입한 상점 등이 포함되어 있다.

지리적 프로파일링은 반란 및 테러리즘 수사에도 적용되었다. 연구들은 반란군들의 공격들(수제 폭발물 장치, 박격포, 로켓, 저격수 총격)이 범죄에서 발견되는 공간적 시간적 패턴과 다르지 않다는 것을 보여 주었다(Townsley, Johnson and Ratcliffe, 2008). 많은 연구들이 군 기관을 위한 지리적 프로파일링의 작전과 정보적 잠재력을 탐구했다(Brown, Rossmo, Sisak, Trahjern, jarret and Hanson, 2005).

테러리스트 세포들[14]의 지리적 패턴에 관한 연구는 분권화된 네트워크와 초국가적인 구조에도 불구하고 테러 집단들이 자신들의 작전을 지원하기 위해 강도, 절도, 사기 등 사소한 범죄를 지역 수준에서 저지르고 있다는 것을 보여 준다(Rossmo and Harris, 2011). 또한, 상징적인 목표물에 대한 주요한 테러 공격은 작전 지역에 테러리스트 세포를 침투시키는 것이 필요하다. 따라서 지리적 관계는 두 상황(테러리스트의 기반이 목표의 위치를 결정하거나 목표물이 테러리스트의 세포 장소 위치를 결정하는 것) 모두에 존재한다. 지리적 프로파일링은 용의자와 위치의 우선순위를 지정하여 많은 양의 데이터를 관리할 수 있도록 하여 테러 방지 노력에 도움을 준다. 베넬과 코리(Bennell and Corey, 2007)는 지리적 프로파일링을 이용해 프랑스와 그리스의 테러 폭탄 사건을 분석했으며, 로스모, 루터만, 스티븐슨, 르 콤버(Rossmo, Lutermann, Stevenson and Le Comber, 2014)는 제2차 세계대전 당시 베를린에서 게슈타포가 회수한 반나치 엽서의 위치를 지리적으로 분석했다.

마지막으로, 생물학자들과 동물학자들은 동물의 사냥 및 포식 패턴에 대한 연구에 지오 프로파일링 기술을 적용하고 있다(Le Comber and Stevenson, 2012). 그 방법은 스코틀랜드의 박쥐 군락(Le Comber, Nichols, Rossmo and Racey, 2006), 호박벌 비행(Rain, Rossmo, Le Comber, 2009; Suzuki-Ohno, Inoue and Ohno, 2010), 남아프리카 공화국의 백상어 공격(Martin, Rossmo and Hammerschlag, 2009)을 연구하는 데 사용되었다. 지리적 프로파일링은 침투하는 종들의 근원지를 찾는 데도 사용되었다(Papini, Mosti and Santosuosso, 2013; Stevenson, Rossmo, Knell and Le Comber, 2012). 전염병학자들은 말라리아를 옮기는 모기들의 생식 웅덩이와 콜레라균에 오염된 물의 출처를 찾아내는 것과 같이 유행병의 잠재적 근원지의 우선순위를 찾아내는 데도 사용된다(Le Comber, Rossmo, Hassan, Fuller and Beier, 2011). 여러 영역에 걸쳐 지리적 프로파일링을 적용하는 것은 환경범죄학 이론의 유용성과 가능성을 보여 준다.

---

14 신분을 숨기고 숨어 있는 테러조직원

사례 연구

몇 년 동안 캘리포니아 주 오렌지 카운티의 어바인Irvine 시는 주로 중상류층 근린지역에서 일련의 주거 절도로 고통받았다. 의자 절도 사건으로 알려지게 된 사건에 대해서는 단 한 명의 범죄자가 저지르고 있다고 생각되었으나, 어바인 경찰서IPD가 시도한 다양한 접근법이 성공하지 못해 범죄가 계속 발생하고 있었다. 어바인 경찰서의 특수수사부Special Investigations Unit, SIU는 마침내 범죄 예측과 지리적 프로파일링을 결합한 적극적인 접근 방식을 채택하기로 결정하고 범죄자 체포를 위한 일치된 방식으로 수색을 실시했다(Rossmo and Velarde, 2008).

[그림 8.2] 어바인 의자 절도 사건의 범죄 발생지

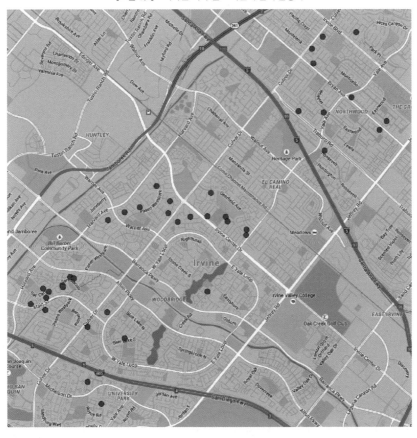

이 연쇄 범죄는 지난 24개월 동안 발생한 42건의 주거침입 절도 사건과 관계가 있었다(그림 8.2 참조). 범인은 일정한 행동 패턴을 보였다. 그는 공원과 그린벨트

주변에 위치한 단독주택만을 선택했는데, 이는 그가 공적 영역에 머물면서 잠재적인 목표물을 관찰할 수 있도록 해주기 때문이었다. 그의 탈출 경로는 항상 집 뒤쪽에 있었다. 뒷담장이 높으면 범인은 그 옆에 의자를 놓아 도망을 용이하게 했다(따라서 이름을 의자 절도 사건으로 했다). 그는 현금이나 보석, 그리고 쉽게 운반할 수 있는 물건만 훔쳤다. 경찰 수사관들과 분석가들이 보기에 범인은 전문 절도범이면서 어바인 시 외부에서 왔을 가능성이 높다고 판단했다.

그의 짧은 범행 시간을 고려해 볼 때, 다음 번 절도를 저지르는 과정에서 범인을 잡으려고 시도하기보다는, SIU는 그가 다음 대상을 탐색하는 동안 그를 찾기로 결정했는데, 그 이유는 그가 대상을 찾는데 더 긴 시간동안 자신을 노출시키기 때문이다. 시간적 분석 결과 범인은 주로 매주 금요일, 토요일, 일요일 오후 7시에서 8시 사이에 주로 범행을 저지르는데, SIU는 제한된 감시 자원을 어디에 배치할 것인지를 결정해야 했다. 범죄가 44평방킬로미터에 걸쳐 발생했기 때문에 지리적 집중화가 필요했다.

지리적 프로파일이 준비되었으며, 이것은 노스우드 지역을 특정했다(그림 8.3 참조). 대부분의 범죄 수사의 가장 중요한 포인트는 범죄자의 집이다. 하지만 밀렵꾼이나 통근자들에게 수색의 중심지는 다른 곳에 있다.

[그림 8.3] 어버인 의자 절도 사건의 위험 표면(Jeopardy surface)

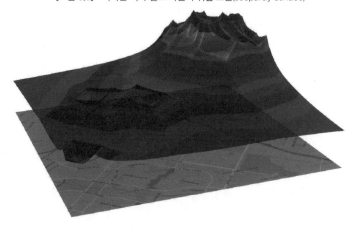

어바인은 부유한 지역이며, 전문 범죄자들은 보통 도시 밖에서 온다. 가장 많은 피해가 발생한 지역의 지역사회 인구 통계는 비거주자에 의한 범죄 가설을 뒷받침했다. 따라서 지오프로파일은 절도범이 어바인으로 운전해 오면서 탐색을 시작

한 지역을 개략적으로 정리하였다.

SIU 수색 팀은 범행이 예상된 날짜와 시간에 지리적 프로파일 상 피크 지역으로 도출된 지역에 배치되었다. 팀원들은 모든 이동 및 주차 차량의 번호판 숫자를 수집하였다. 이 숫자들은 캘리포니아 자동차 관리국DMV에서 체크되었고 어바인 외곽에서 온 모든 차량을 찾는데 사용되었다.

작전 첫날 저녁, 지오프로파일 상 피크 지역에서(그림 8.4의 작은 사각형) 자동차를 운전하는 모습이 목격되었다. 그 번호판은 렌터카 회사와 관련이 있었다. 운전자는 로스앤젤레스 카운티에 사는 전과자인 레이몬드 로페즈였다. 렌터카 회사에 따르면 로페즈는 지난 20년 동안 매주 차를 빌렸다고 한다. 팀원들이 로페즈를 감시하는 동안 다른 집들에 침입하는 것을 발견하였다. 그는 몇 몇 범죄 현장에서 검출한 DNA가 그와 일치하여 후에 체포되었다.

[그림 8.4] 어바인 의자 절도 사건의 지오 프로파일과 범죄자

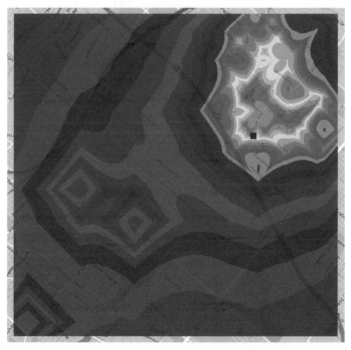

형사들은 그의 집과 근처 전당포에서 50만 달러 상당의 금, 희귀한 동전, 보석을 압수했는데, 그 전당포는 로페즈가 지난 20년 동안 거래를 해왔던 곳이다. 로페즈는 2003년과 2005년 사이에 저질렀던 139건의 절도 사건에 대하여 자백했는데,

총 재산 손실액은 2,500,000달러가 넘는다. 그는 14건의 중범죄 혐의에 대해 유죄를 인정하고 주 교도소에서 13년을 선고받았다.

결론

연쇄 범죄의 특수한 성격 때문에 경찰은 수사상 많은 어려움을 겪고 있다. 지리적 프로파일링은 형사들이 용의자와 주소지에 대한 우선순위를 정하는 데 도움을 줄 수 있다. 이 방법은 범인의 대상 탐색 및 공격 패턴을 분석하여 특정되지 않은 범인의 공간 행동을 추론하기 위해 정성과 정량적인 방법을 모두 사용한다. CGT는 범인의 거점을 찾을 수 있는 가장 가능성 있는 영역을 도출하는 수학적 과정이다. 지리적 프로파일링은 적절한 연계 분석을 요구하며, 다양한 정보 소스를 통합하여 범인과 목표 사이의 공간 상호 작용의 그림을 제공하려고 한다. 지리적 프로파일링의 정확성과 효용성은 평가 연구 및 운영 경험에 의해 확립되었다(Canter, Coffey, Huntley and Missen, 2000; Rossmo, 2000, 2012, 2013; Rossmo and Velarde, 2008; Sarangi and Youngs, 2006년). 그 방법은 환경범죄학의 혁신적인 적용을 보여 주었으며, 연쇄 범죄자를 찾는 데 있어 표준 수사 도구가 되었다.

▣ 검토 질문

1. 어떻게 하면 환경범죄학 이론, 원칙, 그리고 연구들을 이용하여 경찰들이 범죄를 연계하는데 도움을 줄 수 있을까?

2. 경찰관이 연쇄 범죄사건의 용의자들에 대해 보다 효과적이고 효율적으로 우선순위를 매기기 위해 지리적 프로파일링과 심리적/행동적 프로파일링을 통합할 수 있는 다른 방법은 무엇일까? "누구"와 "어디서"의 다른 확률들이 수학적으로 결합될 수 있을까? 가능하다면 어떻게?

3. 당신의 활동 공간(집, 직장, 학교, 친척, 친구)을 지도화하여 정기적으로 쇼핑하는 장소의 위치와 비교해 보면 어떤 패턴이 보이는가? 당신의 쇼핑 사이트의 지오프로파일이 당신의 집이나 직장/학교를 식별해 낼 수 있는가?

4. 경찰이 수사를 위해 공간적-시간적 범죄패턴을 이용할 수 있는 다른 방법은 무엇인가?

5. 사이버 범죄, 지하드 테러, 그리고 반란에 대한 지리적 프로파일링의 적용이 있는지? 그렇다면, 그들은 무엇이고, 그렇지 않다면 왜 그렇지 않은가?

반복 범죄피해

캔 피스Ken Pease OBE는 런던 대학의 질단도 연구소University College London, Jill Dando Institute의 범죄과학 초빙 교수이다. 은퇴하기 전에 내무부의 경찰 연구 그룹을 이끌었고 맨체스터 대학교의 범죄학 교수와 서스캐처원 대학교의 정신의학 부교수를 지냈다. 원래 공인된 법의학 심리학자였지만, 그는 점점 더 경찰활동과 적용 가능한 연구 사이의 단절에 관심을 갖게 되었다.

그레이엄 패럴Graham Farrell은 리즈 대학교 법학대학원 형사사법연구센터의 국제 및 비교 범죄과학 교수이다. 그는 이전에 경찰 재단Police Foundation, 러프버러 대학교, 사이먼 프레이저 대학교에서 근무했다. 그의 연구는 반복적인 범죄피해와 상황적 범죄예방에 초점을 맞추고 있으며, 최근에는 범죄 감소에 있어 보안의 역할을 연구 중이다.

제9장 반복 범죄피해

캔 피스, 그레이엄 패럴 (Ken Pease and Graham Farrell)

서론

반복 범죄피해Repeat victimization(이하 RV)는, 개별적 범죄피해 대상들이 일정 기간 동안 여러 번 피해를 경험하는 것으로, 범죄감소를 위한 연구들 중에서 가장 중요한 발견 중 하나이다. 연구에 따르면 대개 사람과 가정을 대상으로 한 범죄의 40% 이상이 재범이라는 것을 보여 준다. 즉, 범죄 유형과 장소에 따라 차이가 있지만, 같은 해 동안 이미 피해를 입은 피해자(장소)들에 대해 다시 범죄가 발생했다(Farrell and Bouloukos, 2001). 이것은 이미 피해를 입은 개인과 장소에 자원을 집중한다면 범죄를 얼마나 예방할 수 있을지 보여 준다.

반복 범죄피해에 대한 세 가지 주요 연구결과들이 범죄예방에 유용한 방향성을 제시한다. 첫째, 범죄 피해자들은 초기 피해의 결과로 미래에 또 다른 범죄 피해를 당할 위험이 더 높아진다. 둘째, 이 상승된 위험은 시간이 지남에 따라 감소한다. 즉, 재피해 위험성은 피해 직후 가장 높고 시간이 지남에 따라 위험성이 떨어진다. 이 두 가지 결과를 종합해 볼 때, 이전의 피해자들은 미래의 피해 위험이 더 높지만, 이 위험은 몇 주 혹은 몇 달 동안 시간이 지남에 따라 감소한다. 재범 피해를 방지하기 위해서는 범죄피해 직후 자원을 투입해야 한다는 것이다.

셋째, 반복 범죄피해가 매우 적은 수의 사람들 사이에 집중되어 있다는 것이다. 이것은 이전에 피해를 본 개인들에게 예방 자원을 집중하는 것이 전체 인구를 대상으로 예방 활동을 하는 것보다 단위당 예방 자원을 더 효율적으로 사용하는 결과를 낳는다는 것을 의미한다. 예를 들어, 1만 가구가 사는 작은 마을이 10%의 도난 발생률을 보고했다고 가정해 보자. 즉, 그 주택의 10%가 작년에 강도 대상이었다고 가정하자. 범죄 예방을 위한 예산은 10만 파운드라고 하자. 어떻게 예산을 배분해야 할까? 만약 모든 가구에 동일하게 배분하면 주택 당 100파운드가 될 것이다. 이 돈으로 자물쇠 하나와 전단지 한 장 정도씩 배분할 수 있을 것이다. 만약 이미 피해를 당한 10%의 주택에 예산을 집중시키면 가구당 10배의 예산을 투입할 수 있게 된다(10만 파운드를 1000주택으로 나눈 것). 이렇게 예산을 위험이 높은 곳에 집중시켜 충분히 투입한다면 더 효과적으로 범죄를 예방할 수 있을 것이라고 우리는 주장한다. 이 장에서는 범죄를 예방하기 위해 어떻게 반복 범죄피해가 사용될 수 있는지 설명하고, 왜 지금까지 잘 활용되지 못했는지 설명하고, 앞으로 어떻게 활용할 수 있을지 설명하려고 한다.

반복 범죄피해 관련 연구를 조사하고 이를 범죄예방에 적용하기 위해서 패럴(Farrell, 1995), 피스(Pease, 1998), 패럴(Farrell, 2006), 에크, 클라크 그리고 게레트(Eck, Clarke and Guerette, 2007)와 문제지향 경찰활동 웹사이트를 참고했다. 다음 절에서는 극단적이고 비극적이긴 하지만, 반복 피해의 두 가지 예를 제시한다. 그것들은 반복 피해가 어떻게 평범한 시야에서 잘 드러나지 않는 가의 예로서 여기에 제시된다. 이 장의 다음 절에서는 반복 피해 관점에서 범죄 기회들에 대하여 설명하고, 범죄 실현에 대한 구체적인 장애물들에 대해 간략하게 설명한다. 반복 피해를 방지할 수 있는 두 가지 대조적인 루트를 설명한다.

막을 수 있었던 두 가지 범죄 시리즈

마크 다이체Marke Dyche가 타냐 무어Tanya Moore를 살해했다. 그들 둘은 약혼한 사이였는데, 무어가 결별을 통보했다.

다이체는 그녀에게 고통을 주고, 다리를 부러트리고, 눈을 빼버리고, 통제하고 싶어 했다. 살해되기 며칠 전, 무어는 다이체로부터 온 이러한 협박성 문자 메시지를 경찰들에게 전달했다.

(Britten, 2006, p. 12)

2006년 1월 12일, 맨체스터의 와이텐쇼Wythenshawe의 한 주택은 편지함을 통하여 휘발유가 부어졌고 불이 붙여졌다. 집에 있는 두 성인, 코크레인 부부는 죽었고 그들의 딸 루시는 화상을 입었다. 그들과 적대적인 가족인 코너 가족이 범행을 저질렀다.

> 18개월간의 불화는 자기를 경시했다는 이유로 나탈리 코너가 극도의 증오감을 형성했기 때문이다. 나탈리는 학교 동급생에 대한 강박적인 증오를 갖게 되었고, 이것이 결국 그녀와 그녀의 엄마가 아빠인 코너를 부추겨서 불을 지르도록 만들었다.

(Guardian, 2006년 12월 21일, p. 15)

이러한 반복적 피해 사례로서 비극적인 경우는 감사하게도 드물지만, 그들은 쉽게 해결되지 않는 문제점을 보여 주었는데, 비록 개별적으로는 경찰의 개입을 요구할 만큼 심각하지 않아 보이는 사건들 이었지만, 사건들의 연속이 축적되어서 피해자에게 심각한 영향을 준다. 맨디 쇼(Mandy Shaw, 2001)는 피해자들은 범죄 피해를 여러 단계를 거쳐서 경험하는데, 공격이 지속적으로 반복되기 때문에 회복이 거의 불가능하다고 설명한다. 쇼와 체너리(Shaw and Chenery, 2007)는 가족들이 반복적으로 피해의 표적이 되는 사람들의 특별한 고통에 주목했다. 누적된 피해의 영향이 일반적으로 심각하게 다루어지지 않는 것은 경찰 통계에서도 드러난다. 통상적인 범죄 통계 기록 관행과 영국과 웨일즈의 범죄 통계 집계에서도 연속된 범죄 피해를 보고할 때에 최대 다섯 번까지만 범죄 횟수로 인정하는 것으로 되어 있어서 피해의 정도를 과소평가하고 있다(Farrell and Pease, 2007). 누군가가 어떤 구체적인 범죄행위를 특정한 시간과 장소에서 합리적인 의심을 넘어서 했다는 것을 증명해야만 하는 형사사법체계의 필요성 때문에 범죄에 대한 공식적인 보고에는 잔인하고 비극적인 연속된 피해자의 고통은 빠져버리고 단지 드라마틱한 하나의 사건만 남는다. 이 서문은 반복 피해에 적절한 중요성을 부여하는 것이 경찰과 형사사법 관행에 반대하는 것임을 보여 준다. 그럼에도 불구하고 이러한 시도는 의미가 있다고 생각한다.

반복 피해 예방을 위한 기회와 장애요소

범죄사건의 장소와 시간이 더 잘 예측된다면 예방과 발견에 의하여 더 쉽게 범죄를 통제할 수 있을 것이다. 여기에 경찰이 유혹적인 범죄 기회들을 미리 만들어 놓고 단순히 범죄자들이 걸려들기를 기다리는 방법으로서 스팅 작전(sting operation, Langworthy, 1989)이나 허니팟 작전(honeypot operation, Baumann and Plattner, 2002)의 매력이 있다.[15] 이 접근법의 일반적인 예 중 하나는 전당포를 만들고 재판매를 위해 획득한 상품에 대해 어떻게 소유하게 되었는지 질문하지 않을 것이라는 사인을 가게에 걸어두는 것이다. 비밀 CCTV와 다른 증거들을 통해서 장물 취급에 대한 체포를 비교적 쉽게 만든다. 허니팟 웹사이트는 사이버 범죄 공격의 빈도와 전술을 평가하는 하나의 수단을 제공한다.

대부분의 스팅 작전에는 크게 두 가지 문제가 있다. 첫째, 그들은 경찰 활동의 일상적인 부분을 구성하기보다는 설치하는데 시간과 자원이 필요하다. 둘째, 물건에 대해 제시된 가격이 너무 매력적이어서 도둑질을 하도록 유도할 수 있을 때, 불법 함정수사라는 비판을 받을 수 있다. 주류 경찰 활동에 더 많이 사용되는 것은 범죄의 위험이 단기적 또는 장기적으로 높은 시간과 장소에 대한 정보이고, 이를 바탕으로 경찰 자원이 배치될 수 있다. 경찰 자원 배분이 범죄 문제와 비례하도록 이루어 져야 하는데(적어도 잉글랜드와 웨일즈에서는), 경찰은 이를 달성하는 데 실패했다는 점을 주목해야 한다. 범죄율이 두 배로 늘어날 때 지구대patrol division, 순찰구역patrol beat에서 경찰력 수준은 소폭 상승하는데 그쳤다(Ross and Pease, 2008). 이 점은 정교한 자원분배 공식에도 불구하고, 허니팟 작전을 뒷받침하는 생각은 일반적으로 경찰활동에 적용되는 것과는 거리가 멀다는 점을 강조하기 위해 언급된 것이다.

적극적인 경찰활동을 활성화하기 위해 사용될 수 있는 것으로 반복 피해 현상을 활용할 수 있다. 범죄피해가 또 다른 범죄피해를 예측할 수 있다는 사실은 피해가 발생한 개인이나 가구 수준에 머물지 않는다. 범죄 피해 통계를 산출하는 단위를 유연하게 잡아서 산출할 수 있다. 개인에서부터 가구, 거리, 구역, 순찰 지구대, 경찰서 또는 관할 지역 수준으로 확대할 수 있다. 상업범죄 피해의 경우 분석 단위가 개별 은행지점, 은행 본점, 모든 은행들(또는 보석상 또는 복권 판매점 등)로 설정할

15　역자주: 기회제공형 함정수사

수 있다. 가장 좋은 분석단위는 없다. 단지 특정한 경찰활동 목적에 가장 유용한 단위가 있을 뿐이다. 하지만 분석 단위가 작을수록 위험도를 더 정확하게 평가할 수 있다.

여기서 범죄자의 인식을 다루고 있다는 것을 고려할 때 그 문제는 더욱 미묘해진다. 이 관찰에는 두 가지 결과가 있다. 첫째, 범죄자가 판단했을 때 피해자를 도와줄 사람이 없거나 도움을 요청해서 제때 도착할 수 없다고 인식한다면 아무리 많은 물리적 보안 장치들이 설치되어 있어도 소용이 없다. 건축 설계자들이 사용해온 행동 유도성affordance이라는 개념에 대해 거의 관심을 보이지 않았다(Norman, 1999 참조). 행동 유도성은 물건이 행위자로 하여금 어떠한 행동을 하도록 유도하는 것을 말한다(마치 깨진 유리창이 또 다른 유리창 파손을 유도하듯이). 반복 피해와 관련하여 우리는 범죄자가 반복 피해를 쉽게 할 수 있다고 인식하는 범죄 행동 상황을 이해할 필요가 있다(Everson and Pease, 2001 참조).

두 번째로 제대로 이해되지 않은 인식의 특징은 범죄자들이 사물을 어떻게 분류하는가에 관한 것이다. 범죄 경력은 다양해지는 경향이 있지만, 횡령죄로 유죄 처벌을 받은 범죄자가 다음 범죄로 강도보다 사기를 저지를 가능성이 높은 것과 같이 어떤 종류의 전환은 다른 것보다 더 가능성이 높다. 잠재적인 피해 대상들을 그룹화하는 방법이 중요한데, 일부 피해 대상들은 다른 대상들과 기능적으로 동일하다(예: 아시아인에 대한 인종 차별 주의자의 공격은 다른 아시안 대상들에게도 마찬가지로 일어날 수 있다). 영국에서 소아과 의사가 소아성애자로 공격당하는 우울한 광경이 있었는데, 특히 잘못된 사례를 제공했다. Pease(1998)는 범죄자가 유사하거나 동일하다고 인식하는 범행 대상으로 이동해서 피해를 발생시키는 경우를 지칭하기 위해 '가상 반복 피해' 또는 '가상 반복'이라는 용어를 만들었다. 예를 들어, 동일한 제조사와 모델의 자동차는 범죄자에게 유사한 계획을 제공한다. 공통적인 기회를 제공하는 것으로 인식되는 자동차는 그룹으로 표적화될 수 있다(앞유리에 내비게이션 흡입 고정 장치 흔적이 있는 경우, 수납함에 내비게이션이 있을 가능성이 있음을 보여 준다). 만약 자동차가 유사한 위치나 상황에 주차되어 있고 해당 공간이 이전 범행과 유사한 차원이 있을 경우 가상 반복 피해가 발생할 가능성이 크다. 동일한 구조를 가진 인근 주택들이 가상 반복 피해에 취약한 이유는 가해자에게 동일한 유형의 노력과 기술만 필요하고 위험과 보상이 유사하기 때문이다. 가상 반복 피해는 범죄 예방에 대한 유용한 접근 방식을 제공한다. 가상 반복 피해가 대상의 설계(침입하기 쉬운), 장소

(조명 없는 지역) 또는 높은 중고 가격과 낮은 추적 가능성(예: 노트북 또는 MP3 기계)으로 인해 발생하는지 여부는 범죄 예방 전술 선택에 영향을 준다. 타운슬리와 패럴(Townsley and Farrell, 2007, pp. 266-267)이 언급했다.

가상 반복 피해의 개념적 특징은 이전 범죄와 범행 수법이 동일하다는 것이다. 반복은 특정 수법이나 기술이 있음을 의미한다. 예를 들어, 범죄자가 특정 유형 또는 브랜드의 자물쇠만 열수 있는 방법을 알고 있는 경우 이러한 범행 수법은 수법 반복이라고 부를 수 있는 개념적 특징이다.

분석 단위의 다양성과 유사성 인식에 따른 뉘앙스를 감안할 때 반복 피해는 단순한 단일 현상이라기보다 관점mindset이다. 이는 핫스팟, 상습범 및 핫프로덕트를 집중 대상으로 포함하는 범죄 예방 전략으로서 다른 전략들과 통합하여 사용될 수 있다. 사이버 범죄에 대한 접근 방식으로 이용될 수도 있다. 전자 상거래의 성장과 함께 보안의 중요성이 점점 더 커지고 있다. 그러나 네트워크에 대한 공격 및 사고는 점점 더 증가하고 있다. 잠재적 범죄로 사기, 절도(자금, 지식 및 정보 또는 기타), 계정 침투, 이용자, 기관 또는 네트워크에 대한 악의적 피해유발 등이 있다. 모이트라와 콘다(Moitra and Konda, 2004)가 연구한 6,684개 컴퓨터 사이트의 4분의 1(27%)이상이 최소 3번의 공격을 당했고 평균적으로 12번의 공격을 당했다고 보고했다. 가장 피해를 많이 입은 10개의 사이트는 평균 369건의 공격을 받았다!

이전의 공격이 있은 지 일주일 이내에 반복적인 공격이 발생할 가능성이 훨씬 더 높았다. 어떤 공격의 종류는 다른 공격보다 더 빨리 발생할 가능성이 높았고, 반복적인 공격은 같은 종류의 사건일 가능성이 더 높았다(아마도 같은 범죄자들을 암시함). 어떤 네트워크 도메인 유형은 더 빠른 반복 피해를 경험했다('.edu'는 가장 빠르고 '.com'은 가장 느렸다). 비록 모이트라와 콘다 연구의 주된 초점은 예방이 아니었지만, 그 잠재력은 분명하다. 이미 해킹된 사이트에 네트워크 보안을 집중하는 것은 많은 해킹을 방지할 수 있다(그리고 범죄전이 연구들은 다양한 이유로 범죄자들이 단순히 다른 네트워크로 이동하지 않을 것이라는 것을 암시한다). 보안 정상화는 신속하게 이루어져야 하며 특정 유형의 도메인(.edu 사이트)은 특히 적극적으로 대처해야 한다. 다시 공격하는 해커들을 추적하고 탐지할 수 있는 기회를 제공할 수 있다. 그 해커들은 결국 가장 많이 공격하고 심각한 해커들일 것이다.

반복 피해의 유형을 표 9.1에 제시하였다. 다양한 유형의 반복적 피해를 제시하는 것은 적절한 범죄 예방 기법 개발을 용이하게 할 것이며, 표 9.1은 이러한 노력을 촉진하기 위한 것이다. 표의 열(대상, 장소 및 범죄자)은 코헨과 펠슨의 일상 활동 이론의 핵심 요소를 나타낸다(Cohen and Felson, 1979; Felson, 2002). 표의 행들은 레페토의 범죄전이 분석에서 확인된 범죄의 측면들을 나타낸다(Repetto, 1974). 유형들은 실제를 단순화한 것이며, 실제로는 많은 유형들이 서로 겹치고 어떤 범죄에도 하나 이상의 유형이 존재할 수 있다. 예를 들어, 첫 번째 주택 절도 이후에 이에 대한 반복 피해가 대상, 공간, 시간 반복으로 나타날 수 있다. 만약 동일한 반복 범죄자가 동일한 수법으로 침입했다면 이것은 수법 반복이다.

[표 9.1] 두 가지 측면에 기반한 반복 피해 유형화

	대상(target)	장소(location)	범죄자(offender)
공간 반복 (spatial repeat)	동일한 주택, 사람, 차량, 가게 등 핫닷(hot dots)	공간적으로 근접한 장소에서 반복 피해; 핫스팟; 위험 시설(risky facilities)	동일한 범죄자가 동일한 장소에서 반복 범행
시간 반복 (temporal repeat)	동일한 대상에 대한 빠른 반복 피해, 예: 가정폭력	반드시 동일한 범죄자가 아닌 빠른 반복 피해 (예: 여러 사람에 의한 가게 약탈)	같은 범죄자에 의하여 빠른 반복 피해 (예: 가정 폭력, 연속 범죄)
범죄유형 반복 (crime-type repeat)	동일한 대상에 대한 같은 범죄유형 피해 (예: 같은 곳에 대한 강도)	특정 좁은 지역에서 지속적인 마약 거래	반복 주유 절도
수법 반복 (tactical repeat)	동일한 수법을 이용한 가상 반복 피해 '핫프로덕트'	같은 장소에서 같은 수법의 범죄 (예: 시장에서 절도나 소매치기)	동일 수법을 이용한 반복 범행

많은 경우에 대상과 장소 사이에 분명히 겹치는 부분이 있다. 가정 폭력은 종종 동일한 공간적 장소, 즉 피해자의 주거지(동거 여부에 관계없이)에서 발생하지만 항상 그런 것은 아니다. 개인이 다른 장소로 이동해서 반복 피해를 입을 수 있지만 대개 동일한 장소에서 반복될 가능성이 더 높다.

표 9.1은 범죄가 반복되는 방식에 대한 우리의 이해를 도와주는 개념들의 관점을 통합한 것이다. 가상 반복은 위에서 논의되었으며 어떤 형태의 유사함을 기반으로 한다. 근처 반복(Townsley et al., 2003 참조)은 공간 및 수법 반복 피해의 요소

를 결합한다. 디자인이 유사하고 지리적으로 가까운 곳에 있는 대상들은 피해를 입을 가능성이 더 높으며(이웃들은 절도피해 위험이 높으며 시간이 지남에 따라 감소한다) 이 장의 뒷부분에서 자세히 설명한다. 핫닷('hot dots' Pease and Laycock 1996 참조)과 핫스팟은 위치 기반 공간 반복이지만 범죄 유형은 다를 수도 있다. 핫닷은 고정된 대상이 반복적으로 피해를 당해서 지리적으로 표시될 때 단일 지점(또는 점)이 여러 범죄 건수를 나타내는 곳이다. 핫스팟이라는 용어의 일반적인 사용에서는 일반적으로 범죄의 절대적 또는 상대적인 양이나 지역의 크기가 정의되어 있지 않다. 위험 시설('Risky facilities' Eck et al., 2007 참조)은 범죄가 자주 발생하는 공간적으로 규정된 시설이다. 대부분의 공간 범죄 분석은 회고적retrospective이지만 존슨 외(Johnson et al., 2004)는 공간적 및 시간적 근접성을 기반으로 범죄를 보다 정확하게 예측하기 위해 예상prospective 핫스팟을 사용했다. 그들의 기법은 회고적 핫스팟 맵핑 또는 단순 대상 반복 분석 보다 정확도가 더 높았다.

　연쇄series 범죄는 일반적으로 유사한 범죄들로 정의된다. 한명의 피해자는 동일한 범죄자로부터 동일한 종류의 범죄에 대하여 일련의 반복적 피해들을 경험할 수 있다. 한명의 범죄자가 동일한 피해자를 대상으로 동일한 종류의 일련의 범죄들을 저지를 수 있다(만약 시간상 가까이 붙어서 발생했다면 연속범죄crime spree로 볼 수 있다). 연속범죄crime spree는 동일한 범죄자에 의하여 짧은 시간 안에 집중하여 저질러지는 연속적인 범죄를 말한다. 연속범죄의 수와 연속범죄가 발생할 수 있는 기간의 길이에 대한 정확한 정의는 없다. 연속범죄는 공간적으로나 방향적으로 유사한 범죄를 포함하는 경우가 많다(동일한 이웃, 마을, 도시 또는 가상 공간 또는 특정 방향으로 이동). 동일한 범죄자에 의한 반복 범행은 때로는 같은 대상을 피해자로 삼는다. 범죄자 경력에는 첫 범행 시작, 빈도와 지속기간 그리고 중지하는 경우도 포함될 수 있다(예: Blumstein et al. 1986 참조). 핫프로덕트(Felson and Clarke 1998)는 휴대 전화, 노트북컴퓨터 및 내비게이션과 같이 종종 작고 가볍고 값이 비싼 물건들로서 자주 도난당하는 물건들이다. 이 물건들은 동일한 수법(특정 유형의 절도, 강도)을 반복하는 동일한 범죄자에 의해 도난당하는 경우가 많다. 다양한 개념들이 범죄가 반복되는 경향의 공통된 출발점을 공유하고 있지만, 보다 포괄적인 반복 피해 관점이 도출되고 범죄예방 기법을 향상시키는 시너지를 내도록 개념, 방법 및 기법들을 통합하는 등 추가 작업 필요하다(Farrell, 2015 참조).

　반복 피해 관점을 범죄에 일반적으로 적용하기 위해 지금까지 정립된 사실들을 정리할 필요가 있다. 아래 주장들은 지금은 대부분 받아들여지는 것들이다.

- 적지 않은 비율의 범죄들이 반복되고 있다. 즉, 이미 피해를 입은 개인과 가구들이 다시 피해를 입는다.
- 동일한 대상에 대한 반복 피해가 발생할 때 대부분의 경우 반복 피해가 빨리 발생한다.
- 반복 피해의 대부분은 같은 범죄자들의 소행이다.
- 가장 높은 비율을 보이는 반복 피해는 가정폭력, 성폭력, 노인과 어린이 학대, 인종적 공격, 집단 따돌림 등 대인 범죄인 경우가 많다. 이 경우 동일한 피해 대상들이 사적인 공간에 시간이 흐르더라도 계속 있는 경우가 많다.
- 높은 비율의 반복적 재산 범죄 피해는 전형적으로 사업체에 대한 범죄로 특징지을 수 있다. 상업 절도, 강도, 상점 절도가 대표적인 예다.
- 비록 증거가 아직 광범위하지는 않지만, 같은 대상에 대한 반복적인 공격은 범죄자가 상습범임을 나타낸다.
- 범죄율이 높은 지역에서는 반복 피해 비율이 더 높다. 높은 범죄 지역의 주요 특징으로 동일한 사람들과 가구들에 대한 만성적인 피해를 들 수 있다.
- 대부분의 반복 피해 방지 프로그램은 가구 절도에 초점을 맞추고 있다. 연구 기반을 넓혀야 할 시급한 필요성이 있다.

반복 피해 연구의 핵심은 재발 방지에 주목함으로 인하여(그리고 동일한 대상에 대한 반복 범죄자를 발견함으로 인하여) 범죄 감소를 위한 다양한 방안들을 도출할 수 있다는 점이다. 반복 피해를 막기 위한 프로젝트들에 대한 평가 연구가 진행되어 다른 곳에서 소개되었다(Farrell, 2006 참조). 어떤 것들은 다른 것들보다 더 효과적이라는 것이 증명되었고, 반복의 수준을 확립하고 대응책의 실행에 관한 교훈을 습득했다(Farrell, 2006 참조). 몇 가지 일반적인 고려사항들이 아래에 명시되어 있는데, 이것들은 반복 피해에 집중함으로써 범죄를 줄이고자 하는 모든 사람들이 접하게 될 것이다. 범죄 감소를 위한 기존의 많은 프로그램들 중에 실제 효과가 있는 것들이 많이 있다. 그런데 범죄 감소에 있어 핵심 문제는 그러한 프로그램을 새롭게 고안해 내는 것보다 현장에 실제 적용하여 목표를 달성하는 것이다. 반복 피해방지와 관련된 구체적인 문제점은 다음과 같다.

위장된 반복 피해Camouflaged repeats

반복 피해를 발견하는 것이 항상 쉬운 것은 아니다. 그 이유는 경찰 범죄 데이터 시스템의 한계와 기록 수집 관행의 문제 때문에 그렇다. 필자 중에 한명이 관여한 경찰 범죄분석관들 대상 수업에서, 집중적으로 주거침입 절도 피해를 입은 지역에서 반복 피해는 전혀 문제가 아니었다고 범죄분석관들은 자신 있게 주장했다. 운 좋게도 그 자료를 확보해서 살펴보니, 일 년 동안 304건의 반복 주거침입절도가 발생했다. 이 정도의 평가절하는 매우 흔치 않은 경우인데, 관련 범죄 자료에 고질적인 문제가 있었을 수 있다. 몇몇 왜곡은 매우 미묘하게 발생한다. 예를 들어, 어떤 사건을 범죄 피해 또는 주거침입 절도 미수로 기록하는 것은 경찰관마다 차이가 난다. 또한 손실의 상황에 따라서 반복 개dog 절도 피해를 범죄 대신에 사고로 기록하기도 한다.

형편없이 기록된 범죄들은 특별한 문제를 발생시킨다. 좋은 이니셔티브는 가정 폭력 같은 범죄를 신고하는 사람들의 수는 증가시키지만 반복 피해의 수는 감소한다는 것을 보여줄 것이다. 이 두 가지는 서로 상쇄하는데, 만약 범죄 신고 전화만 측정한다면 이니셔티브가 마치 아무 효과가 없는 것처럼 보일 것이다(Farrell and Buckley, 1993; Farrell, 2006 참조).

조기 철수Premature evacuation

경찰기능은 즉각 대응기능과 일상지원기능으로 구분된다. 이들 간의 의사소통이 매우 불완전하다. 따라서 범죄의 재발을 방지하는 것이 핵심 목적인 과정에서 첫 번째 단계로서 사건 대응에 대한 인식은 태도와 기반시설 모두에서 방향조정이 필요하다. 의료 서비스를 받을 때 첫 번째 접촉 지점인 동네 병원 의사는 질병의 재발 가능성이 있는 것으로 간주되는 심각한 경우 전문의에게 사례를 의뢰할 것이다. 이와 대조적으로 사건을 다루는 첫 번째 경찰관은 자기가 관여하는 것이 보호절차의 첫 번째 단계가 아니라 형사절차의 마지막 단계(가해자의 검거가 적극적으로 이뤄지지 않는 한)로 보는 경향이 있다. 우리는 적어도 남성 경찰관들이 비슷한 이름의 성기능 장애[16]에 대해 똑같이 당혹스러워하기를 바라며 그런 사고방식을 조기 철수라고 언

---

16 역자주: 비슷한 이름의 성기능 장애는 premature ejaculation이 있다.

급했다.

애매한 피해자Elusive victim

알려진 예방 조치가 존재하는 경우, 피해자 또는 다른 관련자들이 접촉하거나 관여하기 어려울 수 있다. 실제로 때때로 경찰은 피해자를 도와주는 것을 꺼려한다. 많은 경우에서 가해와 피해가 중첩되어 있는 것을 고려하면, 상습적으로 범죄를 저질렀던 사람이 반복 피해자로서 경찰의 도움을 받아야 되는 이상한 상황이 발생한다. 이때 경찰은 악당에게 좋은 것을 줘야 하는 상황에 분노하기도 한다. 사실 폭행 피해자들 중에는 상대방을 도발해서 피해를 당한 경우도 있고, 대부분의 범죄 유형의 피해자 중에는 보험 및 보상 사기꾼들이 발견된다. 마지막으로, 접촉했을 때 일부 피해자들(또는 관련된 다른 사람들)은 예방 조치를 취하는 것을 원하지 않거나 채택할 수단이 없다. 추가 피해 방지를 위한 조치를 취하는 것을 꺼리는 사람들(많은 상업 기관들을 포함하여)에게 보조금을 지급 또는 보류하는 문제는 예민하다.

증거, 시련과 고난Evidence, trials and tribulations

반복 피해 관점이 주목을 받게 된 것은 커크홀트 주거침입절도 감소 프로젝트Kirkholt burglary reduction initiative의 성공 때문이었다(Forrester et al., 1988, 1990). 가정집 주거침입절도의 획기적인 감소는 반복 피해 예방이 중요한 요인이었다. 내무부는 케임브리지 범죄학 연구소의 데이비드 패링턴David Farrington에게 데이터를 재분석하도록 의뢰했으며, 그의 결론은 이 프로젝트가 계획한 대로 작동했다고 보고했다(Farrington, 1992). 반복 피해 방지를 기반으로 하는 다른 범죄 감소 프로그램들은 커크홀트 프로젝트만큼 성공적이지 않았지만 일부는 현저한 감소를 달성했다(예: Anderson et al., 1995; Chenery et al., 1997 참조). 이러한 만족스럽지 못한 결과에 대한 많은 이유가 있지만(Tilley, 1993 참조) 개인적인 경험에 따르면 실행 실패implementation failure가 중요한 원인이다. 저자 중 한 명이 참여해서 연구를 수행한 아직 출판되지 않은 프로젝트에서, 주거침입절도 사건에 신고를 받고 초동 출동한 경찰관은 현장에서 기본적인 보안조사security survey를 완료했고, 그리고 적절한 추가 조치(보통의 경우 이 과정이 없음)를 위해 지역 범죄 감소 책임자Crime Reduction Officer에게 전달되었다. 일부 경찰관들은 매우 신중하게 보안조사를 수행했다. 몇몇 다른 경찰관들은 전체 과정을 무시했고 보안조사를 수행하지 않았다. 보안조사 절차가 적용된 가정의 반복 주거침입절도 피해는 적용되지 않은 다른 가정보다 약 1/3이 적었고 이러한 감소를 설명할 수 있는 다른 이유(교대, 위치, 경찰관 근무경력)는 없었다.

보안조사 연구에서 알 수 있듯이 상대적으로 미미한 예방 활동으로 반복 피해를 줄일 수 있다면, 예방 가능성은 이전에 예상했던 것보다 더 클 수 있다. 연구의 다른 한 방향은 반복 피해 범죄가 발생하지 않을 때 이를 억제하는 요소를 조사하는 것이다. 마이크 서튼Mike Sutton은 2006년 늦여름에 영국 중부 지방에서 범죄자들을 대상으로 실시한 20건의 인터뷰 자료 중 공개되지 않은 자료에 대한 접근을 우리에게 관대하게도 허락했다. 관련 연구 결과의 대부분은 애시톤(Ashton et al., 1998)의 연구와 유사했는데, 여기서 범죄자들은 반복 범행을 결정할 때 용이함, 낮은 위험 및 알려진 보상을 고려했다고 한다. 비록 서튼의 현장 노트에서 선별적으로 발췌한 것이긴 하지만, 아래에서 예방 및 억제 가능성을 엿볼 수 있다. 범죄자는 계속해서 보안을 우회하지만, 일정 수준까지만 가능하다.

[그는] 이전 범죄에서 너무 쉬웠기 때문에 같은 장소에 한 번 이상 다시 갈 것이라고 말했다. '내가 네 번인가 다섯 번 같은 가게에서 범죄를 저질렀는데, 가게에서 한 것이라고는 카운터를 수리하고 창문을 교체한 것뿐이었다.'... [그런 다음, 일련의 강화된 보안 조치를 설명한 후] 그는 결국에는 범행에 방해를 받았다고 말했다. 그의 범행을 막는 가장 좋은 방법은 외부에 알람 상자가 없는 완전히 폐쇄된 건물이었다. 그는 완전히 닫힌 가게 안에 들어가면 직원이 꺼야 하는 경보 시스템이 가장 효과적이라고 말했다.

범죄자에 의한 적응과 확대가 제한적일 가능성은 상습 상업시설 침입절도는 저질렀지만, 상습 가정집 주거침입절도를 저지르지 않은 범죄자에 대한 인터뷰에서 지지가 되었다.

그는 보안조치가 정말 **빡빡**해질 때까지 상업시설 침입절도를 지속할 것이다. 그러나 그는 가정집에 대한 반복 침입절도는 하지 않았다. '가정집에는 이웃들이 있고 피해자들은 이웃들에게 "나 절도 피해당했어요. 조심하세요"라고 말하거나, 집에 항상 누군가가 머물도록 하는 경향이 있다.'라고 말했다.

세 번째 범죄자는 반복적으로 주거침입절도를 저지르는 경우는 자기 규칙에서 예외적인 경우라고 말했다.

이 경우 말고는 그는 '절대 돌아가지 말라'는 모토에 집착했다고 말한다. 그는 자신이 두려워하는 것은 만약 그 지역에 다시 온다면, 첫 번째 범행에서 이웃에 의해 목격되었을 수 있고 이것이 발각과 체포로 이어질 수 있다는 점이다. 그는 많은 도둑들도 같은 생각을 한다고 말한다.

인터뷰한 한 범죄자는 가상 반복을 뒷받침하는 밀고-당김 요인push-pull factors에 대한 통찰을 제공했다. '그는 보안이 강화될 것을 우려해 같은 집을 두 번 털지 않을 거라고 했다. 하지만 그는 같은 종류의 다른 집은 털 거라고 말했다.' 같은 대상의 두려움에 의해 가상 반복 피해 쪽으로 '밀기'가 있는지, 혹은 더 익숙해진 같은 종류의 덜 위험해 보이는 대상쪽으로 가상 반복 피해의 '당김' 효과가 있는지 알아보기 위해 더 많은 연구가 필요하다.

서튼의 또 다른 인터뷰 대상자는 다음과 같은 이유로 재범하다 붙잡혔다. '그는 금과 돈을 훔치기 위해 같은 장소에 두 번 갔다. 이웃이 그를 발견했고, 경찰에게 붙잡혔다.' 여섯 번째 사례는 범죄자가 상품이 교체되기를 기다리는 경우 때때로 반복 피해 사이에 시간차가 발생하고(원래 폴비 외(Polvi et al., 1991)가 발견한 패턴), 또한 향상된 보안조치로 재범이 억제된 경우도 설명했다.

그는 어떤 집에 들어가 좋은 물건들을 훔쳤다. 두 달 후, 그는 지나가다가 그 집에 새로운 것을 보았고, 다시 범행하면서 새로운 것으로 대체된 동일한 물건을 가져갔다. '내가 집을 털었는데 좋은 물건이 있었다면, 나는 두 달 후에 다시 갈 거다. 장담하건대, 내 말이 무슨 뜻인지 알잖아, 그게 좋다면 다시 가볼 거야. 나는 집주인이 알람 벨과 같은 보안 시스템을 업그레이드하기 전까지 이러한 짓을 세 번에 한 번꼴로 해봤어. 알람이 설치된 것을 본 후에 인제 그만두겠다고 생각했다.'

비록 선별적이고 제한된 숫자의 인터뷰 이지만, 인터뷰 결과는 범죄 예방가들에게 고무적이었다. 인터뷰 결과는 보안조치나 인지된 적발 위험 증가에 의해 억제가 유도될 수 있다는 것을 확인했다. 그들은 또한 반복적 피해와 그 예방의 역동성을 탐구하기 위해 범죄자 인터뷰를 활용하기 위한 더 많은 연구가 필요함을 확인했다.

깃발과 활성화 설명flag and boost accounts : 아주 작은 이론

범죄자가 범죄 현장으로 신속히 돌아오는 두 가지 가능한 이유가 있다. 첫 번째는 범죄는 항상 일어날 수 있는 사람들과 장소에 깃발을 들어 표시한다Flag. 빈곤 지역의 가장자리에 위치하면서 눈에 보이는 보안장치가 없는 매력적인 곳은 마치 자석처럼 범죄자들을 유인할 것이다. 이러한 설명에 따르면, 그러한 주택에 대한 첫 번째, 두 번째, 세 번째 범죄들은 모두 지속되는 그 주택의 특징 때문에 발생한 것이다.

다른 설명은 첫 번째 범죄가 이후 범죄들의 가능성을 활성화시킨다는 것이다 Boost. 따라서 절도범이 집을 털 때 모든 귀중품을 한 번에 모두 나르지 못하기 때문에 재방문할 가능성이 더 높아진다. 임시 수리는 반복 피해 주거침입절도로부터 집과 직장을 더욱 위태롭게 만들 수 있다. 깨진 유리창을 테이프로 수리한다고 해서 또 다른 침입을 막을 수는 없다. 비용조작, 가정폭력 또는 가혹한 이혼 후 전처의 차를 긁는 행위들이 처벌을 받지 않고 넘어가게 되면 반복 가능성을 활성화시킨다boost.

깃발 설명Flag accounts은 반복 피해가 지속되는 위험 수준 때문에 발생한다고 주장한다. 활성화 설명Boost accounts은 범행경험이 다시 돌아온 범죄자가 현장에서 자신이 직면하게 될 것에 대해 교육하여 반복 피해를 일으킬 가능성이 더 높아진다고 주장한다. 새 시즌의 첫 두 경기에서 승리한 스포츠 팀과 비유할 수 있다. 두 번째 게임에서 승리한 이유는 무엇일까? 첫 번째 승리가 좋은 팀과 폼이라는 사실을 표시flag하고 두 번째 게임을 할 때 이러한 특성들이 여전히 존재했기 때문일까? 아니면 첫 번째 게임이 팀의 자신감을 높여boost 두 번째 게임의 성과를 높인 것일까?

활성화 설명이 적어도 일부분은 설명을 한다고 보아야할 이유가 있다. 아마도 가장 중요한 것은 범죄자들의 설명일 것이다. 한 절도범이 돌아온 이유를 '큰 집 작은 벤' 때문이라고 말했는데, 이는 '처음 갔을 때 무엇이 훔칠만한 것인지 파악했고 한 번에 모든 물건을 다 털 수 없어서 나는 다시 돌아가서 나머지를 가져가야겠다고 마음먹었다'라고 해석할 수 있다. 첫 번째 및 반복 범죄에 연루된 범죄자가 압도적으로 많게 동일한 범죄자라는 사실(Bernasco 2008; Johnson et al. 2009)도 활성화 설명의 관련성을 시사한다. 통계 모델링도 활성화 설명이 반복 폭력범죄와 관련이 있다는 간접적인 증거를 추가로 제공한다(Tseloni and Pease 2003, 2004).

앞으로 갈 길은?

예측 맵핑Prospective mapping

'근접 반복near repeat'이라는 용어는 동일한 대상에 대한 다중 피해 발생이 시간과 공간을 가로질러 전달되는 위험의 일반적인 경향의 특수한 경우라는 통찰에서 파생된다. 이 주제에 대한 초기 경험적 연구는 리버풀 대학의 셰인 존손Shane Johnson과 케이트 바워스Kate Bowers와 호주 브리즈번의 그리피스 대학의 마이크 타운슬리Mike Townsley와 동료들이 수행했다(Townsley et al. 2003; Johnson and Bowers 2004a; Johnson and Bowers 2004b; Bowers and Johnson 2005; Johnson et al. 2004). 절도 피해를 당한 주택 근처의 주택들은 동일한 범죄피해를 당할 가능성이 높아진다. 증가된 위험은 초기 절도피해 대상으로부터의 거리와 시간이 멀어짐에 따라 감소하며, 일반적으로 400 미터 이상 그리고 1개월 이상이면 사라진다. 타운슬리와 동료들Townsley et al.은 절도가 어떻게 감염되는지 보여 주기 위해 전염병학epidemiology의 통계 기법을 사용했다. 그들은 균일한 주택 유형과 배치를 가진 지역에서 특히 그러하며 보다 다양한 주택 유형의 지역에서 보다 더 높은 반복 피해율을 보이는 것으로 나타났다. 타운슬리와 동료들이 전염병학에서 분석기법을 차용한 반면 존슨과 바워스(Johnson and Bowers, 2004a; 2004b)는 절도범을 '최적의 약탈자optimal forager'로 설명하기 위해 생태 이론을 이용했다. 현재는 '근접 반복'에 대한 상당한 연구들이 있다.

방목하는 동물을 생각해 보자. 이 동물은 들판에서 가장 영양가가 높은 풀을 먹고자 한다. 그러나 풍부한 풀밭이 들판에 넓게 펼쳐져 있는 경우 가장 맛있는 풀을 먹기 위해 들여야 하는 노력도 고려해야 한다. 들판의 가장 좋은 풀 덩어리에서 시작하여 이 반추동물은 다음 번 가장 좋은 풀 덩어리를 먹기 위해 필드를 어느 정도 가로질러 갈 것인지 아니면 그냥 근처에 있는 풀을 뜯는 것만으로도 충분할지 결정해야 한다. 최적의 약탈자 설명에 따르면, 소들은 멀리 있는 최적의 풀보다 적당한 근처의 풀들을 더 좋아한다고 한다. 이것은 절도범 행동과 유사점을 제공하는데, 적어도 반복과 근접 반복 패턴에서 추론될 수 있다. 다음 사실과 일치한다:

- 떨어져 있는 주택들은 테라스형 주택이 많은 지역에서 특별히 절도 피해를 많이 당한다(가장 수분이 많은 잔디가 먼저 선택됨).
- 떨어져 있는 주택들은 테라스형 주택이 많은 지역에서 가장 반복적으로 절도 피해를 당한다(약탈자는 두 번째로 수분이 많은 풀에서 수분이 많지 않다고 느꼈을 때 다시 가장 수분이 많은 잔디로 돌아간다).
- 근접 반복은 균일한 주거 지역에서 가장 많이 발생한다(잔디가 필드 전체에 거의 균일하게 퍼져 있을 때 멀리 갈 필요가 없다).

한 가지 차이점은 절도는 사건이 일시적인 반면에 풀 뜯기는 거의 지속적으로 일어난다는 것이다. 또한 주거침입절도의 시작점은 범죄자의 집이고, 털기 좋은 절도 대상으로부터 시작한 것이 아니다. 그럼에도 불구하고 전염병학 및 생태학과 같은 분야의 아이디어를 전통적인 범죄학에 적용하는 것은 의미가 있다. 발견적 가치가 매우 크다.

존슨, 바워스 그리고 타운슬리Johnson, Bowers and Townsley의 연구는 반복 피해 및 근접 반복 피해 현상을 가져와 예측에 적용하는 예측 맵핑 소프트웨어로 구현되었다(예: Bowers et al., 2004; Johnson et al., 2007a). 이 소프트웨어는 ProMapProspective Mapping이라고 하며 혁신적이다. 지금까지 영국의 여러 경찰서에서 주택 침입절도 사건에 적용되어 본질적으로 동일한 결과를 얻었다. ProMap에 정보를 제공하는 패턴은 전 세계 도시에서 침입절도(Johnson et al., 2007c), 자동차 범죄(Summers, Johnson and Pease, 2007), 자전거 절도(Johnson, 개인적 연락), 심지어 바그다드에서 폭발한 폭발물로도 확인되었다(Townsley, Johnson and Ratcliffe 2008). 침입절도 연구가 가장 발전되었기 때문에 여기서 소개한다.

전통적으로 범죄 지도 작성에서 과거는 직접적인 추정이든 선행 지표이든 미래에 대한 직접적인 안내자로 간주된다. 근접 반복 피해에 대한 연구는 과거와 미래의 관계가 더 미묘하다는 것을 분명히 한다. 예를 들어, 모든 침입절도 사건은 근처에 위치한 주택들에 높은 수준의 위험을 부여한다. 주택이 도난당한 집에 가까울수록 더 큰 위험이 주어진다. 이 위험은 일시적이며 한 달 정도 후에 이전 수준으로 돌아간다. ProMap에서 모든 침입절도 사건은 모든 근처 주택들에 대한 위험수준 수정으로 이어지며 날짜가 경과함에 따라 위험수준을 감소시킨다. 새로운 침입절도 사건은 근처 주택들에 대하여 일시적이지만 매우 높은 수준의 위험도를 부여한다. 예측 정확도에 있어서 ProMap이 다른 예측 방식들보다 훨씬 더 정확하게 예측한다는 것이 밝혀졌고(Bowers et al., 2004; Johnson et al., 2007a) 특히, 더욱 중요한 것은 사건 현장을 담당하는 경찰관들의 예측보다 더 정확하였다(McLaughlin et al., 2007).

이것은 시범운영을 하면서 고무적인 결과를 도출하였다(Johnson et al., 2007b). 그러나 ProMap의 실현 가능성에 장애물이 있으며, 가장 큰 장애물은 잠재적 자금 제공자들의 비전 실패이다. 현 상태에서 ProMap은 주거침입절도 또는 차량 범죄와 관련하여 경찰 순찰 및 단기 예방 조치가 배치되는 것에 활용된다. 침입절도 및 차량범죄의 최적 패턴은 무엇인가? 그것은 두 가지 범죄 유형에 할당된 상대적 심각성에 따라 다르다. 이에 대한 정책 결정은 순찰 경로와 그 주변에서 일어날 범죄의 심각성을 고려하여 효과성을 극대화하기 위해 추정 순찰 경로를 선택할 것이다. 따라서 두 가지 범죄를 모두 고려하여 최적화된 순찰 패턴을 생성하는 것은 비교적 간단한 문제이다. 하지만 이것은 일부 범죄(특히 폭력 범죄)는 고려 대상에서 제외되기 때문에 여전히 순찰 경찰관들의 분열적 사고방식을 필요로 한다. 경찰관들은 '침입절도-차량 범죄' 모드에 있어야 하며, 이 경우 예측 순찰 경로가 가장 좋은 방법이 되며, '다른 범죄' 모드의 경우에는 예측 순찰 방법이 최적의 선택은 아닌 것이 된다. 경찰관들이 둘 사이를 전환하는 것을 기대할 수는 없다.

지적 설계 옹호자들intelligent design advocates은 안구의 진화는 진화론으로 설명하기 어려운 현상으로 받아들였다. 외부 감광 패치와 봉인된 안구 사이의 중간 단계가 자연 선택의 이점을 제공하지 않는다는 점이다. 그 주장은 근거가 빈약했지만, ProMap의 점진적인 변경에 문제가 있다. 모든 범죄가 최적 예측 순찰 패턴으로 통합되기 전까지는 ProMap의 일상적이고 열정적인 채택을 보기는 어려울 것이다.

그러나 심각성에 따라 최적으로 가중치를 부여한 범죄위험의 분포에 대해 경찰 순찰대와 지역 사회 안전 실무자에게 실시간 정보를 제공할 가능성은 매우 유용하므로 ProMap이 지지를 받을 가치가 있다. 글을 쓰는 시점에서는 단편적인 자금 조달만 가능할 것 같다.

대략적으로 준비된Rough, ready and roughly ready

ProMap에는 상세하고 광범위한 연구, 공간과 시간에 걸친 범죄사건 분포에 대한 정교한 모델링, 사용자 친화적인 영리한 소프트웨어 설계가 포함된다. 그 성과는 이미 주목할 만하다. 그러나 반복 피해 및 근접 반복 피해에 대한 이해의 열매가 즉시 배포될 수 있는 대안적 전략이 있다. ProMap을 조잡하다고 말하는 것은 이미 많은 문제가 있는 현재의 경찰 데이터와 회의적인 경향이 있는 경찰관을 평가대상으로 삼는다는 점에서 칭찬이다. 반복 피해 바이러스에 감염되어 경찰 업무에 실제 사용한 전직 경시청 경위인 엘런 에드먼즈Alan Edmunds의 글에서 잘 드러난다. 그의 접근 방식은 2004년 문제지향 경찰활동으로 허먼 골드스타인Herman Goldstein 상을 수상한 코브라 작전Operation Cobra에 의해 가장 잘 드러난다. 분석 단위는 개인이나 주택이 아니라 거리였다. 초기 분석에 따르면 전체 중 1%의 거리에서 차량 범죄의 10%가 발생했으며, 전체 중 13%의 거리에서 전체 범죄의 절반이 발생했다. 전술은 단순히 거리의 사람들과 이야기하고, 범죄 데이터를 분석하고 대응책을 적용하는 것이었다. 자동차 범죄가 많이 발생하는 거리에는 피해자들에게 맞춤형 경고를 적용하고, 재산 표시, 거리조명개선 및 거리구조변경과 가능한 최대한 과학수사 기법을 적용하였다. 차량 범죄가 다소 적은 거리는 과학수사 작업을 생략하고 범죄가 적은 거리는 거리구조 변화를 생략했다. 앨런 에드먼즈가 본 것처럼 중요한 점은 문제를 이해하고 한때 문제 다발지역에서 출동한 경찰에게 '왜 경찰관들이 없나?'라고 말했던 지역 시민들과 접촉하는 것이다.

앨런 에드먼즈는 일부 거리가 다른 거리보다 길기 때문에 더 많은 범죄를 저지를 수 있다는 주장을 일축했다. 그는 코브라 작전Operation Cobra에 긴 거리가 포함된 곳을 조사했을 때, 범죄들이 그 길 따라 한두 곳에 집중하여 발생했다고 한다. 코브라 작전의 첫 9개월 동안 도난 차량의 수는 25% 감소했으며 차량 도난은 33% 감소했다. 이러한 감소가 관할 영역의 다른 곳에서는 일어나지 않았다. 이전에 가장 많은 범죄가 발생한 거리에서 코브라 작전을 적용했을 때 훨씬 더 큰 감소를 경험했다. 이전에 가장 많은 피해를 당했던 거리에서 37%에서 58%의 범죄 감소가 일어났다. 앨런 에드먼즈는 이후 폭력범죄와 손괴피해에 대해 동일한 분석적 접근 방식을 적용했고, 거리 전체에서 유사한 범죄 불균등을 발견했다. 4%의 거리에서 25%의 손괴피해가 발생했으며 2%의 거리에서 25%의 폭력범죄가 발생했다.

앨런 에드먼즈는 실천가이다. 많은 높은 성취자들과 마찬가지로 그는 자신의 작전을 글로 작성할 시간이 거의 없었다. 그의 다양한 파워포인트 프레젠테이션은 개인적으로 그에게서 얻을 수 있다. 그의 방식의 용이성과 접근성은 보다 정교한 ProMap을 이용한 접근 방식보다 더 빠르고 완전하게 경찰 업무에 투입될 수 있다는 것을 의미한다. 그는 친절하게 시간을 내어 경찰관들을 위해 접근 방식의 장점으로 생각하는 목록을 작성했다.

- 반복 피해를 예방하는 것은 지역사회와 파트너십 개발을 위한 가장 중요한 촉매 역할을 할 수 있다.
- 반복 피해를 예방하면 많은 돈을 절약할 수 있다.
- 반복 피해를 예방하는 것이 당신의 예산을 가지고 최고의 결과를 가져올 수 있다.
- 반복 피해를 예방하는 것은 효과적인 작전이 수행되었음을 증명하는 방법이다. 범죄가 전반적으로 증가하더라도(많은 사람들이 거리에서 범죄로 피해를 입지 않음) 유행수준과 전체적인 집중도의 감소는 긍정적인 것이고, 이는 가장 필요한 지역에 범죄억제 효과를 제공한다.
- 반복 피해를 예방하는 것은 새로운 경찰 이웃 파터너십 팀들이 나무들에서 목재를 분류할 수 있도록 해준다. 최근 사례에 따르면 166개 거리 중 22개 거리에서 모든 범죄(자동차, 강도, 손상 등)의 58%가 발생했으며 본 시스템을 사용하여 추가로 개발할 경우 이 팀은 반복 피해 방지를 위해 설정된 기준을 넘어선 거리들을 확인할 수 있다.
- 실패하고 계속되는 반복적 피해를 예방하는 것은 우리가 어느 정도는 맞고 또 빗나가는 것이 아닌 일상적으로 거리의 '문제'를 식별할 수 있도록 도와 준다.
- 반복 피해를 예방하는 것은 이슈를 해결하기 위해 통계를 지능형 프로그램으로 바꾸는 것과 같다.

반복 피해와 고통의 성격

이 장의 시작에서 언급했듯이, 형사사법체계는 만성적으로 경미한 범죄를 다루는 데 있어 잘하지 못했다(더 나빠지고 있다). 경찰은 성과 지표들을 바탕으로 평가되는데, 이는 만성적으로 경미한 범죄를 간과하도록 만들었다. 왕립 검찰청The Crown Prosecution Service은 사소하다고 판단되는 사건들을 '사법의 이익in the interest of justice'을 위해 기소를 중지할 것이다. 이것은 조지 오웰George Orwell의 공포 어구이다. 이런 중지는 누구에게 이익 되는가? 범죄 피해자나 경찰들은 분명히 아니다. 그 밖의 법적 장치들(선택 기소, 정상참작 기소유예, 중죄처벌 원칙)은 '하나의 일련의 범죄 생활양식'을 법적으로 단일 사건으로 성립되고 선고되어야 하는 '하나의 사건'으로 규정하여 피해자 관점에서의 중요한 점을 놓치게 만드는 복합적인 결과를 초래하였다. 이러한 일이 발생하는 경우는 다음과 같다.

- 저지른 각각의 범죄에 대해 기소하는 것보다 몇 몇 중요 사건만 선택적으로 기소하는 것;
- 범죄에 대하여 형사사법 절차를 진행하지 않고 정상 참작되는 것으로 하여 봐주는 것;
- 여러 범죄들 중에서 최고 형량을 가진 범죄에 대해서만 처벌을 과하는 중죄 처벌 원칙;
- 사건들이 연결된 약탈 범죄의 한 요소인 경우에도 '사법상의 이익'을 위해 왕립 검찰청에 의한 사건의 중지.

아래 목록은 반복 피해를 방지해야하는 여러 가지 이유를 제시하고 있으며, 이 장에 대한 가장 적절한 결론을 제시한다(Laycock and Farrell, 2003을 수정한 것임).

1. 반복 피해를 예방하는 것은 범죄 예방 활동이며, 따라서 1829년에 제시된 로버트 필의 경찰활동 원칙 목록과 부합하는 가장 기본적인 경찰 의무에 해당한다.
2. 반복 피해 예방을 목표로 하는 것은 범죄 문제 해결에 부족한 경찰 자원을 시공간 상에 할당하는 효율적인 수단이다.

3. 반복 피해를 예방하는 것은 대상이 있는 모든 범죄와 관련된 접근법이다. 반복 피해는 증오 범죄, 주택 및 상업 침입절도, 학교 범죄 (침입절도와 반달리즘), 괴롭힘, 성폭행, 자동차 범죄, 이웃의 분쟁, 신용카드 사기 그리고 다른 소매 부문 범죄, 가정 폭력과 아동 학대를 포함한 많은 범죄들의 특징으로 드러났다. 살인조차도 살인 미수의 반복이나 반복 학대의 최종결과로 볼 수 있다.

4. 경찰 지휘관들은 반복 피해를 성과 지표로 사용할 수 있다(Tilley, 1995; Farrell and Buckley, 1999). 이것들은 국가에서부터 지역 수준까지 다양하다.

5. 반복 피해를 예방하는 것은 자연적으로 높은 범죄 지역, 범죄 중심지, 그리고 가장 피해가 집중된 대상에게 예방 자원을 할당하는 것이다(Bennett, 1995; Townsley et al., 2000).

6. 반복 피해를 예방하는 것은 근접 대상들(근접 반복 피해) 및 유사한 특성을 가진 대상들(가상 반복; Pease 1998)에 대한 범죄 예방 자원 할당을 할 수 있다.

7. 반복 피해 예방은 예방자원을 필요할 때 배치하는 방식을 취한다(Pease, 1992). 모든 범죄가 한꺼번에 일어나지 않기 때문에, 경찰 자원은 범죄 피해가 발생하는 시점에 따라 배분될 필요가 있다.

8. 반복 피해를 예방하는 것은 집중되지 않은 범죄 예방 노력에 비해 범죄 전이 displacement가 발생할 가능성이 훨씬 낮다(Bouloukos and Farrell, 1997; Chenery et al., 1997).

9. 범죄자들은 가장 매력적이고 취약한 범행 대상들에게서 상황이 바뀌면 범행성공에 대하여 더욱 불확실하게 생각하게 되고 일반적 범죄억제가 발생한다. 따라서 반복 피해를 예방하는 것은 일반적인 범죄 예방보다 범죄 통제의 이익이 확산되는 결과를 낳을 수 있다.

10. 반복 피해를 예방하는 것은 경찰과 다른 기관(주택, 사회복지, 피해자 단체 등) 간에 공통된 목표를 형성하고 긍정적인 일을 도모할 수 있으며, 이는 결과적으로 보다 광범위한 협력을 촉진할 수 있다.

11. 반복 피해에 초점을 맞추는 것은 경찰관들이 범죄 피해자들을 돕기 위해 실체적이고 건설적인 일을 할 수 있게 하고 경찰활동이 경찰서비스의 핵심 소비자인 피해자들에게 보다 일반적으로 제공되도록 한다(Farrell, 2001).

12. 반복 피해를 예방하기 위한 노력은 피해자들의 긍정적인 피드백으로 이어

질 수 있다. 이것은 지역경찰에게 상대적으로 드문 보상이다. 이것은 또한 좋은 공동체 관계를 촉진할 수 있다.

13. 반복 피해를 예방하는 것은 신고된 범죄로부터 시작된다. 신고한 피해자들에게 이전 피해에 대해 물어볼 수 있기 때문에, 데이터 분석도 필요하지 않다.

14. 비록 항상 그렇지는 않지만, 반복 피해를 예방하는 것은 때때로 창의적이고 어려운 문제 해결방법 보다는 기존에 해오던 예방책을 즉석에서 사용할 수 있다.

15. 반복 피해를 예방하는 것은 전과가 많고 흉악한 범죄자들을 찾아내는 데 활용될 수 있다. 경찰관들은 흉악한 범죄자들을 찾아내는 것을 좋아한다.

16. 반복 피해를 예방하는 것은 취약한 피해자와 대상들(보호명목 협박, 매춘강요, 고리대금, 반복 마약거래, 미술품 및 다른 고가 물품 절도, 강도 그리고 테러리스트 폭탄공격)을 타깃으로 하는 조직범죄와 테러리즘을 예방하고 발견하는 데 도움을 줄 수 있다.

17. 반복 피해를 연구대상으로 하는 것은 전형적으로 '피해자가 없는' 범죄로 인식되는 반복적 범죄의 실질적인 피해 대상이 주나 국가인 것을 깨닫게 만든다.

■ 검토 질문

1. 왜 침입절도범이 반복적으로 동일한 주택을 대상으로 절도를 할까?

2. 왜 폭행범이 반복적으로 동일한 인물을 대상으로 폭행을 할까?

3. 왜 반복 피해 비율이 과소평가되고 있을까?

4. 당신이 반복 피해 예방에 관심을 가지고 있는 일선 경찰관이라고 가정하자.

   a. 경찰 범죄 데이터 시스템에서 어떻게 정보를 수집할 것인가?

   b. 어떻게 순찰을 구성할 것인가?

   c. 당신이 발견한 사실을 동료들에게 어떻게 소통할 것인가?

범죄 지도와 공간 분석

셰인 D. 존슨Shane D. Johnson은 UCL 보안 및 범죄과학과의 교수이다. 존슨 교수는 다른 분야(예: 복잡성 과학)의 방법들이 범죄와 보안 문제에 대한 이해를 어떻게 알려줄 수 있는지, 그리고 일상적인 범죄를 설명하기 위해 개발된 이론들이 폭동, 해상 해적, 반란과 같은 더 극단적인 사건들을 설명할 수 있는 정도를 탐구하는 데 특별한 관심을 가지고 있다. 그는 범죄학과 범죄 심리학 분야에서 120편이 넘는 논문을 Criminology, the Journal of Quantitative Criminology, Journal of Research in Crime and Delinquency, Criminology and Public Policy, the British Journal of Criminology, and Law and Human Behavior 등의 저널에 발표했다. 그의 업적은 이코노미스트, 뉴 사이언티스트, 가디언을 포함한 언론에서 다뤄졌다. 그는 the Journal of Legal and Criminological Psychology의 부편집장이며 the Journal of Research in Crime and Delinquency and the Journal of Quantitative Criminology의 편집위원이다.

제10장 범죄 지도와 공간 분석

셰인 D. 존슨(Shane D. Johnson)

서론

범죄 지도와 공간 분석은 범죄 분석가와 학자들에게 강력한 분석 도구가 되었다. 지도는 다른 방법으로는 의사소통이 거의 불가능한 패턴의 정보를 잘 전달함으로서 공간정보에 생명을 가져다주었다. 지리정보 분석은 또한 경찰과 여타 범죄 예방 기능들이 가장 필요로 하는 장소에 최적의 자원을 배치하는 데 도움을 줌으로써 자원운영 환경에서도 매우 귀중한 역할을 할 수 있다. 다만, 공간정보와 관련된 문제점들에 대한 이해가 없이 생산되거나 만약 목적에 맞지 않게 공간 정보가 사용될 경우, 부작용을 초래할 수 있다. 결과적으로, 적절한 통계적 방법을 사용하는 공간 분석은 범죄 지도를 이용해 도출한 패턴이 신뢰받을 수 있도록 만들기 위해 꼭 필요한 부분이다. 그것은 또한 왜 특정한 패턴이 관찰되는지에 대한 이론적 설명들을 검증하는 데 중요하다.

이 장에서는 범죄 지도와 공간 분석이 경찰 자원 운영에 도움을 주고 범죄패턴 형성에 대한 이론을 검증하는 데 어떻게 활용되고 있는지에 대한 검토를 제공한다. 여기서는 범죄 위험성의 공간적 변동성을 연구하기 위한 분석적 접근 방법을 소개하고, 거리망과 특정 시설물의 위치(예를 들어 술집이나 클럽)에 대한 분석이 어떻게 범죄 위험성을 이해하는 데 도움을 주는지 살펴보고, 미래에 범죄가 발생할 가능성이 있는 지역들을 예측하는 접근법들에 대하여 논의한다. 지나치게 기술적인 검토는 피할 것이지만, 공간 데이터와 관련이 있고 공간 분석에서 설명되어야 할 주요 개념적 문제들 중 일부는 논의될 것이다. 첫 번째 경우, 이러한 문제가 핫스팟 맵핑에 적용되므로 소개할 것이다. 다음으로 왜 핫스팟이 형성되는지에 대한 이론들을 검증하는데 사용될 수 있는 다른 형태의 분석을 소개한다.

범죄의 공간적 집중화

다른 수많은 연구를 통하여 많은 서로 다른 종류의 범죄들이 공간적으로 군집을 이루는 것이 발견되었다. 다르게 말하면, 범죄는 뭉쳐서 발생하는 성향이 있어서, 어떤 장소나 어떤 이웃에서는 범죄가 거의 없거나 전혀 일어나지 않는 반면, 다른 곳에서는 많은 범죄들이 집중적으로 발생한다. 연구들에 의하면 대략 약 20%의 장소나 시설들에서 약 80% 범죄가 발생했다고 보고하였다(Andresen, 2014; Bowers, 2014; Weisburd et al., 2012). 클라크와 에크(Clarke and Eck, 2003)는 이것을 80-20 법칙(다른 학문분야에서는 파레토 원칙이라고 부르기도 한다)이라고 불렀고, 이 법칙은 경찰과 범죄 예방 정책에 분명한 시사점을 보여 준다. 예를 들어 경찰과 범죄 감소를 위해 노력하는 기관들은 사용할 수 있는 한정된 자원들을 많은 양의 범죄가 발생하는 범죄 핫스팟에 투입하는 것이 최선임을 보여 준다. 여기서는 지리적 핫스팟을 정의하기 위해 사용되는 다양한 방법을 살펴본다. 그리고 핫스팟 경찰활동에 대한 평가는 핫스팟 경찰활동의 효과성을 증명해 주는데, 핫스팟 지역에 집중된 지시 순찰을 실시했을 때 그 지역에서 범죄가 대폭 감소했다는 것을 보여 주었다(주변의 다른 지역으로 범죄전이도 발생하지 않았다)(체계적인 검토를 위해서는 Baraga et al., 2014 참조).

핫스팟에 대한 정의: 방법론적 고려들

핫스팟은 어떻게 정의되고 어떠한 모양을 하고 있는가? 이 질문에 답하기 위해 범죄의 공간적 분석에 사용되는 측정의 공간적 단위를 고려하는 것으로 시작한다. 범죄는 발생 지점(점), 선(거리) 또는 면(지역)수준에서 맵핑(지도화)될 수 있다. 점지도, 즉 각각의 범죄사건이 지도의 '점'으로 표시된 것은 가장 단순한 접근법이라고 할 수 있다(예시로서, 그림 10.1 참조). 하지만 그러한 지도는 상당한 한계를 가지고 있다. 예를 들어, 같은 장소에서 여러 건의 범죄가 발생하는 경우 이러한 지도에서는 정확히 나타낼 수가 없다. 더욱이 큰 범위의 지역에 대하여 범죄 점지도를 만들 경우에는 같은 장소에서 여러 번 발생한 범죄와 상대적으로 서로 가까운 곳에서 발생한 범죄들이 서로 구분하기 어려울 수 있다.

이러한 이유와 또 다른 이유로, 범죄의 공간적 패턴에 관련된 초기 연구(예를 들어, Quetelet, 1842)에서는 연구자들은 꽤 넓은 지역에서 얼마나 많은 범죄가 발생했는지를 집계하고 지도를 만들었다(즉 점지도 대신에 면지도를 이용하였다). 사용된 지역은 이전에 다른 목적을 위해 정의되었던 정부 행정 구역 같은 것을 사용하였다. 초기의 범죄 지도는 수작업으로 제작되었는데, 이것은 노동 집약적인 작업이었고, 지도 제작자들은 작은 지역을 대상으로 지도를 만드는 것 이외 여타 창의적인 작업을 할 수 없게 만들었다(아주 상세한 초기 지도의 예시로서, Snow, 2002 참조). 요즘 지도는 수작업으로 만드는 경우가 드물고 일반적으로 GIS Geographical Information System 를 사용하여 제작한다. GIS는 점(예: 개별 좌표), 선(예: 도로) 및 면(예: 인구조사 경계)의 층 layer들을 동시에 분석하고 표시할 수 있도록 하여 지도 제작이 비교적 용이하도록 하고 지도제작자들에게 더 많은 창의성을 부여한다.

범죄패턴에 대한 초기 연구로 돌아가면, 연구들은 어떤 지역은 다른 지역보다 훨씬 더 많은 범죄를 경험했다는 것을 분명히 보여 주었다. 그들은 또한 범죄수를 인구수로 나누어서 도출한 '범죄율이나 범죄위험도'도 지역에 따라 상당히 다양하다는 것을 보여 주었다. 후자는 중요한데, 확률적으로 보았을 때, 범죄율이 높은 지역에 사는 사람들이 더 많은 범죄 피해를 예상할 수 있기 때문이다. 따라서 범죄율(또한 범죄 횟수)이 지역에 따라 다양하다는 것은 특정한 지역들은 범죄를 유발하는 무엇인가가 있다는 것을 암시한다.

'주제별지도 Thematic mapping' 또는 '단계구분도 Choropleth mapping'로 표현된 범죄 지도 유형은 쉽게 제작하고 이해할 수 있다. 한 지역의 인구통계학적 자료(흔히 인구총조사를 통해 수집된 자료)와 동일한 지역 수준(area level)에서 수집된 다른 자료들 이용해 가설을 검증하는 데 사용될 수 있기 때문에 이론 검증에도 가치가 있을 수 있다. 예를 들어, 일상 활동 이론에 따라(Cohen and Felson, 1979), 많은 연구들이 한 지역의 범죄 위험성이 상업시설의 수와 관계가 있다는 것을 보여 주었고(Bernasco and Block, 2011), 범죄패턴 이론에 따르면 (Brantingham and Brantingham, 1981), 도로망을 따라 쉽게 접근할 수 있는 지역들이 고립된 지역보다 범죄 피해가 더 많았다(White, 1990).

그러나 주제별지도Thematic mapping와 관련된 몇 가지 문제들이 있다. 첫째, 주제별지도는 한 지역 내의 모든 장소에서 범죄의 위험이 동일하다는 것을 암시한다. '생태학적 오류'로 언급되는 이것은(Robinson, 1950), 사실은 그렇지 않다. 그 대신, 높은 범죄 지역 내에서조차, 몇몇 지역이나 어떤 거리들은 거의 혹은 전혀 범죄가 없는 반면, 다른 지역들은 많은 범죄가 발생할 것이다(Andresen and Malleson, 2011). 이 문제는 분석의 단위로 큰 영역을 사용하는 분석에서 특히 문제가 발생한다. 예를 들어 그림 10.1을 보면, 동일한 범죄 데이터를 사용하여 세 개의 다른 지도를 만들었다. 첫 번째 지도는 점 패턴 지도인데 다른 두 개의 지도를 만드는 기반 데이터를 제공하고, 다른 두 개의 지도는 서로 다른 경계를 사용하여 생성된 주제별지도이다. 각 주제별지도에서, 지역들은 얼마나 많은 범죄가 발생했는지를 나타내기 위해 서로 다른 음영 정도를 이용해 표시되었다. 적용된 음영은 데이터의 분포를 정량적으로 5단계로 나누어 결정된다(즉, 각 음영은 표시된 영역에서 20%를 차지한다). 가운데 있는 지도는 범죄의 수가 상대적으로 넓은 지역 수준에서 어떻게 분포되어 있는 지를 보여 준다. 남쪽을 향한 지도의 중앙에 있는 지역은 가장 많은 수의 범죄가 발생하는 것으로 보인다. 하지만 오른쪽에 있는 지도를 살펴보면 가운데 지도에서 가장 많은 범죄를 보인 지역 내에서, 몇몇 작은 수준의 지역들은 범죄가 매우 적게 발생하는 것을 보여 준다. 유사하게, 전체 범죄가 적게 발생한 '넓은 지역 수준(가운데 지도)' 내의 몇몇 작은 수준의 지역들 중 일부는 비교적 많은 수의 범죄가 발생하는 것을 보여 준다. 이러한 작은 지역 수준의 범죄 지도에서 나타났던 다양성들은 가운데의 넓은 수준의 지도에서는 가려지는 것을 알 수 있다(그림 10.1의 가운데).

그림 10.1에서도 확인할 수 있는데, 두 번째 문제는 주제별지도를 제작하는 데 사용된 경계가 다소 불규칙하고 모양과 크기가 매우 다른 지역을 포함하고 있다는 것이다. 예를 들어 그림 10.1의 오른쪽 지도에서는 일부 영역이 다른 영역보다 훨씬 더 크다(경우에 따라 100배가 넘는다). 이것은 지도를 만드는 사람들이 내린 지도 경계에 대한 정의에 따라 결정된다. 이러한 불규칙성에는 대개 논리적인 이유가 있다. 예를 들어, 인구총조사에서 사용하는 지역단위는 공원이나 호수와 같은 개별적인 환경의 특징을 반영해서 정의될 수 있다. 호수나 공원이 포함된 지역은 상대적

으로 넓은 지역으로 만들어 질수 있다. 이러한 환경적 특징들은 경계를 정의할 때 제외할 수도 있지만, 이는 지도가 전체 영역을 포함하지 못하게 될 수 있으므로 일반적으로 포함시킨다. 물론 범죄 분석을 위해 이러한 특징들을 제외하고 경계를 다시 만드는 것이 가능하지만, 시간이 많이 소요되고 오류가 발생할 수 있다.

[그림 10.1] 범죄사건의 점지도(왼쪽 지도); 경찰관할 지역의 넓은 지역수준(가운데 지도)과 작은 지역수준(오른쪽 지도)에서 범죄의 공간적 분포를 보여 주는 주제별 지도

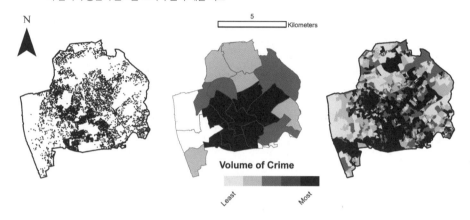

행정 목적으로 정의된 경계를 사용하는 것의 또 다른 문제는 그것이 사람들이 생각하는 지역사회의 경계와 잘 맞지 않을 수 있다는 점이다. 그 때문에 일부 연구자들은 참여형 GIS 접근법(예: Dunn, 2007)을 이용해 지역에 살고 있는 주민들에게 경계에 대한 인식을 조사하여 반영하는 실험을 하기 시작했다. 그러한 연구는 지역의 경계에 대한 주민들의 인식을 조사하기 위하여 주민들에 대한 인터뷰나 포커스 그룹을 사용하였다. 그러나 이러한 접근법은 걸음마 단계이며 그것의 사용과 관련된 문제들로서 거주자들이 경계에 대하여 서로 다른 인식을 할 수 있다는 것과 주민의 인식에 바탕을 둔 경계는 다른 데이터(예를 들어 인구조사 자료)와 연결하여 사용할 수 없다는 문제가 있다. 그럼에도 불구하고 이것은 경계의 정의에 대한 새로운 접근 방식으로서 주목받고 있다.

수 또는 비율

경계가 어떻게 정의되든 간에, 불규칙한 경계의 사용과 관련된 한 가지 문제는 사람들이 지도가 전달하는 패턴을 해석할 때 크기가 중요하다는 것이다. 예를 들어,

정신집중의 편향된 경쟁 설명에 관한 연구(예: Proulx and Egeth, 2008)는 참가자들이 차별적인 일을 할 때, 더 큰 물체들이 작은 것보다 우선시된다는 것을 보여 주었다 (전자는 후자보다 더 빨리 식별된다). 범죄 지도의 해석에 있어서, 동일한 수의 범죄가 발생한 두 지역이 있는데, 한 지역은 면적이 넓고, 다른 한 지역은 좁은 지역이다. 이 경우, 훈련되지 않은 사람들은 비록 넓은 지역이 좁은 지역 보다 더 많은 범죄를 가지고 있지 않더라도 두 가지 중 더 큰 지역에 끌리는 경향이 있다. 이러한 편견은 결과적으로 지도가 전달하는 정확한 해석을 방해할 수 있다. 이 예에서 실제로는 더 좁은 지역의 단위 지역 당 발생한 범죄 밀도가 더 높다.

경찰 상황에서는, 좁은 지역의 경우 경찰관이 순찰을 하면서 더 많은 범죄를 발각할(또는 예방할) 수 있기 때문에 좁은 지역을 순찰하는 것이 더 효율적일 것이다. 하지만 범죄발생 수에 대한 간단한 주제별지도를 이용해서 그러한 경찰 자원 배분에 대한 정책적 제안을 도출해 내기는 어렵다.

이 문제에 대한 간단한 해결책은 적어도 두 가지가 있다. 첫 번째는 범죄의 수를 사용하는 대신에 적절한 분모로 나눈 비율로 변환하는 것이다. 분모로 사용할 것은 고려된 범죄의 종류와 지도의 목적 등에 따라 달라질 것이다. 예를 들어, 주거 침입 절도의 경우, 합리적인 분모는 그 지역의 집들의 수가 될 것이다. 이를 이용하면 그 지역의 가구당 절도 피해의 위험성을 추정할 수 있을 것이다. 거리 범죄의 경우, 한 지역의 거주 인구가 사용될 수 있지만, 많은 사람들이 그들이 사는 곳이 아닌 다른 장소에서 하루를 보내고 있기 때문에 이것은 오해의 소지가 있다. 이는 도시 중심부에서는 특히 문제가 될 것으로 보이는데, 이 지역은 일반적으로 거주 인구가 상대적으로 적지만 하루 종일 많은 사람들이 방문한다. 이러한 이유로, 길거리 인구의 추정은 길거리 범죄에 대한 보다 적절한 분모가 될 것이다. 하지만 길거리 유동 인구는 추정하기 어렵기 때문에 거주 인구보다 획득하는 것이 더 어렵다. 이 분야에서는 세 가지 접근법을 사용하여 발전이 이루어졌다.

첫 번째는 오크릿지 국립 연구소에서 만들어진 LandScan 데이터의 사용에 대한 것이다. 원격 감지 기술을 통해 얻은 데이터, 예를 들어 빛 방출 수준 측정 및 기타 자료를 사용하여 LandScan 데이터는 상대적으로 작은 $1km^2$ 크기의 그리드 셀 격자 사각형에 유동인구ambient population를 추정하여 제공한다. 이 접근법의 단점은 데이터가 도로나 길이 아닌 그리드 셀 단위로만 표시될 수 있기 때문에 위에서 언급한 생태학적 오류에 취약하다는 것이다. 게다가, 하루 중 특정 시간에는 데이터를 사용할 수 없다. 이것은 길거리 범죄에 문제가 되는데, 그 이유는 유동인구는(한 지역의 주택 수와 달리) 시간대에 따라 매번 달라질 가능성이 높으며, 도시 중심부와 외곽의 주거지역에 따라 큰 차이가 있을 수 있기 때문이다.

다른 연구들은(예: Bowers, 2014) Space Syntax 방법론을(Hillier and Hanson, 1984) 통해 생성된 자료를 사용했는데, 이는 도로나 거리망 배열의 수학적 분석을 통해 길거리 수준에서 유동인구를 추정하는데 사용될 수 있다. 아래에서 더 자세히 논의되지만, (수학적 분석을 통해) 단순히 주요 간선도로로 지정하는 것만으로도 막다른 골목처럼 외진 곳보다 더 큰 유동인구가 있을 것을 예상할 수 있다. 이 접근법의 신뢰성은 많은 연구에서(예를 들어, Hillier and Iida, 2005) 검증되어 왔는데, 연구들은 해당지역의 실제 유동인구의 수와 방법론을 사용하여 예측한 인구수와 비교하였다. 이 연구 결과들은 압도적으로 접근법의 신뢰성을 지지하였지만, 이 방법의 약점은 LandScan과 인구총조사 데이터에서와 마찬가지로, 도로나 길거리 인구가 하루 또는 일 년 동안 얼마나 다양하게 변하는 지에 대한 지표를 제공하지 않는다는 것이다.

최근에는 연구자들이 소셜미디어 데이터를 이용해 보다 역동적으로 길거리 유동인구를 추정하기 위한 실험을 했다(Malleson and Andresen, 2015). 이런 자료는 트위터 등 소셜미디어 플랫폼에 자료를 올릴 때 휴대전화 사용자의 위치를 검사해 수집했다. 이것은 이러한 소셜미디어 사용이 증가함에 따라 매우 유망한 연구방법 일수 있지만, 이러한 데이터와 관련된 문제들도 있다. 예를 들어, 데이터는 소셜미디어 플랫폼 사용자에 한정되어 있는데, 이들은 인구의 극히 일부에 불과할 수도 있다(Smith and Brenner, 2012). 게다가, 수집된 데이터가 불완전하거나 사용자의 지리적 위치에 대한 정확한 좌표를 포함하지 않을 수도 있다. 그럼에도 모바일 위치 기반 서비스의 사용이 증가하면서 생성된 데이터의 지리적 정밀도가 향상됨에 따라 이러한 데이터는 범죄와 같은 사회 현상의 분석에 점점 더 유용해질 가능성이 높다.

위의 문제는 잠시 놔두고, 잠재적 위험성이 있는 인구at-risk-population로 나누어 살펴보는 방법은 범죄 위험성이 지리적으로 어떻게 다양하게 분포되어 있는 지를 이해하고 또 왜 그러한 분포를 보이게 되었는지를 조사하는데 유용하다. 이것은 학문적 연구와 범죄의 위험성을 줄이기 위해 중요하다. 그러나 이 방법은 경찰의 순찰 자원 배분에 대한 의사결정을 하는 데에는 비교적 덜 유용하다 왜냐하면 특정 지역을 물리적으로 모두 순찰하는데 필요한 순찰 가능한 경찰 자원들이 얼마인지를 고려하지 않기 때문이다. 또한 이 방법은 앞에서 설명한 어떤 지역의 크기가 인지된 패턴을 왜곡시키는 인지편향 문제를 해결하는 데에도 도움이 되지는 않을 것이다. 이러한 이유들을 고려해서, 순찰가능 지역당 범죄율을 이용하는 것이 더 유용할 수 있다. 범죄율은 쉽게 계산될 수 있다. 따라서 위에 언급된 바와 같이 어떤 분모를 사용할 것인지 결정할 때 지도의 목적을 고려하는 것이 중요하다.

그리드와 커널 밀도 추정Grids and kernel density estimation

위에서 언급한 공간단위문제areal unit problem로 돌아가서, 이 문제에 대한 두 번째 해결방법은 동일한 크기의 그리드 셀격자 사각형을 사용하는 것이다. 이 방법을 적용한 '그리드 주제별지도grid thematic mapping'를 그림 10.2에 제시하였다. 그림 10.2의 첫 두 지도를 살펴보면, 아무런 범죄도 없는 그리드 셀은 희색으로 표시되었고, 가장 많은 범죄가 발생한 셀은 검게 표시했다. 불규칙한 경계를 사용하여 발생하는 왜곡이 이 지도의 공간 패턴에서는 발생하지 않는다. 그러나 이 두 지도는 또 다른 고려해야할 사항이 있다.

[그림 10.2] 그리드 주제별지도와 커널 밀도 추정(그림 10.1과 동일한 자료를 이용해 생성함)

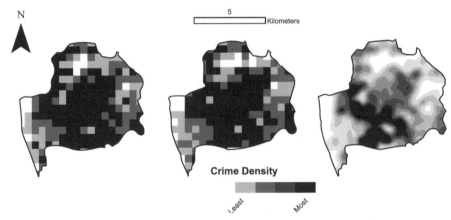

그것은 공간단위 수정가능성 문제(modifiable areal unit problem, MAUP: Poenshaw, 1984)인데, 사용 중인 경계에 아주 사소한 수정이라도 가해졌을 때 발생하는 문제이다. 그림 10.2의 경우에, 그리드를 조금 이동하는 것만으로 (여기에서, 동쪽으로 250m 이동) 관찰된 패턴에 영향을 미친다. 그림 10.2에서 왼쪽과 가운데 지도는 전체적으로 비슷한 패턴을 보이고 있지만, 왼쪽 지도에서 '핫'한 일부 그리드 셀들이

가운데 지도에서는 사라지는 것이 분명히 보인다.

MAUP 문제에 대한 하나의 해결책은 그림 10.2의 오른쪽 지도에 나타낸 것과 같이 커널 밀도 추정kernel density estimation, KDE 접근법을 사용하는 것이다. KDE는 각 그리드 셀에서 발생한 범죄의 수를 세는 것보다 '스무딩 알고리즘'을 사용하여, 각 그리드 셀에 할당된 값은 그 셀 자체와 주변에 얼마나 많은 범죄가 발생하는 지를 고려하여 계산된다. 가장 많은(적은) 수의 범죄가 발생한 셀은 그 중심부에 가장 큰 (작은) 값을 부여한다. 공식적으로 각 그리드 셀에 대한 KDE 값은 방정식을 사용하여 계산되며, 여러 형식을 취할 수 있다. 아래에 하나의 예를 표시한다.

$$\lambda_r(s) = \sum_{d i \leq \tau} \frac{3}{\pi\tau^2}\left(1 - \frac{d_i^2}{\tau^2}\right)^2 \qquad (10.1)$$

여기에서 $\lambda_r(s)$ = risk intensity value for cells

τ = bandwidth

d_i = distance of each point(i) within the bandwidth from the centroid of the cell

이것은 상당히 복잡한 방정식이지만, 이 식이 의미하는 것은 각 그리드 셀에 대해, 우리는 그리드 셀의 중심으로부터 지정된 거리 내bandwidth에서 발생한 모든 범죄사건을 식별해서 위험성을 나타낸다는 것이다. 그렇게 정의된 각각의 범죄에 대해, 우리는 범죄 위치와 셀 중심 사이의 거리를 계산하고 간단한 산술 함수를 적용한다(기본적으로, 셀에 가까운 범죄들은 더 멀리 위치한 범죄들보다 더 큰 값을 가지도록 기여한다). 그리고 이렇게 계산된 모든 값을 더한다. 이와 같은 KDE 지도는 범죄의 밀도가 어떻게 공간적으로 다양하게 변하는지 보여 주면서, 위에서 논의한 MAUP 및 생태학적 오류와 관련된 문제를 감소시킨다. 그러나 KDE지도를 생성할 때 사용한 셀의 크기와(그림 10.2에서는 50m) 대역폭bandwidth(그림 10.2에서는 200m) 그리고 방정식 공식을(수학식 10.1) 반드시 표시해야 한다. 이들 각각에 대한 변화는 생성된 지도에 영향을 미칠 수 있다.[17] 그래서 KDE 맵을 제작할 때 그들이 실제로 기반하

---

17 예를 들어, 셀 사이즈를 증가시키는 것은 범죄 밀도의 공간적 변동성을 가려서 생태학적 오류 문제를 증대 시킬 수 있다. 대역폭을 증가시키는 것 또는 너무 유연한 거리감쇄 함수를 적용하는 것은 생성된 지도를 over smoothing하는 효과를 만들어서 동일한 문제를 발생시킬 수 있다.

고 있는 점 패턴을 잘 나타내기 위해 약간의 주의가 필요하다.[18] 더욱이 KDE 맵이 범죄의 밀도가 공간적으로 어떻게 다양하게 분포되어 있는지에 대한 지표를 제공하는 반면(단위면적당 발생수), 인구당 범죄율이 어떻게 분포해 있는지를 나타내는 것은 아니다. 이를 위해서는 두 개의 dual KDE를 사용해야 하는데, 두 개의 그리드셀 지도를 처음에 생성하고, 하나는 범죄의 공간적 분포를 나타내고 다른 하나는 기회의 공간적 분포를 나타내도록 하고 첫 번째 지도를 두 번째 지도로 나누어 주면 된다.

핫스팟의 통계적 유의성 결정

표본 지역에 대한 범죄의 공간 패턴을 지도로 만드는데 있어 한 가지 문제는 제작하는 지도의 종류나(예: 점지도, 주제별지도 또는 KDE) 대상 범죄의 종류와 상관없이 필수적으로 지역에 걸쳐 공간적 분포에 다양성이 존재한다는 것이다. 결과적으로 어떤 지역은 비록 그 지역과 다른 지역 간의 차이가 우연 수준 정도 밖에 해당하지 않지만 항상 핫스팟으로 표시되는 경우가 발생한다. 따라서 핫스팟 분석에서 필요한 첫 번째 단계는 분석 대상지역에 대하여 범죄가 무작위로 분산되었을 경우 예상되는 정도를 초과하는 수준의 공간 클러스터링(군집)이 존재하는지 여부를 결정하는 것이다.

　점 자료의(예: 범죄 위치) 경우, 공간 클러스터링을 탐지하기 위한 다양한 기법이 있으며, 그 중 많은 것들이 전염병학에서 개발되었다. 아마도 가장 간단한 것은 최근접 이웃 검증일(nearest neighbor test, Getis, 1964) 것이다. 이 기법을 위해, 각각의 범죄는 그것과 가장 가까운 범죄를 식별하고 이 가까운 이웃들이 얼마나 멀리 떨어져 있는지를 계산하기 위해 서로 비교된다. 반복적인 범죄가 같은 장소에서 일어나는 경우, 가장 가까운 이웃은 0미터 떨어져 있을 것이지만, 이 외의 다른 경우들은 더 멀리 떨어져 있을 것이다. 모든 범죄에 대해 최근접 이웃의 거리를 모두 계산한 후, 각 지점에서의 평균거리를 범죄의 분포가 랜덤하다는 가정(즉, 데이터에 공간적 클러스터가 없다는 가정) 하에 추정된 기대 평균 거리와 비교한다. 두 값의 차이가 통계적 우연성을 넘어 더 큰 차이를 보이는 경우, '공간 클러스터링'이 있다고 볼 수

18　Duong(2007)은 KDE지도에서 점 패턴을 가장 잘 나타낼 수 있도록 최적화 하는 기법들을 소개하고 있다.

있고 그것을 핫스팟 형성으로 볼 수 있다. 기대 평균 최근접 이웃 거리는 다양한 방법으로 계산할 수 있지만, 표준 접근법을 이용하면 완전한 공간 무작위성Complete Spatial Randomness, CSR을 가정하고 계산하는 것이 된다. CSR 가정에 따르면, 범죄는 대상 영역 내의 어느 곳에서든 발생할 수 있다. 그러나 우연적으로도 몇몇의 클러스터링을 예상할 수 있다. 이것은 그림 10.3의 왼쪽 패널에서 볼 수 있는데, 직사각형 내에서 랜덤하게 배치된 100개의 점 위치의 표본을 보여 준다.

이 접근법의 문제는 CSR 가정이 종종 비현실적이라는 것이다. 예를 들어, 연구 영역은 일부 범죄가(예를 들어 강도, 은행 강도) 발생할 수 없는 지리적 특징을(예를 들어 호수, 들판 등) 포함할 수 있다. 이 경우, 기대 평균 근접 이웃의 거리가 너무 커서 범죄의 실제 공간 분포가 범죄 기회의 분포(예를 들어, 절도의 경우 주택 분포, 은행 강도 사건의 경우 은행 분포)를 나타내는 것이 되어 공간 클러스터링이 (잘못) 감지될 수 있다. 예를 들어, 집이 있는 위치에서 무작위로 선택된 점의 표본을 보여 주는 그림 10.3의 오른쪽 패널을 고려해 보자. 이 랜덤 분포는 같은 그림의 왼쪽 패널보다 더 많은 공간 군집을 나타내는 것이 분명해 보인다.

[그림 10.3]　100개 점의 무작위 분포 예: a) 완전한 공간 무작위성 가정이 가능한 경우(왼쪽); b) 범죄가 오직 집이 있는 곳에서만 발생 가능한 경우(오른쪽)

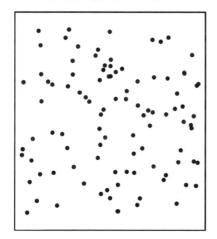 

일부 연구(예: Hepenstal and Johnson, 2010; Johnson, 2010)에서 채택된 이 문제에 대한 한 가지 해결책은 범죄 기회가 존재하는 곳에서만 범죄가 발생할 수 있다고 가정함으로써 기대 평균 근접 거리를 계산하는 것이다(그림 10.3, 오른쪽 패널 참조).

이 접근법은 CSR 가정 하에서 계산된 것보다 기대 최근접 이웃 거리가 짧고 또한 범죄 기회의 공간적 분포에 민감하게 반응하도록 되어 있어 공간 클러스터링에 대한 보다 의미 있는 검정을 제공한다. 이러한 검증이 조금 더 복잡하지만, 지금은 컴퓨터를 사용하여 쉽게 수행할 수 있다.

점 패턴에서 공간 군집을 탐지하기 위한 Ripley's K와 같은 (Ripley, 1976) 다양한 다른 테스트가 존재하지만, 동일한 문제(및 해법)가 이들 테스트에도 적용된다(대안적 해결책은 Groff, 2007 참조). 따라서 점 패턴 테스트는 특정 범죄가 공간 군집을 표시하는지 여부를 판별하는 방법을 제공하는데, 이는 범죄 핫스팟 형성과 일치할 수 있지만, 이러한 테스트의 결과를 해석할 때 일부 주의가 필요하다. 또한 위에서 설명한 바와 같이, 핫스팟 지도는 점 지도를 사용하여 거의 생성하지 않으며 결과적으로 핫스팟 탐지는 종종 영역 수준에서 수행되는 분석을 포함하므로 약간 다른 분석 테스트를 적용해야 한다. 이것들을 아래에서 검토한다.

주제별지도나 KDE지도가 사용되는 경우, 더 고려해야 할 문제는 특정 연구 영역 내에서, 어떤 지역은 다른 지역보다 훨씬 더 많은 범죄를 가지고 있지만, 상대적으로 다른 연구 영역의 지역들과 비교해서 그 지역들이 아주 적은 수의 범죄나 범죄율을 가지고 있을 수 있다는 것이다. 타운슬리와 피스(Townsley and Pease, 2002)는 이 문제를 잘 작동하고 있는 온도계를 가지고 있는 것의 중요성으로 설명했다. 즉, 그들은 한 지역 또는 지역의 클러스터를 핫스팟으로 규정할 때 의미 있는 임계값을 식별할 필요성에 대해 논의했다. 이러한 임계값이 어느 정도여야 하는지는 분석의 목적에 따라 달라진다. 예를 들어, 특정 도시 내에서 가장 위험한 장소를 목표로 삼는 것이 목적이라면, 다른 도시에서의 범죄율은 대체로 상관이 없을 것이지만, 다른 목적으로는 그렇지 않을 수도 있다. 따라서 독자들은 이러한 문제와 해결책을 인식해야 한다.

핫스팟 탐지에 관련된 이슈는 탐지된 핫스팟의 숫자가 공간단위들을 구별하기 위해 사용한 주제별 분류 방식에 따라 달라진다는 것이다. 따라서 보수적인 임계치를 적용하면 '핫'으로 간주될 수 있는 핫스팟이 보다 자유로운 기준을 적용한 것보다 적게 탐지될 것이다. 단순히 사용 중인 주제 분류를 변경하는 것이 핫스팟의 존재 여부와 몇 개의 핫스팟이 탐지되는지에 영향을 미쳐서는 안 되기 때문에 이것은 문제가 있다.

이 문제에 대한 한 가지 간단한 해결책은 임계치 비율(또는 카운트)을 지정하는 것인데, 그것은 특이하게 높은 범죄율을 가지고 있는 위치를 식별하는 데 사용된다. 이것은 연구 지역의 범죄율 분포를 조사하고 그 지역의 전형적인 범죄율에서 통계적으로 유의미하게 벗어나는 임계치 범죄율 지역들(예: 범죄율이 평균으로부터 1.96 표준편차보다 높은 지역들)을 찾아냄으로서 경험적으로 수행이 가능하다. 이 방식은 표준적인 통계 방식을 적용하여 통상적인 범죄율보다 유의미하게 높은 지역을 탐지할 수 있도록 해 준다(Agresti and Finlay, 2013).

그러나 이 방식은 개별 지역을 고립된 지역으로 간주해서 분석한 것이고, 주변 지역의 범죄 횟수나 비율을 무시한 것이 된다. 대안적인 접근법들은 각 지역의 범죄율과 지역을 둘러싸고 있는 주변 지역의 범죄율도 동시에 고려하여 이례적으로 높은 범죄율을 가진 지역의 군집들을 식별한다. 예를 들어, 주제별지도 데이터에 (기존 경계 또는 그리드 사용) 대하여, Getis−ORD(1992) GI*Statistics와 같은 국지적 공간자기상관 지표Local Indicators of Spatial Association, LISA 분석을 이용하면 다른 넓은 지역에 비하여 높은 범죄 횟수나 비율을 가지고 있는 공간적 클러스터링을 보이는 지역을 찾아낼 수 있다. 좀 단순하게 설명하기 위해 편의상 대상 영역에 있는 각 지역에 i를 인덱스로 사용하여 1부터 i까지 숫자를 부여하자. i 지역으로부터 지정된 거리 안에 있는 다른 모든 지역을 찾아서 그 지역들 안에서 발생한 범죄의 수를 공간가중치와(보통 해당지역과 지역 i 사이의 거리분에 1) 곱한다. 모든 지역에 대하여 이 방식을 적용하면 GI*값values 분포를 구할 수 있다. 다른 높은 범죄율 지역 근처에 있는 높은 범죄율 지역들은 큰 GI*값을(평균보다 1.96 표준 편차 밖의 영역) 나타내는 지역들을 찾아냄으로서 가능하다.

영역 경계는 GI*statistics의 도출에 필수적이기 때문에, 물론, MAUP의 대상이 된다. 이는 '그리드 주제별지도grid thematic mapping' 방법 사용을 통해 최소화할 수 있지만 문제는 여전히 남아 있다. 대안적 분석 방법으로 지리 분석 기계가 (Geographical Analysis Machine, GAM, OpenShow, 1987) 있다. 이 경우, 먼저 영역에 위치한 점들을 그리드(j)로 정의 하여 표시한다. 각 검색 지점 j에 대해 주어진 위치 반경 내에서 발생한 범죄의 양을 계산하고, GI* 접근법과 마찬가지로 계산한 값의 분포를 생성한다. 계산에 사용되는 반지름을 다양하게 적용하면 군집이 서로 다른 공간 척도에서 나타나는지 확인할 수 있으며 비율이나 범죄 건수를 이용하여 계산할 수 있다. 두 접근 방식은 (GI* 와 GAM) 개념적으로 유사하지만, 후자는 미리 정의된 공간 단위를 사용하지 않는 점에서 전자와 다르고, 상대적으로 많은 수의 검색 지점들을 사용하여 MAUP이나 생태학적 오류를 피할 수 있다. 정확한 접근법을 적용했는지 상관없이, 이러한 공간 분석법은 범죄 지도가 전달하고자 하는 것을 보완해 주고, 범죄패턴에 대한 우리의 이해가 인지적 편향에 의해 흐려질 가능성을 최소화 하는데 도움을 준다.

분석 단위 Unit of analysis

위의 논의는 지역수준에서 공간패턴에 대한 조사에 초점을 맞췄다. 하지만 다수의 저자들은(예: Beavon et al., 1994, Weisburd et al., 2004) 많은 종류의 범죄에 대하여 거리 세그먼트(세그먼트는 일반적으로 두 교차로 사이의 도로구간이다) 또는 블록면이(거리 세그먼트의 한 면) 그리드 셀 또는 영역보다 더 의미 있는 분석 단위를 나타낸다고 주장한다. 그 한 가지 이유는 행정구역 경계(또는 그리드 셀)가 보행자나 다른 사람들이 쉽게 식별할 수 있거나 그들의 일상 행동에 영향을 주는 환경적 특징에 의해 정의되지 않았기 때문이다. 이와는 대조적으로, 거리 세그먼트는 사람들이 일상적인 활동을 하는 도시 현실을 반영하고 있으며, 명확하게 구분될 수 있다. 환경범죄학 관점에서 보면, 길거리 네트워크는 네트워크의 구성이 사람들이 한 지역에서 다른 지역으로 가는 경로를 결정하기 때문에 범죄 발생 가능성에 영향을 줄 것으로 예상되며, 따라서 동기가 부여된 범죄자들이 유능한 보호자가 없을 때 적절한 대상과 마주칠 가능성에도 영향을 줄 것으로 생각한다.

이와 관련하여, 많은 연구들이 범죄가 거리 세그먼트 수준에서 높은 집중도를 보인다고 보고하였다. 예를 들어, 브라가 외(Baraga et al., 2011)는 보스턴의 상업강도 사건의 50%가 모든 거리 세그먼트의 1%에서 발생했음을 보여 주었다. 안드레센(Andresen, 2014)은 캐나다의 오타와와 밴쿠버에서 성폭행, 상업강도, 자동차 절도와 같은 다양한 범죄의 50%가 가장 위험한 2%의 거리 세그먼트에서 발생했다는 것을 보여 주었다. 존슨(Johnson, 2010)은 영국의 리버풀 시의 주거침입 절도는 지역 수준보다 거리 세그먼트에서 훨씬 높은 집중도를 보였다고 하였다(80%의 주거침입 절도가 전체 주택의 20%가 위치한 가장 위험한 거리 세그먼트들에서 발생했다; 지역수준에서는 40%의 주거침입 절도가 주택의 20% 정도가 위치한 가장 위험한 지역들에서 발생했다). 그리고 안드레센과 말레슨(Andresen and Malleson, 2011)은 지역 수준의 범죄 위험이 다른 방법보다 거리 세그먼트 수준의 위험에 의해 결정될 가능성이 더 높다는 증거를 제시한다.

이러한 연구들을 통해서 특정 지역 내의 거리 세그먼트들이 극단적으로 차이가 나는 범죄 횟수나 범죄율을 나타낼 수 있다는 것이 명백해졌다. 그리고 와이스버드 외(Weisburd et al., 2012)는 이 거리 세그먼트 수준에서의 범죄패턴이 지속적이라는 것을 보여 주었다. 그림 10.4는 그림 10.1 및 10.2를 생성하는 데 사용된 영역의 일부를 보여 준다. 이 그림에서 일부 거리 세그먼트에는 범죄가 전혀 없지만, 다른 세그먼트에는 많은 범죄가 있다는 것을 분명히 확인할 수 있다. 종합해보면, 위의 관측은 이론적으로나 실질적으로나 모두 중요하다. 이론적으로, 그들은 범죄가 일어나는 이유와 어디에서 일어나는 지에 대한 설명은 적어도 부분적으로는 지역 수준보다 낮은 수준의 공간적 분석단위(예를 들어 세그먼트) 수준에서 발견될 가능성이 높다는 것을 의미한다. 실질적으로, 거리 세그먼트 수준이 아닌 지역 수준에서 범죄예방 자원을 배치하는 것은 지역 안에 있는 많은 거리 세그먼트들에서 범죄가 발생하지 않을 것이기 때문에 비효율적임을 암시한다.

[그림 10.4]　거리 세그먼트 수준에서 범죄분포의 예

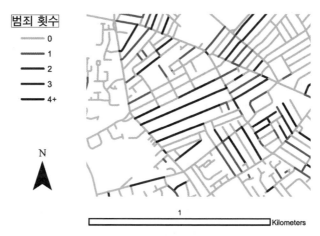

출처: © Crown Copyright and Database Right 2015, Ordnance Survey (Digimap Licence).

범죄와 장소에 대한 연구는 범죄패턴을 거리 세그먼트 수준보다 더 낮은 수준의 공간 단위에서 연구하는 것이 유익할 수 있다는 것을 제시한다. 예를 들어, 피스와 패럴(Pease and Farrell 이 책 제9장)에 의해 논의된 것처럼, 반복적인 피해와 관련된 연구는 매우 적은 숫자의 가구들에서 가구 범죄의 많은 비중을 차지하고 있다는 것을 보여 준다. 위험한 시설과 관련된 연구는 이 연구결과를 확대하여 술집과 같은

특정 유형의 시설들에서 지나치게 많은 범죄가 발생하고 있고, 특정한 유형의 시설 내에서 소규모의 구획에서 범죄의 대부분이 발생하고 있다는 것을 보여 준다. 예를 들어, 바워스(Bowers, 2014)는 영국의 혼잡한 대도시 지역의 경우 절도사건의 80%가 약 20%의 장소에서 발생했다는 것을 보여 준다. 윌콕스와 에크(Wilcox and Eck, 2011)는 이것을 범죄 집중의 철칙iron law of crime concentration이라고 하였다.

범죄패턴 이해: 공간 분석

이전 논의에서 설명한 바와 같이, 범죄에 대한 공간적 분석은 서로 다른 분석단위와 서로 다른 측정수준으로 수행될 수 있다. 적절한 분석단위의 선택은 수행하는 분석의 목표에 따라 달라진다. 이론 검증의 경우 분석단위가 특히 중요할 수 있다. 예를 들어, 브라가와 클라크(Braga and Clarke, 2014)는 사회해체이론의 양상을 거리 세그먼트 수준의 자료를 이용해 검증한 최근 연구를(Weisburd et al., 2012) 비판했다. 사회해체이론(Shaw and McKay, 1942; Sampson and Raudenbush, 1999; Bruinsma et al., 2013)은 지역사회에서 범죄가 발생할 가능성은 거주민의 특징들과 그들이 범죄를 억제하려고 집합적으로 행동하려는 의지와 능력에 영향을 받는다고 주장한다. 이 이론의 메커니즘은 지역사회 수준에서 작동하지만, 와이스버드 외(Weisburd et al., 2004)의 연구는 사회해체의 영향력을 거리 세그먼트 수준에서 모델링을 하여 이론이 제시하는 메커니즘과 수집한 데이터의 수준이 서로 일치하지 않게 되었다고 브라가와 클라크(Braga and Clarke, 2014)가 비판하였다. 한편, 사회해체의 영향을 조사한 많은 다른 연구들은 매우 넓은 공간단위 자료를 이용하며, 연구 결론들이 생태학적 오류에 영향을 받을 가능성이 있다.

분석단위를 적절하게 선택하는 것의 중요성 외에도, 공간 분석을 복잡하게 만드는 특징은 한 지역에서 일어난 일이 다른 지역에서 일어나는 일에 영향을 줄 수 있다는 것이다. 이것은 공간 패턴에 관련된 연구와 공간과 관련 없는 연구의 근본적인 차이라고 할 수 있다. 이것이 왜 중요한지, 그리고 범죄의 공간적 분석에서 어떻게 다뤄지는지에 대해 살펴보겠다.

표본을 대상으로 한 설문조사나 실험실 기반 실험을 통해 데이터를 수집하는 많은 사회과학 연구의 기본 가정은 수집된 데이터가 독립적인 관측치를 나타낸다는 것이다. 전국 범죄 태도 조사에서, 일반적으로 한 응답자가 제공한 답변은 (집단에서 무작위로 선택된) 다른 사람의 답변에 영향을 받지 않을 것이라고 가정할 것이다. 유사하게, 심리학 실험에서 (이것이 연구의 의도인 경우가 아니라면) 한 참가자의 행동이 다른 참가자의 행동에 영향을 받지 않을 것으로 예상한다. 관측의 독립성에 대한 이러한 가정은 사회과학자들이 가설을 검정하기 위해 사용하는 많은 추론통계 검정의 핵심 요건이기 때문에 중요하다. 이 가정이 위배될 경우, 그러한 검증 결과는 신뢰할 수 없고 오류가 발생할 수 있으며, 잠재적으로 잘못된 결론이 도출될 가능성이 있다.

파급효과Spillover effects

공간에서 발생하는 현상의 경우, 독립성 가정이 충족될 가능성이 거의 없다. 그 대신 수많은 연구들이 파급(스필오버)효과가 있다고 보고해 왔는데, 이는 한 지역에서 (거리나 집) 일어나는 일이 인접하거나 가까운 곳에서 일어나는 일에 영향을 줄 수 있다는 것을 의미한다. 예를 들어, 술집이 범죄에 미치는 영향을 생각해 보자(Bernasco and Block, 2011; Groff, 2011). 범죄패턴 이론과 관련하여, 어떤 지역의 범죄 위험성은 술집의 수와 양(+)의 상관관계가 있다는 많은 연구 결과가 있다. 즉 다른 모든 조건이 같을 때, 더 많은 술집이 있는 지역에서 더 많은 범죄가 발생한다는 것이다. 하지만 범죄 위험시설이 많이 위치한 지역들 주변에 위치한 지역들 또한 높은 수준의 범죄를 나타낸다고 연구들이 보고하고 있다. 여기에서 작동하는 메커니즘은 술집에 들어가거나 나올 때 사람들이 근처지역을 통과해서 이동하기 때문에 이러한 주변 지역에서도 범죄가 발생하기 쉬운 조건이 조성된다고 볼 수 있다.

따라서 공간 분석을 수행할 때 각 지역의 (거리 세그먼트 또는 시설) 특성뿐만 아니라 인근 지역의 데이터도 포함시키는 것이 중요하다. 이러한 변수들은 공간시차spatial lags라고 불리며 여러 가지 방법으로 생성될 수 있다. 공간시차 변수를 생성하는 한 가지 방법으로, 지역 수준(거리 세그먼트) 분석의 경우, 지역(거리 세그먼트)의 중심부로부터 지정한 반경 이내에 위치한 주변 지역들을 (거리 세그먼트) 모두 식별하고, 그 다음 스필오버 효과에 대한 변수의 평균값(또는 합)을 취하는 것이다. 지역 수준에서 공간시차 변수를 생성하는 다른 방법으로, 한 지역의 경계선 또는 하나의 점을 공유하는 다른 지역들을 모두 식별하는 방법도 있다(퀸 인접 가중치로 불림). 이 방식은 시카고에서 강도 위험성에 영향을 주는 다양한 시설들(예를 들어 술집과 주류 가게)을 조사했던 베르나스코와 블록(Bernaco and Block, 2011)의 연구에서 사용한 방식이다. 그들은 어떤 지역의 강도 위험성은 그 지역의 범죄위험 시설의 개수와 함수관계에 있고, 동일한 수의 위험시설을 가진 인근 지역의 영향도 통계적으로 유의미하게 받지만 보다 약하게 관계가 있다는 것을 발견했다.

거리 세그먼트의 경우 인접성 또는 근접성을 여러 방법으로 측정할 수 있다. 유클리드(까마귀가 날듯이) 거리는 가장 단순한 거리측정법이지만 거리 네트워크의 구성을 무시하고, 물리적으로 서로 가까운 거리 세그먼트들은 거리 네트워크로 서로 연결될 것이라고 가정한다. 하지만 이 가정은 항상 충족되지 않는다. 특히 계획되지 않은 도시나 유럽의 도시들에서 그렇다. 두 번째 근접성 측정방식은 네트워크 거리인데, 이는 한 거리 세그먼트에서 다른 거리 세그먼트로 이동하기 위해 거리 네트워크를 따라 이동해야 하는 물리적 거리를 나타낸다. 이것은 특히 불규칙한 거리 네트워크의 경우 유클리드 거리와 상당히 차이가 날 수 있으며, 환경범죄학 연구에서 점점 더 많이 이용되고 있다(Groff, 2011). 세 번째 근접성의 측정방식은 두 거리 세그먼트 사이의 위상적 거리topological distance를 사용하는 것이다. 이것은 단순히 한 세그먼트에서 다른 세그먼트로 이동하기 위해 거쳐야 하는 거리 세그먼트의 개수이며 본질적으로 인접성을 측정한다. 즉, 서로 간 하나의 위상적 단계를 가진 거리 세그먼트들은 직접 연결되어 있으며, 두 개의 위상적 단계를 가진 경우 두 세그먼트들은 중간의 다른 거리 세그먼트로 인해 분리된다.

거리 네트워크가 사람들이 어떻게 도시 환경을 탐색하는지 결정하기 때문에 그로 인해 범죄자들이 마주칠 수 있는 범죄 기회도 이에 의하여 결정된다. 환경범죄학 관련 연구들은 범죄패턴 형성에 있어서 네트워크 거리 측정법을 점점 더 많이 활용하고 있으며, 특정 장소와 그 인근 지역 모두의 특성이 범죄에 미치는 영향을 조사한다. 예를 들어, 존슨과 바워스(Johnson and Bowers, 2010)는 주거침입 절도의 위험성이 주요 도로들과 그들과 바로 연결된 도로에서 더 높다는 것을 보여 준다. 사적 도로에서는 반대 결과를 발견하였다. 위에서 논의한 바와 같이, 공간시차 변수를 생성하기 위해 사용된 정확한 척도들은 편의성 또는 화려해 보이기 때문에 선택해서는 안 되고 기저에 작동하고 있는 이론적 메커니즘에 의해 결정하는 것이 매우 중요하다.

측정되지 않은 공간 영향요인에 대한 설명

어떤 지역에 대하여 관측된 특성들의 영향이 중요한 만큼, 연구자에 의하여 관측되지 않은 특성들의 영향도 중요하다. 지리학의 첫 번째 법칙에 따르면, 서로 더 가까운 것들은 멀리 떨어져 있는 것들보다 더 유사할 것이다(Tobler, 1970). 이것은 범죄 가능성에 영향을 줄 수 있는 많은 물리적 환경 특징에도 적용된다.

예를 들어, 한 지역에서 또는 인근에서 범죄자 밀도의 역할을 고려해 보자. '범죄를 위한 이동journey-to-crime'에 대한 연구들은 대부분의 범죄자들이 전형적으로 자기 집 근처에서 범죄를 저지르고, 집에서 멀어질수록 범죄의 가능성이 줄어든다고 한다(Townsley and Sidebotom, 2010; Rengert and Wasilchick, 2000). 중요하게도, 이 관계는 지역의 부유한 정도(Townsley et al., 2015)와 지역의 이전 범죄발생 빈도(Bernasco et al., 2015) 등의 요인들을 분석에 포함시켰을 때에도 동일하게 관찰되었다. 따라서 우리는 많은 범죄자들이 사는 지역이나 그 인근 지역에서 적은 수의 범죄자들이 사는 다른 유사한 지역보다 더 많은 범죄가 발생할 것을 예상할 수 있다. 베르나스코와 루익스(Bernasco and Luykx, 2005)는 이 질문에 대한 대답을 경찰이 인지한 주거 절도 자료를 이용하여 매우 명확하게 보여 주었다. 모든 범죄가 경찰에 의해 발견되는 것은 아니지만(예를 들어, 주거침입 절도범의 경우 10~20% 정도), 경찰 자료는 알려진 범죄자들이 어디에 살고 있고 범죄자 거주지가 밀집해 있을지 추정하는데 유용한 자료를 제공한다.

불행히도 범죄패턴에 대한 많은 연구에서, 연구자들은 범죄자의 거주지에 대한 데이터를 입수할 수 없기 때문에, 범죄자 거주지 자료가 일반적으로 수행된 분석에서 누락된다(즉, 이러한 데이터는 측정되지 않았다). 많은 연구에 있어서 분석할 데이터를 구할 수 없거나, 데이터를 보유하고 있는 사람들이 공유할 수 있는 위치에 있지 않아서 사용하지 못하는 문제를 극복하기 어렵다. 또한 위의 문단에서 범죄자 밀도는 데이터를 쉽게 구할 수 없는 지역 수준의 변수의 한 가지 예로서만 논의되었다. 실제로는, 많은 요인들에 대한 데이터를 구하지 못하는 경우가 다반사다. 결정적으로, 통계적 모델링의 기본 원칙은 간결성parsimony의 추구이다. 즉, 통계적 방법을 이용하여 연구자들은 이론적으로 중요한 변수의 영향을 추정하고 동시에 범죄패턴(예를 들어 주택 밀도)에 영향을 미칠 가능성이 있는 다른 요인들을 통제하려고 하지만, 수백 가지의 변수들을 모두 통제하고서 모델을 추정하지는 않는다. 그와 같은 이유에서, 범죄의 공간적 패턴이 공간적으로 체계적인 방식으로 변화하는 요인에 영향을 받고 있으면서 설계한 통계 모형이 중요한 설명변수를 생략 했는지를 조사하고자 진단 검사가 개발되었다. 다르게 말하면, 이러한 테스트는 특정 데이터 표본에 대해 통계적 독립성 가정을 위반할 가능성이 있는지 여부를 결정하는 데 사용된다. 특수한 통계 모델들이 표본 데이터의 공간 의존성을 다루기 위해 개발 되었고, 본질적으로 연구자가 관찰되지 않은 공간 영향 요인을 추정할 수 있게 한다. 그렇게 함으로써, 통계 모델의 결과에 더 많은 신뢰성을 부여할 수 있으며, 이론 검증을 더 견고하게 만들 수 있다.

다수준 프로세스Multi-level processes

공간 분석과 관련된 복합적 문제로서 범죄에 영향을 주는 여러 가지 요인들이 서로 다른 공간 척도 수준에서 작동할 수 있다는 것이다. 예를 들어, 어떤 요인들은 개별 가정이나 시설 수준에서 작동할 수 있고(예를 들어, 어떤 주택은 다른 주택에 비해 덜 안전하고, 다른 시설은 다른 관리 정책들이 있을 것이다), 다른 요인들은 거리 세그먼트의 수준에서 작동할 수 있고(예: 일부 거리 세그먼트는 다른 세그먼트에 비해 접근이 용이하거나 어려울 수 있다), 그리고 또 다른 요인들은 지역 수준에서 작동할 수 있다(예: 일부 지역사회는 다른 지역사회보다 더 많은 범인들이 살고 있을 수 있다).

　　이 문제는 거리 세그먼트 수준에서 사회해체이론(지역사회 수준에서 작동한다)을 검증한 것에 대한 브라가와 클라크의 논의와 관련하여 위에서 논의되었다. 이 문제를 해결하기 위해 일부 연구는 다수준 모델multi-level model로 알려진 통계 기법을 사용했다(Johnson and Bowers, 2010; Davies and Johnson, 2014). 이 분석 모델은 연구자가 서로 다른 공간 척도수준에서 작동하는 요소들이 어떻게 결합되어 범죄패턴에 영향을 미치는지 정의하기 위해 데이터 구조 안에서 '내포nesting'된 관계를 명시하여 반영할 수 있다(예를 들어, 주택은 거리 내에, 거리는 지역사회 내에 위치하는 등의 내포 관계). 예를 들어, 데이비스와 존슨(Davies and Johnson, 2014)은 거리 세그먼트의 접근성에 따라, 그리고 거리 세그먼트를 포함한 지역사회의 사회해체의 수준에 따라, 주거침입 절도 위험이 거리 세그먼트 수준에서 어떻게 달라지는지 분석했다. 이러한 다수준 모델과 더불어 비슷한 방식으로서 공간가중회귀분석geographically weighted regression도 한 변수와 다른 변수의 연관성이 서로 다른 영역에서 체계적으로 변동하는지를 추정할 수 있는 분석방법이다(Fottheringham et al., 2003). (예를 들어, 사회해체가 도시 중심부에서는 중요하지만 시골 지역은 아닐 수 있다).

미래 범죄 위치 예측

이전 논의의 많은 부분에 대한 암묵적인 가정으로서 범죄 핫스팟이 대부분 잘 변동하지 않고 고정되어 있다는 것이다. 이를 뒷받침하는 많은 연구들이 범죄의 공간적 분포가 시간이 지나도 잘 변하지 않는 일관성을 보이고 있다고 보고했다. 예를 들어, 와이스버드 외(Weisburd et al., 2004)는 16년의 기간 동안 지속적으로, 시애틀의 거리 세그먼트의 1%에서 도시 전역에서 발생한 모든 범죄의 23%가 발생했다는 것을 보여 준다. 하지만 어떤 장소들은 다른 곳들보다 더 많은 범죄를 지속적으로 경험할 것이지만, 범죄패턴에는 유동성이 있다는 증거도 있다(Johnson et al., 2008). 특히 피스와 패럴(Pease and Farrell, 이 책 제9장)이 논의한 근접 반복에 관한 연구는 범죄 위험성이 유동적일 수 있음을 분명히 보여 주었는데, 특정한 장소에서의 범죄를 추적해 보면, 그 장소에서의 범죄위험성과 그 인근 장소의 범죄위험성이 일시적으로 증가하는 것을 확인하였다. 게다가 이 연구는 유동성이 무작위 변동으로 설명될 수 없다는 것을 보여 준다(Johnson et al., 2007).

한 장소에서의 범죄 위험성이 시간 안정성과 동적인 요인들의 조합에 의해 결정된다면, 이것은 핫스팟이 안정적이라는 가정 하에 지난 자료들을 바탕으로 핫스팟을 찾아내는 방법으로는 며칠 후나 다음 주와 같은 짧든 시간 내에 어디에서 범죄가 발생할지를 예측해내는 최선의 방법이 아닐 수 있다(Johnson and Bowers, 2004). 바워스 외(Bowers et al., 2004)는 범죄 핫스팟 예측의 정확도를 평가하는 것의 중요성에 대하여 논하였고, 정확성을 높이는 몇 가지 방법을 소개하였다.

바워스 외(Bowers et al., 2004)는 정확도를 평가하기 위한 가장 간단한 척도로 탐색 효율성 비율search efficiency rate을 제안하였는데, 이것은 검색 또는 순찰이 필요한 지리적 영역에서 단위 영역당 정확하게 확인된 범죄의 비율을 나타낸다. 그 연구에서, 저자들은 KDE 접근법에 약간의 수정을 제안했는데, 그들은 예측 맵핑 prospective mapping이라고 불렀다. 이 접근법은 언제 그리고 어디서 범죄가 발생했는지를 설명해준다. 즉, 단순한 시공간 평활화 알고리즘space-time smoothing algorithm

을 이용하여 정규 크기의 셀(50m×50m)의 그리드에 대한 범죄 예측을 생성하였다. 개념적으로, 평활화 함수는 다음과 같이 쓸 수 있다.

$$Risk_{i,t} = \sum_{j=1}^{n} \frac{1}{distance_{i,j} * \left(t - time_j\right)} \tag{10.2}$$

여기에서, $Risk_{i,t}$는 셀 i의 t날짜에 예상된 범죄 위험성을 나타낸다; i는 예측이 생성되는 셀을 나타낸다(100개의 그리드 셀이 있을 경우 i는 1부터 100까지 할당된다); j는 해당지역에 t날짜 이전에 발생한 범죄를 나타낸다; $distance_{i,j}$는 예측을 생성하는 셀 i와 범죄 j 사이의 거리를 나타낸다; $time_j$는 범죄 j가 발생한 날짜를 나타낸다.

간단히 말해서, 이 방정식에 따르면 각각의 범죄사건은 그것이 일어나는 장소와 그 근처 장소의 예상되는 범죄 위험성을 증가시킨다. 이 위험성은 공간과 시간에 따라 감소하도록 설정되어서 범죄 발생 직후와 범죄사건과 가장 가까운 장소가 더 위험하도록 되어 있다. 예상되는 위험은 누적되어 모든 범죄의 영향이 함께 고려되어 반영된다. 표시된 방정식은 간단하지만 계수를 더하여 거리나 시간적인 부분을 더 중요하거나 덜 중요하게 하거나, 범죄사건의 영향이 공간과 시간에 따라 감소하는 비율을 변화시킴으로써 더 복잡하게 만들 수 있다. 예를 들어, 그림 10.5는 어떤 장소에서 일련의 범죄가 발생하고 난 다음에 시간이 지남에 따라 예측된 범죄 위험성이 감쇄하는 것을 보여 준다(이것이 어떻게 변화하는 지는 감쇄 비율을 어떻게 모형화 하는지에 따라 달라진다).

KDE 접근법과 마찬가지로 전체 연구 영역에 대한 위험 표면을 생성하기 위해 공식 10.2를 사용하여 유도된 값은 그리드의 각 셀에 대해 계산된다. 바워스 외(Bowers et al., 2004)는 이 예측이 생성된 다음 이틀(또는 주) 동안 가장 위험할 것으로 예측되는 20%의 지역에서 얼마나 많은 범죄가 발생했는지를 확인함으로써 이 접근법의 정확성을 조사했다. 그리고 나서 그들은 이 접근법의 정확성을 KDE와 주제별지도Thematic Map 방식과 비교했고 이 방법이 더 나은 탐색 효율성을 갖는 것을 발견했다. 그 후의 연구에서 존슨 외(Johnson et al., 2009)는 예측 맵핑prospective mapping, ProMap법에 수정을 가하여 이전 범죄들의 발생 시기 및 위치에 대한 정보뿐만 아니라 절도 위험성에 영향을 주는 것으로 알려진 시간 안정적인 환경 특징들(주택 밀도 및 주요 도로의 위치)을 포함시키도록 하였다. 이 방법을 다시 KDE와 주제별지도와 비교하였다. 또한 각각의 방식이 우연을 기반으로 컴퓨터가 예측한 다음 범죄 발생장소 추정치와 비교하여 얼마나 더 좋은지 조사하였다. 마지막으로, 저자들은 각 방법이 서로 다른 크기의 탐색 영역에서 얼마나 정확한지 계산했다(예를 들어, 연구대상 지역의 가장 위험한 1% 지역, 가장 위험한 2% 지역, 가장 위험한 3% 지역 등). 후자의 접근법은 연구자가 탐색 영역의 크기에 따라 정확도에 차이를 보이는 지 판단하고, 주어진 탐색 영역에 대해 얼마나 많은 범죄가 예측될 수 있는지를 추정할 수 있게 한다. 지금은 다른 연구에서도 사용되지만, 이 연구에서 이 접근법을 처음으로 사용하였다. 존슨 외Johnson et al.의 연구에 따르면, 주제별지도thematic mapping 접근법은 우연기반 예측 보다 안정적으로 우수하지 않았지만, KDE와 ProMap 접근법은 더 우수하다고 밝혀졌다. 단순한 ProMap 알고리즘을 사용한 방법(공식 10.2 참조)과 특히 ProMap을 수정하여 시간 안정적인 환경 특징들을 결합한 방식 두 가지 모두는 우연기반 예측보다 우수했고 또한 다른 두 가지Thematic mapping, KDE 방식들 보다 우수했다.

[그림 10.5] 세 번의 범죄가 발생한 지역에서의 예측된 범죄 위험, 그리고 위험율의 감쇄

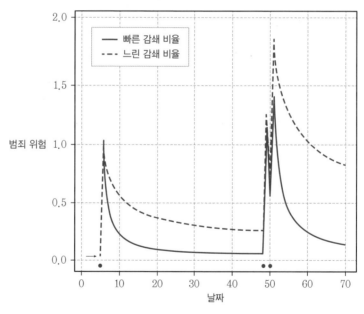

최근, 예측 경찰활동이 핫스팟 경찰 전략의 효율성을 높일 수 있다는 가능성을 제공함에 따라 예측 경찰활동에 대한 관심이 증가하고 있다. 몰러 외(Mohler et al., 2012)는 ProMap과 같은 이론에 기초한 접근 방식을 사용했지만, 매개변수를 보정

하기 위해 특별한 통계적 방법인 Self-exciting point process[SePP]를 사용하였다. 범죄의 맥락에서 이런 유형의 모델이 본질적으로 하는 일은 1) 어떤 장소에서의 범죄 위험성의 어느 정도가 시간 안정적인 환경 특징들에 의해 총체적으로 설명될 수 있는지,[19] 그리고 근접 반복[near repeat] 범죄 현상을 발생시키는 동적인 요소들에 의해 설명되는 범죄 위험성이 어느 정도인지 추정하고, 2) 범죄의 위험이 전달되는 거리와 이것이 얼마나 지속되는지 추정한다. 그런 다음, 이러한 분석 결과는 수학식 10.2와 유사한 예측 모델을 보정하는데 사용되지만, 그것은 시간 안정 요인의 영향을 보다 명확하게 모델링하기 위해 그리고 한 위치에서 다른 위치로 범죄의 위험이 어떻게 전달될지 추정하고, 그리고 시간이 지남에 따라 어떻게 감소하는지(위 그림 10.5를 참조) 보다 정확하게 보정하기 위해 다수의 추가항 및 매개변수를 포함한다. 로스앤젤레스 데이터 샘플을 이용하여 그리드 예측을 생성한 몰러 외(Mohler et al., 2012)는 그들의 접근법이 앞서 소개한 단순 ProMap 접근법 보다 우수했다고 보고하였다. 보다 완벽한 ProMap모델과 SePP모델은 개념적으로 유사한 방법으로 범죄의 위험을 예측하고 예측 맵핑 방정식을 보다 정확하게 보정하는 것의 이점을 보여 준다.

현재 진행 중인 연구(Davies and Bishop, 2013; Johnson and Bowers, 2007)는 위험의 확산을 모델화하기 위해 임의의 그리드가 아닌 거리 네트워크를 사용하는 접근법을 탐구하고 있다. 이론적으로, 이 접근법은 그리드 기반 예측이 한 그리드 셀에 인접한 모든 그리드 셀로 확산될 수 있다고 가정함에 따라 매력적이다. 현실적으로, 인접한 그리드 셀들이 경로나 거리에 의해 연결되지 않을 수도 있으므로, 이것은 비현실적일 수 있다. 게다가, 위험은 더 많이 연결된 도로나 주요 도로를 따라 훨씬 더 자유롭게 흐를 수 있지만, 그리드 기반 접근법은 이런 점을 고려하지 않는다.

물론 더 정확한 예측을 생성한다고 해서 경찰이 이전보다 더 효과적으로 범죄를 줄일 수 있다는 것은 아니다. 이것이 가능한지 여부는 평가 연구를 통해서만 알 수 있을 것이다. 현재까지 소수의 연구(Johnson et al., 2007; Fielding and Jones., 2012; Santos and Santos, 2015)만이 수행되었다. 이 연구들은 그 접근법이 유망하다는 것을 제시하지만 범죄 예측 지도에 대한 평가 연구는 초기 단계에 있다.

---

19 실제 환경적 특징에 대한 데이터는 이 모델에 포함되어 있지 않다. 대신에, 이 모델은 시간이 지남에 따라 어떻게 범죄가 변동하는지 조사하여 그러한 특징들의 영향을 총체적으로 추정하고 이를 바탕으로 시간 안정적인 환경 특징들이 설명하는 정도를 추정한다.

결론

많은 국가들에서 공간적으로 참조된 범죄 데이터와 다른 데이터의 이용성이 증가함에 따라, 범죄의 공간적 분석은 비교적 보편화되고 있다. 앞서 소개한 내용에서 범죄 지도 분석의 근본적인 원리들에 대하여 논의하였고, 경험적으로 어떻게 범죄 핫스팟을 도출하는지, 왜 어떤 지역들(거리 세그먼트, 또는 시설들)이 다른 지역들 보다 더 많은 범죄를 경험하는지 조사하는 방법에 대해 논의했다. 그렇게 함으로써, 이 책이 논의 한 부분을 범죄패턴의 장기적 추세를 파악하는 것을 목표로 하는 분석 접근법과, 가까운 미래에 어디에서 범죄가 일어날지 예측하기 위해 범죄의 공간적 시간적 분포에 대한 기존 규칙들을 조사하는 접근법으로 구분할 수 있다.

마지막으로, 범죄 지도 분석 및 공간 분석과 관련된 몇 가지 추가 도전과제를 강조할 필요가 있다. 아마도 가장 큰 문제는 이용할 수 있는 데이터의 공간적 정확성 문제일 것이다. 예를 들어, 많은 범죄사건의 경우에서 피해자들이 범죄가 일어난 정확한 시간과 위치에 대한 세부 사항을 제공하지 못할 수도 있다. 예를 들어, 날치기와 같은 범죄의 경우, 많은 피해자들은 개인 소지품이 도난당한 후 상당 기간 동안 범죄가 일어났는지 알지 못할 수도 있다. 그 결과 범죄가 어디서 발생했는지 모를 수도 있다. 반대로 주거침입 절도와 같은 범죄는 피해자가 집을 비울 때 범죄가 발생할 수 있다. 이 경우에는 범행 장소는 알 수 있지만 정확한 범행 시간을 알 수 없다.

마찬가지로, 피해자가 범죄가 발생한 장소와 시간에 대해 비교적 정확한 설명을 제공할 수 있는 반면, 경찰 컴퓨터 시스템이 그들에게 보고된 몇몇 범죄에 대해 정확한 공간 참조정보를 제공할 수 없을 수도 있다. 설명하자면, 범죄의 공간적 위치를 표시하기 위해, 경찰 범죄 기록 시스템은 피해자가 제공한 문자로 기록된 범죄 발생 주소를 지리명 사전Ggzetteer에 저장된 주소 데이터베이스와 일치시켜야 하는데, 지리명 사전들은 세부사항에 있어서 매우 다양하게 존재하고 이용 가능한 세부사항 수준이 영역의 유형에 따라 다를 수 있어서 아마도 도시에서는 시골보다 더 상세할 수 있다. 결과적으로, 일부 경우 또는 특정 유형의 영역(또는 범죄)의 경우 데이터의 공간 정확성이 문제가 될 수 있다. 공간 데이터가 정확하지 않은 경우, 얼마나 정교한 분석방법이 사용되었는지와 상관없이 공간 분석 결과는 신뢰할 수 없게 된다. 물론 이것이 문제가 되는지 여부는 분석이 수행되는 공간 해상도 수준에 따라 달라질 것이다. 대부분의 휴대전화에 설치되어 있는 GPS와 같은 기술의 출현과 함께 미래에는 범죄 발생 위치를 보다 정확하게 표시할 수 있을 것이라는 기대가 있다.

마지막으로 논의할 부분은 이론에 대한 것이다. 시각적으로 주목을 끄는 지도를 생성하는 것은 아주 쉬운 일이다. 그러나 그러한 지도가 유익할 지 여부는 이 장 및 다른 곳에서 논의한 문제들(Eck, 1997; Townsleuy, 2014)에 충분한 주의를 기울였느냐에 달려 있다고 할 것이다. 게다가, 어떤 형태의 가설 검정이든, 범죄 지도와 공간 분석은 이론에 바탕을 두고 이루어져야 한다. 이론을 바탕으로 질문 유형, 데이터 집합 형태 및 특정 분석 유형을 도출해 낼 수 있다. 이 책의 다른 장에서 논의된 것들과 같은 이론적 원칙들을 바탕으로 범죄 지도 분석과 공간 분석을 시행하면 범죄가 발생하는 이유, 왜 범죄가 그곳에서 일어나는지, 범죄를 감소시키기 위해 우리가 무엇을 할 수 있는지에 대한 귀중한 통찰력을 제공할 수 있는 잠재력을 가지고 있다. 이론을 바탕으로 하지 않은 분석은 몇몇 예쁜 사진들을 보여 주는 것 이외에 쓸모가 없을 수 있다.

■ 검토 질문

1. 범죄의 공간적 분포를 이해하는 것이 어떻게 범죄 감소에 대한 접근법에 정보를 제공할 수 있을까?

2. 공간단위 수정가능성 문제modifiable areal unit problem, MAUP는 무엇이며 생태학적 오류와 어떻게 다른가?

3. 범죄의 인과관계에 대한 이론을 검증할 때, 분석의 적절한 공간 단위의 선택이 왜 그렇게 중요한가?

4. 범죄의 공간적 분포 지도를 생성할 수 있다는 점을 감안할 때, 공간적 패턴의 통계적 분석이 필요한 이유는 무엇인가?

5. 미래의 범죄 위치를 예측하는데 있어서, 어떤 다른 유형의 공간 정보가 유용할 수 있는가? 그러한 데이터를 사용하는 것에 윤리적인 문제는 없을까?

인사말:

나는 이 장의 초기 원고에 코멘트를 해준 케이트 바워스^{Kate Bowers}에게 감사를 표한다.

PART

3

범죄 예방과 통제

PART

3

문제지향 경찰활동

마이클 S. 스콧Michael S. Scott은 문제지향 경찰활동 센터POP Center의 소장이며 애리조나 주립대학교 범죄학과 형사사법대학원의 임상교수이다. 스콧은 플로리다주 로더힐에서 경찰서장을 지냈으며 세인트루이스에서 다양한 민간 경찰 행정직을 역임하였다. 또 일리노이주 루이스, 플로리다주 포트 피어스, 뉴욕시, 위스콘신주 매디슨에서 경찰관으로 근무했다. 스콧은 워싱턴 D.C. 경찰 간부 연구 포럼의 선임 연구원이었으며, 하버드 로스쿨에서 JD 학위를, 위스콘신-매디슨 대학교에서 행동과학 및 법률학 학사 학위를 받았다.

존 E. 에크John E. Eck는 신시내티 대학교의 형사사법학Criminal Justice at the University of Cincinnati 교수이며 범죄 예방과 경찰 효율성의 대학원 과정을 가르치고 있다. 그의 연구는 문제지향 경찰활동, 경찰의 효과성, 범죄예방, 그리고 범죄예방에 초점을 맞추고 있다. 그는 경찰정책연구에 관한 국립과학원 위원회의 일원이었고 신시내티시에서 협정에 이르는 협상에 참여했다. 에크 박사는 미시간 대학교에서 학사 및 석사 학위를, 메릴랜드 대학교에서 범죄학 박사 학위를 받았다.

요하네스 넛슨Johannes Knutsson은 스톡홀름 대학교에서 범죄학 박사학위를 받았다. 현재 오슬로에 있는 노르웨이 경찰 대학교 교수로 있고 스웨덴 경찰 아카데미에서 연구 교수로 재직 중이다. 그는 또한 UCL의 질 단도 범죄과학 연구소 초빙연구원, 초국가적 범죄를 연구하는 공동연구센터인 TRANSCRIME의 초빙연구원이다. 넛슨은 범죄 예방 조치에 대한 여러 평가 연구뿐만 아니라 제복을 입은 순찰, 범죄 수사, 경찰의 총기 사용에 대한 다양한 연구 결과를 발표했다.

허먼 골드스타인Herman Goldstein은 위스콘신 대학교 로스쿨의 명예 교수이자 문제지향 경찰활동의 독창적인 설계자이다. 그는 미국 변호사 재단이 후원한 형사사법행정 조사연구에 참여했다. 1960년부터 1964년까지 그는 시카고 경찰청의 O.W. 윌슨 청장의 행정 보좌관으로 일했고, 경찰의 전문적화 모델을 설계했다. 골드스타인은 문제지향 경찰활동, 경찰기능, 경찰의 재량, 경찰의 정치적 책임, 그리고 경찰의 위법행위에 대한 통제에 대해 널리 출판했다. 그는 도시 경찰 기능과 관련된 미국 변호사 협회 표준(미국 변호사 협회 1972년)의 공동 저자이자 '자유 사회의 경찰활동(Policing a Free Society [Ballinger 1977])'와 '문제지향 경찰활동(Problem-Oriented Policing [McGraw Hill 1990])'의 저자였다.

제11장 문제지향 경찰활동

마이클 S. 스콧, 존 E. 에크, 요하네스 넛슨, 허먼 골드스타인
(Michael S. Scott, John E. Eck, Johannes Knutsson and Herman Goldstein)

서론

문제지향 경찰활동은 경찰활동 개선을 위한 종합적인 프레임워크이다. 이것은 위스콘신 대학교 로스쿨에서 시작되었고 골드스타인(Goldstein, 1979)이 "경찰활동 개선: 문제지향 접근Improving Policing: A Problem-Oriented Approach"이라는 제목의 학술 논문에서 처음 언급하였다. 이 논문은 위스콘신 대학교와 그 밖의 다른 곳에서 연구해 왔던 현실에서 법의 실제와 어떻게 법의 실제가 이상적인 법체계의 기능과 차이가 나는지에 대한 수십 년 연구의 산물이었다.

이러한 문제지향 접근방식의 초기 구체화는 다른 많은 유형의 조직들에서도 했듯이 경찰 조직에 대한 관찰과 함께 시작되었다. 시간이 지남에 따라 경찰관들은 일상 업무를 수행하는 '수단means'에 몰두하고, 업무를 수행하면서 조직이 달성해야 할 '목표ends'를 망각하게 된다. 골드스타인은 한 버스 회사가 운행 일정(목표를 위한 수단)을 맞추기 위해 대기 승객(버스 회사의 최종 목표)을 태우지 못한 이야기를 참고해 이 같은 현상을 설명했다. 이것은 버스처럼 우스꽝스럽지는 않지만 경찰 업무에서 많은 예가 있는 '수단-목적 전도 증후군means-over-ends syndrome'의 한 예였다.

버스 업무와 경찰 업무에는 중요한 차이가 있다. 버스 업무에서 목표는 꽤 분명하고 간단하다. 버스 회사(적어도 민영일 경우)는 사람들을 한 곳에서 다른 곳

으로 이동시키고 수익을 올리기 위해 존재한다. 그러나 경찰의 목표가 일부 사람들에게는 범죄와 싸우고 법을 집행하는 것이라고 분명하고 단순해 보일 수 있지만, 현실에서는 경찰의 목표가 버스 회사보다 훨씬 더 모호하고 복잡하다. 경찰 활동은 민주주의에서 정부 권위의 가장 민감한 부분 중 하나이며 마지못해 부여되고 좁게 제한되는 특징을 수반한다. 경찰의 기능과 특정한 목표들은 모호성과 논쟁의 여지가 많다.

누군가가 경찰의 목표가 분명하고 단순하다고 믿는다면, 그는 그러한 목표들에 대하여 많은 시간을 들여 고민할 필요가 없다. 그는 그러한 목표들이 가장 잘 달성될 수 있는 수단들에 대해서만 생각할 필요가 있다. 경찰활동의 목표가 법 집행, 범죄 척결, 범죄자 체포와 같이 명확하고 분명하며 간단하다고 믿는 경찰관들과 경찰행정가들에게 흥미로운 질문은 어떻게 이러한 목표들을 가장 잘 달성하느냐이다. 그 임무를 위해 경찰은 몇 가지 기본적인 수단과 전략들을 개발했다.

표준적 경찰활동 전략Standard policing strategy

문제지향 경찰활동이 등장하기 전까지 경찰에서는 경찰활동의 목표 달성을 위해 세 가지 주요 전략들(또는 수단)에 크게 의존했다. 무작위 예방 순찰, 신속한 대응, 그리고 후속 범죄 수사. 이 세 가지 전략은 오늘날까지 경찰활동의 핵심으로 남아있지만, 1940년대부터 1970년대까지 그 세 가지가 미국 경찰의 거의 모든 전략을 구성했다. 이 세 가지 전략은 법 집행을 통해 범죄통제 목표를 달성하는 논리적인 수단들이었다. 이 세 가지 전략 각각은 억제라는 메커니즘을 통해 범죄를 통제하는 가장 효과적인 방법으로 간주되었고 경찰의 법집행 능력을 극대화하기 위해 고안된 것들이었다.

무작위 예방 순찰은 제복을 입은 경찰관들이 운전하거나, 걷거나, 또는 다른 방법으로 일정한 지역을 예측할 수 없는 패턴으로 돌아다니게 함으로써 두 가지 긍정적인 효과를 얻을 수 있을 것이라고 주장했다. 첫째, 신속한 대응은 경찰관들이 진행 중인 범죄를 저지르거나 범죄 현장에서 도망치는 범인을 체포할 가능성을 증가시킴으로써 범죄를 억제할 것이다. 둘째, 경찰이 빨리 도착할 수 있다는 것을 아는 범죄자들은 범죄를 저지르는 것을 더 주저할 것이라는 가설이다. 이 때문에 도보 또는 다른 느린 교통수단을 이용하는 것보다 순찰차를 이용한 순찰이 더 효과적이다. 속도는 억지력에 매우 중요한 것으로 여겨졌다. 추가적인 이점은 법을 준수하는 시민들이 제복을 입은 경찰관들이 어디에서나 목격된다면 더 안전하다고 느낄 것이다. 경찰관들의 무작위 순찰은 경찰 인력이 증대된 것처럼 보이는 효과가 있다. 법을 준수하는 시민들과 범죄자들 모두 순찰 중인 경찰관들이 실제보다 더 많다고 믿게 될 것이다.

게다가, 경찰관들이 증거를 찾기 위해 시간을 할애할 수 있도록 한 후속 범죄 수사는 그들이 범죄자들을 식별하고 체포할 확률을 높일 것이라고 믿었다. 이것은 이후의 형사 기소와 유죄 판결로 이어지고 궁극적으로 범죄의 감소로 이어질 것으로 여겨졌다. 더 많은 범죄자들이 거리에서 쫓겨나게 될 것이고, 이로 인해 범죄자들을 무력화함으로써 범죄가 줄고, 범죄자들은 경찰이 긴급히 추적할 것이라는 것을 알면 애초에 범죄를 저지르는 것을 억제하게 될 것이다.

경찰활동의 목표와 수단에 대한 재고Rethinking the ends and means of policing

다시 경찰활동의 목표에 대하여 생각해 보면, 법-행동에 대한 새로운 연구들은 경찰활동의 목표가 명확하지도 또한 간단하지도 않다는 것을 드러내고 있다. 경찰은 단지 범죄와 싸우거나 법을 집행하기 위해서만 존재한다는 생각은 경찰업무의 광범위성과 복잡한 임무 특성을 부적절하게 규정한 것으로 볼 수 있다. 다음은 이들 연구에서 나온 몇 가지 구체적인 결과와 도출된 논리적 결론이다.

- 일반 대중은 경찰이 범죄 그 이상을 다룰 것으로 기대한다. 경찰은 차량 및 보행자 교통의 흐름을 관리하고, 가족들, 고용주와 직원, 친구들, 집주인과 세입자, 이웃 사이 등 광범위한 분쟁을 해결하고, 공공 행사와 시위에서 평화를 유지하면서 시민의 자유를 보호해야 하며, 위험에 처한 어린이, 음주, 노숙자, 정신질환자, 취약한 노인들을 보호해야 하며; 주류 판매, 총기 휴

대, 퍼레이드 및 시위 개최, 동물 통제, 주차 차량과 같은 광범위한 비범죄적 정부 규정들을 집행하며; 공식 기록을 관리하고 배포하며, 다른 기관을 대신하여 범죄기록을 체크하고, 청소년 레크리에이션 프로그램을 운영하며 범죄 예방 수업을 운영하는 것과 같은 일련의 보조적인 공공 서비를 제공한다. 이러한 인상적인 임무들에 더불어 최근에는 지역 경찰들은 테러리즘 대응과 관련된 임무(Newman and Clarke, 2008)와 또한 교정직원들과 함께 조건부로 구치소에서 석방된 범죄자들의 행위와 거주지에 대한 감독 의무가 추가되었다(Schaefer et al., 2014). 경찰에게 주어진 책임의 넓이는 정말 놀랍도록 넓고, 사실상, 경찰관들 업무시간의 작은 부분만이 범죄를 다루는 데 사용된다. 그래서 전통적인 범죄 척결 임무도 경찰업무의 중요한 부분이지만, 경찰이 실제 하고 있는 업무를 바탕으로 판단했을 때, 그것만이 임무의 전부라고는 할 수 없다.

- 경찰이 법집행을 할 법적 근거가 있을 때 항상 법을 집행하는 것은 아니다. 가장 젊은 경찰관들, 특히 순찰 및 수사 임무의 최전선에서 일하는 경찰관들조차도 법집행을 할지 말지를 결정하는 데 엄청난 재량권을 행사한다. 그들은 종종 체포 대신에 해당 문제를 해결하는 데 더 신속하거나 효과적이라고 생각하는 경고장 발부나 다른 기관에 연계하는 것과 같은 대안을 선택한다. 더욱이 경찰에 의해 체포된 경우에도 범죄자를 기소하는 것을 항상 목표로 삼는 것은 아니다. 체포는 때때로 추가 피해로부터 사람들을 보호하거나 하룻밤을 유치장에서 보내게 하려는 것과 같은 다른 목적을 위해 활용된다. 후자의 경우 합법성이 모호하다. 실제로 경찰이 체포하지 않기로 한 결정과 검사가 기소하지 않기로 한 결정은, 비록 체포와 기소의 법적 근거가 충분히 있는 경우에도, 많은 지역 형사 사법 시스템이 어느 정도 효율적으로 계속 운영될 수 있도록 하는 데 필수적이다. 그러나 완전히 규제되지 않은 경찰의 재량권은 권한을 남용할 수 있는 많은 기회를 제공한다.

- 경찰은 임무를 효과적으로 수행하기 위해 형사사법시스템 외에 많은 다른 시스템에 크게 의존하고 있다. 경찰은 학교 시스템, 민간 규제, 정신 건강, 응급 의료, 대안적 분쟁해결, 아동보호 서비스, 마약 치료와 해독, 소년사법 등에 의존하고 있다. 경찰은 하나의 기관으로서 단지 형사사법체계뿐만 아니라 많은 시스템에 정말로 필수적인 기관이다.

- 경찰이 달성하고자 하는 목표ends나 세부목표objectives는 다양하며, 때로는 서로 충돌하기도 한다. 미국변호사협회American Bar Association의 경찰 목표 조항 수정판에는 경찰이 다음과 같은 목표를 달성하고자 하는 기관이라고 설명한다(Goldstein 1979: 35).

  a) 생명과 재산에 위협이 된다고 널리 인식되는 행위(중대한 범죄)를 예방하고 통제한다.

  b) 범죄공격의 피해자 등 신체상의 위해를 입은 사람을 돕는다.

  c) 언론과 집회결사의 자유와 같은 헌법상 권리를 보호한다.

  d) 사람과 차량의 이동을 용이하게 한다.

  e) 스스로를 돌볼 수 없는 사람들을 돕는다: 술에 취한 사람, 중독된 사람, 정신질환자, 신체장애자, 노인, 어린이.

  f) 개인 간, 집단 간 또는 개인과 정부 사이의 갈등을 해결한다.

  g) 개인, 경찰 또는 정부에 더 심각한 문제가 될 가능성이 있는 문제를 파악한다.

  h) 커뮤니티에 안전한 분위기를 조성하고 유지한다.

경찰의 이러한 특징은 범죄를 척결하거나 법을 집행하는 것 하나로만 경찰 기능을 단순하게 묘사하는 것보다 훨씬 더 복잡하고 미묘하다.

흥미롭게도, 법집행은 경찰 목표 리스트에 포함되지도 않았는데, 이것은 경찰이 법집행을 하지 않기 때문이 아니라, 법집행이 이러한 다른 목표들을 성취하기 위해 가지고 있는 많은 수단 중의 하나이기 때문이다. 이러한 통찰력만으로도 전통적으로 이해된 경찰활동의 상당 부분을 바로잡을 수 있다. 경찰은 단순히 '법집행기관'이 아니라 공공의 안전과 안전에 관한 광범위한 권한을 가진 특별한 기관이며, 법집행 권한을 가진 다수의 정부기관 중 하나일 뿐이다. 게다가, 법집행은 경찰이 그들의 일을 완수할 수 있는 유일한 수단이 아니고, 그럴 수도 없다. 경찰 직업을 '법집행'이라고 일반적으로 지칭하는 계속되는 관습은 경찰의 유일한 또는 심지어 기본적인 기능은 법을 집행하는 것이라는 심각한 오해를 고착화한다.

또 다른 연구들은 경찰 전략의 세 가지 기본 요소(무작위 예방 순찰, 신속한 대응 및 후속 범죄 수사)의 효과성에 대한 가장 기본적인 가정들 중 몇 가지에 의문을 제기했다. 이 연구는 무작위 예방 순찰이 범죄를 통제하지도 않고 시민들을 더 안전하게 느끼도록 만들지도 않는다고 결론지었다. 신속한 대응은 극히 일부 사건에서만 범죄자들을 체포하는 데 중요한 역할을 하는 것으로 입증되었는데, 그 부분적 이유는 피해를 당한 시민들이 경찰에 신고를 늦게 하기 때문이었다. 그리고 전문 형사에 의한 후속 범죄 수사는 일반적으로 알려진 것처럼 사건을 해결하는 데 효과적이지 않았다.

이러한 발견의 맥락에서 완전히 새로운 접근법이 등장했다. 이 새로운 접근법은 경찰에 개선사항을 요구하고 이러한 요구를 충족시키기 위한 적절한 전략을 제시하고 있다.

문제지향 경찰활동의 정의

문제지향 경찰활동의 토대는 자유 사회의 경찰활동('Policing a Free Society', Goldstein 1977)에서 제시되었고, 그 후 1979년 학술 논문에 자세히 기술되었다; 그리고 나서 문제지향 경찰활동('Problem Oriented Policing', Goldstein 1990)이라는 책이 출판되었다; 그리고 출판되지 않은 학술대회 발표자료인 문제지향 경찰활동 요약('Problem-oriented Policing in a Nutshell', Goldstein, 2001)'에서 한 단락으로 요약되었다. 우리는 이 한 단락 요약문을 이용해 문제지향 경찰활동에 대한 개념을 자세히 소개하는 기초자료로 사용할 것이다.

POP^Problem-Orient Policing는 각각의 문제에 대해 새로 알게 된 것이 (3) 새롭고 효과적인 대처전략을 발견하게 되기를 바라며 (1) 경찰업무의 개별부분(각 부분은 경찰이 다루어야 할 범죄나 무질서 행위를 유사한 사건들로 묶은 것으로 구성됨)을 (2) 세밀한 검사(특별히 뛰어난 분석기법을 가지고 현장에서 많은 경험이 축적된 사람들에 의한 검사)의 대상으로 하는 정책 접근법이다. POP는 (4) 본질적으로 예방적이며 (5) 형사사법시스템 사용에 의존하지 않으며, (6) 다른 공공기관, 지역사회 및 민간 부문의 참여가 문제를 줄이는 데 의미있는 기여를 할 가능성이 있는 경우 참여하도록 하는 새로운 대응에 높은 가치를 둔다. POP는 (7) 새로운 전략을 이행하고 (8) 그 효과를 엄격히 평가하며 (9) 다른 경찰 기관에 이익이 될 수 있는 방식으로 결과를 보고하고 궁극적으로 (10) 경찰의 전문화를 지원하는 지식의 체계를 구축하는 데 기여할 것이다.

(Goldstein, 2001).

POP(문제지향 경찰활동)는 경찰활동에 대한 접근방식이다...

문제지향 경찰활동은 특정한 경찰활동 전략도, 심지어 범죄통제전략도 아니다. 따라서 법집행, 예방순찰, 범죄수사, 도보순찰, 포화순찰, 위장함정수사 등 경찰이 사용해왔던 다른 많은 전술 또는 전략들에 대한 대안이 아니다. 분명한 문제지향 경찰활동의 전술도 없다. 이것은 경찰이 그들의 임무를 어떻게 수행해야 하는지에 대한 구체적인 처방도 아니고 또한 범죄나 무질서의 원인을 설명하지 않기 때문에 범죄학이론도 아니다.

문제지향 경찰활동은 경찰 조직 이론으로, 사회과학보다는 공공행정과 조직행동 분야에 뿌리를 두고 있다. 경찰 기능을 수행하는 다른 접근방식보다 문제지향 접근방식이 더 효과적이라고 주장한다. 이와 같이 그것은 경찰직무를 이해하고 수행하기 위해서 그리고 경찰 행정업무를 위한 사고의 체계, 프레임워크, 그리고 원칙들로 구성된다. 이에 따라 문제지향 경찰활동은 핵심 원칙에 부합하는 방식으로 적용되기만 한다면 광범위한 범죄학 이론과 경찰 전술과 전략들에 개방될 수 있다.

... (1) 경찰업무의 개별 부분(각 부분은 경찰이 다루어야 할 범죄나 무질서 행위를 유사한 사건들로 묶은 것으로 구성됨)

경찰업무는 거의 모든 종류의 업무와 마찬가지로 업무 단위로 구성된다. 다른 분야에서는 만들어진 자동차(자동차 제조), 거래된 주택(부동산), 플레이된 게임(스포츠), 검진한 환자(의료), 발행된 기사(언론), 강의한 과목(대학) 등이 업무 단위가 될 수 있다. 업무 단위를 정의하는 것은 여러 가지 이유로 모든 분야에서 중요하다. 첫째, 일반적으로 계산되는 사항이며, 일반적으로 어떤 노동자와 노동 조직이 더 많은 단위를 생산할수록 그 노동자나 노동 조직이 더 많은 보상을 받게 된다. 둘째, 업무 품질을 측정하기 위한 변수를 설정한다. 각 자동차는 고품질이어야 하고, 각 주택 거래는 중개업자에게 순익을 가져다주어야 하며, 각 게임은 승리를 가져다주어야 한다. 셋째, 업무 단위는 조직이 관리해야 하는 부분을 구성한다. 원하는 수의 업무 단위를 생산하기 위해 충분한 인력을 고용해야 한다. 각 업무 단위가 잘 생산될 수 있도록 충분한 자원을 할당해야 한다. 요약하자면, 어떻게 정의되더라도 노동자와 조직은 표준 업무 단위에 따라 결정된다. 거의 모든 것이 표준 업무 단위에 대한 공통의 이해를 중심으로 돌아간다.

문제지향 경찰활동은 표준 경찰 업무 단위를 문제problem라고 하는 새로운 방식으로 개념화한다. 물론 문제라는 용어는 어려움을 나타내는 모든 상황이라는 일반적인 정의를 가지고 있다. 그러나 문제지향 경찰활동의 맥락에서, 문제는 대중의 입장에서 경찰이 해결해 줬으면 하는 유해한 사건의 집합(예: 유사한 성격이거나, 같은 장소나 사람에게 반복되는, 매일 같은 시간대에 발생하는 또는 특정 사건과 연계된 일련의 신고들 또는 사건들)이다. 문제의 중요한 요소들 중 하나는 그것이 하나의 사건이 아니라는 것이고, 그것은 종종 공공의 안전이나 안보를 위협하기 때문에 대중이 우려하는 것이다. 이것은 문제를 단순한 서비스 요청이나 하나의 범죄사건 또는 순전히 경찰에만 국한되는 것들(일반적으로 경찰 조직 내부의 문제들)과 구별한다.

⑵ 세밀한 검사(뛰어난 분석기법을 가지고 현장에서 많은 경험이 축적된 사람들에 의한 검사)의 대상이 된다.

문제지향 경찰활동이라는 맥락에서 우리는 경찰이 사건이나 신고전화에 대하여 조사하거나 수사하는 것(비록 이러한 일들이 중요하긴 하지만)에 관하여 이야기하기보다 문제problems에 대하여 조사하고 분석하는 것에 관하여 이야기한다.

문제에 대한 세밀한 조사Microscopic examination란 경찰이 문제를 구성하는 사건들 사이의 연관성에 대하여 이해하고 문제의 원인이 무엇인지에 대하여 파악하는 것을 의미한다. 이러한 종류의 조사나 분석은 사회과학의 원리와 방법에 기초한다. 경찰은 그들이 해 오던 것보다 훨씬 더 상세하고 심층적으로 문제를 분석해야 한다. 또한, 이 접근방식은 적절한 교육을 받은 분석가를 활용할 필요성과 더불어 서비스 요청 신고전화와 사건을 처리하는 일선 경찰관들의 통찰력과 지식을 활용할 것을 강조한다. 문제지향 경찰활동은 경찰 내부의 일선 경찰관, 분석가, 행정가들과 그리고 경찰 외부의 전문가와 시민들의 업무를 연계시키는 것을 추구한다.

점점 더 많은 경찰 기관들이 민간 분석가들을 고용하거나 경찰관들을 전문 분석부서에 배치하고 있다. 그들은 또한 경찰 업무와 관련된 데이터의 수집, 분석, 발표를 매우 용이하게 하는 분석 소프트웨어 프로그램을 구입하여 사용하고 있다. 실제로 범죄분석은 범죄분석 훈련프로그램, 컨퍼런스 및 전문협회의 급증과 더불어 경찰학의 하위 분야로 자리 잡았다. 이 모든 것이 긍정적이지만 이 전문 분야의 성장이 자동으로 더 나은 문제 분석으로 이어지는 것은 아니다. 많은 범죄분석가들은 문제들의 원인과 그에 영향을 주는 조건들에 대한 깊은 이해를 추구하는 문제분석보다도 일선 경찰관들이 범죄자를 파악하고, 체포하고, 기소하는 데 있어 도움을 주는 보다 전통적인 범죄패턴 분석에 더 익숙하다. 문제분석은 범죄분석 분야 내에서 구별되는 하위 전문 분야이며, 분석가들이 문제지향 경찰활동에 의미있게 기여하려면 특별히 훈련을 받아야 한다(Boba, 2003; Maguire and Hopkins, 2003; Clarke and Eck, 2005; Hirschfield, 2005; White, 2008; Boba and Santos, 2011; Eck and Clarke, 2013).

각각의 문제에 대해 새로 알게 된 것이 (3) 새롭고 효과적인 대처전략을 발견하게 되기를 바라며

문제지향 경찰활동의 이러한 요소는 바로 그 존재 이유를 설명해준다. 경찰업무에 대한 문제 지향적 접근의 요점은 경찰이든 타인이든 간에 당면한 문제에 대한 대응이 문제를 해결하기 위한 이전의 노력보다 그 문제를 통제하는 데 더 효과적이라는 것이다. 이러한 관점에서 문제지향 경찰활동은 성과에 초점을 맞춘다고 볼 수 있다.

실제로, 이 원칙은 문제가 조사되고 분석되는 방법에 강력한 가이드라인 역할을 한다. 문제에 대한 실용적이고 효과적인 해결책을 찾는데 도움을 주는 문제분석과 이에 대한 지식을 찾는다는 측면에서 보았을 때 그것은 매우 실질적이라고 할 수 있다. 이러한 효과성에 대한 강조는 문제지향 경찰활동과 상황적 범죄 예방과의 관련성을 보여 준다. 두 개념 모두 기본적으로 범죄문제 해결에 책임이 있는 사람들이 효과적으로 일을 할 수 있도록 도움을 주는 지식에 관심을 갖고 있다. 예를 들어, 문제지향 경찰활동이나 상황적 범죄 예방은 사람들이 본질적으로 악하기 때문에 도둑질을 하는지 여부(경찰이 아무것도 할 수 없는 철학적 문제), 혹은 부모의 양육에 문제가 있어서 범죄를 저지르는지 여부(경찰이 할 수 있는 것이 거의 없는 사회 심리적인

문제)에 대하여는 관심이 없다. 그러나 사람들이 원하는 물건들이 무방비 상태로 방치되어 있기 때문에 사람들이 도둑질을 하는지에 대하여는 많은 관심을 보이고 있다(경찰이 범죄예방을 위해 어떤 일을 할 수 있는 부분).

효과성에 대하여 강조할 때에는 그와 관련될 수 있는 공정성(또는 공평성)에 대하여도 생각해 봐야 한다. 경찰은 공정성에 대한 정부의 헌신, 평등 대우, 사회 집단 간의 긴장 최소화, 정부의 무력 사용 최소화, 시민의 자유와 권리에 대한 보호와 같은 측면에서 민주주의 사회를 위해 특별한 역할을 한다. 사실, 경찰 권위의 바로 그 정당성은 시민들이 경찰의 절차와 방법을 공정하게 인식하느냐에 달려 있는 것이지, 단순히 경찰이 효과적으로 업무를 수행하는 지에 대한 판단에 달려 있는 것이 아니다(Sunshine and Tyler, 2003). 경찰은 인종적, 민족적, 문화적으로 다양한 사회와 소통하고 봉사하는 데 있어 특별한 어려움을 겪고 있다. 문제지향 경찰활동은 문제에 대한 대응의 효과를 강조하지만, 공정성에 대해서도 매우 강조한다. 문제에 대한 효과적인 대응방법들 중에서, 문제지향 경찰활동 접근은 문제를 해결하기 위해 다양한 사람들과 그룹에게 부과되는 부담을 공평하게 배분하고 문제에 대한 새로운 대응의 이점을 공평하게 배분하는 방식을 요구한다. 이 접근법은 경찰이 강압적인 물리력을 사용하지 않아도 되는 대응을 선호하는데, 왜냐하면 경찰의 물리력 사용이 경찰의 공정성에 대한 대중의 인식을 훼손하는 경향이 있기 때문이다. 문제를 면밀히 분석하고, 이에 대한 협력적 발전과 대응이 경찰을 강압적이고 때로는 폭력적인 관행에서 벗어나게 하고 또한 경찰의 정당성을 높이고 경찰에 대한 대중의 반감을 줄인다. 이 장 후반부에 나오는 신시내티에서의 문제지향 경찰활동 경험에 대한 논의는 문제지향 경찰활동과 경찰의 정당성 사이의 연관성을 상세히 설명하고 있다.

POP는 (4) 본질적으로 예방적인 새로운 대응에 높은 가치를 둔다.

경찰업무는 항상 부분적으로 사후 개선적이거나 부분적으로 사전 예방적인 성격을 가지고 있다. 경찰업무의 사후 개선적 측면은 이미 피해가 발생한 후 교정, 시정 또는 처벌을 추구하는 측면이다. 경찰업무의 사전 예방적 측면은 피해가 발생하기 전에 피하거나 최소화하는 측면이다. 범죄 수사는 누가 범죄를 저질렀는지 밝혀내고 책임을 묻는 등 경찰활동의 개선 측면을 강조한다. 대부분의 피해자 서비스는 예방적이라기 보다는 치료적이라 할 수 있다. 피해자들의 신체적, 정서적, 재정적 회복을 돕는다. 경찰 순찰은 잠재적 범죄자들이 범죄를 저지르지 않도록 하고 지역사회의 사회적 규범을 지키는 사람들이 공공장소에 나가 활동하도록 유도함으로써 예방을 강조한다. 거의 모든 경찰 활동은 단정적으로 둘 중 하나로(개선적 또는 예방적) 분류할 수는 없다; 대부분은 둘 다의 결합으로 구성된다. 예를 들어, 범죄자들을 체포하는 것은 사람들이 야기한 피해에 대해 책임을 지도록 하는 데 있어 개선적인 목적에도 도움이 되지만, 다른 범죄자들뿐만 아니라 다른 사람들이 향후 범죄를 저지르지 못하도록 함으로써 예방적인 목적에도 도움이 된다.

문제중심 경찰활동에서는 어떤 문제든 이를 해결하는 데에 여러 가지 방법을 활용한다. 여기에는 경찰이 특정 유형의 사건에 대응하는 절차(예: 성폭행 사건의 증거 수집 절차 개선)를 개선하는 것일 수 있다. 이러한 대응은 본질적으로 개선적인 성격이 강하다. 하지만 문제지향 경찰활동은 경찰이 문제에 대하여 대응할 때 미래 사건의 발생 가능성을 줄이거나 미래 사건에서 발생할 수 있는 피해의 심각성을 줄이는 것에 대해 이전보다 훨씬 더 많은 노력을 할 것을 요구한다. 자동 입출금기ATM 주변에서 발생한 무장 강도 사건이 문제라면, 경찰은 강도를 저지르는 일부 범죄자들을 체포하는 것에 만족하지 말고 ATM 주변에서 향후 강도 위험을 줄이기 위한 조치도 실행해야 한다. 대중이 최근의 충격적인 범죄사건들에 대해 경찰이 강력하게 대응할 것을 요구할 때, 경찰은 또한 이러한 대중의 높은 관심을 활용하여 새로운 예방 조치를 대중들이 지지하도록 유도할 수 있다.

상황적 범죄 예방의 병행 발전은 경찰 등에게 범죄와 무질서를 예방하는 새로운 방법들을 풍부하게 제공했기 때문에 이러한 예방 지향성에 새로운 의미를 부여했다. 역사적으로, 경찰은 경찰의 조치가 범죄를 크게 예방할 수 있다는 증거가 부족했기 때문에 범죄예방 기능을 크게 중요하게 생각하지 않고 있었다. 실제로, 몇 년 동안 경찰활동 효과성 연구의 상당 부분은 그 반대를 증명하고 있었다. 무작위 예방순찰, 신고에 대한 신속한 대응 그리고 후속 범죄 수사 등 범죄를 예방하기 위해 도입된 핵심 경찰 전술들이 기대했던 것보다 범죄를 예방하는 데 효과적이지 않다는 결과를 보여 주었다. 오늘 만약 경찰이 연구 결과들을 살펴본다면, 그들은 직접적이든 간접적이든, 범죄와 무질서를 촉진하거나 조장하는 조건들을 바꾸기 위해 그들이 할 수 있는 일이 많다는 것을 알게 될 것이다.

(5) 형사사법시스템 사용에 의존하지 않으며,

형사사법시스템criminal justice system은 막강한 권한에도 불구하고 많은 공공 안전 문제에 효과적이고 공정한 개선책을 제공하는 역량이 부족했다. 형사사법시스템은 주로 무고한 피해자들을 노린 악랄한 범죄자들이 저지르는 전통적인 범죄를 다루기 위해 도입된 제도이다. 일반적인 문제로서, 이러한 종류의 범죄사건들은 입증하기가 쉽고 또한 징벌적 제재를 가하는 것이 명백하게 요구된다. 하지만 경찰이 다루는 많은 사건들은 전형인 범죄들이 아닌 경우가 많다. 범죄자들은 정신적으로 문제가 있거나 마약이나 알코올에 중독되어 있을 수 있으며, 이 경우 범죄 의도를 입증하는 것이 어려울 수 있으며, 그리고 입증이 된 경우에도 구금이 효과적이지 않거나 상황을 악화시킬 수 있다.

예를 들어, 많은 불법 마약 거래에 연루된 범죄자들에 대한 대량 구금은 많은 관계자들과 정책 입안자들에게 그 효과성, 재정 및 사회적 비용, 그리고 형사 사법 시스템의 전반적인 정당성 특별히 경찰활동의 정당성에 문제를 야기했다(Stuntz, 2011; Ruth and Reitz, 2003; Kennedy, 2009). 경찰이 다루는 많은 사건들은 형사사법시스템의 완전한 개입을 통해 필요한 자원들을 지출해야만 하는 문제들이 아니라, 본질적으로 정말 사소한 다툼이거나 경미한 위반인 경우가 많다.

형사사법시스템은 종종 역량이 부족할 뿐만 아니라 거의 항상 자원이 부족하다. 1950년 미국 변호사 재단의 형사사법시스템 연구의 가장 중요한 발견 중 하나는 형사사법시스템의 자원이 매우 부족하다는 것이었다. 많은 관할지역에서 형사사법시스템이 공정하거나 효과적으로 다루기에는 너무 많은 사건들을 처리하고 있다. 따라서, 형사사법시스템을 구성하는 각 행위자들(경찰 포함)은 이상적인 시스템 모델에서 내포된 완전한 처우를 제공하지 못하는 사건들을 해결하는 방법을 모색해야 했다. 경찰은 체포에 필요한 상당한 사유probable cause가 있는 경우에도 범죄자들을 체포하는 방식만을 고수하지 않기로 했다. 검찰은 경찰에 체포된 모든 사람에 대해 공식적인 기소를 하지 않기도 하고, 일부 사건을 모두 취하하고 또 다른 사건들은 대안적 제도로 전환했다. 법원은 공식적으로 기소된 사건의 극히 일부만이 완전한 재판을 받을 수 있도록 규칙을 적용하고 시행되도록 압력을 가했다. 교정 기관은 부족한 구치소와 교도소 공간을 관리하는 데 도움이 되도록 비구금형(보호관찰, 가석방, 가택 연금, 전자 감시, 업무 석방, 사회봉사 등)을 적극 활용했다.

역설적이게도, 형사사법시스템의 역량과 자원상의 한계에도 불구하고, 많은 경찰기관들은 여전히 전통적인 처벌위주의 방식에 상당히 많이 의존하고 있으며, 종종 그들의 목적을 달성하기 위한 일차적인 수단으로 강력하고 광범위한 체포를 사용하는 것을 중심으로 한 경찰 전략을 세우고 있다. 이러한 체포 중심의 전략은 형사사법시스템의 자원과 적법한 절차의 안전장치를 약화시킬 뿐만 아니라, 많은 대중들로부터 경찰을 멀어지게 만들고, 경찰의 정당성을 잠식할 가능성도 있다. 경찰이 그들의 임무를 수행하는 데 있어 대중의 지지에 얼마나 의존하고 있는지 볼 때, 이러한 정당성의 침식은 경찰이 치러야 할 매우 높은 비용이라고 할 수 있다.

　　이에 따라 문제지향 경찰활동은 체포, 기소, 구금의 사용을 배제하지 않으면서 경찰로 하여금 문제 해결을 위한 수단으로 형사사법시스템에 지나치게 의존하는 접근에 대한 대안을 모색하도록 유도하고 있다. 체포, 기소 및 구금을 더욱 분별적으로 사용하는 것은 일련의 비형사적 대응 방식을 보다 광범위하게 채택함으로써 공공 비용을 절감하는 동시에 공공 안전을 강화할 수 있는 큰 잠재력을 가지고 있다(Klingele et al., 2010).

　　　… 그리고 (6) 다른 공공기관, 지역사회 및 민간 부문의 참여가 문제 감소에 의미있는 기여를 할 가능성이 있는 경우 이들을 참여시킨다.

　　문제지향 경찰활동에 대한 논의의 상당 부분은 경찰이 그들의 효과성과 공정성을 향상시키기 위해 무엇을 해야 하는지에 초점을 맞추고 있다. 사실, 문제지향 경찰활동이라는 용어는 경찰이 공공 안전 문제에 대한 대응의 중심에 있다는 것을 의미하지만, 이러한 초점은 더 깊은 현실을 바탕으로 전제되어야 한다. 경찰 기관은 궁극적으로 공공 안전을 증진하기 위해 스스로 할 수 있는 일에 제한이 있다. 경찰은 아무리 중요해도 사회 전체와 비교했을 때 상대적으로 소규모 집단이다. 예를 들어 미국에서는 경찰 인력이 전체 인구의 1%의 10분의 3에 불과하고(3억 명 중 100만 명의 경찰 인력), 경찰 인력의 5분의 1 정도만 실제로 지역사회에서 근무하고 있다. 게다가, 우리가 아무리 많은 권한을 경찰에게 부여하더라도, 서구 민주주의 국가에서는 경찰이 너무 강력하지 않도록 주의하면서, 그러한 권한을 제한하는 조치를 거의 동등하게 마련해 두고 있다.

　　문제지향 경찰활동은 경찰이 다른 형태의 사회 통제 방법을 사용하도록 장려함으로써 사회 전체에 퍼져 있는 훨씬 더 다양한 기관들과 자원을 선별적으로 이용함으로써 자신들의 권한과 자원을 활용하도록 강조한다. 다른 공공기관, 지역사회, 민간 부문과의 교류는 경찰이 공공 안전 문제의 성격과 중요성에 대해 다른 사람들로부터 의견을 구하고, 문제 분석에 필요한 정보를 다른 기관들에게 요청하고, 문제 대응에 있어 다른 기관들에게 도움을 요청한다는 것을 의미한다. 다른 기관들과 경찰의 교류는 경찰만을 위해서나 경찰에 대한 대중의 지지를 높이기 위해서가 아니라 보다 효과적이고 공정하게 문제를 해결하기 위해서 권장된다. 일부 문제와 관련해서는 매우 높은 수준의 외부 개입이 보장될 수 있다. 경찰이 정확하게 어떤 공공기관, 어떤 지역사회 분야, 어떤 민간 부문과 협력해야 하는지는 각 문제의 세부 사항에 따라 달라진다.

공공 안전 문제를 통제하기 위해 타 기관의 참여와 협력을 확보하는 것은 때때로 경찰에게 꽤 쉬운 일이다. – 경찰이 필요한 것은 그저 그것을 요구하기만 하면 된다 – 때로는 그들이 협조를 구하는 기관들이 협력하지 않음으로써 큰 이득을 얻을 경우에는 꽤 어려운 일이다. 이 모든 협력 스펙트럼을 통해, 경찰은 범죄와 무질서 문제를 해결하는 데 적절하고 필요할 때 협력을 요청하고, 설득하고, 압박하고, 설득하는 기술을 개발하고 채택할 필요가 있다(Scott and Goldstein, 2005).

POP는 (7) 새로운 전략을 이행하기 위해 노력하고 있다.

문제지향 경찰활동은 행동연구에서 축적된 지식을 활용한다. 행동연구는 연구자가 특정 결과를 달성하는 데 관심을 갖는 패러다임으로, 종종 그 결과를 위해 일하는 팀의 핵심적인 부분이다. 따라서 문제중심 경찰활동은 새로운 계획을 실행에 옮기는 다음 단계를 강조한다. 이것은 간단해 보이지만, 연구와 경험은 우리에게 아무리 잘 짜여진 계획도 여러 가지 이유로 잘못될 수 있다는 것을 말해준다.

문제지향 경찰활동에서 경찰은 새로운 행동계획을 실행하는데 장애물이 있을 것을 예상하고 계획을 수립하고 장애물들을 극복하기 위해 특별한 노력을 기울일 것이 요구된다. 경찰이 새로운 행동 계획을 세울 때 고려해야 할 다양한 요인들로는 재정 비용, 대응 실행 인력의 가용성, 경찰기관 내/외부 계획에 대한 지원, 합법성, 대응의 실용성 및 단순성, 새로운 대응이 현상유지 보다 더 효과적일 가능성, 새로운 계획이 과거의 피해들을 개선하고 더불어 미래의 피해를 예방할 가능성, 그리고 새로운 대응이 기여하는 모든 사람들 사이에서 공정하게 책임을 배분하는 것으로 인식될 가능성 등이 있다.

(8) 그 효과를 엄격하게 평가한다.

다시 말하지만 문제지향 접근법은 범죄와 무질서 문제를 통제하는데 있어 경찰의 효과성에 최우선적 관심을 가지고 있다. 따라서 효과성을 측정해야 한다. 그러나 경찰은 그 업무를 엄격하게 평가한 역사가 없기 때문에 효과성을 측정하는 것은 중대한 도전이다. 진척을 이루려면 경찰이 평가를 위한 새로운 내부 역량을 개발하고 외부 평가자들과의 새로운 파트너십을 개발해야 한다. 평가를 지원하기 위해 추가 자금이 필요할 수도 있다. 자기 성찰의 새로운 정신, 비판에 대한 개방성, 평가의 이점과 한계에 대한 이해, 그리고 새로운 지식에 적응하려는 의지가 모두 요구된다(Knutsson, 2015). 이를 위해서는 경찰 환경의 특정 조건에 맞게 조정된 평가 방법의 추가 개발과 실험이 필요하다.

엄격한 경찰활동 평가가 어느 수준까지 추구해야 하는지에 대해 학자들 사이에 상당한 논쟁이 있다. 일부 학자들은 무작위 통제실험(Sherman, 2013)에서 제공된 것과 같이 매우 엄격한 표준을 옹호하는 반면, 다른 학자들은 경찰활동을 평가하기 위해서 경찰활동이 발생하는 복잡한 환경에 더 적합한 방법으로 더 광범위하고 덜 정확한 접근법을 지지한다(Sparrow 2011; Tilley 2010). 경찰 문제 해결 이니셔티브의 평가가 얼마나 엄격할 것인지에 대하여는 각 경찰 기관의 발전 상태에 따라 좌우될 것이다. 자신이 하는 일에 대해 평가해 본 적이 없는 경찰 기관은 가장 기본적이고 초보적인 질문에 만족해야할 것이다. 수년 동안 문제 지향적인 정책을 실천해왔으며 내부적으로 또는 외부 연구 파트너와 협력하여 전문적인 분석 능력을 개발한 경찰 기관에는 보다 엄격한 정책이 요구될 수 있다. 경찰 전반에 걸쳐서, 경찰이 해왔던 관행을 평가하는 데 있어 갈 길이 멀다. 궁극적으로 목표는 최대한 엄격한 평가가 되어야 한다. 그러나 과제의 어려움을 감안할 때, 동기 부여가 잘 되고 적당한 노력을 기울인 기관들에 대한 관용과 더불어 보다 엄격한 기준을 충족시키는 데 있어서 꾸준한 진보를 보이도록 보상할 필요가 있다. 문제지향 경찰활동은 경찰로 하여금 그들 방법의 상대적 효과에 대해 의문을 품게 하고 보다 효과적이고 공정한 방법을 지속적으로 찾도록 하는 데 있어 한 걸음 더 나아가는 것이다.

일반적으로, 경찰활동의 효과성은 다음과 같은 특정 지표의 조합을 수반한다: 유해사고의 제거 또는 감소, 사건에서 발생하는 위해의 정도 감소, 문제에 대한 경찰 대응의 공정성 또는 인권존중에 대한 인식 개선, 경찰 보다 문제를 더 잘 해결할 수 있는 기관으로 문제 대응 책임을 전환시키는 것. 특정 문제지향 경찰활동 이니셔티브에 대한 정확한 측정은 각 문제의 구체적인 성격과 개념정의 방법에 따라 달라진다.

그리고 (9) 다른 경찰 기관에 이익이 될 수 있는 방법으로 결과를 보고 한다.

문제지향 경찰활동의 발전에 필수적인 것은 경찰(및 그들의 연구 파트너)이 특정 문제를 해결한 경험에 대해 정기적으로 서로 교환하는 것이다. 모든 직업군에서는 그러한 경험적 지식을 서로 공유하는 것을 매우 중요하게 여기고, 미팅과 컨퍼런스에서 상호 의견교환을 하거나 글로 작성한 사례 연구를 공유하기도 한다. 양적 정보와 질적 정보를 전달하는 것은 매우 중요하다. 확실히, 경찰들은 서로 자신들의 이야기를 공유하는 전통이 있다. 공유해야 할 이야기는 단순히 경찰관들이 서로 나누는 전쟁 이야기나 '누가 했는지' 미스터리가 아니라 경찰의 문제 해결에 관한 행동 연구 경험에 관한 것(보고서)들이어야 한다. 이러한 이야기(보고서)를 믿을 수 있고 책임감 있는 방식으로 들려주기 위해서는 경찰 기관과 경찰 직업 내에서 새로운 관행과 시스템의 개발이 필요하다. 신뢰성 있는 보고서를 작성하기 위해서는 필요한 기술을 갖춘 직원이 필요하다. 경찰청 안팎에 보고서 내용을 전파할 수 있는 장소가 마련되어야 한다. 그리고 경찰들은 다른 기관들의 문제해결 보고서를 찾아 읽고, 그리고 나서 그들의 교훈을 현지 상황에 적용하는 습관을 들여야 한다. 중요한 것은, 어떤 경찰 기관도 모든 문제를 연구할 것이라고 기대할 수 없기 때문에 지식을 공유하는 것은 필수적이다. 한 기관으로부터의 교훈은 많은 다른 기관들이 비슷한 문제를 해결하는 데 도움을 줄 수 있다. 고품질 문제지향 경찰활동 프로젝트 보고서의 예로는 골드스타인과 서스밀치(Goldstein and Susmilch, 1982a, 1982b), 에크와 스펠만(Eck and Spelman, 1987), 브라가(Braga et al., 2001), 클라크와 골드스타인(Clarke and Goldstein, 2002, 2003), 베스트폴드 경찰서(Vestfold Police District, 2004) 등이 있다.

그리고 그것은 궁극적으로 (10) 경찰의 전문화를 지원하는 지식의 체계를 구축하는 데 기여할 것이다.

전문직이 되고자 하는 분야에서는 많은 지식 공유와 더불어 전문가가 되기 위한 과정으로서 학생이나 견습생일 때 그리고 실무자로서 문제해결을 위해 그 분야의 축적된 지식에 접근할 수 있는 지 여부에 크게 의존한다. 축적된 지식에 대한 접근은 실무자들에게 과거의 연구 및 실습에서 쌓인 지식을 제공함으로써 양질의 서비스를 제공하고 문제를 해결하는 데 도움이 된다.

많은 다른 숙련된 직업에 비해, 경찰활동에 대한 지식의 본체는 매우 얇고 실무자들이 쉽게 접근할 수 없다. 그럼에도 불구하고, 경찰분야 내에서 개발된 연구와 관행이 무엇이든 간에 다른 경찰관들이 쉽게 접근 가능하도록 해야 하며, 경찰분야 외부에서 행해졌지만, 경찰 문제와 관련이 있는 연구라면 이 또한 쉽게 접근이 가능하도록 해야 한다. 문제지향 경찰활동은 경찰 지식의 체계를 살찌우고자 한다. 그것을 체계화하고, 표준화하며, 엄격함을 개선하고, 현재의 실무자들에게 더 접근하기 쉽고 그들 업무에 필수적인 것으로 만들기 위해서이다.

이를 위해 문제지향 경찰활동 센터www.popcenter.org가 설립되어 문제지향 경찰활동 및 상황적 범죄 예방에 관한 정보를 개발, 보급하고 있으며, 경찰이 구체적인 문제를 다루는데 있어 실무자들에게 연구결과와 좋은 관행들에 대한 정보에 쉽게 접근할 수 있도록 하는데 최대한 노력을 하고 있다. 문제지향 경찰활동과 상황적 범죄 예방 컨퍼런스, 그리고 몇 가지 수상 프로그램들은, 경찰 지식의 체계를 연구와 실무 기반으로 체계적으로 구축하기 위한 이러한 노력을 보완한다.

문제지향 경찰활동의 적용

우리는 문제지향 경찰활동 이론을 설명했다. 이 이론이 작동하기 위해서는 경찰 구성원들이 일상 업무에서 이 이론을 수행할 수 있도록 운영되어야 한다. 이 이론을 실천에 옮기는 것은 35년 이상에 걸쳐 발전해 왔고 지금도 진화하고 있다. 첫 번째 주요 단계 중 하나는 문제해결 과정의 개발이었다. 또 다른 과정은 경찰의 문제해결과 환경범죄학과의 연계성 개발이었다. 세 번째는 연구결과 및 실무적 지식을 통합하여 경찰 실무자들을 위해 특별히 제작된 전문적인 경찰 지식의 구축과 보급이다. 우리는 이것들과 다른 발전 사항들을 차례대로 살펴볼 것이다. 이러한 노력에는 대략적인 연대가 있지만, 모든 것이 어느 정도 중복된다.

문제해결 과정

1984년 뉴포트 뉴스(버지니아) 경찰서는 미국 법무부(미국 법무부 연구부)의 지원을 받아 전체 경찰에 걸쳐 문제지향 경찰활동을 실시하기 시작했다. 많은 불확실성이 있었지만, 뉴포트 뉴스 경찰서는 세 곳의 다른 경찰서에서 적용했던 제한적인 시도로부터 얻어진 경험을 활용할 수 있었다. 매디슨(위스콘신) 경찰서는 허먼 골드스타인 Herman Goldstein과 그의 동료들 그리고 학생들로부터 도움을 받아 두 가지 문제를 조사하였다. 음주 운전과 심각한 성폭행(Goldstein and Susmilch, 1982a, 1982b, 1982c). 비록 이러한 문제들에 대해 많은 것을 알게 되었고, 재범자들의 성폭행을 예방하기 위한 믿을 만한 혁신적인 접근법이 시행되었지만, 경찰이 문제지향 경찰활동을 실천하기 위해서는 상당한 지도와 훈련이 필요함이 분명해졌다. 런던 경찰청도 시범적으로 문제 연구에 착수해서 어느 정도 성공을 거두었다. 그러나 경찰청장에게 보낸 내부 보고서는 문제지향 경찰활동을 일반적인 전략으로 추진하기 위해서는 기존의 경찰 조직 체계가 상당히 바뀔 필요가 있다고 경고했다(Hoare et al., 1984). 또한 1980년대 초 볼티모어 카운티(메릴랜드) 경찰서는 카운티 내 세 개의 경찰 지구대에서 범죄 두려움 문제를 해결하기 위해 세 개의 문제해결 팀을 구성했다. 이 팀들은 문제를 조사, 분석, 대응은 물론 가능한 해결책을 실행하기 전과 후의 두려움 수준을 측정하기 위한 시민 설문조사 실시를 위한 표준 프로토콜을 개발했다. 이들 팀에 대한 평가는 이들이 두려움과 범죄를 줄이는 데 상당한 성공을 거뒀다는 것을 보여 주었다(Cordner, 1986).

　뉴포트 뉴스 경찰서 구성원들은 이러한 이전의 경험을 토대로 문제해결을 위한 일련의 절차를 개발해야 한다고 제안했다. 그들은 두 명의 컨설턴트와 함께 SARA 과정을 개발했다(Eck and Spelman, 1987). SARA는 사업과 계획 수립에 사용되는 4단계 문제해결 프로세스의 약자이다.

- 조사^Scanning. 이 첫 번째 단계에서는 추가 조치를 취할 수 있도록 문제를 충분히 발견하고 잘 정의 내리는 과정이다. 이후 단계에서 더 많은 정보가 수집됨에 따라 정의를 개정할 수도 있다. 문제 파악을 위해서 단일 정보 소스만 사용하는 경우는 없다. 오히려 경찰관들은 범죄 자료, 지역사회 구성원, 선출직 공무원, 뉴스 미디어 계정을 포함한 여러 소스를 사용하는 것이 권장된다. 문제에 대한 정의의 기본 개념들은 대부분 일정하게 유지되었지만, 시간이 지남에 따라 조금씩 발전해 왔다. 문제는 경찰이 처리할 것으로 합리적으로 예상되는 유해 사건들의 반복적인 집합으로, 이들은 하나 이상의 방식(동일 행동 집합, 동일 집단의 사람들, 동일 위치 또는 동일한 기간)으로 서로 관련되어 있다. 이러한 정의는 범죄 문제와 비범죄 문제를 모두 문제에 포함시킬 수 있다. 반복할 것으로 예상되지 않는 일회성 사건은 문제에서 제외된다. 이러한 정의는 또한 대중을 문제를 정의하는 데 있어 중요한 요소로 삼고 있다. 문제에 대해 지역사회의 전체의 공감대가 있을 필요는 없지만, 적어도 지역사회의 일부 구성원들은 경찰이 이 문제에 대처해야 한다고 느낄 필요가 있다.

- 분석^Analysis. 두 번째 단계는 그 문제에 대한 정보와 경찰의 이전 해결 경험에 대한 자료를 수집하는 것이다. 정보의 대부분은 해당 문제와 관련된 지역사회의 경험에 관한 것이다. 그러나 문제해결 경찰관^police problem-solvers은 다른 경찰기관, 사회과학 연구, 그리고 그 문제와 관련된 다른 기관과 개인들의 정보도 검토해야 한다. 그 목적은 문제가 어떻게 발생하는지 원인을 파악하고 그 문제를 줄일 수 있는 방법을 찾는 것이다. 정보의 수집과 분석을 구체화하는 데 도움이 되도록 문제의 원인과 기여 조건에 대한 가설들은 조기에 개발해야한다; 가설들은 또한 분석을 기반으로 확증하거나 수정 개선해야 한다.

- 대응^Response. 문제해결의 기본 규칙은 문제해결 경찰관이 가능한 광범위한 해결책을 검토하고, 분석에서 나오는 사실과 결론에 적합한 솔루션과 지역적 조건에서 대응의 적절성과 타당성에 대한 판단을 바탕으로 선택해야 한다는 것이다. 세 번째 단계에서는 문제해결 경찰관은 분석 결과를 사용하여 선택 가능한 옵션을 판단하고 가장 적절한 옵션을 선택한 다음 실행한다. 경험상, 우리는 효과적인 경찰 문제해결을 위해서는 종종 여러 가지 다른 대응책

을 서로 협력하여 실행해야 한다는 것을 알고 있다. 브라운과 스캇(Brown and Scott, 2007)은 대응 실행과 관련된 이슈에 대해 자세히 설명했다.

- 평가Assessment. 경찰이 수단-목적 전도 증후군means-over-ends syndrome을 피하려면 문제해결 노력의 성공 여부를 판단할 때 선택한 대응의 성격보다는 문제에 미친 실질적인 영향에 따라 판단하는 것이 중요하다. 대응이 혁신적이고 적합해 보일 수 있지만, 성공을 보장하지는 않는다. 따라서 문제해결 과정의 마지막 단계는 대응을 평가하고 문제가 더 나은 방향으로 변경되었는지, 더 작은 것으로 변경되었는지, 덜 유해하게 되었는지를 결정하는 것이다. Eck(2002)는 평가 과정을 상세히 설명했다.

SARA 프로세스는 단순한 선형 프로세스로 보일 수 있지만, 사실 수많은 피드백 루프를 포함하고 있다(그림 11.1 참조). 분석 단계에서 이전에 설정했던 문제에 대한 정의를 수정해야 할 수도 있다. 대응 단계에서 문제에 대한 새로운 사실들이 드러나는 경우가 있는데, 이로 인하여 분석 결론을 변경하거나, 문제를 재정의 하거나, 보다 효과적이거나 실용적인 대응 방안을 찾아야 할 수도 있다. 평가는 대응이 효과적이지 못하거나 효과적이지만 불공정하다는 것을 보여줄 수 있으며, 따라서 이전 단계 중 하나 또는 전부를 재검토하도록 요구할 수 있다. 사실, 문제해결 노력은 어느 단계에서나 시작될 수 있다. 예를 들어, 위기 상황에서 즉각적인 임시 대응은 문제를 통제하고 대중을 안심시키기 위해 SARA 과정을 시작할 수 있다. 이어지는 분석은 문제를 재정의할 수 있으며, 이는 다시 추가 분석과 수정된 지속 가능한 대응의 창출을 시사한다. 문제의 수준을 추적하고 각각의 새로운 대응의 효과를 판단하기 위해 평가가 상시 진행될 수 있다.

SARA 과정은 널리 확산되어서 문제지향 경찰활동과 동의어가 되었다. 가장 널리 채택된 틀이지만 문제해결 경찰관들에게 실질적인 지침을 제공하는 한 가지 방법일 뿐이다. 예를 들어 캐나다 기마경찰대Royal Canadian Mounted Police는 CAPRA 라고 불리는 프로세스를 사용한다. 각 알파벳은 Client or Community고객 또는 지역사회, Acquiring and Analyzing Information정보의 획득 및 분석, Partnerships파트너십, Response대응, 그리고 Assessment평가를 나타낸다(RCMP, 2000). 다른 경찰기관들은 SARA의 대응 단계를 대응 설계와 대응 실행의 두 단계로 나누었다. 하지만 그 과정이 SARA이든 변형이든 간에 중요한 점은 과정이 간단하지만 문제지향 경찰

활동의 중요한 요소들을 포함하고 있다는 점이다. 비록 지나치게 단순화되었다
는 위험성도 있지만, SARA 문제해결 모델은 적어도 현 단계에서는 문제지향 경찰
활동의 발전 과정에서 경찰에게 유용한 도구임이 입증되었다(Sidebottom and Tilley,
2011).

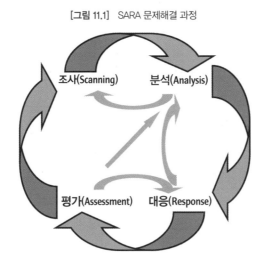

[그림 11.1] SARA 문제해결 과정

출처: Clarke and Eck, 2005

문제 삼각형과 환경범죄학

여러 경찰기관에서 문제지향 경찰활동을 시행하면서 문제를 분석하고 대응 방법을
선택하는 부분에서 모호한 점이 발견되었다. 경찰은 단순히 관련성이 있어 보이는
자료만 수집하면 어떻게든 그 문제에 대한 통찰력을 얻게 되고 가능한 해결책이 나
타날 것이라고 생각했었다. 불행하게도 이것은 타고난 문제해결사로 보이는 몇몇
경찰관들을 제외하고는 거의 일어나지 않는다. 문제와 해결책을 직관적으로 도출
할 수 있는 소수의 사람들에게 경찰활동 전략을 세우도록 하는 것은 실패를 가져올
가능성이 높다. 문제지향 경찰활동 이론을 보완해주면서 문제의 실질적인 특성에
대하여 설명해줄 두 번째 이론의 필요성이 대두되었다.

대부분의 범죄학 이론이 경찰에게 실질적인 가치가 거의 없는 반면, 환경범죄
학이라고 불리는 작지만 성장하고 있는 분야에서 일련의 유용한 이론들을 개발하
고 있었다. 이 이론들은 이 책의 다른 장들에서 더 자세히 설명되어 있다. 여기서는

일상 활동 이론과 상황적 범죄 예방에 초점을 맞출 것이다.

　　일상 활동 이론은 원래 문제지향 경찰활동이 처음으로 공식적으로 소개되었던 때(Goldstein, 1979)와 같은 해에 소개되었다(Cohen and Felson, 1979). 그 이후로 일상 활동 이론은 보다 정교하게 발전되었다. 1990년대 초, 당시 경찰간부연구포럼(Police Executive Research Forum)에서 라나 샘슨은 경찰에게 문제 분석 방법에 대한 교육을 할때 일상 활동 이론에서 도출된 범죄자, 목표(대상) 그리고 장소[그림 11.2 (Eck 2003)의 내부 삼각형으로 구성된 단일 삼각형]를 이용하여 설명하였다. 이 간단한 그림은 범죄나 무질서 사건이 존재하기 위해서는 이 세 가지 요소가 모두 하나로 합쳐져야 한다는 것을 보여 준다. 즉, 동기가 부여된 범죄자가 적절한 대상이나 피해자를 능력 있는 보호자가 없는 장소에서 마주친다면 범죄나 무질서 사건이 발생할 것이다. 이러한 요소들이 반복적으로 결합되었다면 문제가 있는 것이다. 삼각형의 세 면 모두에 대한 정보를 수집하여 분석을 진행해야 하며, 목표는 삼각형의 한 면 이상을 제어하는 대응, 즉 보호자가 없는 대상과 범죄자가 동일한 장소에서 만나는 것을 방지하는 것이다. 반복적 범죄, 반복적 피해, 반복적 발생장소의 공통성에 대한 증거는 이 아이디어에 신빙성을 부여했다. 반복적인 범행 문제들은 범죄자들을 쫓음으로써 해결될 수 있다. 반복 피해 문제는 피해자를 도와줌으로써 해결할 수 있고 반복 범죄발생 장소 문제는 해당 위치의 물리적, 사회적 측면을 관리함으로써 해결할 수 있다(Eck, 2003).

[그림 11.2] 문제 삼각형

출처: Clarke and Eck, 2005

나중에 Eck(2003)는 이 시각적 디자인을 확장하여 이중 삼각형을 만들었다(그림 11.2 참조). 내부 삼각형의 요소들은 문제 발생에 필요한 조건을 보여 주고, 외부 삼각형의 요소들은 문제를 억제하기 위해 추가될 수 있는 요소를 보여 준다. 이러한 외부 요소들은 자신의 내부 요소를 제어할 수 있는 사람들을 나타낸다.

조절자handler는 범죄자에 대한 정서적으로 또는 법률적으로 밀접한 관계를 가지고 있어서 범죄자를 만류하거나 저지할 수 있는 위치에 있는 사람을 말한다(Felson, 1986). 정서적 애착(즉, 비공식적 사회통제)을 통해 통제력을 행사하는 조절자의 일반적인 예로는 부모, 이웃, 스포츠 코치 등이 있다. 법률적 관계(즉, 공식적인 사회적 통제)를 통해 통제권을 행사하는 조절자의 일반적인 예로는 경찰관, 보호관찰관 및 판사가 있다. 범죄자들은 조절자가 없을 때 범죄를 저지를 가능성이 더 크다.

보호자guardian는 목표물을 보호한다. 사람, 동물 또는 사물. 보호자의 부재는 일상 활동 이론의 첫 번째 버전에서 독창적으로 고안된 요소 중 하나였다. 보호자가 있을 때는 범죄나 무질서한 행동이 일어날 가능성이 훨씬 작다. 일반적인 보호자에는 친구가 다른 친구를 보호하는 경우, 부모가 자녀를 보호하는 경우, 개인이 소지품 또는 주거지를 보호하는 경우, 고용된 보안 요원이 사람 또는 재산을 보호하는 경우, 물론 경찰 등도 포함된다.

장소 관리자place manager는 장소의 기능을 관리한다. 그들은 부동산 소유자, 임대업자, 그리고 그들이 고용한 사람들이 해당한다. 그들 임무의 일부로서, 그들은 범죄와 무질서를 초래할 수 있는 상황에 주의를 기울이고 범죄를 막기 위해 행동할 수 있다. 그러나 장소 관리의 많은 부분이 범죄와 무질서에 간접적으로 영향을 미친다. 술집의 좌석 배치, 엔터테인먼트 및 가격에 대한 결정은 이윤을 이유로 할 수도 있지만 술집에서의 음주, 절도 및 폭력의 양에도 영향을 미칠 수 있다(Madensen, 2007; Scott and Dedel, 2006). 일반적 관리자로는 집주인, 가게 점원, 인명 구조원, 항공사 승무원, 교실의 교사, 청소담당 및 장소 소유주 또는 소유주에게 고용된 사람이 포함된다.

일상 활동 이론은 문제를 일으키는 상황에 대해 문제 해결사의 관점에서 주목한다. 상황적 범죄 예방은 범죄자의 관점에서 같은 상황을 바라본다. 이 책의 다른 장에 자세히 설명되어 있다(Cornish and Clarke, 이 책 제2장 참조). 상황적 범죄 예방은 여러 가지 이유로 문제지향 경찰활동을 위해 매우 중요하다. 첫째, 두 관점 모두 범죄패턴과 문제의 신중한 분석을 요구한다. 둘째, 상황적 범죄 예방과 문제지향 경찰활동 모두 세세한 부분을 강조한다 – 작은 것들이 큰 문제를 일으킬 수 있기 때문에 세세한 부분까지 아는 것을 중요시한다. 셋째, 상황적 범죄 예방은 경찰활동과 동일한 시간단위로 운영된다. 해결책들은 몇 년 또는 수십 년에 걸쳐 성과를 내기보다는 즉각적이거나 이른 시일 안에 효과를 얻을 수 있는 것들이다. 넷째, 상황적 범죄 예방의 초점은 대부분의 경찰업무와 마찬가지로 문제의 근접한 원인에 주목한다. 다섯째, 경찰 등에 의한 상황적 개입이 범죄를 감소시킨다는 증거가 점차 늘어나고 있다(Guerette, 2009). 클라크(Clarke, 1997), 스콧과 골드스타인(Scott and Goldstein, 2012), 에크와 매든슨(Eck and Madensen, 2012)은 상황적 범죄 예방과 문제지향 경찰활동 사이의 연관성에 대해 상세히 설명했다.

많은 비경찰 조직이 상황적 범죄 예방을 사용할 수 있듯이, 문제해결 경찰관은 상황적 범죄 예방에만 의존하지 않는다. 원칙적으로, 범죄예방에 효과가 있는 어떠한 접근법도 경찰이 사용할 수 있다. 예를 들어, 집중적 억제focused deterrence라고 알려진 접근방식이 강력한 법집행의 위협과 범죄자에 대한 집중적 사회봉사를 결합하여 강력범죄자를 통제하려는 노력은 문제지향 경찰활동을 통해 고안되었고, 억제이론에 근거하였음이 자명하다(Braga et al., 2001). 다른 범죄예방 전략을 사용하는 데 있어 가장 큰 제약은 효과의 증거가 있는 전략을 찾는 것이다. 그럼에도 불구하고, 문제해결 경찰관들은 피해자들에 대한 피해를 줄이고 범죄자들을 치료나 다른 처우로 돌리기 위해 다양한 다른 인적 서비스 조직들과 협력해 왔다. 상황적 범죄 예방의 발전과 함께 문제지향 경찰활동이 개선되었듯이, 다른 효과적인 범죄예방 전략의 개발도 문제지향 경찰활동에 도움이 될 것이다(Eck, 2015; Tilley, 2015).

문제지향 경찰활동과 환경범죄학이 상호작용하면서 문제지향 경찰활동의 실효성이 높아졌을 가능성이 크다. 2004년 미국 국립과학아카데미 경찰정책연구위원회는 "경찰활동의 공정성과 효과: 증거Fairness and Effectiveness in Policing: The Evidence" 보고서를 발표했다(National Research Council, 2004). 위원회는 30년 동안 경찰이 범죄, 무질서, 범죄에 대한 두려움을 줄일 수 있는 능력에 대한 연구를 요약하면서, 연구 증거들에 의하면 문제지향 경찰활동이 표준적 경찰활동Standard policing, 문제해결 없는 지역사회 경찰활동, 그리고 핫스팟 경찰활동 보다 더 효과적이라는 명제를 뒷받침한다고 보고했다.

문제지향 경찰활동의 실행

북미, 영국, 스칸디나비아, 유럽 대륙, 남미, 캐리비안 분지, 호주와 뉴질랜드의 많은 경찰 기관들은 다양한 형태의 문제지향 경찰활동 정책을 적용해왔다. 여기서는 문제지향 경찰활동의 다양한 조직적 형태, 표준적 경찰활동 모델에서 문제지향 경찰활동으로 전환하는 과정에서 발생하는 특수한 도전 과제, 그리고 문제지향 경찰활동으로 대규모 조직 개편을 단행한 두 가지 예를 소개한다. 하나는 노르딕 국가 또 다른 하나는 미국 도시에서의 예를 가지고 설명한다.

문제지향 경찰활동을 실행하는 방법

문제지향 경찰활동은 네 가지 뚜렷한 방법으로 시행되었다. 가장 일반적인 접근법은 일선 경찰관들이 모두 문제해결에 참여하도록 하는 것이다. 1980년대 뉴포트 뉴스(버지니아) 경찰서, 1990년대 샌디에이고 경찰서, 2000년대 영국 햄프셔와 랭커셔 경찰서 등이 모두 이런 방식을 사용한 사례다. 이러한 접근방식은 문제지향 경찰활동을 경찰서의 중심전략으로 채택했다는 점은 확실하나, 일선 경찰관들에 의해서 실행되었을 때 문제해결 프로젝트가 다소 피상적인 경향이 있었다(Clark, 1997; Leigh et al., 1998; Cordner and Biebel, 2005).

그럼에도 불구하고, 브라가와 와이스버드(Braga and Weisburd, 2006)는 피상적인 문제해결 프로젝트도 효과적일 수 있다고 언급했다. 그러므로 설령 일선 경찰관들의 문제해결 시도가 문제지향 경찰활동 지지자들이 구상하는 기준에 미치지 못한다 하더라도 그것은 여전히 매우 가치 있는 일이다. 피상성이 심각한 반대요인이 아닌 또 다른 이유가 있다: 문제해결에 대한 평가는 평균, 최빈값 또는 전형적인 문제해결 노력을 묘사한다. 이러한 피상적 접근에 대한 주목할 만한 예외가 있다. 햄프셔와 랭커셔 경찰서는 모두 문제해결 우수성에 대해 틸리상^{Tilley Award}과 골드스타인 상^{Goldstein Award}을 모두 수상한 것으로 입증되듯이, 몇 가지 예외적으로 우수한 문제해결 사례가 있었다. 수행의 질적 차이는 몇 가지 이유로 인해 모든 직업에서 전형적으로 나타날 수 있다: (a) 수행의 질적 수준은 이론적 기대치에 뒤처진다. (b) 수행의 질적 수준은 이를 뒷받침하는 과학보다 더 느리게 개선된다. (c) 최고의 수행 결과물은 다수의 중급 또는 저급 수행 결과물에 비하여 드물게 달성된다.

문제지향 경찰활동의 두 번째 접근방식은 순찰팀 내의 일부 경찰관들을 특정 지역사회 순찰 담당자로 지정하는 것이다. 이 경찰관들은 자신들이 책임져야 할 명확한 지리적 담당 지역이 주어지고 일상적인 사건이나 대부분의 응급출동에 시간을 덜 뺏기는 장점이 있다. 이 접근법은 지역사회 경찰활동과 함께 사용되어 왔다. 1980년대 후반과 1990년대 초에 뉴욕시 경찰국은 처음에는 여러 실험적 순찰구역에서 그리고 그 다음에는 뉴욕시 경찰 전체에서 이러한 접근법을 사용했다(McElroy et al., 1993). 아래의 스웨덴 예시도 이 모형에 해당한다. 이러한 접근 방식의 한 가지 단점은 전문적인 문제해결 경찰관들이 종종 지역사회 회의와 홍보 과정에 정신이 팔려 결국 실질적으로 문제를 해결하지 못하는 경우도 있을 수 있다는 점이다. 또 다른 하나는 지역사회의 총 문제 수에 비해 상대적으로 적은 수의 문제만 해결된다는 것인데, 이는 문제를 능동적으로 해결해야 하는 전문 문제해결 경찰관의 수가 상대적으로 적기 때문이다.

세 번째 접근법은 문제를 해결하는 기능을 가진 특수 부서를 만드는 것이다. 볼티모어 카운티 경찰서는 1980년대에 잘 알려진 문제해결팀을 가지고 있었다. 경찰서에는 3개의 순찰지구대가 있는데, 각 순찰지구대마다 1개의 문제해결팀을 배당하고 범죄 및 범죄 두려움과 관련된 문제를 조사, 분석 및 해결하는 기능을 수행했다. 이에 대한 독립적인 평가에 따르면 이 팀들이 꽤 효과적이었다고 한다(Cordner, 1986). 이런 접근법의 한계 중 하나는 엘리트팀(문제해결팀)에만 문제지향 경찰활동이 국한되고, 엘리트팀은 정규 순찰경관을 소외시키는 경향이 있다는 점이다. 이것이 볼티모어 카운티 경찰서가 효과적인 증거에도 불구하고 문제해결팀을 해산한 주된 이유였다. 또 다른 한계는 특화된 문제해결팀이 피상적인 문제해결에만 몰두하는 전술팀이 된다는 것이다. 이 팀은 문제를 억제하기 위한 집행을 강조하지만, 문제가 재발하지 않도록 하는 부분은 매우 약하다. 따라서 문제해결팀은 문제가 주기적으로 다시 발생한 핫스팟으로 돌아가서 대응해야 하는 악순환이 반복될 수도 있다.

네 번째 문제지향 경찰활동 방식은 범죄분석팀을 만들거나 기능을 강화하고 분석팀이 심각한 문제를 파악하고 맡을 수 있도록 하는 것이다. 이 접근방식은 분석을 수행할 수 있는 기술적 능력을 갖춘 범죄분석팀에게 문제지향 경찰활동의 기술적 분석 업무를 할당한다. 경찰의 행정기능 내부에 팀을 배치함으로써 더 크고 복잡한 문제들을 맡길 수 있다. 범죄분석팀은 경찰서의 다른 부서 그리고 경찰서 외부의 관계 기관과 협조해야 한다. 예를 들어, 출라 비스타(캘리포니아) 경찰서의 범죄분석팀은 공원 무질서, 차량 절도, 호텔/모텔 범죄 등 지역사회의 많은 부분에 영향을 미치는 모든 복잡한 문제를 처리했다. 이 접근방식의 단점은 더 작은 순찰 비트 레벨의 문제는 주목을 받지 못한다는 점이다. 흥미롭게도, 이러한 접근방식은 실행방법에 있어 상대적으로 새로운 것이지만, 초기 문제지향 경찰활동을 개념화하고 발전시켜왔던 학자들이 강조했던 방식이다(Goldstein, 1979; Goldstein and Susmilch, 1982c). 클라크와 에크(Clarke and Eck, 2003; 2005)가 작성한 범죄분석 가이드는 이 방식을 적용한 문제해결을 장려하기 위해 개발되었다.

문제지향 경찰활동 실행의 당면 과제

경찰은 문제지향 경찰활동을 실행하는 데 어려움을 겪어왔다. 초기에 개념을 구체화할 때부터 이러한 경우가 예상되지 않았던 것은 아니며, 개념이 정착되려면 경찰기관이 조직을 구성하고 운영하고 이끄는 방식에 있어 상당한 조정이 필요할 것으로 예상되었다(Goldstein, 1979, 1990). 이상적으로는 경찰 간부들이 전통적인 행정구조와 과정의 틀 안에서 경찰이 문제해결 접근법을 채택하는지 여부와 어떻게 채택하는지를 지시하는 것이 아니라 효과적인 문제해결을 위한 역량을 극대화하기 위해 소속 기관의 행정구조와 과정 자체를 조정하는 것이다.

경찰 조직을 문제지향적인 틀로 전환하는 데 많은 어려움이 있으며, 그중에서도 가장 중요한 것은 경찰 기능을 재고하고 이를 가능하게 할 지식의 체계를 구축하는 것이다. 문제지향 경찰활동 실행에 있어 구체적인 문제점들에 대한 보다 자세한 설명은 Goldstein(1990: 148-175), Eck and Spelman(1987: 97-113), Townsley(2003), 그리고 Scott and Kirby(2012) 등을 참조하면 된다.

아마도 가장 중요한 것은 우선 실행 당면 과제를 극복하기 위해서는 경찰 실무가들이 경찰 기능이 광범위하면서도 복잡하다는 생각을 수용해야 하지만, 경찰이 그 요구를 잘 관리할 수 있는 능력을 개발할 수 있고, 침해적이거나 강압적인 방법에 지나치게 의존하지 않고 문제들을 예방하고 해결할 수 있어야 한다는 것이다. 최근까지 경찰이 다른 기관(사람)들과 협력하여 강력한 대중의 지지를 유지하면서 어떻게 경찰 문제에 능동적으로 대응하고 예방할 수 있는지에 대한 건실한 지식 체계가 부족했다. 광범위하고 복잡한 임무를 수행할 도구가 부족했던 경찰 실무가들이 이미 익숙해져 있는 더 협소하고 단순한 임무를 선호한 데는 이러한 이유가 있다.

그러나 능동적이고 예방적인 문제해결이 합법적으로 자기 업무의 핵심이라는 설득을 받아들이고 이를 수행할 수 있는 능력을 개발할 수 있는 경찰 실무가들은 괄목할 만한 결과를 보여 주었다. 몇 가지 예를 들자면, 지난 몇 년간 많은 경찰 기관들이 다음과 같은 유형의 문제에 대한 대응을 개선해 왔다.

- 반복적 폭행 범죄자. 신뢰할 수 있는 법집행 위협과 신뢰할 수 있는 사회적 지원 제안을 수반한 집중적 억제의 개발과 적용을 통해, 범행 동기가 매우 높고, 지속적으로 범죄를 저지른 폭력 범죄자들이라도 범죄를 중단하도록 만들 수 있다(Kennedy, 2009).
- 마약 시장. 일부 마약 시장의 물리적 조건을 변경함으로써, 종종 민간 및 공공장소 관리자들이 그러한 변경을 하도록 설득함으로써, 경찰은 대량의 체포를 수반하는 일제 단속에 의존하지 않고도 마약 시장을 폐쇄하거나 극적으로 축소할 수 있다(Harocopos and Hough, 2005; Sampson, 2001).
- 침입 알람 오작동. 경찰은 침입 감지 알람 소유자, 알람 제작 회사 또는 민간 보안 업체가 침입 경보가 정말로 침입 활동을 감지했는지 확인하도록 요구함으로써 허위 침입 경보에 대한 경찰의 출동 빈도를 상당히 줄였고 보다 생산적인 활동을 위해 경찰 자원을 절약할 수 있다(Sampson, 2007).
- 술과 관련된 폭력. 경찰은 술판매가 허가된 시설의 소유자와 관리자를 설득하여 시설의 환경과 운영 관행을 개선함으로써 해당 시설의 내부 및 주변 폭력의 양과 심각성을 획기적으로 줄일 수 있다(Scott and Dedel, 2006).
- 절도. 경찰이 자동차 제조사를 설득해 차량 시동장치 보안을 강화하고, 휴대전화 제조사를 설득해 원격으로 휴대전화를 완전히 무력화할 수 있는 '킬 스위치'를 설치 · 활성화함으로써 차량 절도 발생률과 휴대전화 절도 · 강도 발생률이 획기적으로 감소하고 있다(Farrell et al., 2011).

이러한 사례들의 공통분모는 다음과 같다. (a) 각 문제는 경찰이 사후 대응할 때 매우 높은 수준의 서비스를 요청한 것, (b) 문제를 발생시킨 원인조건을 통제하는 책임을 경찰로부터 조건을 변화시키는데 더 나은 역할을 할 수 있는 다른 기관(개인)으로 효과적으로 이전한 것, (c) 새로운 대응 방안은 많은 수의 체포를 동반하는 공식적인 형사사법적 대응의 필요성을 상당히 줄였다. 이러한 모든 예는 명시적이거나 암묵적으로 문제지향 경찰활동 접근 방식이었다. 수십 개의 추가 경찰 문제들을 해결하기 위한 수천 개의 추가 사례가 있다.

지휘부나 일선 경찰관들 중에서 소수 개인 경찰관들의 헌신으로 단편적인 성공을 거두었던 상태의 문제지향 경찰활동을 다음 단계로 끌고 가기 위해서는 보다 강화된 기관 차원의 지지가 필요하다. 희망하기로는 경찰관, 경찰 간부, 정부 변호사, 시 관리자 또는 시장이 새롭고 어려운 치안 문제를 마주했을 때 그 문제의 성격, 원인 및 기여 요인, 문제해결을 위해 현재 시행중인 조치, 문제에 대한 연구 결과나 효과성이 증명된 개입은 무엇인지, 문제에 대한 대응을 향상시키기 위해 지역사회에서 어떤 조치가 취해져야 하는지 등에 대하여 문제지향 경찰활동을 시작하는 것 외에 다른 방법을 상상할 수 없게 되길 바란다.

북유럽의 문제지향 경찰활동 경험

가장 두드러진 문제지향 경찰활동 도입의 예로 1990년대 중반 스웨덴 경찰을 들 수 있다. 대대적인 개혁을 통해 국가 경찰력의 절반가량이 문제중심 경찰활동 방법을 사용하도록 지시했다. 그러나 이 개혁은 기대했던 것보다 덜 성공적이었고, 이 상황을 개선하기 위한 노력이 시도되었다. 스웨덴 국가 감사원은 경찰의 분석역량 부족, 부적절한 교육, 지원 및 후속 조치 등으로 인하여 결과적으로 문제지향 경찰활동 실행이 미흡했다고 비판했다(RiR, 2010). 경찰관 성과에 대한 연구 결과에 따르면 문제지향 경찰활동 원칙을 실천한 경찰관은 극소수였으며, 전체 업무시간 중 극히 일부만이 범죄예방 활동에 투입되었다(Holgersson and Knutsson 2012a, 2012b). 2015년에는 21개의 독립된 스웨덴 경찰 기관들이 통합되었다. 이전 개혁 노력이 그랬듯이, 경찰관들은 지역마다 정의된 문제들을 해결하기 위해 지역사회 경찰활동 모델에 따라 일할 것이 기대되었다. 시간이 지나면 이러한 기대가 통일된 경찰력 아래서 더 잘 충족되는지 알 수 있을 것이다.

2002년 노르웨이 경찰청Politiderektoratet은 공식적으로 문제지향 경찰활동 정책을 받아들였다. 비록 노르웨이는 스웨덴과 다른 나라들보다 나중에 문제지향 경찰활동을 실행하기 시작했지만, 그들의 단점으로부터 배울 수 있었다. 하지만 여전히 성공적인 실행을 하는데 있어 많은 장벽들을 경험했다. 토마센(Thomassen, 2005)

은 다음과 같은 다섯 가지 장벽을 언급했다. (1) 문제지향 경찰활동에 대한 이해 부족, (2) 분석능력 부족, (3) 조직 내에 문제지향 경찰활동의 실질적인 적용 부족, (4) 문제지향 경찰활동에 대한 인센티브 부족, (5) 범죄와의 전쟁은 크게 인정받고 범죄예방은 주목받지 못하는 조직문화 상의 장벽들이 있다. 문제지향 경찰활동 관행을 개선하기 위해, 베스트폴드 시의 불법 택시와 관련된 성공적인 사례 연구가 노르웨이와 스웨덴의 국립 경찰 대학(Knutsson and Søvik 2005)의 경찰관과 분석가들이 사용하는 문제지향 경찰활동에 관한 교과서에 채택되었다.

덴마크는 2007년 덴마크 경찰의 더 큰 개혁의 일환으로 문제지향 경찰활동을 도입했다. 모든 경찰 관할구역은 문제중심 경찰활동 접근 방식을 채택할 것이 요구되었다. 비록 중앙당국Rigspolitiet은 시행이 성공적이었다고 했지만, 검토 결과 프로젝트의 질이 제한적이어서 일부 프로젝트는 문제지향 경찰활동으로 분류할 수 없었다. 문제지향적이라고 할 수 있는 프로젝트 중 분석과 평가에서 약점을 드러낸 프로젝트가 많았다(Hammerich 2007). 이 결과는 미국에서 스콧(Scott, 2000)과 클라크(Clarke, 1997)가 발견한 결과와 유사했다.

문제지향 경찰활동에 대한 미국의 경험: 신시내티

오하이오 주 신시내티에서 문제지향 경찰활동을 사용한 것은 네 가지 이유로 특히 흥미로운 사례이다. 첫째, 경찰서장 3명, 시장 2명, 시 메니저 3명이 교체되는 동안 살아남아 10년 넘게 지속되고 있다. 둘째, 처음에는 시행에 강하게 저항했지만 지금은 경찰과 지역사회의 강력한 지지를 받고 있다. 셋째, 신시내티 경찰은 컴스텟 Compstat과 문제지향 경찰활동을 통합해서 적용했다. 넷째, 경찰활동의 효과성과 함께 공정성이 매우 중요함을 보여 주었다.

2001년 신시내티 시와 경찰서는 미국 연방법원에서 흑인들에 대한 조직적인 차별행위로 소송을 당했다. 이는 인종차별 논란과 흑인 청년에 대한 경찰의 총격 이후 수개월간의 논쟁에 뒤이어 일어났다. 소송의 원고들은 미국시민자유연합American Civil Liberties Union과 지역단체인 흑인 연합 전선Black United Front이었다. 연방 판사는 법정에서 쟁점들에 대하여 판단하기보다 당사자들에게 상호 의견을 조율하여 합의안을 제출하도록 독려했다. 원고들은 경찰서의 모든 경찰관들을 대표하는 경찰노동조합도 협상에 참여하고 이후 어떠한 합의안이 도출되어도 모든 경찰관들이 지지하는 것에 동의하도록 요청했다. 시, 원고, 경찰노조가 이에 동의했다. 판사는 당사자들을 도울 협상가를 임명하고 신시내티대학 범죄학 교수 존 에크^{John Eck}에게 경찰학 전문가로서 공정하게 협상을 도와줄 것을 요청했다. 에크와 그의 대학원생 중 한 명은 핵심 전략으로 경찰서에 문제지향 경찰활동을 채택하도록 강요하는 주요 조항을 포함한 합의안을 작성했다. 문제지향 경찰활동은 범죄와 무질서 문제를 해결하는데 효과적일 것이라는 약속을 지킬 수 있는 유일한 증거 기반 접근법이었고, 공정한 방식으로 실행될 수 있었으며, 그 실행에 대중을 포함하도록 설계했다. 2002년 4월에 서명한 최종 합의안에는 경찰에 대한 민간의 불만사항 검토 조항, 경찰-시민 협력 문제, 경찰의 무력 사용을 줄이는 방법, 책임 및 평가 요건 등이 포함되어 있다(In Re Cincinnati Policing, 1999).

경찰이 5년간의 의무적인 법원 감시 기간 동안 합의서 조항 대부분을 이행하고 준수할 수 있었지만, 문제지향 경찰활동 규정 시행은 심각한 문제가 되었다. 새 시장 선출, 새 도시 메니저의 임명, 연방 판사의 압력으로 상황이 달라졌다. 경찰은 처음에는 천천히, 그리고 점점 더 빠르게 문제를 해결하고 문제지향 경찰활동에 필요한 기반시설을 구축하기 시작했다. 인프라에는 문제를 등록하고 진행 상황을 기록하기 위한 자동화된 문제 추적 시스템 구축이 포함되었다. 이는 문제 데이터베이스를 만들었을 뿐만 아니라 책임을 관리하는 도구 역할도 했다. 문서화된 정책은 경찰관들이 문제지향 경찰활동 센터가 개발한 안내서를 활용하도록 지시했고, 부서에서는 쉽게 접근할 수 있도록 했다. 경찰은 신임-아카데미 교육과정에 문제해결 교육을 구축하고 승진기준에도 문제해결능력을 포함시켰다. 나중에 신시내티 대학의 로빈 엥겔^{Robin Engel}의 도움으로 경찰은 컴스텟과 유사한 STARS^{Statistic and Tactical Analytics Review for Solutions}라고 불리는 문제분석 프로그램을 개발했다. 경찰은 엥겔의 도움을 받아 지구대와 본부의 범죄 분석 능력을 향상시켰다. 특별히 본부기반 문제해결팀도 만들어졌다.

경찰서장은 신시내티대학 형사사법 석사과정에 여러 명의 중간 간부들을 보내기 위해 치프 스콜라 프로그램을 만들었다. 이 프로그램에는 환경범죄학 및 증거기반 경찰활동에 대한 과정이 포함되어있다. 몇 년 동안, 환경범죄학을 이해하고 그것을 어떻게 그들의 부서에 적용할 수 있는지를 이해하는 경찰 간부들이 생겨났다. 또한, 경찰은 문제분석과 해결 방안 평가에 있어 높은 수준의 분석지원을 요구하는 데 더 많은 관심과 사전 대응 능력을 갖추게 되었다. 예를 들어, 교통과장은 심각한 부상과 치명적인 차량 충돌을 줄이기 위한 일련의 문제해결 노력에 착수했다. 엄격하게 시행된 평가 결과, 성공적이었다(Corsaro et al., 2012). 거리 집단 총격을 줄이기 위해 집중 억제 focused deterrence 접근법을 채택한 후, 신시내티 대학은 이러한 문제해결 노력을 평가했고, 이 노력 역시 성공적이었다는 것을 알게 되었다(Engel et al., 2013).

시민들을 교육하고 경우에 따라서는 문제해결 프로젝트를 수행하는 커뮤니티 파트너링 센터가 생기면서 지역사회에서의 작업도 촉진되었다. 법원 명령이 해제되자 시 매니저실은 매니저 자문 그룹Managers Advisory Group을 구성하여 합의안에 대하여 모니터링을 실시하였다. 경찰과 시민들은 정기적으로 시 매니저와 만나 경찰 문제를 논의하고 협약 준수를 보장하는 데 도움을 주었다.

이러한 노력은 경찰의 다른 많은 변화들과 함께 경찰과 시민들 사이의 긴장을 줄이는 데 도움을 주었다. 주요 경기침체기에 예산 삭감으로 인하여 감원이나 심지어 카운티 경찰서에 편입될 위기에 처했을 때, 신시내티 경찰에 대한 주요한 지지자들은 2001년 경찰을 고소했던 지역 사회 운동가였다. 범죄율이 오르락내리락했지만, 2002년 이후, 전반적인 추세는 모든 범죄 카테고리에서 하락하는 경향을 나타냈다. 이 중 상당 부분은 경찰이 통제할 수 없는 요인 때문이지만, 지역사회의 안전을 저해하지 않고도 경찰활동의 공정성을 개선할 수 있음을 보여 주었다(Engel and Eck, 2015).

신시내티의 노력이 아직 진행 중인 장기적 과정이라는 것을 이해하는 것이 중요하다. 신시내티 문제해결 경찰활동은 많은 우여곡절을 겪었다. 2014년 지역사회 활동가들은 존 에크에게 신시내티의 문제지향 경찰활동을 평가해 달라고 요청했다. 경찰과 지역사회 구성원들의 상당한 도움을 받아 그는 평가 보고서를 발표했다. 몇 가지 긍정적인 점, 즉 문제 해결을 위한 인프라가 구축되어 있고, 주요 경찰 구성원들이 문제지향 경찰활동을 이해하고 지지했으며, 많은 사람들이 이를 적용해본 직접적인 경험을 가지고 있으며, 지역사회의 지지 또한 강하다는 점이다. 그러나 경찰은 문제해결 프로젝트 실행에 뒷걸음질을 쳤다. 주된 문제는 시장, 시 매니저 및 경찰서장의 교체로 인해 새로운 인물들이 합의된 협약과 문제해결에서 관심을 소홀히 한 탓이다(Eck, 2014). 신임 경찰서장과 간부들은 문제해결을 되살리기 위해 신속하게 행동했다.

신시내티의 경험에서 몇 가지 중요한 교훈이 있다. 첫째, 문제지향 경찰활동을 위한 지역 사회 기반 유권자 그룹의 설립은 리더십 변화에 따른 접근 방식의 포기를 막는 데 도움이 된다(Scott, 2003). 둘째, 환경범죄학의 기초에 대한 주요 중상위 관리자 교육을 통해 문제해결을 위한 실질적인 이론과 어휘를 제공함으로써 문제지향 경찰활동을 촉진시킨다. 셋째, 변화는 시간이 걸리고 다소 불균일하게 발생한다. 문제지향 경찰활동의 원칙과 실천을 제도화하기 위해 여러 경찰과 정부 행정기관들의 지속적이고 끈기 있는 노력이 필요하다. 그리고 넷째, 문제 중심의 접근방식의 도입은 경찰의 효율성에 대한 관심만큼이나 경찰의 공정성에 대한 요구에도 잘 대응한다.

결론

문제지향 경찰활동은 단순한 사건 처리에서 문제해결로 경찰의 역할을 재정의하는 틀framework이다. 이를 통해 과학적 원칙의 현장적용을 통해 범죄예방과 무질서 예방에 노력을 집중시킨다. 이는 분석의 구조화, 대응책의 도출 및 결과에 대한 평가를 하는데 있어 환경범죄학에 크게 의존한다. 1980년 이후, 연구자들과 실무자들로 구성된 헌신적인 핵심 인사들이 문제해결 방법과 문제에 대한 새로운 지식을 개발하는 동시에 개념의 핵심 원칙을 유지해 왔다. 그 결과, 문제지향 경찰활동은 일부 다른 경찰활동 체계를 훼손시키지 않고 발전해 왔다.

그러나 지역사회 경찰활동, 증거기반 경찰활동, 정보기반 경찰활동, 핫스팟 경찰활동 등 많은 다른 경찰활동 체계에 문제지향 경찰활동 요소들이 포함된 것을 발견하는 한편, 점점 더 문제지향 경찰활동의 필수적인 상호 관련 요소들을 모두 충실하게 적용한 사례는 찾기가 어려워지고 있다. 때로는 문제지향 경찰활동이 더 약한 형태의 문제해결로 희석되기도 한다. 때때로 정부의 예산결정 기관과 경찰 기관들은 문제지향 경찰활동 개념에 대한 근본적인 이해가 부족한 상태에서 좀 오래되었지만 유용한 문제지향 경찰활동을 버리고 보다 새롭고 특이한 경찰활동 체계를 추구하기도 한다. 때때로 새로운 경찰 관리자들은 문제지향 경찰활동을 공식적으로 포기하고 그들이 주장하기에 기본적 경찰활동으로 돌아간다는 명목 하에 사건 대응, 강력한 군대식 경찰 출동, 그리고 엄격한 법집행을 강조하는 쪽으로 후퇴한다.

경찰의 공정성과 정당성에 대한 현대적 우려에서 방향을 못 잡고 있는 가운데, 문제지향 경찰활동은 그러한 우려에 대하여 직접적으로 방안을 제시한다. 문제지향 경찰활동은 특정 문제에 대해 이해관계가 있는 사람들과의 협의와 협업을 강조하고, 문제해결에 있어 과도한 법집행에 의존하지 않는 대응 방식을 선호하며, 단순한 대응보다는 문제예방을 강조하고, 그리고 항상 효과적인 경찰활동 만큼이나 공정한 경찰활동을 강조해왔다. 위에서 설명한 신시내티 사례에서 알 수 있듯이, 문제지향 경찰활동은 지역사회의 문제를 올바른 방식으로 해결함으로써 경찰의 정당성을 높일 수 있다.

지난 40년간 공정하고 효과적인 경찰활동 접근방식으로서 강한 증거들로 검증된 성과를 거뒀지만, 그 잠재력은 그 성과보다 훨씬 더 크다. 그것의 핵심 원칙은 개방적, 민주적, 현대 사회의 경찰활동 기능과 복잡한 사회 문제를 해결하기 위한 과학적이고 문제해결적인 접근방식에 대한 확고한 이해에 뿌리를 두고 있다. 경찰 문제해결의 질적 향상에 있어 더딘 진전에도 불구하고, 핵심 아이디어는 서구 민주주의 국가 전반에 걸쳐 경찰 기관 내에서 서서히 자리를 잡고 있다. 문제지향 경찰활동은 1980년대에 처음 도입되었을 때 학자들과 실무자들로부터 일반적인 갈채를 받았고, 이후 수십 년 동안 환경범죄학 및 상황적 범죄 예방과의 연계로 힘을 얻었지만, 가장 큰 잠재력은 여전히 미래에 있을 것이다.

▣ 검토 질문

1. 문제지향 경찰활동이 표준이 되려면 경찰에 대한 사회의 기대치에 어떤 변화가 일어나야 하는가?

2. 문제지향 경찰활동이 표준이 되기 위해서는 경찰 행정과 운영에 어떤 변화가 일어나야 하는가?

3. 범죄와 무질서에 대응하는 비교적 일원적인 도전보다는 경찰 업무가 여러 가지 다양한 문제들로 구성된다는 전제가 타당한가?

4. 문제지향 경찰활동이 경찰이 일상적으로 채택하기에 충분히 실용적일까?

5. 문제지향 경찰활동의 이론과 그 효과성에 대한 증거들이 그것에 대한 도입과 실행을 정당화할 만큼 충분히 과학적인가?

환경설계를 통한 범죄예방

레이첼 아미티지Rachel Armitage는 허더스필드 대학교의 안전 사회 연구소 Secure Societies Institute (SSI), Huddersfield University의 소장이자 교수이다. 그녀는 1998년 부터 지역사회 안전과 범죄학 분야에서 연구해왔으며 환경설계를 통한 범죄예방 주제에 대해 광범위하게 출판했다. 최근 프로젝트에는 주거 설계가 범죄에 미치는 영향에 대한 근거 자료를 업데이트하기 위해 권위 있는 내무부 프로젝트를 관리하는 것이 포함된다. 레이첼은 또한 환경 디자인을 통한 범죄예방에 특화된 계획 지침을 개발하기 위해 아부다비의 도시 계획 위원회와 협력했다. 레이첼은 최근 Build Environment Journal on International Perspectives on Planning for Crime Prevention의 특별판을 공동 편집했으며, 2013년에 단독 저서인 '주택 디자인을 통한 범죄예방Crime Prevention through Housing Design'을 출판하였다.

제**12**장 환경설계를 통한 범죄예방

레이첼 아미티지(Rachel Armitage)

서론

이 장에서는 건축 환경(주택, 학교, 쇼핑몰 또는 병원 등)의 개별 설계 특성뿐만 아니라 그러한 건물을 둘러싼 자연적 환경이 범죄위험에 미치는 영향을 살펴보고, 그러한 범죄위험을 줄이기 위해 어떻게 이러한 특성을 변경할 수 있을지에 대하여 설명한다. 이러한 접근방식은 CPTED Crime Prevention for Environmental Design로 알려져 있다. CPTED(셉테드라고 발음함)는 범죄에 관여했거나 저지르려고 하는 사람들은 그들의 즉각적인 환경에 의해 어느 정도 영향을 받는다고 주장하는 기회이론들에 의존한다. 이 이론들에 대한 전체 설명은 이 책의 다른 곳에서 논의되고 있지만, 다시 요약하자면, 범죄가 일어나기 위해서는 적절한 대상이 있어야 한다고 주장한다. 즉 침입절도 사건의 경우, 취약한 건물이 있어야 한다. 그리고 이 범죄를 저지르기로 동기가 부여된 범죄자가 있어야 하고, 범죄자에게 맞서고 경찰에 신고하고 피해를 예방하기 위해 주의를 끌 수 있는 유능한 보호자(주민, 이웃 또는 행인)가 없어야 한다 (일상 활동 접근). 기회 이론들은 또한 범죄자들이 일상 활동을 할 때 그들이 인지하게 되는 것에 기초하여 그들이 자주 다니는 장소들 사이를 이동하며 대상을 선택하고(Brantingham, Brantingham and Andresen, 이 책 제5장 참조) 범죄자들은 범행 대상을 선택하는 결정을 할 때 이익을 극대화하고 위험을 최소화하려고 할 것이라고 주장한다(Cronish and Clarke, 이 책 제2장 참조). 레이 제프리(Jeffery, 1971)가 '환경디자인을 통한 범죄예방Crime Prevention Through Environmental Design'이라는 표현을 그의 책에서 처음 사용했는데, 오늘날 경찰, 건축가, 기획자, 개발자가 장소와 공간설계, 관리에서 실질적으로 사용하는 CPTED의 개념을 제시한 것은 건축가 오스카 뉴먼(Oscar Newman, 1972)이다. 이 장은 CPTED를 정의하고 그 기반이 되는 이론이나 관점을 개략적으로 설명하는 것으로 시작한다. CPTED의 원칙(또는 요소)은 실무적 적용과 그러한 개입의 유효성을 뒷받침하는 경험적 증거와 관련하여 설명한다. 그리고 범죄예방을 위한 정책, 지침 및 법률을 기획하는 데 있어 잉글랜드/웨일즈, 호주 및 네덜란드의 세 국가에서 CPTED를 적용하는 방법에 대한 논의를 소개한다. 마지막으로 CPTED 접근법의 중요한 고려사항과 한계점에 대하여 논의한다.

CPTED란 무엇인가?

CPTED는 기회이론들에 의해 도출된 범죄위험에 대한 실질적인 대응 또는 개입이다. 범죄를 예방하거나 줄이는 데 있어CP 건축물(또는 자연) 환경설계를 통하여TED 목표를 달성하는 것을 의미한다. 예를 들어, 범죄패턴 이론이 주장하는 피해 위험을 피하기 위해, 장소는 잠재적 범죄자들이 지나다니면서 범행의 적절한 대상이 될 수 있는 물건을 인지하지 못하도록 설계되어야 한다. 이는 보행통로가 장소를 관통하도록 설계하지 못하도록 제한함으로써 달성된다. 합리적 선택 관점 및 일상 활동 접근법에 의해 주장되는 위험을 피하기 위해서, 장소는 해당 지역을 이용하거나 통과하는 사람들에 의하여 범죄자가 관찰될 가능성(또는 관찰되고 있다고 인지할 가능성)을 극대화하는 방향으로 설계되어야 한다. 따라서 건물의 방향, 창의 크기 및 위치, 시각적 장애물을 제거하는 것을 통하여 감시의 기회를 극대화할 수 있다. 상대적으로 넓은 환경요소를 대상으로 취해진 이러한 조치들이 범죄자들을 저지하기에 충분하지 않을 수 있다는 것을 인식하면서, CPTED는 또한 건물 침투에 필요한 시간과 노력을 증가시키기 위해 물리적 보안의 특정 표준(문, 창문, 자물쇠, 유리 포함)을 포함한다. 일반적으로 사용되는 CPTED의 공식 정의는 CPTED의 특성을 다음과 같이 나타낸 팀 크로우Tim Crowe에 의해 제시된 것이다.

범죄의 두려움이나 발생률 감소와 삶의 질 향상으로 이어질 수 있는 적절한 설계와 효과적인 환경의 사용… CPTED의 목표는 건축물 설계나 근린환경 설계에 내재할 수 있는 범죄의 기회를 줄이는 것이다.

(Crowe, 2000, p. 46)

에크블럼(Ekblom, 2011)은 다시 정의할 것을 제안하면서, 크로우의 정의에 포함되지 않은 몇 가지 사항(보안과 환경적으로 적절한 설계 간의 균형, 사전 설계 및 사후 건설 사이의 여러 단계에서 개입할 가능성 등)을 포함하는 대안을 제시하였다.

에크블럼 CPTED에 따르면

지역사회 안전을 통하여, 환경설계와 계획 과정을 통하여, 개인 건물부터 더 넓은 이웃 그리고 도시 범위 등 다양한 범위의 장소에 걸쳐서, 모든 면에서 환경적으로 적절하면서 목적에 맞는 디자인을 도출하면서, 건축 이전에 범죄문제를 피하는 효율성과 건축 이후에 유지 관리를 하면서 범죄문제를 처리하는 것 사이의 균형을 달성하면서, 범죄 및 관련 사건으로 인한 피해 가능성, 확률 및 위해를 줄이고, 삶의 질을 향상 시키는 것이다.

(Ekblom, 2011, p. 4)

보다 최근의 CPTED 분야 연구는 CPTED 원칙이 적용되었을 때 범죄와 범죄 두려움 감소가 개별적으로 또는 전체적으로 어느 정도 효과성을 보였는지(예: Armitage, 2000; 2006; Cozens, 2008; Cozens et al., 2005; Hillier and Sahbaz, 2009; Pascoe, 1999), 경찰 등 기관 내부의 기획 환경에서 CPTED 원칙이 적용되는 과정(예: Monchuk, 2011; 2016), 위험 예측(및 예방)을 위한 위험 평가 도구 기반 CPTED 개발(예: Armitage, 2006; Armitage et al., 2010; Van der Voordt and Van Wegen, 1990; Winchester and Jackson, 1982), 환경 및 사회적 지속가능성에 대한 영향을 포함하여 그러한 개입의 잠재적 편익에 대한 광범위한 접근법(예: Armitage and Monchuk, 2011; Cozens, 2007; Dewberry, 2003)에 초점을 두고 있다. 사회 및 환경적 지속가능성과 같은 범죄 감소를 넘어선 혜택에 대한 고려와 적용 과정을 포함하는 것으로 연구의 초점을 넓히는 것을 고려했을 때, CPTED에 대한 보다 적절한 정의는 다음과 같다: *미시(개별 건물/구조), 중위(동네), 거시(전국) 수준에서 대응책을 적용하는 과정을 통해 범죄와 범죄 두려움을*

줄이고 지속가능성을 향상시키기 위한 건축환경의 설계, 조작 및 관리.

CPTED의 원칙 또는 요소

CPTED를 설명하려면 이 접근법의 기초를 이루는 원칙(또는 요소들)들에 대한 논의가 필요하다. CPTED 원칙들은 포이너(Poyner, 1983), 코젠스(Cozens et al., 2005), 아미티지(Armitage, 2013) 등을 포함하여 여러 저자들에 의해 제시되었고 이러한 원칙들은 잉글랜드와 웨일즈의 디자인을 통한 보안SBD; Secure by Design 및 네덜란드의 경찰인증보안주택Police Label Secure Housing과 같은 CPTED 기반 대응방안뿐만 아니라 범죄예방 정책과 지침의 기초를 만들기 위해 채택되었다. 포이너(Poyner, 1983)는 감시, 이동통제, 활동지원 및 동기강화에 대한 원칙을 개괄적으로 설명했다. 코젠스외(Cozens et al., 2005)는 이를 방어공간, 접근통제, 영역성, 감시, 대상강화, 이미지/유지관리 그리고 활동지원의 7가지 원칙으로 확장하였다. 몬토야 외(Montoya et al., 2014)는 네덜란드의 CPTED 연구에서 영역성, 감시, 접근통제, 대상강화, 이미지/유지관리 및 활동지원의 6가지 원칙을 언급했다. 헤데야티−마즈발리 외(Hedayati-Marzbali et al. 출판중)는 말레이시아에서 CPTED 연구를 하면서 4가지 주요 차원과(감시, 접근통제, 영역성, 유지관리) 8가지 하위 차원을(가시성, 조명, 물리적 장벽, 보안 시스템, 마커, 조경, 집 앞 유지관리 및 뒷골목 유지관리) 제안했다. 아미티지(Armitage, 2013)는 물리적 보안, 감시, 이동통제, 관리 및 유지보수, 방어공간의 또 다른 조합을 제시했다. 단순성과 명확성을 이유로, 이 장은 아미티지(2013)가 정의한 CPTED 원칙에 초점을 맞추고, 다른 사람들이 제안한 주요 범주를 포괄한다.

방어공간 및 영역성Defensible space and territoriality

이것은 무엇을 의미하나?

방어공간이라는 용어는 오스카 뉴먼(Oscar Newman, 1972)에 의해 만들어졌는데, 그는 이웃의 물리적 디자인이 그들이 거주하는 공간에 대한 개인의 통제 의식을 높이거나 제한할 수 있다고 제안했다. 뉴먼은 공간을 공공(예: 건물 앞의 도로), 준공공(예: 집 앞 정원), 준사적(예: 뒷 정원) 및 사적(예: 건물 내부) 공간으로 분류했다. 그는 방어가 가능한 공간이라면 해당 공간의 소유자/사용자 그리고 합법적이지 않은 사용자에게, 누가 공간에 있을 수 있고 누가 있어서는 안 되는지 명확해야 할 것이라고 주장했다.

영역성은 자신의 소유(관리)하에 있다고 주장하는 공간에 대한 인간의 대응과 관계가 있다. 영역성에 대한 물리적 대응에는 주택 표지판이나 대문 설치를 통해 자신의 영역으로 표시하는 것이 포함될 수 있다. 영역성에 대한 정서적 대응은 거주자가 자신의 공간으로 인식하는 곳에 낯선 사람이 들어갈 경우 침입이나 침해에 대한 감정을 표시하는 것을 포함할 수 있다. 따라서 영역성이란 자신의 것이라고 믿는 공간을 통제하려는 인간의 동기를 말한다. 많은 사람들(예를 들어, Cozens et al., 2005)이 방어공간과 영역성을 분리하는 반면, CPTED 원칙에 대한 보다 간결한 요약은 방어공간을 영역성과 유사한 것으로 분류한다. 이는 방어공간을 만든다는 것은 해당 공간에 대한 영역적 통제를 설정하는 것을 목표로 하기 때문이다.

이것은 어떻게 달성되나?

CPTED 개입은 공간이 명확하게 구분되고, 누가 그 공간에 대한 소유권을 가지고 있는지 명백하게 하며, 잠재적 범죄자들이 그 공간에 있어서는 안 된다는 것을 명확히 하는 것을 의미한다. 이는 물리적 장벽을 설치함으로써 달성되기보다, 오히려 도로 색상과 질감의 변화 또는 건물 입구의 축소와 같은 미묘한 조치를 통하여 해당 공간이 사적 영역으로 표시되도록 하는 것이 포함된다(그림 12.1 참조). 이것은 종종 (물리적 장벽이 아닌) 상징적 장벽으로 언급된다. 범죄자들이 그 공간에 들어오는 것을 물리적으로 막지는 않는다; 목적은 그들이 경계를 넘어 사적인 공간으로 들어갈 때 그 공간에 대한 소유권을 가진 사람들에 의해 관찰되거나 제지받을 가능성이 더 높다는 것을 그들에게 인식시키는 것이다.

경험적 증거

브라운과 알트만(Brown and Altman, 1983)과 아미티지(Armitage, 2006)는 침입절도가 발생하지 않은 주택들에 비해 침입절도가 발생했던 주택들은 상징적인 장벽(또한

[그림 12.1] 상징적 장벽

실질적 장벽)이 적다는 사실을 발견했다. 네덜란드 엔셰데Enschede의 851개 건물에 대한 연구에서 몬토야 외(Montoya et al., 2014)는 집 앞 정원이 있는 주택이 없는 주택 보다 주거침입 피해 위험이 0.46배 낮다는 사실을 발견했다. 방어공간이 효과적으로 작동하려면 공간의 소유자 또는 관리자들이 영역에 대해 관리를 해야 한다. 낯선 사람을 직접 제지하거나, 경찰을 부르거나, 단순히 낯선 사람에게 그들이 관찰되고 있다는 것을 주지시키기 위한 수단으로 그들의 존재를 알리는 형태일 수 있다. 브라운과 벤틀리(Brown and Bentley, 1993)는 범죄자들을 인터뷰하면서 어떤 건물이 주거침입 사건에 더 취약한지 (사진으로) 판단해 달라고 요청했다. 그 결과, 영역 행위의 징후(건물 앞쪽에 출입문을 설치하거나 출입문에 사적공간이라고 표시하는 등)를 보이는 건물들은 범죄자들 눈에 주거침입에 덜 취약한 것으로 인식되었다. 몬토야 외(Montoya et al., 2014)도 영역 대응 징후와 주거침입 위험 사이에 유의미한 관계가 있음을 확인했지만, 이는 낮 시간대에만 (밤 시간대와는 반대로) 해당되었다.

통과하는 이동의 제한Limiting through movement

이것은 무엇을 의미하나?

이 원칙은 이동, 접근통제, 연결성 및 통과성 원칙이라고도 알려져 있으며 범죄패턴 이론과 합리적 선택 이론에 기반을 두고 있다. 이 이론들은 범죄자들이 일상 활동을 수행할 때 알게 되는 것을 기반으로 범행 대상을 선택하고 또한 그들의 목표 선택은 위험을 최소화하고자 하는 욕구에 의해 영향을 받는다고 주장한다.

접근통제access control라는 용어는 건물 또는 건물 내의 특정 공간에 대한 진입을 제한하는 조치에 초점을 맞추는 것을 의미한다. CPTED 내에서, 움직임을 제한하는 목적은 이것보다 훨씬 더 넓다. 통과성permeability이라는 용어는 개념을 다른 분야에서 보았을 때 약간의 혼란을 일으킬 수 있다. 종종 건축 환경(건축가, 설계자, 개발자) 분야에서 일하는 실무자들은 통과성을 재료가 투명한 정도를 언급하는 것으로 해석한다.

이동제한 원칙은 다음과 같다. 1) 범죄자들이 그 영역을 잠재적 범행 대상으로 인식할 가능성을 제한하고, 2) 범죄자가 공간을 드나들기 더 어렵게 만들고, 3) 건물/공간 출입에 대한 물리적 어려움을 증가시키고, 4) 공간을 가로질러 이동하는 것이 해당 공간을 합법적으로 사용하는 사람들로 하여금 주목을 끌고 지켜보게 될 것이라는 범죄자의 인식 증대, 5) 해당 공간에서 적발될 경우 범죄자로부터 변명의 여지를 제거하고, 적법한 사용자가 비적합한 사용자에게 제지할 수 있는 자신감을 심어주는 것이다.

이것은 어떻게 달성되나?

이동을 제한하는 가장 효과적인 방법은 건물로 통하는 보행 경로의 수를 제한하는 것이다. 또는 이러한 경로가 해당 지역의 통행 흐름에 필수적이라면 설계할 때 범죄예방 전문가와 협의하여 적절하게 설계되도록 해야 한다. 보행로가 구역 내에 포함되는 경우, 시야를 가로막는 굴곡을 피해야 하고(그림 12.1 참조), 짧고 넓고 조명이 잘 들어오며 가장 중요한 것은 꼭 필요해서 잘 사용되어야 한다. 제인 제이콥스(Jane Jacobs, 1961)는 거리의 시선eyes on the street 개념을 소개하며 건물들이 거리를 향하도록 해야 할 뿐만 아니라(자연 감시의 수준을 높이기 위해) 가능한 한 거리가 지속적으로 사용되어 더 많은 사람들(감시)이 공간에 있어야 한다고 주장했다. 많은 사람들이 제이콥스의 연구를 인용해 보행자가 공간을 이용하도록 유도하기 위해 관통하는 통로가 있어야 하고 따라서 거리의 시선이 작동하도록 해야 한다는 주장이 있지만, 제이콥스의 연구가 마을town 내 주거용 주택개발과 달리 대도시(바쁜 공간)에 집중되었다는 사실을 무시하는 경향이 있다. 많은 사람들이 대도시에 사는 것을 선호하는데, 그 이유는 유연성, 이동성, 상대적 익명성과 같은 도시의 특성이 마을town이나 교외 지역suburb과 다르기 때문이다. 이러한 이유로, 도시 내에서 생활하고 일하는 사람들의 역동성이 반드시 교외 지역에 적용되지는 않을 것이다. 제이콥스가 말했듯이

> 나는 내가 도시에서 관찰한 것을 독자들이 마을, 작은 도시, 또는 여전히 시 외곽에 있는 교외에서 일어나는 일에 적용하지 않기를 바란다. 마을, 교외, 작은 도시는 대도시와는 완전히 다른 유기체이다. 대도시의 관점에서 마을을 이해하려고 하는 것은 혼란만 가중시킬 것이다.
>
> (Jacobs, 1961 p. 26)

[그림 12.2] 시선을 가리는 굽은 통로는 피해야 한다

개발지역에 보행통로가 필요한 경우, 건물 후면으로 지나가도록 해서는 안 되며(그림 12.3 참조), 가능하면 주변 주택에서 조망이 가능해야 한다.

연구에 따르면 굴곡이 있는(꼬불꼬불한) 막다른 골목cul-de-sac이 (범죄 측면에서) 가장 안전한 도로 구조이다. 막다른 골목은 다른 지역으로 연결되는 통로가 없는 곳이다. 굴곡이 있는(직선형과는 반대로) 막다른 골목은 건물 입구에서 보았을 때 개발지역의 끝이 보이지 않는 것을 뜻한다.

경험적 증거

연구들은 주택 개발 지역 내에서의 이동 통로의 수준에 따라 범죄위험이 얼마나 변화하는지를 규명하기 위해 다양한 방법을 사용했다. 여기에는 경찰 기록 범죄 분석과 주거침입 절도범과의 인터뷰가 포함된다.

영국 머시사이드Merseyside에서 주거침입 절도 피해 위험에 대한 관통하는 통로의 영향을 연구하면서 존슨과 바워스(Johnson and Bowers, 2010)는 세 가지 가설을 검증하였다. 1) 주거침입 절도 피해의 위험은 주요 간선도로에서 그리고 더 자주 활용되는 도로 근처에서 더 높을 것이다. 2) 주거침입 절도 피해의 위험은 다른 구간과 연결된 도로 구간, 특히 연결된 도로가 더 자주 활용되는 도로일 경우 더 높을 것이다. 3) 주거침입 절도 피해의 위험은 막다른 골목culs-de-sac에서 낮으며, 특히 비선형non-linear이면서 넓은 도로망과 연결되지 않는 지역에서 낮다. 표본에는 11만 8,161 가구가 포함됐고 도로망 구축을 위해 지리정보시스템GIS 소프트웨어와 수동 식별 방식을 활용했고 주거침입 절도의 수준을 측정하기 위해 경찰기록 범죄자료를 활용하였다. 사회-경제적 영향을 통제한 분석 결과에 따르면, 도로 구간이 주요 간선 도로major road의 일부일 경우, 다른 모든 조건이 동등할 때, 지역 일반 도로local road와 비교했을 때 그 도로 구간에서 주거침입 절도 발생이 22% 정도 높다는 결과가 나왔다. 반면 사적(개인) 도로private road로 분류된 도로 구간은 지역 일반 도로local road에 비해 주거침입 절도 발생이 43% 낮았다. 도로망 측면에서는, 도로가 다른 도로와 추가로 연결될 때마다 예상 주거침입 절도 발생 빈도가 3% 증가할 것이라고 제시했다. 한 도로 구간이 다른 구간보다 5개 더 많은 연결을 가지고 있다면, 그 구간에서 주거침입 절도 발생은 16% 증가할 것이 예상된다. 연결성 측면에서 볼 때 다른 주요 간선 도로와 연결될 경우 예상 주거침입 절도 발생 건수가 8% 증가하는 것으로 나타났다. 이와는 대조적으로, 사적 도로와 연결되면 주거침입

[그림 12.3] 건물의 후면을 지나도록 하거나 이웃하는 건물로부터 관찰이 되지 않는 통로들은 피해야 한다.

절도 발생 추정치가 8% 감소한다. 이 연구는 통과하는 도로보다 막다른 골목이 더
안전하며 직선형 보다 구불구불한 막다른 골목이 훨씬 더 안전하다는 결론을 내렸

다. 불행하게도, 이 연구에서 막다른 골목은 수작업으로 식별되었지만, 진짜(연결 통로가 없는) 막다른 골목과 틈새 있는(연결 보행 통로가 있는) 막다른 골목은 구별되지 않았다. 힐리어(Hillier, 2004), 아미티지(Armitage, 2006), 아미티지 외(Armitage et al., 2010)가 실시한 연구에 따르면, 틈새 있는 막다른 골목이 주거침입 절도 발생에 가장 취약한 도로 배치라고 한다.

아미티지 외(Armitage et al., 2010)는 영국의 그레이터 맨체스터, 켄트, 웨스트 미들랜즈의 3개 경찰서 내 44개 주택 개발지역에 대한 6,000개 이상 건축물의 설계 특징을 분석했다. 개별 건축물, 그 경계 및 그들이 위치한 개발지역의 배치가 꼼꼼하게 수작업으로 분석되었고, 이전 피해 정도와 (건축물 및 개발지역 수준에서) 비교하였다. 그 결과, 진짜 막다른 골목(연결 도로가 없는)에 비해, 통과하는 도로가 있는 지역에서 범죄가 93% 더 많았고, 틈새 있는 막다른 골목 지역에서는 범죄가 110% 더 많았다. 분석은 또한 직선형 막다른 골목에 비하여 굴곡이 있는 막다른 골목에서 범죄위험이 더 낮다는 것을 밝혀내 존슨과 바워스(Johnson and Bowers, 2010)의 연구 결과를 확증했다.

몇몇 연구들은 또한 범죄 위험 평가 도구를 개발하면서 통과하는 도로through movement가 범죄 유발 특징이라고 강조했다. 아미티지(Armitage, 2006)의 버제스 체크리스트(Simon's Burgess Points System, 1971을 차용함)를 통해 사용자는 설계 특징을 바탕으로 건물의 범죄위험을 예측할 수 있다. 버지스 점수는 (전체 표본에서) 일반적으로 겪는 범죄의 평균 비율과 특정 설계 특징을 가진 주택이 겪는 범죄 비율의 차이에서 도출된다. 아미티지Armitage는 통과하는 도로가 주거침입 절도와 범죄 취약 주택의 핵심 요인이라고 지적했다. 주거침입 절도 발생 위험과 관련된 13가지 환경 요인 중 6가지(통계적으로 유의한 수준)와 전체 범죄와 관련된 17가지 요인 중 8가지(통계적으로 유의한 수준)가 통과성 및 통과하는 도로와 관련이 있었다.

또한 델프트 체크리스트Delft Checklist에서 보어트와 웨겐(Van der Voordt and Van Wegen, 1990)은 접근과 통과하는 도로와 관련된 몇 가지 요인을 식별했으며, 이는 건물의 범죄 발생에 대한 취약성을 증가시켰다. 출입구와 탈출 통로 수, 출입구와 탈출 통로에 대한 접근의 수월성, 출입구와 탈출 통로에 대한 물리적 접근성, 그리고 상징적 장벽(경계)의 부재 등이 그것이다.

경찰 범죄기록 자료 분석 외에도 와일스와 코스텔로(Wiles and Costello, 2000)는 범죄자와의 인터뷰를 이용하여 범죄자 의사결정을 조사하는데 활용했다. 범죄자들이 대상을 선택한 주된 이유는 우연(범죄자의 63%)이었다. 표본의 31%는 대상 선정 이유를 '지나가다가 보안이 허술해 보여서'라고 답했고, 26%는 대상 선정 이유를 '지나가다가 아무도 없는 것처럼 보여서'라고 답했고, 또 다른 26%는 대상 선정 이유를 '지나가다가 건물이 고립된 곳에 있는 것처럼 보여서'라고 답했다. 이것은 범죄자들이 일상 활동을 할 때 무엇을 인지하게 되는지에 따라 그리고 잠재적 목표물을 지나칠 때 범행 대상을 선정할 것이라는 전제를 확인시켜준다. 각각의 응답은 범죄자가 판단을 내릴 때 '지나가다가'를 내용으로 담고 있다. 통과하여 이동하는 것을 제한하면 범죄자가 건물을 '지나칠' 가능성이 줄어든다.

아미티지와 조이스가 실시한 연구는 영국 웨스트 요크셔에서 22명의 주거침입 절도범들과 인터뷰를 했다. 이 연구에 따르면 주거침입 절도범들은 세 가지 주요 이유로 통과하는 이동량이 많은 개발지역을 선호한다고 했다. 첫 번째는 접근/출입의 용이성과 관련이 있으며, 이것이 이 지역에 대해 상대적으로 잘 모르는 경찰보다 유리한 조건을 제공한다. 두 번째 근거는 보행 경로가 탐색 행위를 가능하게 하는 정도와 관련이 있으며, 마지막으로, (두 번째와 연결되는 데) 보행 경로가 탐색 행위를 정당화한다는 믿음(보행 경로는 공공 공간이며 범죄자는 해당 공간을 사용할 권리가 있다)이다. 두 번째와 세 번째 근거를 확인하면서, 한 범죄자는 개발지역을 관통하는 보행로의 이미지를 보여 주면서 다음과 같이 말했다.

그래, 완벽해! 쉬운 대상이야. 나는 먼저 이 길을 왔다갔다 할 것이다. 아무도 나를 다시 쳐다보지 않을 것이다. 설령 내가 왔다갔다 하는 떠돌이 처럼 보일지라도, 내가 그 장소에서 이상해 보이지 않을 것이다. - 그곳 은 길이다, 아무도 너에게 의심을 제기할 수 없다.

이 연구의 일환으로 인터뷰한 범죄자들은 또한 존슨과 바워스(Johnson and Bowers, 2010), 아미티지 외(Armitage et al., 2010)의 연구 결과에서 밝혀진 끝이 완전히 막힌 막다른 골목은 범죄자들에게 매력적인 대상이 아니란 사실을 확증했다. 그 이유는 그곳에서는 모두가 서로를 알기 때문에 낯선 사람이 이방인으로 눈에 띌 가능성이 높기 때문이고, 진짜 막다른 골목에서는 들어갔던 길을 다시 빠져나와야 하기 때문에 들킬 확률이 높아지기 때문이다. 한 범죄자는 다음과 같은 제안을 요약하였다.

나는 막다른 골목으로 깊게 들어가지 않을 거야. 당신이 그곳에 살지 않는 한 막다른 골목에 들어갈 이유가 없다. 그곳에서 당신은 낯선 사람이다. 만약 통과하는 도로라면 당신은 그냥 계속 걸어갈 수 있다. 막다른 골목에서는 사람들이 서로를 알고 나를 낯선 사람으로 볼 것 같다.

타일러(Taylor, 2002)는 통과하는 도로가 범죄에 미치는 영향에 대한 증거들을 검토하면서 다음과 같이 결론을 내렸다. '지역사회 통과성permeability은 지역사회 수준 디자인 특징 중에서 범죄율과 가장 신뢰성 있게 관계를 보이는 특징이고, 연결성은 여러 연구에서 동일한 방향으로 일관된 결과를 보고했다(통과성이 증가할수록, 범죄률도 증가) (Taylor, 2002, p. 419). 이 주장은 지나치게 일반화된 것으로 볼 수 있다. 대다수의 연구에서 주거 지역에 통과하는 도로가 있을 때 범죄 위험을 증가시킨다는 것을 확인했지만, 소수의 연구들(Space Syntax 기법을 이용한 연구들)은 더 많은 사람들의 통행은 더 많은 감시(제인 제이콥스의 거리의 시선)를 의미한다는 전제 하에 통과하는 도로가 많을 수록 범죄의 위험을 줄인다고 주장한다(Jones and Faneck, 1997; Hillier and Shu, 2000; Shu and Huang, 2003; Hillier, 2004). 통과하는 도로(이동)가 범죄에 미치는 영향에 관한 연구들 사이에 약간의 차이가 있지만, 통과하는 도로(이동량)가 증가할수록 범죄위험이 증가된다는 가정을 뒷받침하는 증거는 다수이다.

감시|Surveillance

이것은 무엇을 의미하나?

감시는 공간의 공식적(경비원, 경찰, 직원) 또는 비공식적(주민, 행인, 쇼핑객) 사용자가 의심스러운 행동을 관찰할 수 있도록 설계하는 방식을 말한다. 또한 범죄자 또는 잠재적 범죄자가 관찰되지 않더라도 관찰당할 수 있다고 인식하는 정도와 관련이 있다.

이것은 어떻게 달성되나?

CPTED 관점에서 감시는 CCTV와 같은 공식적인 조치와는 거의 관련이 없다. 오히려 건물(주택) 입구가 도로를 향하도록 하고, 거리에 접하고 있는 공간은 부엌이

[그림 12.4] 작은 창문들과 비활동적인 방들이 거리에 면하고 있다.

[그림 12.5] 이 건물은 감시 수준이 매우 낮다.

나 거실과 같이 활동이 많은 곳으로 배치하고, 가시성이 관목 숲이나 높은 담으로 인해 방해받지 않도록 하는 등의 조치를 통해 만들어진 자연적인 비공식적 감시와 관련이 있다. 그림 12.4는 도로에 등을 돌린 건물을 보여 준다. 길가에 면한 창문은 작고, 방들은 화장실과 침실 등 낮 동안 사용하지 않는 방들이다.

그림 12.5는 높은 울타리와 높은 쪽문을 가진 건물로, 이 두 가지 모두 바깥 도로에서 관찰하는 것을 가로막는다. 일단 범죄자들이 이 건물 경계 안에 침입하면 이웃이나 행인들에게 관찰되지 않는다.

감시 원칙은 해당 공간 사용자가 어떤 사람이 의심스럽게 행동하고 있음을 인식하고 주저하지 않고 제지하거나 개입할 수 있는 자신감을 주는 것을 강조한다. 따라서 감시라는 용어는 능동적(공식적) 및 수동적(비공식적) 감시, 해당 공간의 감시성(Ekblom, 2011) 그리고 잠재적 범죄자들이 관찰되고 있다는 인식을 만드는 것을 포함한다.

경험적 증거

범죄자들이 범행할 건물을 선택하는 의사결정을 할 때 감시가 중요한 역할을 한다는 연구 결과가 있다. 범죄자들은 대면을 피하고 가능하면 비어있는 대상을 선택하기를 선호한다. 레페토(Reppetto, 1974)는 97명의 주거침입 절도범들을 인터뷰했고 대상 건물을 회피하는 가장 흔한 이유는 주변에 사람이 너무 많아서라는 것을 발견했다. 범죄자들은 이웃들이 그들을 지켜볼 수 있는 건물들은 선택하지 않았고, 그들이 두드러지지 않는 다고 느끼고 이웃 건물에서 관찰이 안 되는 곳을 선택했다고 말했다. 크롬웰과 올슨(Cromwell and Olson, 1991)은 30명의 주거침입 절도범들에 대한 인터뷰를 통해 표본의 90% 이상이 안에 사람이 있다고 생각되는 거주지에는 절대 들어가지 않을 것이라고 진술했다고 보고했다.

브라운과 벤틀리(Brown and Bentley, 1993)는 72명의 수감된 주거침입 절도범들에게 사진을 보여 주고 범행 시도 여부를 평가해달라고 요청했다. 10여 채의 주택 중에서 사람이 현재 있다고 판단된 주택들은 주거침입 절도범들에게 도둑이 들지 않을 주택들로 인식되었다.

니와 미나한(Nee and Meenaghan, 2006)은 영국에서 50명의 주거침입 절도범들을 인터뷰했다. 조사결과에 따르면 범죄자들은 인근 주택의 감시가 거의 없거나 아예 없는 주택을 선택하는 것을 선호한다고 한다. 매력적인 범행 대상 주택의 특징에

대해 가장 많이 언급되는 것은 범죄자가 자기를 숨길 수 있는 정도였다. 표본의 4
분의 3(38)은 비어 있는 주택을 선호했으며, 이 수의 3분의 2는 문을 두드리거나 벨
을 눌러 빈집인지 확인했다.

　피해를 입은 주택의 설계 특성을 평가할 때, 여러 연구에서 감시의 부족이 더
높은 범죄 피해와 관련이 있다는 것을 발견했다(Armitage, 2006; Armitage et al., 2010;
Winchester and Jackson, 1982; Van der Voordt and Van Wegen, 1990). 아미티지 외(2010)는
영국 44개 개발 지역에 걸쳐 6,000개 이상의 주택 표본에서 개별 설계 특징과 피해
율을 비교했다. 조사 결과 주변의 3에서 5채의 다른 주택들에서 관찰이 가능한 주
택은 관찰이 되지 않은 주택 보다 38% 낮은 범죄 피해를 경험했다.

　윈체스터와 잭슨(1982)은 주거침입 절도 위험 증가와 관련된 14개의 건축설계
변수 중 8개가 주변 건물의 감시 부족과 관련이 있음을 발견했다. 이러한 변수로는
건물이 고립되어 있고, 다른 주택이 5채도 안 보이는 곳에 주택이 위치하고, 도로
와 다소 떨어진 곳에 주택이 위치해 있고, 다른 주택들에 의해 주택의 정면이 관찰
되지 않으며, 다른 주택들에 의해 어느 한 면도 관찰되지 않으며, 주택의 주요한 부
분이 공공도로에서 관찰이 되지 않고, 가장 가까운 주택이 멀리 떨어져 있고, 주택
의 정면이 도로에서 보았을 때 가려져 있다.

　브라운과 앨트먼(Brown and Altman, 1983)은 306건의 주거침입 절도 피해를 입
었거나 입지 않은 주택들을 조사한 결과 주거침입 절도 피해를 입은 주택들은 피해
를 입지 않은 주택들에 비하여 주거지에 사람이 있다는 표시가 훨씬 적었다고 한
다. 이러한 표시들의 예로서 마당에 널려 있는 장난감이나 정원에서 작동하는 스프
링클러 등이 포함된다. 브라운과 알트만은 또한 피해를 당한 주택들이 주변 주택들
로부터 시각적 관찰이 잘 되지 않는다는 것을 발견했다.

　보어트와 웨겐(Van der Voordt and Van Wegen, 1990)도 범죄 위험 측정을 위한 체
크리스트인 델프트 체크리스트Delft Checklist를 개발했다. 범죄 위험의 예측 요인으
로 지목된 요인 중 몇 가지는 감시 및 가시성과 관련이 있다. 리스트에는 건물,
편의시설 및 외부 공간 간의 관찰 가능성, 건물 간의 가시성 및 적절한 조명 수준
등이 있다.

　예측/잠재적 감시와 실제 감시 사이의 차이를 인식한 레이날드(Reynald, 2009)
는 헤이그에 있는 814개 주거용 건물들에 대해 실제 감시의 수준과 감시 기회(가능
성) 사이의 관계를 측정한 연구를 수행했다. 레이날드는 감시 수준을 4단계 모델을

이용하여 측정하였는데, 1단계-보호자가 보이지 않는 단계(건물이 점유되었다는 증거가 없음), 2단계-보호자가 존재하는 단계(건물이 점유되었다는 증거), 3단계-유능한 보호자 단계(현장 관찰 연구자들이 거주자들에 의해 관찰됨), 4단계-개입하는 보호자 단계(현장 관찰 연구자들이 거주자들에게 제지당함)는 단계로 측정했다. 감시 기회(가능성)는 나무와 벽과 같은 물리적 장애물로 인해 건물 창문의 시야가 가려지는 정도를 관찰함으로써 측정되었다. 그 결과 감시 기회와 실제 감시 수준 사이에 통계적으로 유의미한 상관관계(0.45)가 있는 것으로 나타나 감시 기회(가능성)가 증가할수록 실제 감시 수준도 높아지는 것으로 나타났다. 범죄와 감시 수준 세기 사이의 관계를 분석했을 때, 결과는 긍정적(+)이고 통계적으로 유의한 관계를 보여 주었다. 분석에 따르면, 4단계 모델의 단계가 높아질 수록 범죄가 지속적으로 감소한다는 것을 밝혀냈다. 보호자가 보이지 않는 단계와 보호자가 존재하는 단계 사이에 범죄가 크게 감소하였고, 유능한 보호자 단계에서는 훨씬 더 감소했으며, 개입하는 보호자 단계에서는 이전 단계보다 약간 더 감소했다.

물리적 보안Physical security

이것은 무엇을 의미하나?

대상 강화라고도 불리는 물리적 보안은 출입문, 창문, 잠금장치 또는 울타리 등 건물 설계의 물리적 특성을 통해 건물(재산)과 그 경계를 보호하는 정도와 관련이 있다. 보안 조치는 침입의 난이도를 높이고, 침입하는 데 걸리는 시간을 증가시키며, 어떤 경우에는 탐지 가능성을 높이며(CCTV), 각각의 조치는 범죄를 성공하기 어렵게 만든다.

이것은 어떻게 달성되나?

CPTED는 건물의 설계와 레이아웃의 미묘한 변화에 초점을 맞추고 범죄 문제가 발생하기 전에 피해위험을 설계를 통해 제거하는 데 중점을 둔다. 범죄 문제가 불거진 후 빗장을 지르는 것과 달리 건물 설계를 통해 양질의 보안이 구축되는 경우에는 강화된 보안을 위해 요새처럼 만들지 않아도 된다. 새로 지을 건물에 포함해야할 하드웨어의 보안 표준을 규정하는 CPTED 적용 사례(아래에서 자세히 설명함)

가 몇 가지 있다. 예를 들어, 잉글랜드와 웨일즈에서는 디자인을 통한 보안Security by Design, SBD 체계의 세 가지 섹션 중 하나는 출입문, 창문, 잠금장치 및 침입경보를 포함하는 물리적 보안 표준에 대해서 규정하고 있다. 2015년 10월 현재 잉글랜드와 웨일즈의 건축 규정도 보안 요건을 포함하도록 업데이트되었다(Approved Document Q). 이 기준은 SBD가 요구하는 기준에는 약간 못 미치지만, 이것은 신규 주택 내 범죄 감소를 위한 주요한 진전이라고 할 수 있다. 아래에 소개한 바와 같이 네덜란드와 스코틀랜드와 같은 국가는 이미 계획 시스템 내에 그러한 요구사항을 가지고 있다.

경험적 증거

범죄를 줄이기 위한 수단으로서의 물리적 보안의 효과에 대한 연구에 따르면, 다른 모든 요인들이 동일할 때, 주거침입 절도범들은 물리적 보안 수준이 낮은 건물을 범행대상으로 삼는 것을 선호한다(Cromwell and Olson, 1991). 볼라드와 아워스(Vollaard and Ours, 2011)는 네덜란드 주거용 주택에 포함된 보안 조치들에 대한 광범위한 평가 결과를 보고했다. 이 연구에서는 1999년에 도입된 건물 규정 변경 사항을 사용했는데, 이 규정은 신규 빌딩의 모든 창문과 출입문은 유럽 ENV 1627: 1994 Class 2 표준 또는 네덜란드 NEN 5096, Class 2 표준에서 인증 및 승인 받은 제품을 사용해야 한다고 규정한다. 매년 실시되는 전국범죄피해조사(VMR)의 4개년도 자료를 이용해 분석한 결과, 규정 변화가 적용되어 주거침입 절도(표본 내)가 연간 1.1퍼센트에서 0.8퍼센트로 26퍼센트 감소하는 것으로 나타났다. 평가 결과, 이러한 감소가 다른 절도 범죄로 범죄전이crime displacement를 초래하지 않은 것으로 나타났다.

첼로니 외(Tseloni et al., 2014)는 잉글랜드와 웨일즈의 물리적 보안 조치와 주거침입 절도 위험 사이의 관계를 심층적으로 분석하였다. 그들은 잉글랜드와 웨일즈 범죄 조사Crime Survey for England and Wales, CSEW의 4개년도 자료를 사용하여 조사에 참여한 사람들이 가지고 있는 것으로 보고한 개별적 또는 통합적 보안 특징들의 범죄 감소 혜택을 제시했다. 조사 결과 보안 특징들의 특정 조합은 범죄 감소 이점을 제공하지만, 설치된 장치 수에 따라 주거침입 절도 방지 정도가 일정하게 증가하지는 않는 것으로 나타났다. 보안장치를 하나만 설치한다면 가장 효과적인 장치는 센서 외부등external lights이라는 분석이 나왔다. 장치를 하나 더 추가할 경우 가장 효과적인 보안 장치는 창 잠금 장치와 외부 조명이다. 기기 수를 고려하면서 주거침입 절도로부터 보호하는 기능을 고려한 가장 좋은 선택은 창문과 문 잠금 장치를 외부 조명 또는 보안 체인과 함께 사용하는 것이었다. 이 연구에 따르면 개별 보안 장치는 보안장치가 없는 것보다 최대 3배 더 높은 주거침입 방지 기능을 제공하며, 일반적으로 보안 장치들의 조합은 보안장치가 없는 것보다 최대 50배 더 높은 보호 기능을 제공했다.

관리 및 유지보수Management and maintenance

이것은 무엇을 의미하나?

때로 이미지image라고도 불리는 이 원리는 낙인을 피하라는 뉴먼의 개념(Newman, 1973)과 윌슨과 캘링(Wilson and Kelling, 1982)의 깨진 유리창 이론을 결합한 것이다. 전자는 원래 설계와 건축에 중점을 두고, 후자는 건축 후 관리 및 유지보수에 중점을 둔다. 뉴먼은 적절한 재질 사용과 좋은 건축 디자인은 주민들이 낙인찍힌 느낌을 받지 않게 할 수 있다고 주장했다. 윌슨과 캘링(1982)의 깨진 유리창 이론에 따르면 낙서나 공공 기물 파손과 같은 기존의 쇠퇴 징후가 있는 지역은 a) 아무도 관리하지 않아서 체포나 발각의 위험성이 낮고, b) 이미 그 지역이 쇠퇴했기 때문에 한 가지 더 부수거나 낙서를 한다고 해도 눈에 띄지 않을 것이라는 인상을 만든다. 따라서 무질서를 관리하지 않으면 전염 효과가 나타나고 이는 더 심각하고 광범위한 범죄로 이어진다.

이것은 어떻게 달성되나?

신축 건물이 낙인을 피하도록 설계되고 건축되어야 한다는 뉴먼의 주장은 다른 유형의 주택(예: 사회적(다가구 또는 아파트) 주택과 단독주택) 간의 차별화를 피하고자 하는 것과 관련이 있다. 그는 전혀 다른 건물 형태와 배치(그래서 주목을 끄는 것을)를 피함으로써 이러한 이미지 개념을 유지할 수 있다고 주장했다. 그는 또한 건축자재의 품질과 마감은 견고하면서도 주민들에게 매력적이어야 한다고 주장했다. 윌슨과 캘링(1982)이 제시한 위험을 관리하는 방법으로 공공 기물 파손, 쓰레기, 낙서 등 낮은 수준 무질서가 신속하게 제거되도록 하는 유지보수 시스템이 갖춰져야 한다고 주장했다. 이는 사회적 주택 내에서는 부과되는 요건을 통해 해결할 수 있지만, 공간을 소유한 단독주택 소유자들에게 쓰레기를 치우거나 정원을 정돈하도록 강요하는 것은 훨씬 더 어렵다. 디자인을 통한 보안SBD 인증 제도에는 SBD 건물이 해당 지역을 유지보수할 수 있도록 프로그램화된 관리 시스템을 갖추어야 한다고 규정하는 관리 및 유지보수에 대한 섹션이 포함되어 있었다. 여기에는 쓰레기와 낙서 제거가 포함된다(Armitage, 2005). 그러나 이러한 요소에 대한 통제가 불가능하다는 점을 인식하여 최신 SBD 표준(SBD New Homes, 2014)에는 해당 지역의 관리 또는 유지보수를 언급하지 않을 수 있다.

경험적 증거

경미한 수준 무질서의 존재와 이를 범죄 발생 또는 취약성 인식과 연결시키는 경험적 증거는 풍부하다. 테일러와 갓프레드슨(Taylor and Gottfredson, 1987)은, 나중에 카이저 외(Keizer et al., 2008)에 의해서도 검증되었는데, 물리적 무질서가 거주자의 거주 지역에 대한 관리 수준이나 관심을 나타낸다는 점에서 범죄자에게는 발각 위험을 인식하는데 간접적으로 영향을 미친다고 보고했다. 따라서 범죄가 발생할 경우 주민들이 개입할 가능성에 대한 지표로 작용한다. 코젠스 외(Conzens et al., 2001, 2002a, 2002b)의 연구에서는 일련의 이미지를 보여 주고 건물의 주거침입 절도 피해 취약성에 대해서 판단하라고 요청했을 때, 전과가 있는 절도범, 주택계획 전문가 및 경찰은 일관되게 5가지 주택 설계 관련 선택 유형 중 '잘 유지보수 된' 옵션을 가장 덜 취약하게 만드는 옵션으로 선택했다.

아미티지(Armitage, 2006)는 웨스트 요크셔West Yorkshire 내 환경 디자인 특성과 범죄 사이의 연관성에 대한 연구에서 (두 명의 독립 평가자에 의해) 관리되지 않고 버려진 쓰레기가 정원에 나뒹굴거나, 출입구에 편지와 신문들이 쌓여있다고 판단된 거주지들의 46%가 적어도 한 번 이상의 주거침입 절도 피해를 봤다고 보고했다. 이것은 표본 평균 16퍼센트와 비교되었다.

CPTED 적용

CPTED가 지금까지 소개했던 원칙들에 기초하고 있지만, CPTED를 적용하는 방법은 국가마다, 그리고 심지어는 국가 안에서도 차이가 난다. CPTED를 실행하기 위한 다양한 국제적 접근법을 다루는 것은 본 장의 범위를 벗어난다. 따라서, 예시 수단으로 CPTED 원칙들을 개발 계획 체계에 잘 통합시키고 적용하는데 있어 우수한 관행을 가지고 있다고 인정되는 세 국가(잉글랜드/웨일즈, 호주 및 네덜란드)에 초점을 맞추어 소개한다. 이 절에서는 한 국가에서 다른 국가로 CPTED 접근법의 이전 가능성을 고려함으로써 결론을 내린다.

잉글랜드와 웨일즈

잉글랜드와 웨일즈 전역에 걸쳐 43개의 지방 경찰이 있으며 각 경찰 내에는 지역 건축계획 부서에 제출된 건축계획 신청서를 검토하고 제안된 건축계획과 관련된 잠재적 범죄 위험을 완화하기 위한 CPTED 컨설팅을 제공하는 역할을 하는 최소 한 명의 담당자가 지정되어있다. 이러한 역할을 건축연계 담당자Architectural Liaison Officer, ALO, 범죄예방설계 어드바이저Crime Prevention Design Advisor, CPDA 또는 범죄 예방 디자인 경찰관Designing Out Crime Officer, DOCO이라고 한다. 이러한 구분은 지역에 따라 차이가 나는데, 북부에서 ALO, 중부지방에서 CPDA, 남부에서 DOCO라는 용어를 주로 사용한다. (정부 및 법률과 정책을 공유하는 지역인) 잉글랜드와 웨일즈 내에서도 이 역할의 적용은 경찰관서마다 다르다. 어떤 지방 경찰에서는 ALO/CPDA/DOCO 역할을 전담하는 경찰관이 있다. 다른 지방 경찰에는 라이선스 담당관Licensing Officer, CCTV 담당관CCTV Officer, 범죄 감소 담당관Crime Reduction Officer, 심지어 일선 경찰 업무 담당자들이 자기의 업무를 하면서 이들 업무를 겸하는 경우도 있다. 어떤 지방 경찰에는 여러 경찰서들이 함께 팀을 구성하여 운영하기도 하고, 다른 지방 경찰에서는 관내 경찰서에 개별적으로 배치하기도 하고, 또는 심지어 일반 지방행정 당국 건축계획 사무소에 경찰관이 함께 배치되기도 한다. 일부 지방 경찰에서는 이 역할은 보증되거나 은퇴한 경찰관들에 의해 수행되기도 하며, 다른 지방 경찰들(예: 그레이터 맨체스터 경찰)에서는 해당 역할에 채용된 경찰들이 건축환경 경력을 가지고 있어야 한다. 과거에는 각 지방 경찰 내에서 종종 다수의 ALO/CPDA/DOCO들이 있었는데, 포괄적 지출 감사(Comprehensive Spending Review, 2010)에 의해 시행된 긴축 정책으로 인해 숫자가 대폭 감소했다. 2009년 1월에는 347명의 ALO/CPDA/DOCO가 있었으며 2014년 11월에는 125명에 불과했다.

　43개 지방 경찰 내 CPTED의 전파delivery는 절차 측면에서도 다양하며, 일부 지역 건축계획 당국은 건축계획 이전에 사전 컨설팅(예: 그레이터 맨체스터 지역 당국)을 받도록 요구하는 반면, 다른 지방 경찰들은 더 수동적인 대응을 취하면서, 건축설계에 범죄 예방에 대한 고려를 포함시키는 지 여부는 전적으로 ALO/CPDA/DOCO가 건축계획 담당 사무소에 연락하여 CPTED 컨설팅을 제공하는 지에 달려 있다. 잉글랜드와 웨일즈의 건축계획 시스템은 국가 계획 정책 프레임워크National Planning Policy Framework를 준수한다. 이 정책 프레임워크는 (다른 고려사항 중에서도) 안전하고 범죄, 무질서, 범죄 두려움이 삶의 질을 저해하지 않는 건축 개발을 시행하는 것을 목표로 지역 건축계획 정책과 의사결정이 이루어져야 한다고 명시하고 있다. 잉글랜드와 웨일즈는 또한 안전한 지역사회 개발을 하는 방법에 대해 지역 건축계획 당국과 건설 및 환경 전문직 종사자들에게 지시하는 건축계획 지침을 가지고 있다. 과거에는 이 지침이 *안전한 장소-계획 시스템과 범죄예방*Safer Places – The Planning System and Crime Prevention으로 있었지만, 계획 가이드에 대한 테일러 검토Taylor Review of Planning Guidance(2012)로 인하여 삭제되었다. 2014년에는 국가 건축계획 실행 웹사이트National Planning Practice website로 대체되었다. 비록 이 웹사이트가 범죄 예방을 목적으로 구축되진 않았지만, 안전, 범죄 예방, 보안 조치를 고려하는 것을 강조하며 관련 자료를 제공하고 있다. 앞서 논의한 바와 같이, 잉글랜드와 웨일즈에서의 최근 건축 규제 개정안주택 표준 검토, the Housing Standards Review은 건축 규제에 물리적 보안 표준을 도입하였다(승인 문서 Q).

　잉글랜드와 웨일즈에는 CPTED의 원칙에 기초한 SBDSecured by Design 인증 제도가 있다. 이 인증 제도는 ACPOCPIAssociation of Chief Police Officers Crime Prevention Initiates에서 관리하며 경찰 ALO/CPDA/DOCO에 의하여 전달된다. SBD 인증은 물리적 보안 표준뿐만 아니라 설계 및 배치에 기초한 관련 기준을 충족하는 건축 개발에 수여된다. SBD 인증 제도의 효과에 대한 다섯 가지 평가(Brown, 1999; Pascoe, 1999; Amitage, 2000, Teedon et al., 2009 및 2010; Amitage and Monchuk, 2011)가 발표되었으며, 각 평가에서는 SBD가 범죄 감소에 이바지한다고 보고했다. 또한 다수의 연구에서 SBD 인증 제도가 비용 대비 효과적인 정책이라고 보고했다(Armitage, 2000; Association of British Insurers, 2006; Teedon et al., 2009). 영국 보험협회(Association of British Insurers, 2006)는 SBD 인증기준을 준수하는 데 따른 초과 건축 비용이 침실 4개짜리 단독주택의 경우 200파운드, 침실 3개 또는 2개짜리 단독주택의 경우 170 파운드, 아파트의 1층 주택의 경우 240파운드, 아파트의 2층 주택의 경우 70파운드인 것으로 추정하고 있다. 피스와 길(Pease and Gill, 2011)은 SBD의 효과성에 대한 아미티지와 먼척(Armitage and Monchuk, 2011)의 연구 결과를 재분석하면서, 데이비스 랭던(Davis Langdon, 2010)이 이용한 SBD의 비용 대비 감소한 범죄 건수 공식을 적용했는데, SBD 인증에 들어간 비용은 인증으로 인하여 주거침입 절도 및 여타 형법 범죄 피해가 예방되는 것으로 인하여 2년 이내에 회수하는 효과가 있다고 하였다. 그들은 다른 위반 사항을 포함시키면 이 회수 기간이 줄어든다고 하였다.

뉴사우스웨일즈, 호주

호주에서는 CPTED 전파 정도가 주마다 매우 차이가 난다. 뉴사우스웨일즈 주가 본 장의 예시로 선정된 이유는 지방 의회가 범죄 위험이 예상된다고 지정하는 개발 지역에는 범죄 위험 평가Crime Risk Assessment를 해야 한다는 입법 규정이 포함되어 있기 때문이다. 이 법률은 CPTED의 중요성에 대한 주정부의 분명한 의지를 보여 주지만, 이를 건축계획 및 경찰 시스템에 포함시키는 과정은 잉글랜드/웨일즈와 크게 다르다. 뉴사우스웨일즈에는 ALO/CPDA/DOCO와 같은 경찰관 직책이 없으며, 이에 가장 가까운 직책은 범죄예방경찰관Crime Prevention Officer이다. 잉글랜드와 웨일즈의 범죄 감소/예방 담당자 역할과 유사한 맥락에서, 이 직책에는 다양한 역할과 책임이 포함되어 있다. 뉴사우스웨일즈 내에서도 이 직책은 넓은 지역을 커버해야 하는 추가적인 부담을 안고 있다. 이는 실제 범죄예방경찰관이 범죄예방 관점에서 모든 건축계획 신청서를 체계적으로 평가할 수 없다는 것을 의미한다. 따라서 범죄위험도평가Crime Risk Assessment를 실시하고 범죄위험도에 따른 변경을 권고하는 역할은 민간 범죄예방 컨설턴트, 기획사 또는 개발자가 직접 수행한다. 클랜시 외(Clancey et al., 2011)는 2007년 1월부터 2010년 10월까지 제출된 33건의 범죄위험평가서를 검토한 결과, 이중 11개는 건축설계회사, 8개는 사회적 설계회사, 7개는 개발회사, 5개는 민간범죄예방컨설턴트회사, 2개는 엔지니어링회사가 실시한 것으로 나타났다. 경찰이 실시한 평가는 하나도 없었다. 클랜시 외(2011)는 평가서를 작성한 민간단체들이 건축주들과 아무런 이해관계가 없는 독립적인 단체인가에 대한 의문을 제기했다.

네덜란드

네덜란드는 건축계획 프로세스에 CPTED를 포함시키는 가장 포괄적인 접근 방식 중 하나를 가지고 있으며, 이는 규제, 인증제도 및 전파 프로세스에 포괄적으로 적용된다. 규제 측면에서 네덜란드는 1999년 1월 1일부터 모든 신규 건설 주택은 창문과 출입문에 대한 특정 보안 규정을 준수해야 하며, 제안서가 보안장치에 대한 법적 요건을 충족하는 경우에만 건축계획 허가를 받을 수 있다.

네덜란드에는 또한 경찰인증보안주택Police Label[20] Secure Housing이라는 제목의 인증제도가 있다(영국의 SBD 제도와 유사함). SBD 제도와는 달리, 이 인증은 네덜란드 정부가 건축설계정책 가이드라인에 경찰이 만든 인증요건을 채택하여 관리하며, (2004년 이후) 모든 신규 부동산이나 주거지는 경찰 인증 또는 그에 상응하는 인증요건에 따라 건설되어야 한다. 비록 이 인증은 SBD를 모델로 했지만, 두 제도를 구분 짓는 몇 가지 차이점이 있다. 첫 번째는 네덜란드의 경찰인증Police Label은 세 가지 인증서(Secured Housing, Secured Building, Secured Neighborhood)로 구분된다. 이것들은 별도로 발행될 수 있지만, 함께 경찰인증보안주택 인증을 구성한다. 또한 이 인증은 SBD보다 규제 수준이 낮으며 안전한 건축개발을 목표로 하는 개발자에게 더 많은 유연성을 제공한다. 요건 목록은 다섯 가지 범주(도시 계획 및 설계, 공공 구역, 배치, 건물, 주거)에 따라 제시되며, 이러한 범주에는 성능 요구사항(무엇)과 그러한 요구사항이 충족되는 방식(방법)을 나타내는 사양이 포함된다. 창의성을 장려하고 동시에 개발자가 특정 요구사항에 대해 '낮은 수준으로 설계'할 위험을 피하기 위한 수단으로서, 개발자가 지침에 명시된 '방법'과 다르지만 여전히 동일한 예방 효과를 보여 줄 수 있는 솔루션을 제공할 경우 이를 고려한다. 또한 이 인증서는 10년 동안만 유효하며 이 기간이 지나면 재평가가 필요하다는 점에서 차이가 있다.

---

20 Police Label은 네덜란드 경찰이 범죄예방보안시설이 갖추어진 신규 건축물에 발급하는 인증서이다. 따라서 본서는 Label을 인증으로 번역한다.

제도 전파 측면은 잉글랜드와 웨일즈의 시스템과 매우 유사하다. 2009년까지 각 지방 경찰에 ALO/CPDA/DOCO 직책과 매우 유사한 다수의 건축설계어드바이저Building Plan Advisor(Bouwplan Adviser)가 있었다. 예산 삭감에 대한 대응으로 이 직책은 민영화되었으며, 외부 컨설턴트나 민간 건축설계자문위원을 고용하여 지방자치단체가 운영하고 있다.

이전성Transferability

여러 연구자들은 현지 문화, 기후 및 맥락에 대한 고려 없이 CPTED 원칙이 간단하게 다른 국가로 이전 적용될 수 있다고 가정하는 것은 위험하다고 보고했다 (Raynald, 2009; Ekblom et al., 2012; Armitage, 2013; Cozens and Melenhorst, 2014). 범죄예방솔루션은 지역 상황에 대한 고려 없이 단순히 도입하고 적용할 수 없다. 왜냐하면 CPTED 메커니즘은 주민, 통행인, 범죄자들의 행동에 동기를 부여하고 지시함으로써 작동하기 때문에 사람들이 주변 환경을 이용하는 방식을 고려해야 한다. 에크블럼 외Ekblom et al.에서 강조했듯이: '건축 환경에 대한 범죄예방설계는 대량생산이 거의 불가능하고 현지 환경에 맞게 맞춤화해야 한다'(Ekblom et al., 2012, p. 92).

에크블럼 외(Ekblom et al., 2012)는 전통적인 CPTED 원칙이 아랍에미리트 내 아부다비 지역으로 이전 적용될 수 있는 가능성을 검토했다. 이 연구는 접근과 이동, 감시, 구조, 소유권, 물리적 보호, 활동 및 관리 및 유지보수의 7가지 원칙을 시작점으로 삼았으며, 아부다비에서 이를 적용할 때 어느 정도 문제점이 발생하는지 조사했다. 연구 결과, 통과하는 이동의 제한, 감시 및 영역성과 관련하여 주요 이슈가 확인되었다. 에미리트 문화 및 기후 상황에서는 접근 및 이동 제한과 통로가 넓고 조명이 잘 들어오며 은신처가 없도록 하는 것이 어려운 것으로 나타났다. 그림 12.6에서 볼 수 있듯이, 많은 통행로Sikkak들이 높은 담벼락과 초목이 길을 경계로 그늘을 극대화하도록 설계되었다.

경계 담벼락을 소유하는 것에 대한 문화적 중요성이 있는데 이와 관련하여 이동을 제한하는 CPTED 원칙을 적용하는데 이슈가 발생한다. 주민들이 각자의 경계 담벼락을 소유할 수 있도록 재산 경계를 분리할 때, 담벼락 사이에 남는 공간이 좁게 생성되는 결과를 초래하였다(그림 12.7 참조). 이 공간들은 공식적인 통행로가 아니며, 건물에 접근하기 위해 설계된 공간도 아니지만, 범죄자들에 의해 건물에

[그림 12.6] 아부다비에서는 높은 담벼락과 초목들이 보행로를 이용하는 사람들에게 그늘을 제공한다.

[그림 12.7] 아부다비에서는 재산 경계 사이의 좁은 공간이 비공식적인 보행로를 만들었다.

접근하기 위해 사용되었고 쓰레기를 버리는 공간으로도 사용되고 있었다.

몇몇 연구자들은 또한 영국과 같은 국가에서 적용되는 CPTED 원칙과 기준이 남아프리카나 온두라스와 같은 높은 수준의 폭력 범죄를 경험하는 국가에서 얼마나 효과적으로 시행될 수 있는지에 대한 우려를 제기했다(Kruger, 2015; Cruz, 2015).

국가나 지역들이 동일한 기후와 문화를 가지고 있는 것으로 보일지라도, CPTED 개입의 성공 또는 그 밖의 것에 영향을 미칠 수 있는 맥락적 차이가 여전히 존재한다. 몬토야 외(Montoya et al., 2014)는 주거용 주택의 설계 특성이 주거침입 절도 수준에 미치는 영향을 조사했다. 그들의 조사 결과는 영국에서의 지역사회 수준의 연구 결과를 뒷받침하는 반면(Armitage, 2006), 그들은 영국에서 수행된 연구에서 틈새가 있는 막다른 골목과 틈새가 없는 막다른 골목의 구분에 따른 연구 결과의 차이는 네덜란드에서 적용되지 않는다는 것을 발견했다. 그들은 이러한 차이를 높은 수준의 자전거 사용 때문이라고 보고, 움직임이 항상 공식적인 통행로/자전거 도로에만 국한되는 것은 아니라는 것을 시사했다.

중요한 고려사항

건축물과 주변 환경의 설계, 시공, 관리를 통해 범죄를 줄이는 접근법이 범죄를 줄이는 데 있어 비용 대비 효율적이고 합리적인 접근법이라는 데는 의심의 여지가 거의 없다. CPTED 원칙으로 제시된 것과 이 원칙의 실제 적용 사이의 단절, 그리고 CPTED 원칙이 다른 문화권, 높은 수준의 폭력 범죄를 가진 지역 및 건축계획이나 경찰 기반 시스템이 없는 국가로 이전될 수 있는 정도 등 세부 사항들에 중요한 고려사항이 있다. 특히 위험성에 대한 개인의 해석(전체 논의는 Monchuk, 2016 참조)이 일관성이 부족하다는 문제와 그러한 비일관성을 피하기 위하여 지나치게 표준화함으로써 창의성을 억누를 수 있는 위험도 있다. 보안을 위한 설계가 지속 가능성/환경 보호와 같은 다른 건축계획 요소들과 상충하기도 한다. 그리고 마지막으로 이러한 원칙 준수를 지나치게 강조하면, CPTED가 의미하는 바가 (1970년대와 1980년대에 비해) 현재 발생하고 있는 범죄 문제에 어떻게 적용되고 있는지 검토하고, 점검하고, 현대화하는 것에 실패할 위험성이 있다.

이 장의 목적은 CPTED가 무엇을 의미하는지, 어떻게 생겨났는지, 그리고 어떻게 정책과 현장에 적용되는지에 대해 개략적으로 설명하는 것이지만(Monchuk, 2016; Armitage and Joyce, in press:, Armitage and Monchuk, in press), 이러한 원칙의 진화와 관련하여, 설계가 범죄 위험에 얼마나 영향을 미치는지에 대한 정확한 반영을 제시하는 것과 관련하여, 약간의 우려가 있다.

이 장에서 개괄적으로 설명한 바와 같이, CPTED는 제프리(Jeffery, 1971), 뉴먼(Newman, 1972), 제이콥스(Jacobs, 1961), 그리고 새로운 기회 이론 – 범죄패턴 이론, 일상 활동 접근 및 합리적 선택 관점으로부터 발전했다. CPTED는 1960년대와 1970년대에 영국과 미국의 학계에 의해 개발되었으며 그 이후로 거의 변하지 않았다.

디자인이 범죄자와 다른 공간 사용자들의 의사결정에 영향을 미친다는 것은 거의 의심의 여지가 없으며, 이러한 접근 방식이 범죄 예방과 건축계획 정책에 중요한 역할을 한다는 것은 의심의 여지가 없다. 그러나 이론적으로 제안된 것과 실제 현장에서 일어나는 일 사이에는 약간의 차이가 있다는 것은 인정해야 한다. 아미티지Armitage와 먼척Monchuk은 CPTED가 현재 CPTED를 구성하고 있는 것을 귀납적 방법론을 사용하여 재구성함으로써 CPTED를 획기적으로 정비해야 한다고 주장한다. 그들의 연구는 범죄자와 범죄예방 전문가 모두에게 디자인이 범죄 선택에 어떻게 영향을 미쳤는지 그들 자신의 말로써 설명해 줄 것을 요구했다. 역사적으로, 이 분야의 연구는 새로운 정보를 제안하는 것과 달리 우리가 이미 알고 있는 것을 확인하거나 반박하는 기존의 이론을 테스트하는 연역적 접근법을 취해왔다. 이 귀납적 접근법을 활용하여 범죄예방디자인을 재정의하는 것은 다른 상황적 맥락을 고려할 수 있도록 하는 장점이 있다. 즉, 범죄자들이 마약(Armitage and Joyce, in press)에 취한 상태에서 이러한 범죄를 저지르는 경우나 무기가 흔한 지역에서 주거 침입 절도가 발생할 때 디자인이 의사결정에 어떻게 영향을 미치는가? 등의 새로운 상황적 맥락을 포함할 수 있다.

CPTED의 원칙이나 요소를 재정의하는 것뿐만 아니라, 실무에서의 적용과 그것이 다른 국가별, 시대별, 그리고 정치적 환경에 따라 어떻게 달라지는지도 고려해야 한다. 경찰이 CPTED 서비스를 제공하는 시스템(지역 범죄 위험에 대한 지식이 있는 사람)은 작동할 수 있지만, 제한된 경찰 예산으로 이 시스템을 지속할 수 있을까? 경찰이 건축 설계에 대해 자문하거나 건축가, 개발자 및 기획자에게 영향을 미치는 가장 적합한 전문가라고 할 수 있을까?

이러한 고려사항은 CPTED에 대한 비판으로 받아들여질 것이 아니라, 안주하지 않고 접근방식이 지속적으로 발전하고 개선되도록 해달라는 요청으로 받아들여져야 한다. 범죄 위험을 최소화하기 위해 장소와 공간을 설계하는 것은 범죄를 줄이는 데 매우 효과적인 접근법이다. 간단하고 비용이 매우 적게 들며 (최소한으로) 개발자, 건축가, 기획자 및 경찰처럼 다양한 기관이 범죄 위험을 줄이기 위해 협력하는 것을 수반한다(여러 기관이 협력하여 일하는 것이 그 본질이다). CPTED를 잘 수행하면 범죄를 줄이고, 안전감을 향상시키며, 범죄에 대응하고, 빈 집을 관리하고, 피해의 사회적, 물리적 결과를 회복하는 데 드는 환경 비용을 줄일 수 있다. 무엇보다도, 범죄예방디자인은 효과적으로 시행될 때 방대한 양의 건물들과 주변 공간에 대한 범죄 위험에 영향을 미칠 수 있는 능력을 가지고 있으며, 이를 올바르게 적용하는 것의 이득은 수십 년 동안 지속될 것이다. 반대로, 건물과 공간의 설계와 시공에서 범죄 위험을 고려하지 않는 것은, 건물, 개발지역, 심지어 지역사회까지도 수십 년 동안 범죄 위험을 증가 시키고, 잠재적으로 그러한 장소의 자연 수명이 다하기 전에 재건축해야 해서 비용이 많이 드는 결과를 초래할 수 있다.

▣ 검토 질문

1. 본 장에서 제시된 연구는 개발지역 내 및 개발지역 간 이동을 제한하고자 하는 CPTED 요구를 둘러싼 논쟁을 개략적으로 설명했다. 많은 연구자들이 이동을 제한하면 잠재적 범죄자들이 취약한 건물을 인지할 위험이 줄어들고 범죄자들의 접근과 탈출 경로가 제한된다고 주장한다. 그러나 잠재적인 범죄자를 고려하여 설계함으로 인하여, 우리는 가장 가까운 상점이나 인근 주택 단지로 지름길(보도)을 이용하여 다니길 원하는 합법적인 사용자들의 공간 이용을 제한하는 것은 아닐까? 자연 환경과 건축 환경의 '사용자'의 요구와 이러한 공간을 '범죄에 악용'하려는 범죄자에 대한 고려 사이에 균형을 어떻게 맞출 수 있을까?

2. SBD^{Secured by Design} 인증을 받고 건축된 주택은 인증 사실을 공시하지 않는다(가시적인 표지나 고지는 없다). SBD 인증을 받고 개발된 지역에 사는 사람들, 해

당 공간을 사용하는 사람들 및 이 공간을 통과하는 사람들은 강화된 보안 '상태'를 인식하지 못할 가능성이 높다. 주민들에게 그들의 건물들이 범죄에 저항하기 위해 설계되고 건설되었다는 것을 알려야 한다는 주장이 있다. 하지만 또한 이 정보가 범죄에 대한 두려움을 증가시킬 수 있으며, 공개될 경우 범죄자를 유인하는 초대장이나 도전장 역할을 할 수 있다는 주장도 있다. SBD 인증 상태를 공표함으로써 발생할 수 있는 잠재적 편익과(예: 범죄자 저지 및 안전감 증가) 범죄자를 유인할 수 있는 위험 및 해당 공간 사용자들 사이의 공포 수준을 증가시키는 것 사이에 어떻게 균형을 맞출 수 있을까?

3. 현재 설계기준에 따라 건축되는 주택의 상당 부분은 (지역 당국이나 주택협회가 소유하는) 사회적 주택이다. 이는 정부가 이들 주택공급자에게 제공되는 자금조달의 전제조건으로 특정 기준을 충족할 것을 요구하기 때문이다. 민간 주택 부문은 범죄 방지 설계의 혜택을 받아들이는 데 훨씬 더 느렸다. 어떻게 하면 민간 주택 개발업자들이 건물을 설계할 때 범죄 예방 디자인의 이점을 고려하도록 장려할 수 있을까? 정부가 모든 신규 주택을 SBD 설계기준에 따라 건설하도록 의무화할 수 있을까? 그렇다면 이와 관련된 어떤 문제가 발생할 수 있을까?

4. CPTED 원칙에 따라 설계하면 주거침입절도 및 기타 취득 범죄(예: 창고 및 차고에서의 차량 절도)를 줄일 수 있다는 연구 결과가 있다. 원칙이 다른 범죄나 무질서 행동(예: 반사회적 행동)을 줄이는데 어느 정도 도움이 될 수 있다고 생각하나? 이를 바탕으로 이 원칙이 테러리즘, 아동 성착취, 사이버 범죄와 같은 사회적으로 큰 도전 과제 대응에 적용될 수 있다고 생각하나?

5. 일부에서는 건물에 대한 기준과 규정을 정하는 것이 창의성을 제한하고 주택 개발의 디자인 품질이나 미학에 영향을 미칠 수 있다고 주장한다. 당신의 견해로는, 개발자들이 범죄 예방을 고려하는 것과 개인의 창의적 설계를 억제하지 않도록 하는 것 사이의 균형을 어떻게 맞출 수 있을까? 보안을 고려한 설계가 건축적으로 매력적인 특성을 고려하면서 설계하는 것과 양립할 수 있다고 생각하나?

6. 마지막으로, 자신의 집이나 아파트에 대해 생각해 보면, 보안 표준(물리적 보안은 물론 설계 및 배치에 대한 생각)을 만족시킬 정도로 개선될 수 있다고 생각하나? 이러한 리모델링이 재무적 또는 실질적인 영향을 미칠 수 있는가?

메모들

1. 간선 도로는 도시, 마을 및 그 사이의 넓은 지역을 연결한다.

2. 지방도로는 주거지가 조성된 도시 배후를 형성하며, 한 지방도로와 다른 지방
   도로 간의 이동이 용이하다. 차량 이동에는 현지 여행 이외에는 사용되지 않지
   만, 지역을 연결하고 차량 내부와 차량 사이를 이동할 수 있다.

3. 개인도로는 거주자들 이용하기 위해 만든 도로이다. 이 중 일부는 막다른 골목
   형태일 것이고 일부는 도로를 통과하게 될 것이다.

상황적 범죄 예방

로널드 클라크Ronald V. Clarke는 럿거스 대학Rutgers University의 교수이자 UCL 질 단도 연구소Jill Dando Institute, UCL의 객원 교수이다. 그는 영국 내무부에서 15년 동안 근무했으며 1982년부터 1984년까지 연구 및 계획 부서의 책임자였다. 내무부에서 그는 상황적 범죄예방을 개발하고 영국 범죄 조사British Crime Survey를 시작하는 데 도움을 주었다. 그는 '설계를 통한 범죄예방(Designing out Crime[HMSO 1980])', '합리적 범죄자(The Reasoning Criminal[Springer-Verlag 1986])', '초고속정보망 강도: 인터넷 상업 범죄예방(Superhighway robbery: Preventing E-commerce Crime[Willan Publishing 2003])', '문제해결자를 위한 범죄 분석(Crime Analysis for Problem Solvers[US Department of Justice 2005])', '테러리스트 능가(Outsmarting the Terrorists[Praeger 2006])'를 포함하여 300개에 달하는 출판물의 저자 또는 공동 저자이다. 그의 현재 연구 관심은 야생동물 범죄이다.

제13장 상황적 범죄 예방

로널드 클라크(Ronald V. Clarke)

상황적 범죄 예방은 특정 범죄 문제를 줄이는 매우 실용적이고 효과적인 수단이다. 이것은 본질적으로 범죄의 상황적 결정 요인을 변경하여 범죄가 발생할 가능성을 낮추려고 한다. 흔히 범죄예방에 대한 단순하고 비이론적인 접근이라는 비판을 받지만, 환경범죄학 이론에서는 확실한 근거를 가지고 있다. 상황적 범죄 예방은 범죄를 예방하는 것이 아니라 범죄를 다른 곳으로 이전시키거나 형태를 바꾸는 것, 즉 '단순히 대체'한다는 비판을 받기도 한다. 그러나 이러한 비판은 과장되어 있으며, 이 장에서는 많은 극적인 범죄 감소가 상황적 범죄 예방으로부터 기인한다는 것을 보여줄 것이다. 먼저 상황적 범죄 예방에 대한 이론을 제시한다.

이론적 배경

이미 말했듯이, 상황적 범죄 예방은 이 책에서 논의된 환경범죄학 이론(일상 활동 이론, 합리적 선택 관점, 범죄패턴 이론)에 뿌리를 두고 있다. 그리고 최근에는 사회 및 환경 심리학 이론들을 활용했다. 이 장에서는 이러한 이론들에 대해 자세히 논의하는 것이 아니라 상황적 범죄 예방에 특히 중요한 몇 가지 기본적인 가정들을 제시할 것이다.

범죄는 동기와 상황의 상호작용으로 발생한다

대부분의 범죄학 이론은 어떤 사람들이 왜 범죄자가 되는지 이유를 설명하려고만 한다. 생물학적, 심리학적, 사회학적 접근이든 간에, 이 이론들은 일반적인 범죄 성향disposition이나 경향propensity을 설명하려고 하기 때문에 '성향dispositional' 이론이라고 할 수 있다. 하지만 범죄는 단순한 성향propensity이 아니라 행위act이며, 범죄가 일어날 수 있는 기회를 제공하는 상황과 성향(때로는 범죄 동기라고도 부른다) 사이의 상호작용으로 설명할 수 있다.

상황적 범죄 예방에 대한 초기 논의에서는 기회opportunity를 상황situation과 동의어로 사용했다. 그러나 나중 논의에서는 상황이 범죄를 위한 '기회' 이상의 것을 제공한다는 것을 인정하며, 유혹temptations, 유인inducement, 도발provocation을 제공하기도 하며(Wortley, 2001), 이러한 인식의 확장은 상황적 범죄 예방의 범위를 넓혔다. 그렇더라도 '기회'라는 용어를 사용하여 상황적 요인의 광범위한 역할을 언급하는 것이 편리하여, 본 장에서는 이 기회라는 용어를 사용할 것이다.

범죄는 언제나 선택이다

범죄를 일으키는 동기와 상황 사이의 상호작용은 개별 범죄자들의 결정을 통해 조정된다. 누군가 범죄를 저지를 때마다, 그들은 그렇게 하기로 결정했다(Cornish and Clarke, 이 책 제2장 참조). 테일러, 월튼과 영(Taylor, Walton and Young, 1973)이 수년 전 지적했듯이, 누구도 범죄를 저지르도록 강요당하지 않는다. 그래서 차별과 불이익이 강도들에게 은행을 털도록 강요하지 않는다; 오히려 강도들은 돈을 원하기 때문에 은행을 털기로 선택했고, 그들은 많은 돈을 원한다.

사실, 사람들은 범죄가 그들에게 어떤 이익을 가져다 줄 것이라고 판단하기 때문에 범죄를 저지른다. 혜택은 항상 금전적인 것은 아니지만, 흥분, 섹스, 권력, 마약도취, 복수, 인정, 충성, 사랑 등 사람들이 원하는 것이라면 무엇이든 될 수 있다. 사람들이 범죄를 저지를지 여부는 보상을 받을 수 있는 기회와 실패(체포, 처벌, 체벌, 체벌, 굴욕)의 위험을 대략적으로 계산하여 판단한다. 그들의 선택은 감정적인 압박감이나 술(마약)에 취했을 때 이루어질 수 있다. 그들의 선택은 또한 순간적이고, 무모하고, 잘못된 정보, 잘못된 조언을 바탕으로 이뤄질 수도 있지만, 그럼에도 불구하고 선택이다.

사람들이 범죄를 저지르기 위해 선택을 해야 한다면, 범죄 성향이 더 높은 사람들조차도 상황이 좋지 않을 때는 범행을 피하는 것을 선택하게 될 것이다. 범죄를 저지르기에 불리한 환경을 조성하는 것이 상황적 범죄 예방의 목적이다.

기회는 범죄에 강력한 역할을 한다

전통적인 범죄 성향disposition 이론가들도 기회opportunity에 어느 정도 역할을 부여해 왔는데, 그들은 기회가 동기부여motivation에 부수적이라고 가정해 왔다. 그들이 보기에 동기부여는 범죄 설명에 있어서 가장 첫 번째이자 그리고 가장 중요한 요인이다. 반면, 환경범죄학은 동기의 중요성을 인식하면서도 범죄를 설명할 수 있는 기회에도 동등한 중요성을 부여한다. 이 장의 저자를 포함한 일부 환경범죄학자들은 훨씬 더 나아가 다음과 같은 중요한 주장을 한다.

1. 은행 강도 및 테러와 같은 치밀하게 계획된 범죄를 포함해서 모든 형태의 범죄에서 기회가 역할을 한다.
2. 기회는 범죄의 중요한 원인이다.
3. 범죄적 성향의 개인은 더 많은 범죄 기회를 접하게 되면 더 많은 범죄를 저지를 것이다.
4. 범죄 기회를 정기적으로 접하게 되면 이러한 개인들은 더 많은 기회를 모색하게 될 수 있다.
5. 기존에 범죄성향이 없던 개인들도 범죄 기회가 확산됨에 따라 범죄 행위를 저지를 수 있게 된다.
6. 일반적으로 법을 준수하던 개인들도 범죄에 대한 쉬운 기회를 정기적으로 접하게 되면, 특정한 형태의 범죄를 저지르게 될 수 있다.
7. 범죄를 저지를 기회가 많을수록 더 많은 범죄가 일어날 것이다.
8. 특정 형태의 범죄에 대한 기회를 줄이는 것은 전체 범죄의 양을 감소시킬 것이다.

비록 상황적 범죄 예방의 많은 성공 사례 검토를 통하여 위의 마지막 주장을 뒷받침하는 강력한 증거를 제시함에도 불구하고, 이러한 주장들을 모두 입증하는 것은 어려울 것이다. 특히 자살과 살인에 대한 연구에서 첫 번째 주장인 기회의 인과적 역할을 뒷받침하는 강력한 증거도 있다. 자살은 더 이상 범죄로 취급되지 않지만, 일반적으로 절박한 사람들에 의해 저질러진 높은 수준의 동기가 부여된 행위로 여겨진다. 그러나 가정에 공급되는 가스에서 독성물질을 제거한 것이 1958년부터 1977년까지 잉글랜드와 웨일즈에서 발생한 자살 건수를 약 1/4로 줄였다는 결정적인 증거가 있다(Clarke and Mayhew, 1988). 관련 자료는 표 13.1에서 보듯이 1958년 자살한 5,298명 중 거의 절반이 가정에 공급된 가스를 이용해 자살한 것을 보여 준다. 일반적인 표현으로, 그들은 가스 오븐에 머리를 넣어 자살했다. 1960년대 가스 제조 공정의 변화로 가정에 공급되는 가스에서 일산화탄소의 양이 크게 줄었고, 1970년대에는 북해의 천연가스로 기존의 가스를 대체하면서 일산화탄소가 완전히 제거되었다. 그 결과 1976년에는 그 해 3,816건의 자살 사건 중 0.4%만이 가정용 가스를 사용했다. 다른 자살 수단으로 변경하여 자살했을 수도 있지만, 가정용 가스를 이용해서 자살했을 많은 사람들이 그렇게 하지 않았다는 것을 의미한다. 그 이유는 자살 방법으로서 가정용 가스의 특별한 이점에 있다. 가정용 가스는 모든 가정에서 쉽게 구할 수 있었다. 그것은 준비가 거의 필요 없었고, 나이든 사람들도 그것을 쉽게 이용할 수 있었고, 고통도 전혀 없고, 피도 흘리지 않고, 신체가 상하지도 않아서, 이 모든 것이 자살에 매력적이었다.

[표 13.1] 잉글랜드와 웨일즈의 자살 사건(1958–1976)

연도	총 자살 건수	가정용 가스에 의한 자살	전체의 %
1958	5,298	2,637	49.8
1960	5,112	2,499	48.9
1962	5,588	2,469	44.2
1964	5,566	2,088	37.5
1966	4,994	1,593	31.9
1968	4,584	988	21.6
1970	3,940	511	13.0
1972	3,770	197	5.2
1974	3,899	50	1.3
1976	3,816	14	0.4

출처: Mortality Statistics, England and Wales: Causes(1959–1976), London: HMO

살인에 관한 한, 기회의 인과적 역할은 몇 년 전 미국과 영국의 살인률을 비교했을 때 가장 명확하게 드러난다(Clarke and Mayhew, 1988). 이 연구에서 다룬 1980~1984년 동안 미국의 전체 살인률은 잉글랜드와 웨일즈보다 8.5배 높았다. 그러나 총기 살인율과 권총 살인률은 각각 63배, 75배 높았다. 이 기간 전체 약 5천 5백만 명의 인구를 가진 잉글랜드와 웨일즈 전역에서 57건의 권총 살인만이 일어났다. 반면에 약 2억 3천만 명의 인구를 가진 미국에서는 총 46,553명이 권총으로 살해되었다.

처음에는 이 기간 동안 미국의 전반적인 범죄율이 잉글랜드와 웨일즈보다 높았기 때문에 이러한 조사 결과가 나온 것으로 생각되었다. 하지만 지난 20년 동안 국가 전체 범죄율이 두 나라 사이에 비슷하게 되어 크게 차이가 나지 않게 되었지만, 살인은 여전히 크게 차이가 났다. 미국은 영국보다 총기, 특히 권총을 소유한 사람들이 훨씬 더 많기 때문에 여전히 살인률이 훨씬 높다. 그래서 미국에서 사람들 간에 다툼이 있을 때 영국보다 총에 맞을 확률이 훨씬 더 높다.

상황적 범죄 예방 원칙

위에서 논의한 이론은 상황적 범죄 예방에 대한 주장을 소개하는 것 이상으로 상황적 범죄 예방 프로젝트를 위해 가이드라인을 제공하는 데 도움이 된다. 물론 예방 조치는 범죄발생과 거리가 '먼' 범죄 성향적 원인보다는 '가까운' 상황적 원인들을 바꾸도록 노력해야 한다는 것이 최우선 원칙이다. 원인과 결과의 직접적인 연관성이 높기 때문에 가까운 원인을 바꾸는 것이 범죄를 줄이는 데 성공할 가능성이 더 높다. 그것은 또한 양육방식이나 심리적 문제점과 같은 먼 원인들을 바꾸려고 하는 것보다 더 즉각적인 범죄감소 효과를 얻을 것이다. 먼 원인에 대한 변화는 먼 미래에 범죄예방 혜택을 가져올 수 있는 반면, 기회를 줄이는 것은 범죄를 즉시 감소시킬 수 있다.

비록 범죄성향 이론가들이 이러한 점들을 받아들일지라도, 이들은 종종 상황적 범죄 예방으로는 충분하지 않다고 주장할 것이다. 이들은 범죄는 '근원적인 원인들' 또한 제거되어야만 진정으로 예방될 수 있다고 주장한다. 하지만 범죄예방이 성공하기 위해 범죄의 모든 원인이 제거되어야 하는 것은 아니다. 범죄예방은 종종 작지만 중요한 기회 요소 하나를 제거하는 것으로도 충분하다. 성향 이론가들은 인과관계에 있어 기회opportunity보다 성향disposition이 훨씬 더 중요하다고 믿기 때문에 이것을 받아들이기 어렵다. 그러나 설령 이것이 사실이라 하더라도 설명변수의 힘과 범죄예방의 중요성 사이에는 필연적 연관성이 없다. 예를 들어, 우리 모두는 부모의 사랑 부족이 비행의 중요한 원인이라는 것을 인정할 수 있지만, 제임스 큐 윌슨(James Q. Wilson, 1975)이 지적했듯이, 아무도 부모를 더 사랑스럽게 만드는 방법을 모른다. 부모의 자식에 대한 사랑이 정책을 통해 조작될 수 없다면 그것은 범죄예방에 중요한 역할을 하지 못한다.

때때로 범죄성향 이론가들은 상황적 범죄 예방에 의문을 제기하고 범죄자의 성향이 바뀔 수 있다는 주장을 펼치기도 한다. 범죄의 원인을 파악해야 범죄를 예방할 수 있다는 것이다. 이는 연구자금 지원을 받아 범죄 원인 연구를 시도한 무수히 많은 연구자들이 했던 주장이지만 사실이 아니다. 예를 들어, 교통 공학자들이 쭉 뻗은 도로에서 과속을 방지하려면 과속 원인에 대한 상세한 연구를 할 필요가 없다. 과속 방지턱을 설치하고, 운전자들이 대체 경로로 이용할 수 있는 다른 인근 도로에 대해 완전하게 파악하고 이 작업을 주의 깊게 하는 한 과속은 줄어들 것이다. 이것은 사소한 사례로 보일 수 있지만, 1980년대에 미국에서 소비자를 대상으로 한 무작위 살인을 줄이기 위해 도입된 몇 가지 조치에 대해서도 같은 논점이 제시될 수 있다. 이러한 조치는 청산가리가 몰래 주입된 진통제 구입으로 인한 사망사건 발생에 따라 모든 의약품 및 식품 포장을 변조 방지 포장으로 바꾸는 것이었다. 범행 주체는 잡히지 않았고 범행 동기도 밝혀지지 않았다. 그러나 간단한 기회 차단 조치로 미래에 발생할 추가 피해를 없앴다(Clarke and Newman, 2005 참조).

원인과 예방책의 관계에 대한 이 짧은 언급을 기반으로 이제 우리는 상황적 범죄 예방의 원칙을 살펴보기로 한다.

매우 구체적인 범주의 범죄에 초점을 맞춰라

상황적 범죄 예방 프로젝트는 '청소년 비행'이나 '자동차 절도'와 같이 넓은 범주의 범죄가 아닌, '청소년 난폭운전' 같이 특정한 범주의 범죄에 초점을 맞춰야 성공할 수 있다. 비록 겉보기에 비슷해 보일 수도 있지만, 어떤 특정 범죄의 상황적 결정

요인은 다른 범죄의 상황적 결정 요인과는 상당히 다를 수 있다. 유사해 보이는 범죄지만, 서로 다른 동기에 의해, 상당히 다른 기술과 자원을 가진 다른 범죄자들에 의해 저질러질 수 있다.

　　이러한 차이점은 포이너와 웹(Poyner and Webb, 1991)이 영국의 한 도시에서 수행한 주거침입 절도 연구에 의해 설명될 수 있다. 그들은 도시 외곽의 교외에서 저질러진 주거침입 절도사건은 도심지역에서 저질러진 주거침입 절도사건과는 사뭇 달랐다고 보고했다. 도심지역의 주거침입 절도사건은 주로 현금과 귀금속을 목표로 하면서 도보로 접근하는 범죄자들에 의해 저질러졌다. 대부분의 주택들이 테라스 형태로 지어졌기 때문에 범죄자들은 정면 현관이나 정문쪽 창문으로만 침입할 수 있었다. 반면 교외의 주거침입 절도범들은 차를 이용해서 접근했으며 비디오카세트 플레이어와 TV와 같은 전자제품을 노리고 있었다. 그들은 주택 정면보다 후면쪽 창문을 통해 들어갈 가능성이 더 높았다. 교외로 가려면 차가 필요했고 훔친 장물을 운반하기 위해서는 차들은 절도 대상 주택 근처에 주차해야 했지만 시선을 끌 정도로 가깝지는 않은 곳에 주차했다. 새롭게 개발된 교외의 주택 배치 현황이 절도를 위한 이러한 조건을 충족시켰다. 포이너와 웹의 범죄예방 제안에는 주차장에 대한 감시 강화, 집 뒤쪽의 보안장치 강화, 도난 물품 장물거래에 대한 단속 등이 포함되었다. 반면 도심지역 주거침입 절도 방지를 위해서는 집 앞 보안과 감시를 강화할 것을 제안했다. 장물 거래 시장을 단속하는 것은 현금과 보석류를 목표로 하는 도심 주거침입 절도보다 전자제품을 대상으로 하는 교외 절도사건 예방과 더 관련이 있다.

범죄의 발생 방식을 이해하라

우리는 방금 포이너와 웹이 주거침입 절도범들이 어떻게how 범죄를 저지르고 어떤 물건을 훔치려고 하는지 이해했을 때 유용한 예방 방안을 도출할 수 있다는 것을 보았다. 그들은 왜why 절도범들이 물건을 훔치려 했는지 조사하는데 시간을 들이지 않았음을 주목하라. 누군가 다른 사람의 집에서 물건을 훔치려는 동기를 가진 사람들이 있다는 것을 아는 것으로 충분하다.

　　이것은 우리에게 모티베이션범죄성향, motivation과 모티브동기, motive를 구분하는 것이 중요한 이유를 보여 준다. 모티베이션은 장기적 성향이고, 이 경우 범죄적 성향이다. 모티브는 훨씬 즉각적인 행동의 원동력이며 훨씬 더 가시적인 개념이다. 포이너와 웹의 연구에서 주거침입 절도범들 두 집단의 모티브는 모두 금전적인 것이었지만, 도시 절도범들의 경우, 현금이나 귀금속의 형태로 작고 쉬운 보상을 받기 위해서였다. 반면 교외에서 범죄를 저지른 절도범들은 전자제품을 훔치고 난 후 장물을 처리해야하는 등 더 많은 노력이 필요했음에도 불구하고 훔침으로써 더 큰 보상을 추구하고 있었다. 일반적으로 범죄성향motivation 근본 원인은 무시할 수 있더라도 특정 형태의 범행 동기motives를 이해하는 것은 상황적 범죄예방에 도움이 된다.

특정한 형태의 범죄가 어떻게 저질러지는지를 이해하기 위해서는, 범죄자의 관점에서 사건을 바라보고 이해하려고 노력하는 것이 중요하다. 때로는 범죄자와의 인터뷰를 통해 그들의 범행 방법에 대해 조사하는 것이 도움이 될 수 있다. 이때 범죄자들의 인구사회학적 배경 등 일반적인 질문으로 흐르지 않고 범죄자들의 범행 수법에 집중해서 조사해야한다(Decker, 2005). 이것이 불가능할 때, 대안으로 '도둑처럼 생각하기'를 시도해볼 수 있다. 이것은 범죄자의 입장이 되어 범죄를 완수하기 위해 그가 내려야 할 결정을 자세히 생각해보는 것을 의미한다. 이 과정은 범죄예방에 대한 중요한 시사점을 제시할 수 있다. 범죄를 저지르는 것은 단순히 가방을 낚아채거나 가게에서 물건을 챙기는 간단한 문제가 아니다. 오히려 그것은 '스크립트대본, script'로 구성되는데, 스크립트는 범죄자가 범행을 할 때 연속된 일련의 단계마다 내리는 의사결정 과정들로 구성된다(Cornish 1994; Leclerc, 이 책 6장 참조). 가게 절도를 예로 들자면, 범인은 어떤 가게에서 훔칠지, 어떤 물건을 훔칠지, 어떻게 들키지 않고 훔칠지, 어떻게 숨길지, 어떻게 잡히지 않고 가게에서 빠져나올지, 어떻게 훔친 물건을 팔지, 가격을 얼마를 요구할지? 누구에게 팔지, 어떻게 물건이 추적되지 않도록 조치를 취할지를 결정해야 한다(Sutton, 2004).

물론 일부 범죄의 경우, 예를 들어 수출을 위해 자동차를 절도하는 경우, 그 과정은 훨씬 더 길고 복잡하다. 중요한 점은 범죄가 어떻게 저질러지는지를 이해하는 것이 범죄 저지르는 것을 더 어렵게, 위험하게 만들고, 보상을 줄일 수 있는 개입 지점을 찾는데 도움을 준다는 것이다. 그리고 그 과정에 대한 보다 상세한 이해가 있을수록, 더 풍부하고 다양한 개입의 가능성이 있을 것이다.

행동연구(액션–리서치) 모델을 이용하라

상황적 범죄 예방은 범죄예방 디자인(Design Against Crime, DAC, Ekblom, 제14장 참조)과 환경설계를 통한 범죄예방(Crime Prevention Through Environmental Design, CPTED, Armitage, 제12장 참조)을 포함한 환경범죄학에서 파생된 유사한 범죄예방 접근법의 '가족'에 속한다. 상황적 범죄 예방과 이 두 가지 접근법의 주요 차이점은 상황적 범죄 예방은 기존existing 문제를 제거하려고 하는 반면, DAC와 CPTED는 과거 유사한 설계 경험에 기초하여 새로운 설계를 할 때 예상되는anticipating 문제를 설계를 통하여 제거하려고 한다는 것이다. 사실, 상황적 범죄 예방의 문제해결 방법론은 문제지향 경찰활동이라고 불리는 또 다른 범죄예방 접근법에 의해 공유된다(Scott, Eck, Knutsson and Goldstein, 이 책 제11장 참조). 두 경우 모두 문제해결 방법론은 행동연구의 한 형태로서, 문제를 조사하고, 주요 결정 요인들에 대한 가설을 도출하고, 다양한 해결책을 찾아 연구하며, 선택된 조치(개입)를 시행하고, 그 결과를 평가한다.

다양한 해결책을 고려하라

이 장의 후반부에 행동연구 모델의 최종 단계인 상황적 범죄 예방에 대한 평가에 대해 논의한다. 이 섹션에서는 범죄예방 해결책에 대해 집중적으로 설명한다. 언급한 바와 같이, 범죄를 저지르는 데 수반되는 순차적인 단계에 대한 상세한 이해는 많은 범죄예방 개입 지점을 도출할 수 있다. 일반적으로 상황적 범죄 예방 프로젝트는 각각 범죄를 저지르는 과정의 특정 지점마다 개입할 수 있는 일련의 조치들을 패키지로 묶어 적용할 때 더 효과적이다. 따라서, 포이너와 웹이 교외지역 주거침입 절도를 근절하기 위해 제시한 해결책들은 절도범죄를 완료하는 과정의 각각의 다른 지점들을 겨냥했다. 절도범들이 차를 주차할 수 있는 장소에 대한 강화된 감시, 침입을 방지하기 위한 집 뒤쪽의 보안 강화, 그리고 장물 거래를 어렵게 만들기 위해 지역 장물거래에 대한 단속강화 등을 해결책으로 제시하였다.

상황적 범죄 예방 연구자들은 실무가들이 해결책을 선택하는 과정을 돕기 위해 범죄 기회를 줄이기 위해 활용할 수 있는 매우 다양한 방법을 분류하고 설명했다. 표 13.2의 최신 분류는 노력 증가, 위험 증가, 보상 감소, 도발 감소, 변명 제거의 5가지 주요 항목으로 분류된 25가지 범죄 기회 감소 기법을 보여 준다. 이 중 처음부터 세 번째까지는 합리적인 선택관점(코니쉬와 클라크, 이 책 2장 참조)에서 도출된다. 도발 감소는 사회 및 환경 심리이론(Wortley, 2001, 워틀리, 이 책 제3장 참조), 그리고 변명 제거는 마짜Matza와 반두라Bandura가 제시한 범죄자들의 자기 정당화가 범죄에 미치는 영향에 대한 연구에서 근거를 찾을 수 있다(Clarke and Homel, 1997).

[표 13.2] 상황적 범죄 예방 25가지 기법

노력 증가	위험 증가	보상 감소	도발 감소	변명 제거
1. 목표물 강화 • 운전대 잠금 장치 및 시동 잠금 장치 설치 • 강도 방지 스크린 • 변조 방지 포장	6. 보호기능 확대 • 야간 외출시 동행자 대동 • 점유 흔적을 남기기 • 휴대 전화 휴대	11. 목표물 숨기기 • 노상 주차하지 않기 • 성 중립적인 전화 번호부 • 귀중품 수송트럭 드러나지 않게 하기	16. 불만족 및 스트레스 감소 • 효율적인 줄서기 • 정중한 서비스 • 넓은 좌석 • 진정시키는 음악/분위기 조명	21. 규칙 설정 • 임대 계약 • 괴롭힘 처벌 규칙 • 호텔 숙박등록
2. 시설에 대한 접근 제어 • 출입구 전환 • 전자 카드 액세스 • 수하물 검사	7. 자연적 감시 지원 • 가로등 개선 • 방어 공간 설계 • 내부 고발자 지원	12. 목표물 제거 • 탈착가능 차량 라디오 • 여성 쉼터 • 공중전화용 선불카드	17. 분쟁 회피 • 라이벌 축구팬 좌석 분리 • 술집의 인원제한 • 고정요율 택시 요금	22. 알림 표시 • '주차 금지' • '사유 재산' • '캠프 파이어 불끄기'
3. 출구 검사 • 출구에서 티켓 검사 • 문서 반출 검사 • 상품에 전자 태그 달기	8. 익명성 감소시키기 • 택시 운전자 ID 붙이기 • '운전상태가 어떻습니까?' 스티커 붙이기 • 교복 착용	13. 소유물 표식달기 • 소유물에 마크하기 • 차량 부품에 표시 • 소에 낙인찍기(branding)	18. 유혹과 자극 줄이기 • 폭력적 포르노 통제 • 축구장에서 무질서 행위 단속 • 인종 비방 금지	23. 양심에 경고하기 • 도로변 속도 표시판 • 세관 신고서에 서명 • '가게 물건 훔치는 것은 도둑질' 표시
4. 범죄자 우회시키기 • 막다른 골목 만들기 • 남녀 화장실 분리 • 술집 분산	9. 장소 관리자 활용 • 2층 버스에 CCTV 달기 • 편의점 점원 2명 근무 • 경계(자경활동)에 대한 보상	14. 암시장 붕괴 • 전당포 감시 • 벼룩시장 광고에 대한 통제 • 노점상 등록제	19. 동료 압력 중화시키기 • '멍청이들이 술 마시고 운전한다' • '아니오'라고 말해도 '괜찮아' • 학교에서 문제아들 분산	24. 규정 준수 지원 • 간편한 도서관 체크아웃 • 공중 화장실 설치 • 쓰레기통 비치
5. 도구/무기 통제하기 • '스마트' 건 • 청소년에 대한 스프레이 페인트 판매 제한 • 강화유리 맥주잔	10. 공식적 감시 강화 • 신호위반 단속 카메라 • 도난 경보 • 경비원	15. 범죄이익 제거 • 잉크 태그* 부착 • 그래피티(낙서) 지우기 • 도난당한 휴대 전화 비활성화	20. 모방 차단 • 파손된 물건 신속한 보수 • TV성인물 수신차단 기능 • 세부 범행수법 알려지지 않도록 검열	25. 마약과 술 통제 • 술집에 음주 측정기 비치 • 종업원 개입 프로그램 • 술없는 행사 권장

잉크 태그는 옷이나 물건에 부착하는 보안장치로서 태그를 강제로 제거하면 잉크가 흘러나와 물건을 못 쓰게 하는 장치이다.

출처: Clarke and Eck, 2003; Cornish and Clarke, 2003

해결책에 대한 이 논의는 어려운 현실을 감안하여 결론지을 필요가 있다. 즉, 상황적 범죄 예방 조치가 범죄성향을 변경하려는 장기적인 노력보다는 시행하기에 더 쉬울 수 있지만, 여전히 구현하기가 매우 어려울 수 있다(Knutsson and Clarke, 2006). 이는 특히 상황적 범죄 예방 프로젝트 적용에 다른 기관 간의 협의된 조치가 필요하고, 오랜 시간이 걸리고, 일련의 단계가 필요하며, 문제나 해결책을 거의 이해하지 못한 직원들에 의해 실시되며, 추진할 최고 관리자나 책임자의 지원이 부족한 경우에 어려울 수 있다. 또한 혼란에 빠져 있거나 자원이 부족하여 업무로부터 직접적인 이익을 거의 얻지 못하는 기관에서 상황적 범죄 예방 해결책을 적용할 경우에도 어려움이 발생한다.

　　홉과 머피(Hope and Murphy, 1983)가 영국의 한 도시의 11개 학교에서 실시한 공공 기물 파손 방지 프로젝트에 대해 설명한 것은 이러한 어려움에 대한 예시를 보여 준다. 이 프로젝트가 제시한 해결책은 2개 학교에서만 완전히 시행되었기 때문에 성공적이지 못했다. 6개 학교에서는 1개 이상의 해결책이 시행되지 못했고, 나머지 3개 학교에서는 해결책을 전혀 시행하지 않았다. 이는 시행 단계 중 지방 공무원들의 파업과 학생 수 감소에 따른 학교 개편으로 인한 혼란이 일부 원인이었다. 그러나 다음과 같은 좀 더 구체적인 이유도 있었다.

- 일부 학교의 취약한 창문은 폴리카보네이트 유리 또는 강화유리로 대체되어야 했지만, 단 한 개의 창문도 둘 중 하나의 유형으로 설치되지 않았다. 폴리카보네이트는 화재 발생 시 탈출을 방해할 수 있고 유독가스를 내뿜을 수 있는 것으로 밝혀졌다. 강화유리는 강화처리를 하기 전에 설치될 크기로 잘라야 하는데, 설치할 유리창 크기의 종류가 너무 많고, 크기별로 공급할 개수가 적어서 준비하는데 어려웠다. 또한 주문한 창을 공급하는 데 시간이 너무 오래 걸렸다.
- 한 학교에 있는 놀이터를 덜 취약한 지역으로 옮기고 그 자리를 화단으로 교체하려고 했으나 시 당국은 공사 견적서만 제출하고 더는 추진하지 못했다. 이후 민간 건설업자에게 이전 공사를 맡겼으나 오해가 생겨 부지의 절반만 공사가 진행됐다. 프로젝트가 끝났는데도, 공공 기물 파손은 변함이 없었고, 꽃도 없었고, 학교는 쓸모없는 좁은 콘크리트길을 얻었다.
- 두 학교는 주변에 사는 사람들에게 학생들이 하교하고 난 후 의심스러운

일이 생기면 경찰에 신고하도록 홍보하는 계획을 세웠다. 이 계획은 경찰과 학교 시스템 관리자, 그리고 학교 직원들 간의 협력이 필요했다. 모두가 그 아이디어를 좋아했지만 아무도 앞장서려고 하지는 않았다.

- 한 학교는 공휴일에 학교 시설관리 직원들이 순찰하는 제도를 만들었다. 이것은 즉각적으로 공공 기물 파손을 줄이는데 기여했고 학교 공휴일을 넘어 저녁과 주말로 확대되었다. 다른 학교들도 이와 같은 조치를 요구했고 더 많은 시설관리 직원들이 추가 초과근무수당을 받기를 원했다. 결국 비용이 너무 많이 들어서 프로젝트는 백지화되었다.

상황적 범죄 예방의 효과성

상황적 범죄 예방 개념이 소개된 이래 이 원리를 적용한 많은 사례 연구들이 발표되었다(Clarke, 1980). 게렛(Guerett, 2009)은 206개 상황적 범죄 예방 프로젝트에 대하여 검토했는데, 4개 연구 중 3개 연구(75%, n=154)가 상황적 개입이 효과적이었다고 보고했고, 단 12%(n=24)만 효과가 없다고 결론 내린 것으로 나타났다고 보고했다.

때때로 범죄감소가 극적으로 나타나기도 한다. 두 가지 예를 들면, 1970년대 초 뉴욕과 18개 미국 도시에서 많이 발생했던 버스 강도 사건은 정확한 요금 시스템 도입과 더불어 돈이 떨어지는 금고를 설치하면서 대부분 없어졌다(Chaiken et al., 1974; Stanford Research Institute, 1970). 이러한 형태의 '대상 제거target removal'는 더 이상 운전자를 강탈하는 게 아무런 이익이 없다는 것을 의미한다. 두 번째 사례에서, 미국 휴대폰 통신 회사들은 휴대폰 '복제'가 확대되는 것을 억제하기 위한 새로운 기술을 개발했는데, 이 '복제' 범죄자들은 (1) 전화기가 사용 중일 때 전송되는 식별번호를 캡처하기 위해 스캐너를 사용했다. 그리고 (2) 이 번호를 다른 전화기에 프로그래밍(Clarke 등, 2001년)했다. 그 최고조에 달했을 때, 복제로 인해서 통신 회사들은 연간 약 4억 달러의 사기 전화비용을 지불하고 있었다(그림 13.1 참조).

복제가 제거되었을 때 두 번째로 큰 휴대폰 부정행위인 '가입자 사기' 행위로 범죄전이가 거의 발생하지 않았다는 것이다(그림 13.1의 하단 라인 참조). 가입자 사기는 휴대폰 서비스를 받기 위해 가명과 허위주소를 사용하는 것을 포함한다. 그들은 광범위한 규모로 복제하는 것이 어려울 것이고 따라서 복제폰을 '대량 생산'할 수 있는 조직범죄 집단들에게 매력적이지 않을 것이다.

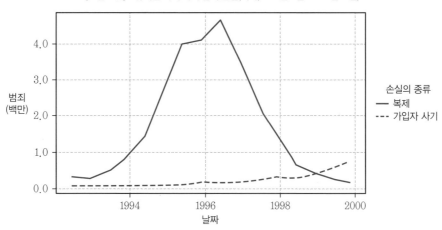

[그림 13.1]　휴대폰 복제 사기 달러 손실(미국, 1992년 6월~1999년 12월)

　　다른 어떤 형태의 범죄 통제 장치도 이 정도로 성공적인 평가를 주장할 수 없겠지만, 일부 비평가들은 계속해서 증거에 이의를 제기하고 있다. 그들은 위에서 소개한 학교 기물파손 예방 프로젝트와 같은 실패한 사례에 초점을 맞추면서 상황적 범죄 예방 프로젝트는 취약한 연구 설계를 사용하여 평가되었으며, 주장된 범죄 감소는 전이에 의해 부정된다고 주장하고(즉, 범죄자들은 다른 장소, 시간 및 대상으로 주의를 돌리고 다른 방법을 사용하거나 다른 범죄를 저지른다); 상황적 범죄 예방이 더 나쁜 범죄escalation를 초래하고(즉, 범죄자들이 목적을 달성하기 위해 더 많은 해로운 방법을 사용함), 범죄전이가 즉시 발생하지는 않더라도 범죄 집단은 장기적으로 범죄를 저지를 새로운 방법을 발견함으로써 감소된 기회에 적응한다고 주장한다.

범죄전이|crime displacement

이러한 비판들 중 가장 끈질긴 것은 범죄전이에 관한 것이다. 범죄성향 가정dispositional assumption을 바탕으로, 비판론자들은 범죄자들은 꺾이지 않는 범죄성향이 있다고 가정한다. 하지만 범죄는 강박에 의해 저질러지는 경우는 드물고, 범죄전이 가설은 과장된 것으로 볼 수 있다. 일부 범죄에는 범죄전이가 발생할 수 있겠지만, 모든 범죄에서 전이가 발생하는 것은 확실히 아니다. 따라서, 특정 도로에서 과속을 방해받은 자동차 운전자들이 과속을 하기 위해 다른 도로를 찾거나, 새로운 보안 조치 때문에 동네 슈퍼마켓에서 도둑질을 하지 못하게 된 쇼핑객들이 도둑질을 계속할 수 있는 좀 더 먼 곳에서 쇼핑을 시작할 가능성은 매우 낮다. 그들이 노인들을 대상으로 강도하는 쪽으로 전이할 가능성은 훨씬 더 낮다. 왜냐하면 좀도둑질이 합리화하기가 쉽고 강도보다 발각 위험성이 훨씬 낮기 때문이다. 사실, 어떤 경우든 더 나쁜 범죄를 저지르는 것은 범죄자들에게 더 큰 위험과 비용을 초래한다. 범죄자들 중 일부는 좀 더 어려운 합리화를 하거나 추가적인 위험을 감수할 준비가 되어 있을 수 있지만, 그러한 경우는 소수일 것이다.

환경범죄학 이론의 발전은 범죄전이의 필연성inevitability of displacement과 범죄악화 위험risk of escalation에 대한 주장을 더욱 약화시켰다. 기회가 범죄의 양을 증가시키고, 범죄가 다양한 상황적 유발요인들에 의하여 발생한다면, 이러한 기회와 유인을 줄이는 것이 실질적인 범죄감소로 이어질 것이라고 믿는 것은 충분한 이유가 있다. 사실, 이것은 경험적 연구들이 보고하는 사항이다. 게렛과 바워스(Guerette and Bowers, 2009)는 상황적 범죄 예방 프로젝트에 대한 102개의 발표된 평가보고서를 검토하여 범죄전이 증거를 검토했다. 범죄전이는 전체 사례의 약 4분의 1에 불과했고, 전이가 발생했을 때도 개입 지역에서 달성한 범죄 감소에 비해 일반적으로 낮은 수준으로 관찰되었다. 또 다른 최근 검토에서 존슨 외(Johnson et al., 2012)는 효과 크기effect size의 정량적 계산 정보를 사용할 수 있는 13개 연구에 대한 정보를 사용했다. 결과는 지리적인 범죄전이가 이러한 범죄예방 개입에서 결코 불가피한 것이 아님을 보고했다. 개입 이후 잠재적 이동 지역에서 범죄가 증가한 경우는 드물었다.

위의 전화 복제 사례와 같은 상황적 범죄 예방 조치에 의해 범죄자들이 특정한 종류의 범죄를 저지르는 것을 중단했는지 알 길이 없다. 하지만 그들 중 다수가 생계를 위해 범죄에 전적으로 의존한 것이 아닐 수도 있다. 그것은 범죄가 부업이었거나, 아니면 잠시동안 돈을 벌려는 방법이었을 수도 있다. 따라서, 복제가 중단되었을 때, 줄어든 수입으로 살아가야 했을 수도 있고, 아니면 합법적인 돈벌이 방법으로 에너지를 돌렸을 수도 있다. 상황적 범죄 예방의 적용으로 인한 그러한 긍정적인 결과는 범죄에 대한 성향 가정을 버리면 예상할 수 있다.

이익 및 기대이익의 확산Diffusion of benefits and anticipatory benefits

상황적 범죄 예방의 또 다른 긍정적인 결과는 '이익의 확산'이다. 때로는 '범죄전이의 반대reverser of displacement'라는 용어로도 설명되며, 상황적 범죄 예방이 도입된 조치로 즉각적인 범죄 감소를 넘어서 추가로 범죄 감소를 가져올 수 있다는 사실을 가리킨다(Clarke and Weisburd, 1994). 이는 특히 다음 예와 같이 매우 일반적인 현상이므로 상황적 범죄 예방의 실질적인 매력을 크게 향상시킨다.

- 영국 북부 커크홀트에서 상습적으로 주거침입 절도가 든 '주택'에 보안장치가 추가돼 주택이 보호되는 것뿐만 아니라 주변 지역 전체에 주거침입 절도가 감소됐다(Pease, 1991).
- 스코틀랜드 스트라스클라이드Strathclyde의 일부 신호등에 '신호위반단속' 카메라가 설치되었을 때, 이들 장소뿐만 아니라 인근 다른 신호등에서도 신호위반을 한 사람이 줄어들었다(Scottish Office Central Research Unit, 1995).
- 서리대University of Surrey 주차장을 감시하기 위해 설치한 CCTV는 설치된 주차장 3곳 뿐만 아니라 카메라에 설치되지 않은 나머지 한 곳에서도 차량 범죄를 크게 줄였다(Poyner, 1991).
- 뉴저지의 전자제품 할인판매장에서 매일 영업종료 후 상품 재고를 파악하는 제도를 도입했을 때, 직원들의 해당 물품 절도가 급감했고, 또한 반복해서 재고 조사를 하지 않은 물품도 절도가 급감했다(Masuda, 1992).
- 미국 6개 대도시에 차량 추적 시스템이 도입되었을 때, 자동차 도난 비율은 추적 장치를 구입한 자동차 소유자들만이 아니라 도시 전체에서 감소했다(Ayres and Levitt, 1998).

게렛과 바워스(Guerette and Bowers, 2009)가 수행한 범죄전이에 대한 연구에서도 이익의 확산을 조사했다. 앞서 언급했듯이 상황적 범죄 예방 프로젝트의 약 4분의 1이 잠재적 범죄전이 효과를 보였지만, 거의 동일한 수의 프로젝트에서 범죄예방 이익이 다른 시기, 장소, 범죄 유형으로 확산되는 것을 보고하였다. 잠재적 범죄자들이 새로운 범죄예방 조치가 도입됐다는 사실을 대부분 인지하면서도 정확한 범위를 잘 모르기 때문에 범죄예방 이익의 확산이 일어난다고 설명할 수 있다. 잠재적 범죄자들은 예방조치가 실제보다 더 광범위할 것이라고 생각하면서, 범죄를 저지르는 데 필요한 노력이나 예상되는 위험이 실제보다 더 광범위한 장소, 시간 또는 대상에 대하여 증가되었다고 믿었을 수 있다.

범죄자들이 범죄를 저지를 위험성과 노력이 생각만큼 증가하지 않았다는 것을 알게 되면 범죄예방 이익의 확산 효과가 점차 감소할 것이다. 따라서, 스트라스클라이드Strathclyde보다 작으면서 지역 교통량은 더 많은 도시의 경우, 사람들은 어느 교차로에 신호위반단속 카메라가 있는지 비교적 빠르게 파악할 것이다. 따라서 이익의 확산 효과가 오래 지속되지 못할 것이다. 이것은 범죄자들에게 정확한 (발각이나 체포)위협 수준에 대해 계속 추측하도록 만드는 방법이나, 범죄를 계속하기 위해서는 얼마나 더 많은 노력이 필요한지를 계속 추측하도록 만들 필요가 있음을 시사한다.

범죄자들이 종종 상황적 범죄 예방의 설치범위를 과대평가하는 것처럼, 그들은 종종 범죄예방 조치가 실제로 시행되기 전에 이미 시행되었다고 믿기도 한다. 이것이 바로 예방의 '기대 이익'을 의미한다. 스미스 외(Smith et al., 2002)는 상황적 범죄 예방 프로젝트의 40% 정도에서 기대 이익 증거를 발견했다. 홍보 외에 이러한 이익을 의도적으로 향상할 방법은 거의 알려져 있지 않지만, 상황적 범죄 예방이 '부가가치'를 제공하는 것은 확실하다.

적응Adaptation

범죄 적응이라는 개념은 상황적 범죄 예방에 대한 평가를 더욱 복잡하게 만든다. 한동안 범죄예방 조치가 시행된 후 잠재적 범죄자들이 새로운 범죄 취약점을 발견하는 과정을 말한다. 개별 범죄자들이 범죄를 막기 위해 마련된 조치들을 회피하기 위한 방법들을 찾는 것을 말하는데, 범죄전이displacement보다 더 장기적인 과정이다.

적응의 한 분명한 예는 미국과 쿠바 사이의 여객기 납치 억제를 위해 1970년대 초에 도입된 수하물과 승객 스크리닝 조치에 관한 것이다. 이러한 조치들은 납치범을 범죄자로 취급하기로 한 국가들 간의 합의와 함께 신속하게 여객기 납치를 제거했다(표 13.3 참조).

[표 13.3] 여객기 납치 및 폭탄 테러의 수(1961-2003)

| 기간 | 햇수 | 연평균 납치 건수 | | 연평균 폭탄테러 건수 |
		미국	미국 이외	세계
1961 - 1967	7	1.6	3.0	1.0
1968	1	20.0	15.0	1.0
1969 - 1970	2	30.5	58.0	4.5
1971 - 1972	2	27.0	33.0	4.5
1973 - 1985	13	9.4	22.7	2.2
1986 - 1989	4	2.8	9.0	2.0
1990 - 2000	11	0.3	18.5	0.3
2001 - 2003	3	1.3	5.7	0.0
1961 - 2003	43	6.7	17.9	1.6

출처: Clarke and Newman, 2006

다른 나라들도 곧 스크리닝 조치를 도입했고 미국 이외 지역에서의 납치 건수도 또한 줄어들었다(표는 비율이 아닌 실제 납치 건수를 보여 주고 있으며, 이 기간 동안 항공기와 항공편의 수가 크게 증가했다는 점을 고려할 것). 약간의 반대의견도 있지만, 범죄전이가 발생했다는 실질적 증거는 없었다(Clarke and Newman, 2006 참조). 특히 표 13.3에서 알 수 있듯이, 항공사에 대한 폭탄 테러의 증가는 없었다. 그러나 스크리닝 조치는 납치범들이 자살할 의사가 없다는 가정하에 취해진 것이고, 어쨌든, 당국은 시간이 지나면서 점점 더 보안이 느슨해졌다. 이로 인해 9/11 납치범들은 보안상의 허점을 찾아 여객기를 탈취할 수 있었다. 이들의 공격은 범죄예방 조치에 적응한 명백한 사례로 볼 수 있다. 9/11 납치범들은 1970년대 스크리닝 조치를 도입했던 당시의 범죄자들(미국과 쿠바 사이에 1970년대에 활동했던 자들)과는 완전히 다른 부류이기 때문에 이것을 범죄전이로 볼 수는 없다.

사회 및 윤리 문제

상황적 범죄 예방이 처음 제안되었을 때, 비판자들은 '빅 브라더big brother'[21]가 사회를 통제하려는 의도이다 또는 '요새 사회fortress society'[22]를 촉진한다면서 상황적 범죄 예방을 비난했다. 그 이후로도, '피해자 비난', '개인적 자유 제한', '단편적인 사회 공학', '권력자들의 이익에 기여'하고 '이기적인 배타적 사회를 조장'하고 '정부의 관심을 범죄의 근본 원인으로부터 돌린다'는 비판을 받아왔다. 초기에는 이러한 비판은 대부분 비공식적이었으며 구체적으로 언급되지 않았다. 처음으로 심층적으로 비판한 출판물은 본 허쉬(von Hirsch et al., 2000)가 출판했는데, 상황적 범죄 예방에 대하여 제기된 윤리적, 사회적 이슈에 대한 두 개의 작은 학술대회 발표문을 정리한 것이다. 그 이후로 더 많은 비판이 발표되었지만, 각 비판에 대한 답변을 정리하여 제시한다(표 13.4 참조).

그러나 이러한 비판이 일반적으로 잘못된 이해로부터 비롯된 이유를 두 가지로 살펴볼 수 있다.

1. 비판의 상당수는 상황적 범죄 예방 원칙principles이 아니라 실행practice에 대한 것이다. 많은 경우에 있어서 상황적 범죄 예방에 필요한 세심한 분석과 평가 없이 기회 감소 조치가 시행되는 경우가 많다. 예를 들어, 정부는 대체로 정치적인 이유로 공공장소에 CCTV를 설치해야 한다고 결정할 수 있다. 사생활을 침해한다는 인식을 줄 수 있는 곳이거나 불필요한 곳에 설치되어 범죄예방 효과가 거의 없었을 수 있다. 이러한 실패는 상황적 범죄 예방의 개념을 비판하는 데 사용될 수 없으며 단지 실행 방식에 비판을 할 수 있을 뿐이다. 초기 상황적 범죄 예방이 '중산층'이 아닌 '서민'이 저지른 범죄에만 집중했다는 비판을 받았던 것도 한 예다(즉, 사무실 범죄보다 길거리 범죄에 집중). 여기에는 어느 정도 진실이 있었는데, 부분적으로는 상황적 범죄 예방이 영국 내무부 소속 범죄학자들이 강도, 차량 절도, 공공 기물 파손으로 인해 심각한 혼란을 겪는 사회에서 실질적인 범죄 감소를 달성하기 위해 개발한 것이다. 25년이 지난 지금, 더 많은 범죄학자들이 이 개념에

---

[21] 국가를 의미함.

[22] 요새 사회, 즉 많은 방어 조치를 취해 사람들의 자유가 제한되는 사회

관심을 가지면서, 각계각층의 사기, 아동 성학대, 음주운전 등 광범위한 범죄에 상황적 범죄 예방이 적용되고 있다.

2. 이러한 비판은 일반적으로 상황적 범죄 예방의 행동연구action research 과정에 대한 근본적인 점을 무시한 것이다. 행동연구는 가능한 해결책이 실행되기 전에 그에 대한 신중한 평가가 필요하다. 위에서 설명한 바와 같이, 범죄와 무질서라는 특정한 문제에 대해 충분히 자세히 분석한다면 많은 다양한 해결책을 찾을 수 있다. 이러한 솔루션은 비용과 편익을 신중하게 평가할 필요가 있다. 모든 경우에 있어 평가는 금전적 고려를 넘어서, 침해성, 불편성, 불공정성, 차별성 등 다양한 사회적, 윤리적 비용을 포함해야 한다. 평가가 비공식적이더라도, 일반적으로 그래야만 하는 것처럼, 이 단계를 건너뛰어서는 안 된다. 기회를 줄일 수 있는 방법은 항상 다양하기 때문에, 특정 측면에서 수용할 수 없는 것으로 판단될 경우 특정 해결책을 반드시 채택할 필요는 없다.

[표 13.4] 상황적 범죄 예방에 대한 윤리적 비판 및 반박

비판	반박
1. 범죄의 근본 원인을 무시하고 주의를 딴 데로 돌린다.	상황적 범죄 예방은 범죄의 즉각적인 감소를 달성함으로써 사회를 이롭게 한다. 어쨌든 근본 원인을 제거해서 범죄를 예방하는 방법은 알려져있지 않다.
2. 범죄에 대한 근본적 해결보다 보수적이고 관리적인 접근이다.	상황적 범죄 예방은 달성할 수 있는 것 이상을 약속하지 않는다. 해결책은 경제적이고 사회적으로 수용될 수 있어야 한다.
3. 범죄자를 처벌할 필요성을 무시한다.	처벌의 강도를 높인다고 범죄를 예방하는 것은 아니며 심각한 사회적 비용을 초래한다.
4. 자유를 제한함으로써 범죄자가 아니라 법을 준수하는 사람을 처벌하는 것과 같다.	과속, 음주운전 등 일부 자유는 제한해야 한다.
5. 부자들의 이익에 기여하고 가난한 사람들을 무시한다.	공공주택에 대한 방어적 공간계획, 대중교통 확보, 거리범죄 해결 등을 통해 부자들뿐만 아니라 빈민에 대한 보호도 강화한다.
6. 길거리 범죄에 너무 집중하고 화이트칼라 범죄는 무시한다.	범죄 두려움에 대응하기 위해 초기에는 그랬지만, 더 이상 그렇지 않다.
7. 사회적 배제를 촉진한다.	일부 민간경비 쪽은 이러한 결과를 가져올 수 있다. 사회적 배제를 포함한 모든 상황적 범죄 예방의 사회적 비용에 대하여 평가해야 한다.
8. 범죄를 부자에서 빈자로 이전시킨다.	상황적 예방조치가 부유층(예: 차량 추적 장치)에게만 제공될 수 있는 몇 안 되는 경우에도, 그 조치들로 인해 덜 부유한 계층에게 이익이 확산될 수 있다.
9. 범죄자를 자극해서 더 나쁜 범죄를 저지르게 된다.	이것은 모든 범죄자들이 거치는 도덕적 판단 과정을 무시한 것이다.
10. 빅 브라더 감시를 강화하고 시민의 프라이버시를 침해한다.	민주적 절차가 이러한 위험으로부터 사회를 보호하고 특히 CCTV는 시민들에게 널리 받아들여지고 있다.
11. 그것은 생활을 제한하고 불편하게 만든다.	사람들은 범죄와 테러로부터 그들을 보호할 때 어느 정도 불편함과 작은 자유 침해는 기꺼이 견뎌낸다.
12. 보기 흉한 대상 강화를 통해 환경이 흉하게 보일 수 있다.	핸들 잠금장치와 같은 가장 효과적인 대상 강화는 장치는 '보이지 않는다'. 좋은 디자인을 적용해서도 대상 강화 효과를 얻을 수도 있다.
13. 그것은 피해자를 탓한다.	범죄 위험성과 피해 예방법에 대한 정보를 제공함으로써 피해자들에게 도움이 된다.
14. 두려움 많은 시민들이 범죄피해 방지를 위해 집안에서만 생활하고 범죄피해를 회피하는 일만 찾는 '요새 사회'를 조성한다.	상황적 범죄 예방이 아닌 언론에서의 범죄 뉴스가 두려움 증가의 주요 원인이다. 개선된 조명, 방어 가능한 공간 설계 및 이웃 감시와 같은 일부 상황적 예방조치는 사회적 교류를 촉진한다.

결론

처음부터 범죄학자들은 일반적으로 상황적 범죄 예방에 거의 관심을 보이지 않았는데, 그 이유를 이해하는 것은 어렵지 않다. 인과 이론에 대한 근본적인 의견 차이는 차치하고, 상황적 범죄 예방은 범죄학자들의 복지나 사회개혁 의제를 촉진하는 데 거의 도움이 되지 않는다. 상황적 범죄 예방은 또한 범죄학자들의 공권력에 대한 의심스러운 태도, 사업에 대한 비호감, 기업 권력에 대한 두려움, 부에 대한 불신, 범죄적 약자에 대한 동정 등의 이유로 그들에게 불쾌감을 준다. 게다가, 많은 범죄학자들은 상황적 범죄 예방의 범죄 통제 의제에 대해 불편해한다. 범죄학자들은 자신들의 역할을 단순히 범죄를 이해하고 설명하는 것으로 보고, 정책적 제안은 다른 사람들이 도출하도록 내버려둔다. 그들이 보기에, 상황적 범죄 예방은 범죄학을 학계보다는 경찰이나 보안업계에 더 부합하는 기술적 담론으로 바꿀 위험이 있다.

일부 논평가들은 상황적 범죄 예방이 전 세계적으로 가장 빠르게 성장하고 있는 범죄 통제 형태라고 보고 있으며 범죄학적 관심 부족이 상황적 범죄 예방에 해를 끼치지는 않은 것으로 볼 수 있다. 반면에, 범죄학자들이 상황적 범죄 예방에 대한 주장을 펼쳤다면, 그들은 그 성공에 대한 공로를 인정받을 수 있을 것이다. 만약 그들 중 더 많은 사람들이 이 개념에 관심을 가졌다면, 더 많은 범죄들을 억제하는 데 성공했을 수도 있었을 것이다. 기초 이론이 더 완전하게 개발되었을 수 있고 범죄성향적 접근의 실패가 더 빨리 노출되었을 수 있다(Weisburd and Piquero, 2008 참조). 범죄에 대한 과학적인 이해 또한 상황적 결정 요인에 대한 풍부한 연구 결과를 반영함으로써 더 발전했을 것이다. 마지막으로, 훨씬 더 많은 젊은 범죄학자들이 범죄 통제 쪽 커리어를 시작하여, 사회에 기여하며, 서민들의 삶을 개선하는 데 도움을 주면서 동시에 형사사법적 처벌로 발생하는 심각한 사회 문제들을 피해 갔을 수 있었을 것이다.

범죄 문제에 대한 설명

이 주차장은 철도 통근자뿐 아니라 인근 쇼핑센터의 직원 및 고객들도 이용하는 대형 노천 주차장이다. 주차장은 500대를 수용할 수 있으며 무료이다. 관리 직원이나 펜스도 없다.

주차장의 한쪽 면은 높은 나무 울타리로 큰길과 분리되어 있다. 다른 쪽 면에서는 쇼핑센터의 수하물 적재 베이 근처에 있다. 세 번째 면은 도로를 건너 터널을 통해 가는 기차역이다. 이용자들은 네 번째 면 샛길을 통해 주차장으로 드나든다. 이 샛길의 오솔길은 큰 나무와 관목이 있어 주차장과 길 사이에 자연적인 장벽을 이루고 있다. 지형이 약간 언덕이 있어 주차장이 어느 한 곳에서도 보이지 않는다. 조명이 잘 들어오지 않고 주차장 구간에 번호나 표지판이 붙어 있지 않다. 기차역에서 주차장 일부가 보인다. 예전에는 기차역에 자정까지 근무하는 인원이 있었지만, 인원 감축으로 밤 10시 이후에는 아무도 근무하지 않는다. 주차장을 이용하는 상점들이 주차장에 주차를 하고 있어 자연 감시를 극도로 제한하고 있다.

경찰서는 반 마일 정도 떨어져 있다. 그 주차장에는 경찰의 정기 순찰이 없다. 일부 상점들은 주거침입 절도를 막기 위해 경비회사를 이용해 밤새 주기적으로 순찰하도록 했다. 철도 회사는 주차장 보안에 대한 책임을 지지 않는다.

당신의 임무

1. 주차장 지도를 그려라.

2. 범죄 문제를 식별한다. 가능한 구체적으로 설명한다. 예를 들어 단순히 '폭력'이라고 하지 말고, 유형, 시간, 위치 등을 기록한다.

3. 효과적인 개입을 도출하기 위해 어떤 추가 정보나 데이터가 필요할까? 그 정보는 어떻게 얻을 수 있나?

4. 각 특정 문제에 대해 25가지 기법 매트릭스를 프롬프트로 사용하여 가능한 많은 상황별 해결책을 생성한다.

5. 어떤 전략:

   ⓐ 경찰의 책임은?

   ⓑ 다른 그룹의 책임은?

   ⓒ 경찰과 다른 그룹 간의 파트너십을 포함하나?

6. 개입을 어떻게 평가해야 하는가? 개입으로 인해 발생할 수 있는 잠재적인 문제는 무엇인가?

범죄 예방 제품 디자인

폴 에크블럼Paul Ekblom은 영국 내무부에 있는 동안 다양한 범죄예방 프로젝트, 호라이즌 스캐닝(이슈탐지), 범죄예방 설계, 범죄예방 지침 개발에 힘썼다. 그는 유럽 범죄예방 네트워크, 유럽 평의회, 호주 범죄학 연구소, 아부다비 정부 및 UN과 협력했다. 그는 현재 런던 예술대학교 범죄예방디자인 연구센터의 교수이며, 허더즈필드 대학교 응용범죄학센터 방문교수로 있으며, UCL의 보안 및 범죄과학과의 방문교수로 있다. 그의 연구는 디자인, 대테러, 무장 경쟁의 진화적 접근법, 실무 지식 프레임워크 개발에 관심을 두고 있고, 그의 연구는 www. desigagainstcrime.com/methdology-resource/crime-frameworks 및 http://5isframework.wordpress.com에서 볼 수 있다.

제14장 범죄 예방 제품 디자인

폴 에크블럼(Paul Ekblom)

서론

다음과 같은 '나쁜' 범죄예방 디자인의 예를 고려해 보자.

- 비싼 뮤직 플레이어가 있다는 것을 암시하는 특이한 디자인의 이어폰
- 플레이어 자체에 보안 기능이 없기 때문에 소유한 사람이 원하면 내용이 합법이든 불법이든 재생하는 경우
- 매표 기계가 사용하기에 너무 불편해서 사용자들을 분노하게 만들어 기물 파손을 유도하는 경우
- 주사기 재사용이 가능하여, 마약 중독자들이 교차 사용하여 서로 감염되는 경우
- 서로 다른 지폐의 액면가가 너무 비슷해서 익숙하지 않은 사람들이 환전할 때 쉽게 적은 액수로 환전을 받는 경우

Central Saint Martins와 University of Technology Sydney에서 지정한 다음과 같은 '좋은' 디자인의 예를 살펴보자.

- 이 핸드백을 포함한 '캐리세이프' 가방 제품군(그림 14.1), 맵시가 있게 보이

면서 범행 수법인 면도날로 가방 찢기(찢김 방지 소재 사용), 날치기(강화 손잡이 사용), '가방속 손절도'(입구를 두 손을 벌려야 하는 벨크로 롤톱으로 교체) 등의 범행 수법에 저항하도록 디자인되어 있다(Gamman and Hughes, 2003).

- '도둑방지Stop Thief' 카페 의자(그림 14.1), 클래식 스타일을 취하면서 의자 앞부분에 홈을 파서 가방 손잡이를 걸 수 있도록 하고, 앉았을 때 사용자의 다리로 가방을 보호할 수 있다. 따라서 도둑이 훔치려할 때 훨씬 더 위험을 감수해야 한다.
- '푸마 자전거'(그림 14.2), 접는 자전거 인데 붙어 있는 철제 케이블을 이용해 자전거를 묶어 놓을 때 사용할 수 있다. 훔치기 위해 케이블을 절단할 경우 자전거 자체가 훼손되기 때문에 상품가치가 떨어지게 된다.
- 캄덴 자전거 스탠드(그림 14.3), 사람들이 안전한 방식으로 자전거를 묶어 놓도록 유도한다. 예를 들어, 두 바퀴와 본체 모두가 스탠드에 묶이도록 되어 있어 자전거 본체가 자물쇠를 떼어 놓는 도구로 이용될 수 없다.
- 그리파 클립(그림 14.4)은 가방을 술집 테이블에 고정하는 장치인데, 술집 장식과 잘 어울리면서 고객들이 쉽고 안전하게 사용할 수 있는 반면에 도둑들이 가져가기는 어렵게 만들어졌다.
- 테러방지 쓰레기통(그림 14.5), 폭탄을 넣거나 숨기는 기회를 차단할 뿐만아니라 오인신고 가능성을 줄이고 쉽게 해결하도록 한다. 이러한 점은 이 휴지통을 설치한 철도회사 입장에서 중요하게 고려할 사항이다.

[그림 14.1] 캐리세이프 가방과 도둑방지 카페 의자

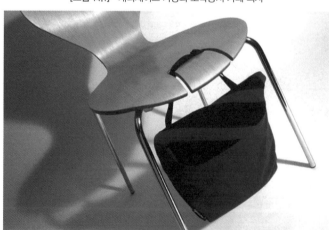

출처: Design Against Crime Research Centre, Central Saint Martins

[그림 14.2] 푸마 자전거

출처: Design Against Crime Research Centre, Central Saint Martins

추가사례 검토는 www.designcouncil.org.uk/resources/report/ design-out-crime-case-studies.에서 찾을 수 있다. 나쁜 디자인이 때로는 좋은 결과로 이어질 수도 있다. 비록 나중에 다시 악화되긴 했으나, 1990년대부터 차량 보안은 크게 향상되었고 차량대상 범죄는 크게 줄었다(Webb, 2005). 물론, 디자인이 범죄 위험을 높이거나 낮추는 유일한 요인은 아니고 범죄위험에 노출된 장소의 종류나 물건 소유자의 행동과 같은 다른 영향요인들과 상호작용을 한다. 디자인 결정론과 같이 한 측면만 고려하는 것은 잘못이다.

범죄 예방 디자인Design Against Crime, DAC은 기관, 기업, 개인 및 커뮤니티와 협력하여 반사회적 행동, 약물 남용/거래 및 테러리즘을 포함한 모든 종류의 범죄사건을 방지하고 삶의 질과 지속 가능한 삶을 증진하기 위해 디자인의 도구, 프로세스 및 제품을 사용한다. 그것은 '목적에 맞고' 상황에 적합한 디자인을 활용한다.

'제품'이라는 용어는 '디자인된 모든 것', 즉 장소, 제도, 절차, 서비스, 의사소통 등을 포함 할 수 있다. 그러나 이 장에서는 두 가지(지폐 또는 도로 표지판) 또는 세 가지 측면(휴대폰 또는 가방/지갑)에서 이동 가능하거나 독립적인 물건들의 디자인에 집중한다.

[그림 14.3] 캄덴 자전거 스탠드

출처: Design Against Crime Research Centre, Central Saint Martins

[그림 14.4] 그리파 클립

출처: Design Against Crime Research Centre, Central Saint Martins

[그림 14.5] 테러방지 쓰레기통

출처: Design Out Crime Research Centre, University of Technology Sydney.

범죄예방 디자인의 역사부터 검토하기로 한다. 그리고 디자인의 특성에 대하여 논의하고 범죄에 있어서 제품의 역할, 제품특성과 관련된 위험 요인들 그리고 제품 디자인이 어떻게 범죄를 예방할 수 있는지 논의 한다. 다음으로 범죄예방디자인에 제기된 몇몇 도전과제들에 대하여 검토한다. 다양한 상황과 변화하는 조건에서 어떻게 디자인이 효과성을 발휘하도록 할 것인가? 어떻게 디자이너들이 인지, 동기 및 역량 측면에서 범죄예방디자인DAC 작업을 하도록 할 것인가? 결론에 앞서 간단한 영향력 검토를 실시한다.

이번 장에서는 다양한 실천 지향적인 개념적 틀에 대하여 언급한다. 이에 대한 많은 정보를 www.designagainstcrime.com/methodology-resources/crime-frameworks/#forms-of-knowledge; 또는 http://5isframework.wordpress.com에서 찾을 수 있다. 제품 디자인에 대한 구체적인 내용은 민간 영역의 경우 Ekblom(2012a)에서, 상황적 범죄 예방과 관련해서는 Ekblom(2012b)에서, 보안에 대하여는 Ekblom(2014a)에서, 혁신에 대하여는 Ekblom and Pease(2014)에서, 기술에 대하여는 Ekblom(2016)에서 다루었다. 제품 디자인과 범죄에 대한 편집된 책은 Clarke and Newman(2005a)과 Ekblom(2012c)이 있다.

고대와 현대 역사

범죄를 예방하는 제품 설계는 기술혁신과 제품가격이 서로 긴밀하게 얽혀 있으면서 긴 역사를 보여 준다. 대표적으로 돈의 진화가 이를 잘 보여 준다. 그리스인들이 BC600년에 은화를 도입하고 난 직후에 누군가가 청동에 은을 도금한 위조 동전을 만들었다(James and Thorpe, 1994).

동전에 세밀한 무늬를 새겨 넣은 위조 방지 디자인 특징은 고대부터 사용한 방식이다. 예를 들어, 은화의 가장자리를 깎아서 화폐를 손상시키는 행위에는 가혹한 처벌이 가해졌다. 그러나 동전의 테두리에 톱니바퀴 무늬를 새겨 넣는 것과 같은 기술적/디자인적 개입이 범죄예방에 더 큰 영향을 미쳤다.[23] (아이작 뉴턴 경은 조폐국장으로서 새로운 디자인을 도입하는 것과 더불어 끈질기게 위조범을 추적하여 처벌하였다. 따라

---

23 역자주: 동전 테두리에 톱니바퀴 무늬를 새겨 넣어서 톱니바퀴 무늬가 없어지면 동전을 깎아낸 것을 알아차리도록 하였다.

서 범죄자 처벌과 상황적 예방을 동시에 적용하였다.) 흥미롭게도 화폐 디자인은 오랫동안 '은행지원' 방식을 취한 것과 더불어 오늘날의 지폐에 은박 띠를 새기는 것과 같은 절정에 달한 기법을 이용하여 '사용자 지원' 보안기능을 강화해 왔다.

재료 조성의 변화는 또한 동전을 더욱 안전하게 만들었다 – 은은 미국에 대한 영국의 전시 부채를 상환하기 위해 사용이 중지되었다; 인플레이션은 화폐가치를 떨어뜨려서 화폐 위조의 위험, 비용 및 노력과 관련된 나머지 상징적 가치의 대부분을 제거했다. 그러나 상품 가격이 변동함에 따라 청동 주화의 내재 가치(구리가격)가 상징적 가치(동전의 액면가)를 초과하여 청동으로 녹여 판매하는 범죄의 대상의 되었다. 구리 가격의 상승으로 인해 최근 영국 동전은 저렴한 철과 함께 주조하여 페니가 자석에 달라붙는다(Sidebottom et al. 2014).

역사적으로 '핫'한 다른 제품으로는 장신구와 의류, 자동차, 그리고 최근에는 가전제품과 빠르게 움직이는 소비재가 있다(Gill and Clarke 2012). 합법적인 수요와 마찬가지로, 범죄 수요도 유행을 따른다(Police 브랜드 선글라스 착용자들이 찾는 Criminal이라는 의류 브랜드도 있다). 신제품에 대한 합법적인 수요와 범죄적인 수요는 모두 정점에 이르렀다가 모든 사람들이 소유함에 따라 시장이 포화되어 수요가 감소한다(Felson 1997; Pease, 2001). 즉, 유행의 변화가 최신 모델에 인위적인 희소가치를 부여함으로써 패션 변화가 되살아날 때까지 수요는 감소한다. 이것은 보안이나 지속가능성을 제공하지는 않는다.

자동차가 등장한 초창기에는 차를 이동시켜야 할 경우를 고려해 운전자들이 주차할 때 문을 잠그지 않은 채로 두도록 한 조례가 있기도 했지만 지금은 디자인을 통한 차량 범죄예방이 크게 발전했다. 운전대 잠금장치(Mayhu et al., 1976년)와 '범죄피해 없는 자동차'(Ekblom, 1979년)에 대한 추측성 아이디어와 같은 구체적인 개입시도들은 영국에서 대량생산 차량 보안의 실용성에 대한 연구(Southall and Ekblom 1985년)와 동기 측면에서 차량 절도 지수(Houthon 1992년)에 대한 연구를 유도하였다. 허술한 메이커의 이름을 공표하여 창피를 주고 소비자들이 현명한 선택을 하도록 하였다. 여기에 보안이 허술한 차량에 대한 보험료를 인상한 보험사들의 압박이 더해졌다.

범죄예방 제품디자인은 장소 지향적인 환경설계를 통한 범죄예방CPTED의 등장에 비하여 전략적으로 뒤쳐져있었다. 그러나 1990년대 후반 영국에서 국가 범죄 감소 프로그램이 도입되면서 발전이 있었다. 여기에는 제품에 대한 범죄예방 디자인 상태에 대한 연구(Design Council 2000)와 그에 대한 사례 연구 및 지침 구축 (예: www.designcouncil.org); Royal Society of Arts의 학생 디자인 경연대회; 영국 Foresight Program's Crime Prevention Panel에서 범죄예방 제품에 대한 관심 등 이 포함되었다(Department of Trade and Industry, 2000).

비슷한 시기에 클라크(Clarke, 1999)는 유명한 절도피해 위험이 높은 '핫프로덕 트' 개념에 대하여 소개하였다. 그러나 범죄예방 제품 디자인에 대한 영국에서의 전략적 움직임은 정부의 재정지원이 거리범죄 통제로 집중되면서 곧 중단되었다. 아이러니하게도, 비록 범죄가 증가한 이유가 범죄에 취약한 제품디자인과 취약한 휴대폰 시스템 때문임에도 불구하고, 정부가 내놓은 해결책은 고비용이고 지속가 능성도 떨어지는 경찰관의 근무시간을 늘리는 정책이었다.

그럼에도 불구하고 휴대폰의 취약성과 보안에 대한 연구는 영국(Harrington and Mayhew, 2001)과 미국(Clarke et al., 2001)에서 지속되었고, 호주에서는 제품 전반에 대한 디자인에 대한 연구가 지속되었다(Lester, 2001). 그리고 '실용기반' 디자인 연 구가 영국에서 Central Saint Martins의 로레인 가먼Lorraine Gamman에 의해 시작되 었다. 1998년 자동차 제조사가 의무적으로 차량 도난방지장치를 부착하도록 명령 한 유럽 위원회는 가전제품에 대한 범죄예방 기법을 적용하는 것에 새로운 관심을 나타냈다. 그래서 클라크와 뉴먼(Clarke and Newman, 2005c)이 제안한 보안등급 체계 를 적용하도록 Project MARC(Armitage, 2012)에 연구 자금을 지원하였다. 영국 내 무성(UK Home Office)은 범죄예방디자인을 국가 범죄감소/안전 전략에 포함시켰고 동시에 영국 디자인 위원회, 디자이너, 산업계, 학계가 서로 연계하여 Design and Technology Alliance를 출범시켜서 이 전략을 추진하도록 하였다.

영국의 범죄예방 디자인 연구는 현재 개인적인 연구 위원회가 프로젝트별로 후원을 통하여 이루어지고 있고, 상업적 영역에서는 상당히 활발하게 안전한 디자 인의 제품을 생산하기 위한노력을 기울이고 있다(예를 들어, www.itsminetechnology. com). 그러나 지속적이고 체계적인 노력은 부족하다. 반갑게도 2007년 호주에 Designing Out Crime Research Center(www.designingoutcrime.com)가 뉴사우스웨 일즈 주 정부의 후원으로 설립되었고 오늘날까지 유지되고 있다.

제품 및 범죄: 미래

제품 디자인 및 기술의 다양한 동향은 범죄 기회에 영향을 미칠 수 있다(기회의 차원에 대해서는 아래에서 논의한 범죄 기회 연결 참조; 미래 적용에 대해서는 Ekblom 2002 참조).

- 제품의 완전한 소유에서 서비스 제품의 임대로 가치가 이동하면 범죄에서 제품의 역할이 완전히 감소하거나 신원 및 서비스 도난과의 연관성에 더 큰 변화를 일으킬 수 있다.
- 이모빌라이저[24] 기능이 차량 엔진 관리 컴퓨터에 큰 영향을 끼친 것처럼, 제어, 추적 또는 식별을 목적으로 제품에 내장된 마이크로칩을 이용해 서비스, 업그레이드 등에 접근하기 위한 무선 연결인 '사물인터넷Internet of Things'은 적은 제조비용으로 넓은 범위의 보안기능을 제공하였다. 그러나 그 기능은 또한 새로운 침입기법을 가능하게 하였다—자동차의 컴퓨터 시스템이 충돌방지와 자율주행 기능을 위해서 차량 대 차량 무선통신이 가능해 지기 때문이다(Brown, 2013a).
- 보다 일반적으로 무선 연결, 심지어 웨어러블 연결 및 네트워크의 다양한 조합으로 인하여 제품, 장소, 사람 및 시스템 간의 구별이 모호해지고 있다.
- 또 다른 경향은 컴퓨터 제어 생산기법을 통한 개별화된 '대량–맞춤'의 유행이다. 경찰이 수색을 했을 때 다른 사람의 개별화된 제품이 발견된다면 어느 도둑이 위험을 감수하겠는가? 당신은 다른 사람의 애인이 새겨진 훔친 휴대폰을 구매할 것인가?
- 3D 프린팅기술은 범죄자가 자신만의 무기를 만드는 것을 가능하게 하였다. 예를 들어, 총기; 범행도구(ATM 기계에 부착해서 카드정보를 스캔하는 장치 등)
- 드론은 비밀리에 정탐을 할 수 있도록 하며 또한 마약이나 폭탄을 배달할 수도 있다.
- 인공지능이 또한 어떠한 미래를 가져올지 누가 알 수 있겠는가?

---

24 역자주: 이모빌라이저란 도난을 방지하기 위하여 차량시동을 제어하는 일종의 보안장치이다. 차 열쇠에 내장된 신호가 맞아야 시동이 걸리는 장치이다.

디자인의 기초

디자인이란 무엇인가?

디자인의 범위는 방대하며, 잠재적으로 모든 매체에서 모든 인간의 생산적이고 예술적인 활동을 포함한다. 실용적 측면에 초점을 맞춘 디자인은 다음과 같은 새로운 또는 개선된 제품을 만드는 일반적인 프로세스이다.

- 실질적으로 제조가 가능하다(예: 분해되지 않고, 과학 법칙을 준수하며, 구성 물질의 특성을 존중한다).
- 특정된 주요 목적에 적합하거나 이전 제품보다 우수하다.
- 다른 목적이나 사회, 경제생활 및 환경의 광범위한 요구 사항을 크게 방해하지 않는다.

이러한 광범위한 개념(1993년 Booch에서 채택)은 디자인에 대한 프로세스 또는 접근법에 따라 매우 다양한 것을 수용한다. 축의 한쪽 끝에서는 누군가가 창문 프레임에 못을 박아 급하게 고정시키는 것을 상상할 수 있었고, 다른 한쪽 끝에는 조직이 크고 고도로 조정된 전문 팀에 의해 수년간 개발된 복잡하고 정교한 차량 이모빌라이저 시스템이 있었다.

디자인된 제품의 목적은 실용주의에서 심미주의, 이미지, 라이프스타일 및 가치 전달에 이르기까지 다양하다. 장난스럽고 파괴적인 디자인도 가능하다. 예를 들어, 영국 왕립예술학회의 학생 디자인상 출품작 중 하나는 배낭의 실제 개구부를 거짓으로 위장하여, 겉보기에 더러운 속옷이 드러나는 것으로 디자인하여 범죄를 억제하도록 하였다. '기능을 따르는 형태'의 고전적인 원리는 때때로 '감정을 따르는 형태'로 대체될 수 있다. 범죄에서, 물론, 감정이 항상 긍정적인 것은 아니므로 포스터가 공공 기물 파손을 유발하거나 칼이 공격성을 유발할 수도 있다.

지평의 확대 – 범죄예방 과정으로서의 디자인

이전에 디자이너들은 그들의 제품에 대해 '도둑'입장에서 생각하도록 요구 되었다 (Ekblom, 1997). 여기서 강조하는 것은 범죄예방 전문가들과 학생들에게 범죄예방 디자인 쪽으로 이목을 끌도록 하여 개념과 실용성을 알도록 하는 것이다. 범죄예방 전문가들은 종종 디자인이 의미하는 것에 대해 상당히 제한된 가정을 하기 때문에 디자인의 성격과 다양성을 파악하는 것 또한 중요하다. 많은 사람들이 셉테드CPTED, Crime Prevention Through Environmental Design 운동이 옹호하는 건축 환경에 대한 개입과 잠금장치 및 기타 보안 장치의 설계에 익숙할 것이다. 이 두 가지는 DAC와 상황적 범죄 예방의 분명한 관계를 보여 준다. 제품이나 건물 집합도 중요하지만 DAC는 이보다 훨씬 더 중요하다. 설계자가 요구사항을 포착하고 문제를 공식화 및 해결하는 방식인 설계 프로세스를 이해하고 적용하면 모든 범죄예방 실무자에게 큰 도움이 될 수 있다. 디자인 위원회는 유용한 프로세스 모델인 '더블 다이아몬드' www.designcouncil.org.uk/resources/report/11-lessons-managing-design-global-brands:Discovery, Define, Develope and Deliver를 제공한다. (범죄 버전 www.designcouncil.org.uk/resources/guide/designing-out-crime-designers-guide에는 Deploy and Digest라는 세 번째 다이아몬드가 추가되었다.) 범죄예방 디자인은 범죄예방의 문제지향 프로세스 모델인 SARA 및 5Is와 친화력이 있다(사실 후자는 Ekblom 2011에서 설명한 것처럼 복잡성을 다루기 위해 의도적으로 지정 및 설계되었다).

디자인 프로세스를 돕는 기법은 전형적인 유형의 범죄자 페르소나(Hilton and Irons 2006) 개발부터, 시각화(Gamman and Pascoe, 2004), 역할극과 공감(Gamman et al., 2012) 까지 다양하다. 테러 방지 휴지통(그림 14.5 및 Lulham et al., 2012)은 전략적인 또 다른 설계 기법을 보여 주었다. 철도 회사가 폭탄 테러로 인한 피해를 예방하는 문제로 디자이너에게 제시한 문제는 일상적이고 실질적으로 중요한 문제로서 알람 오작동과 그로 인한 열차 지연이었다. 그런 다음 설계자들은 고객과 협력하여 문제를 재구성하고 드물지만 심각한 결과를 초래하는 사건과 자주 발생하면서 많은 비용을 유발하는 사건들 모두의 위험을 처리하는 훨씬 더 유익한 결과를 제공했다. 이는 예방에 대한 문제지향적 접근에 대한 교훈을 제시한다. 디자인 기반 '귀추법적' 문제해결의 특수성에 대한 유용한 설명은 Dorst(2015)에 있다.

제품과 범죄

제품이 범죄에서 어떻게 기능하나?

놀랄 것도 없이, 제품들은 무수히 많은 방법으로 범죄에서 특징지어질 수 있다. 실용적인 접근은 체계적이어야 한다. 두 개의 연결된 프레임워크가 이를 도울 수 있다. 문제 분석 삼각형Problem Analysis Triangle(Clarke and Eck 2003, Scott et al., 11장 참조)과 범죄 기회의 결합Conjunction of Criminal Opportunity은 범죄사건을 일으키는 데 있어 제품의 역할을 유형화 하는데 사용될 수 있다.

제품은 다음과 같다.

- 대상(예: 휴대폰, 현금, 광고 포스터)
- 대상 인클로저(예: 집, 자동차, 컨테이너, 포장(Segato 2012) 또는 핸드백)
- (제품과 관련된) 환경(예를 들어, 기차의 내부 디자인, 버스 정류장 또는 공중전화 부스)
- 도구(예를 들어, 도구, 무기 – Ekblom and Tilley, 2000; Gill, 2005).

'범죄와 보안Misdeed and security' 프레임워크(Ekblom 2005)는 제품이 특정 종류의 범죄 행위를 위한 객체, 주체, 도구 또는 환경으로 어떻게 기능하는지를 설명한다.

- 도난misappropriated: 물건자체, 부품 또는 일부가 도난당함.
- 훼손mistreated: 제품이 손상, 파괴 또는 보안 기능이 손상됨.
- 불법관리mishandled: 도난 또는 밀수 후 판매되는 제품
- 불법복제misbegotten: 제품이 위조 또는 복사됨.
- 불법사용misused: 제품이 악의적으로 범죄에 대한 도구, 무기 또는 촉진제로 사용됨.
- 불법행위misbehaved: 예: 그래피티를 위한 스프레이 캔, 소음을 내는데 사용되는 거리시설물 등 함께 잘못된 행동을 하는 제품

범죄적인 오용이나 잘못된 행동의 예로서, 주거침입 절도범이 사용하는 무선 충전식 드릴, 마약거래나 불법촬영에 사용되는 휴대폰, 무기로서 레이저 포인터,

벽에 낙서를 뿌리는 에어로졸 페인트 캔, 훔친 휴대폰의 칩을 재설정하는 컴퓨터 애플리케이션, 신용 사기에 소품으로 사용되는 가짜 보석류 등이 있다. 어떤 제품들은 범죄에 많이 연루되어 있다. 프레임워크를 공식적으로 결합하면 우리가 알고 있는 것을 정리할 수 있고 (채울 표를 제공함으로써) 새로운 위험을 예측할 수 있다. 표 14.1은 자동차의 역할에 대한 결합 분석을 보여 준다.

[표 14.1] 범죄를 야기하는 자동차 제품

범죄위험이 자동차, 사람, 그리고 제품에 미치는 성격(범죄 및 보안 프레임워크)	범죄 유발 요인으로서 자동차(범죄 기회 프레임워크와 결합)			
	대상 (Target)	대상 인클로저 (Target enclosure)	환경 (Environment)	도구 (Resource/ facilitator)
도난	재판매 목적 자동차 절도	자동차 안의 물건 절도	버스에서 소매치기	불법사용을 위한 자동차 절도
훼손	자동차 파손	침입을 위한 자동차 훼손; 운전자 암살	폭행/ 버스에서 성폭행	불법사용 도중 훼손
불법사용	도구 부분 참조	도구 부분 참조	도구 부분 참조	차로 출입구 부수기; 차타고 상점돌진; 차량 마약 거래; 차량 폭탄
불법관리	자동차 ID, 밀수 조직구성	배달사기, 트럭 적재 중량 사기	DNA증거 제거를 위한 차량 방화	과속벌금 회피를 위한 가짜 번호판 부착
불법복제	위조 스페어타이어	위조한 스페어타이어 포장	경찰에 혼동을 주기 위한 가짜 번호판	차량 열쇄복제
불법행위	먼지 덮인 차량에 성적 낙서하기	운전중 휴대폰 불법 사용	소란행위/택시에서 마약 흡입	난폭운전, 과속, 음주운전

위험 요소 – 범죄에서 어떤 제품이 특징적인가?

모든 종류의 제품이 범죄에 관여할 위험이 동등한 것은 아니다. 가정용 소비 가전 제품은 백색가전(세탁기 등)보다 위험도가 높다. 마찬가지로 단일 분류 내에서 모든 제조사와 모델이 동일한 위험에 처해 있는 것은 아니다(Houghton, 1992). 상황적 예방 내에서의 '고전적인' 위험 요인 접근법은 Clarke(1999)의 '핫프로덕트'이다. 이 모델에 따르면 통계적 분석과 이론적 분석을 혼합하여 제품이 CRAVED일 경우 도난 위험이 높아진다.

- (범인에 의한) 은폐 가능(Concealable)
- 탈착식(Removable)
- 이용 가능(접근 가능한 장소에 대상이 많은)(Available)
- 가치 있는(Valuable)
- 즐거운(Enjoyable)
- (재판매를 통한) 처분 가능한(Disposable)

크레이브드CRAVED 제품의 가장 좋은 예는 휴대폰이다.

CRAVED의 가치는 범죄방지 목표를 달성하도록 안내하는 데 있다. 합리적인 연구 결과를 바탕으로 도난 위험성이 높은 경우 특정 신제품에 추가적인 보안을 구축하도록 제조업체에 요청하는 것은 타당하다. 최근 연구(Armitage 2012)는 CRAVED를 실질적인 범죄 방지 시스템에 통합하고자 했다. 클라크와 뉴먼(Clarke and Newman, 2005c)의 제안을 따르면서, CRAVED의 목표는 도난 위험이 높은 것으로 판단된 가전제품의 제조업체가 컨설팅을 따르도록 장려하고, 그에 상응하는 높은 보안성을 가지도록 설계하는 것이었다. 그러나 특히 보안 등급 시스템의 개발에서 다양한 어려움에 직면했다. 에크블럼과 사이드바텀(Ekblom and Sidebottom, 2008)은 위험과 보안의 광범위한 정의와 여러 가지 담론들(기술적, 기계적, 기능적)을 발전시킴으로써 이러한 경험으로부터 교훈을 얻으려고 시도했다. 그들은 또한 코니쉬의 범죄 스크립트의 개념(Cornish 1994와 LeClerc, 6장, 이 책)을 바탕으로 디자이너가 도난 과정의 다른 단계(찾기seek, 보기see, 가져가기take, 탈출escape, 이익 실현realise value)에서 제품에 대한 다양한 위험을 고려할 필요가 있다고 주장했다. 에크블럼과 질(Ekblom and Gill, 2015)도 언급했듯이, 탈출 단계에서 휴대폰을 숨길 수 있는 것이 도둑질을 돕는 반면, 찾기/보기 단계에서는 동일한 특성이 합법적인 소유자의 절도 피해를 방지하도록 돕는다. 제품 디자인은 전체적인 체계 및 디자인 충돌을 예상하고 해결해야 한다(사실, 위의 표 14.1의 각 셀은 적절한 범죄 스크립트의 단계와 교차될 수 있다). 또한 휴대폰에 관하여 화이트헤드 외 연구진(Whitehead et al., 2008)은 더 나아가 디자인에서 IN SAFE HANDS라는 약자로 보호 요소를 식별했다.

어떻게 작동하나? 제품 디자인이 범죄를 예방하는 방법

제품 보안은 범죄피해 위험을 줄이기 위해 디자인과 기술을 사용한다. 위험은 가능성possibility, 그러한 사건의 확률probability, 그리고 그러한 사건으로부터 제품, 소유자 또는 다른 사람들에 대한 다양한 종류의 피해harm로 나눌 수 있다. 여기서는 확률에 초점을 맞춘다.

제품 설계에 의한 범죄피해 확률을 줄이는 것은 제품을 범죄자가 훔쳐서 이용하는데 객관적으로 더 힘들고, 위험하거나, 덜 보상받거나 또는 주관적으로 범죄자에 의해 그렇게 인식되도록 함으로써 효과를 얻을 수 있다 – 이것은 상황적 범죄예방의 표준적 적용 예이다(범죄자에게 적용될 수 있는 범죄예방 메커니즘의 더 포괄적이고 미묘한 대안들은('Ds' 프레임워크) Ekblom and Hirschfield 2014를 참조하라). 분명히, 객관적으로 억제효과가 있도록 만드는 것이 더 유용한 방안이다. 눈속임은 범죄자들에게 결국 들키게 마련이다. 그러나 디자인의 기호학semiotics은 범죄예방에 많은 기여를 한다. 객관적으로 내성이 있는 제품에 견고한 외관을 부여하면 범죄시도 및 그로 인해 발생할 수 있는 손상을 방지하거나 억제할 수 있는 추가적인 이점을 제공할 수 있다(Whitehead et al. 2008). 깜박이는 빨간 불빛이 범죄자를 속이기 위한 것이지만 그들에게 위협적으로 마치 무장 차량 경보기처럼 보이도록 하는 것도 생각해 보라. 이 전략은 자연에서 경고색깔로 침(sting)을 보충하는 말벌에 의해 사용된다(Ekblom 1999; Felson 2006). 진화 심리학은 눈 모양의 이미지가 잠재적 범죄자들에게 영향을 미친다고 주장하지만(Nettle et al., 2012), 아직까지 정확히 어떤 메커니즘인지 알려져 있지 않다.

제품을 범죄로부터 객관적으로 보호하는 방법에는 크게 네 가지가 있다. 본질적으로 안전한 제품 디자인, 보안 제품 추가, 제품이 위험에 처한 즉각적인 상황에서 제품보호, 원격 개입.

본질적으로 안전한 제품 디자인

본질적으로 안전하도록 디자인된 제품은 구체적인 '보안 적용security adaptation' – 보안을 부여하는 것을 목적으로 하는 구성 요소, 구조적 특징 또는 재료 – 을 가지고 있다.
'범죄misdeed'에 대한 대응 요소인 '보안security' 레이블을 사용하면 다음과 같은 효과를 얻을 수 있다.

도난^{misappropriation} 방지 보안

- *공간적으로 분리된,* 예를 들어 메인 정보처리 장치가 멀리 떨어진 안전한 곳에 위치해 있기 때문에 단말기는 싼 제품으로 구성한 컴퓨터, 또는 구성품들이 차량 여기저기에 배치되어 있어서 재판매가 가능한 세트로 훔쳐내기 위해 더 많은 시간, 노력 및 지식이 필요한 차량 내 엔터테인먼트 시스템

- *범죄 스크립트의 '찾고 보는^{seeking and seeing}' 단계에서 덜 독특하거나 덜 자극적인* 예를 들어, 차량 문을 잠갔을 때 자동으로 내려오는 커튼에 의해 차내 엔터테인먼트 시스템을 가리는 것

- *범죄 스크립트의 '사용 및 판매^{using and selling}' 단계에서* 경찰들 눈에 잘 띄는 대량 생산의 익명성에 대응하고 범죄자와 2차 구매자에 대한 위험을 증가시킨다. 아마도 '재물 표시^{property marking}'와 같이 의도적으로 추적 가능한 특징을 포함시킬 수도 있다(Sutton et al., 2001). 제품에 고유하게 등록된 "바코드" 시퀀스를 다층 페인트 스팟에 적용하는 등 고급 기능이 있다.

- *소유물에 대한 접근을 허용하는 방식의 구분.* 여기에는 기계적 잠금 기능, 암호 작동 또는 사용자가 있어야할 위치에 없음을 인식하고 스스로 종료하는 지능형 시스템이 포함될 수 있다.

- *마지막 예를 바탕으로 소유자에게 추적 신호 또는 인터넷 메시지를 전송함으로써 범죄자에 대한 위험을 적극적으로 강화하고 피해물품 복구를 지원한다.*

훼손^{mistreatment} 방지하기

- *비도발적^{non-provocative},* 예를 들어, 자극적인 용어로 규제를 나타내는 거리 표지판 지양

- *물리적 저항 또는 탄력성이 있는^{Physically resistant or resilient},* 발로 차도 원래 형태로 돌아오는 적층강화 유리 또는 거리시설물, 또는 그래피티에 강한 표면. 대상물을 부드럽게 하거나 단단하게 할 수 있다. 많은 차량 연료 캡이 잠겨 있을 때 나사산에서 떨어져 있어서 회전시켜도 열 수 없다.

불법관리^{mishandling}에 대한 사기 방지

- *분실 또는 변조 표시^{Indicative of loss or tampering}:* 얇은 막을 터트려 뚜껑이 열리

면 표시되도록 만든 페인트 캔을 예로 들 수 있다. 이것은 사용 후 반환을 방지하고 물을 다시 채워서 환불하는 것을 방지한다Design Council Case Studies.

- *정보 가로채기에 대한 저항*Resistant to interception of information: 예를 들어, 공항 대기 행렬 근처에 숨어 있는 전문 절도범들의 노림으로부터 행락객들의 주소를 숨기는 접이식 항공사 수하물 라벨.
- *사기 방지*Resistant to fraud: 런던 지하철 매표기는 범죄자들이 낮은 가치의 동전을 슬롯에 넣고 반환 버튼을 누르면 높은 가치의 동전을 배출하도록 되어 있었다. 이 문제를 해결하기 위해 개선이 이루어졌고(Clarke, 1997) 그래서 마지막으로 넣은 동전이 배출되도록 바뀌었다. 그리고 수입증명서와 같은 공문서는 복제가 어렵도록 하였다(Burrows and Ekblom, 1986).

불법사용misuse 또는 불법행동misbehavior으로부터 보호

- *저항*Resistant: 1회용 주사기. 위험한 무기로 사용할 수 없도록 플라스틱으로 만든 맥주잔 (디자인 위원회 사례 연구), 그립의 지문 스캐너를 통해 등록된 소유자만 발포할 수 있는 총. 지폐 복사 시도를 거부하는 컬러 복사기
- *표시*Indicative: 밀봉된 또는 팝업 뚜껑이 있는 식품 또는 의약품 용기, 독극물이 의약품으로 대체된 악명 높은 타이레놀 진통제에 대한 설계 대응(Clarke and Newman 2005b), 의심스러운 행동과 무해한 행동을 구별하는 열차의 CCTV 카메라를 통하여 비상 경보 발령
- *비도발적*Non-provocative: 이어폰이 동료 여행객을 성가시게 하는 것을 방지하여 간혹 심각한 충돌을 피할 수 있는 방음 장치
- *좋은 행동에 대한 보상*Rewarding good behavior, '넛지 패션': 예를 들어, 누군가가 쓰레기를 넣으면 유명한 크리켓 선수의 '하우자트!'를 연주하는 쓰레기통(맥락 노트: 이 디자인은 아마도 미국에서는 수정이 필요할 것이다) 또는 소변기 아래에 그려져 있는 곤충 이미지(남성의 경우, 오줌 유출을 줄이기 위한 조준 연습의 보상)이다. 유명한 스키폴 공항 파리fly는 빅토리아식 '벌bee' 마크에 밀려났다.

한쪽 극단에서 보자면, 내제된 보안은 제품의 본질적인 특성이다. 일부 가정용 시네마 텔레비전은 기회주의적 강도에게 피해당할 가능성이 낮다. 무게는 단순

히 다른 기술적 고려사항의 부산물이기 때문에 이것은 의도적인 설계에 거의 포함될 수 없었다. 그러나 미래의 디스플레이는 아마도 말아서 팔 아래에 끼고 운반할 수 있을 것이다. 내재된 보안intrinsic security 기능에 대한 의존도는 디자인된 보안 적응security adaptation으로 대체되어야 한다.

내재된 보안의 범위 중에는 가정용과 다른 전압을 사용하는 런던 지하철의 형광등처럼 단순하고 영리한 시스템 설계를 통해 고유의 보안성을 확보할 수 있다. 이것은 형광등이 도둑들에게 흥미를 잃게 만든다. 다른 극단에는 보드카의 브랜드 보호를 위한 홀로그램 라벨(디자인 위원회 2000)이나 차량 엔진 관리 컴퓨터에 이모빌라이저 기능을 통합하는 것과 같은 특수 보안 구성 요소가 있다.

보안 제품 추가

안전하지 않은 제품은 종종 범죄 피해가 발생한 후에 보안 제품을 추가 장착함으로 보호할 수 있다.

- 노트북은 낮은 수준의 앵커케이블이나 하이테크 무선 센서(노트북에 내장된 전송기, 사용자 주머니의 센서, 컴퓨터를 옮기면 경고음 발생)로 도난으로부터 보호할 수 있다.
- 자동차 경보장치나 스티어링 휠 잠금 장치는 차량을 보호할 수 있다.
- 철망과 스크린은 공공 기물 파손으로부터 거리 시설물을 보호할 수 있다.
- 위조될 가능성이 있는 비싼 품목은 복사하기 어렵거나 비싼 포장으로 만들어서 사기를 방지한다. 예를 들어, 체온이 적용될 때만 나타나는 코드를 사용하여 사기 방지가 가능하다(Design Council 2000). 그러나 제품 불법 복제의 국제적 특성은 먼 곳에 있는 공장에서 이러한 기법조차 모방하도록 기술이 발달되어있다.

추가적으로 보안 기능을 강화하는 것은 아래 설명과 같이 보안에 대한 최상의 솔루션을 제공하지 못할 수도 있다.

제품이 위험에 처한 즉각적인 상황에서 제품 보호

다른 경우로 위험에 노출된 제품을 보안이 강화된 상황아래 두어 보호할 수 있다. 여기에는 인간의 개입에 거의 의존하지 않고 추가 제품 또는 환경 디자인을 이용하여 보호할 수 있다.

- 금고와 같은 보안 제품은 금고를 보관하는 보안시설이 별도로 있다. 예를 들어 학교 교실의 컴퓨터 프로젝터는 교실 안에 있어서 안전한 사용이 가능하다.
- 물리적 또는 전자적 접근 제어 방법은 권한 없는 사람이 대상 제품에 접근하는 것을 방지할 수 있다.
- 범죄 도구로 즉각적으로 악용될 수 있으면서 쉽게 손에 넣을 수 있는 물건들은 사용에 제한을 둘 수 있다. 예를 들어, 도둑맞은 물건을 보관하는 보관소로 사용할 수 없도록 잠금식 쓰레기통을 설계하는 것; 자동차 창문을 깨는 데 불법 사용되는 '비상 탈출 망치'를 훔칠 수 없도록 고정하는 것; 싸울 때 빈 유리병을 꺼내서 사용할 수 없도록 쓰레기통을 디자인하는 것

그러나 디자인은 종종 범죄예방자들을 돕고 범죄 유발자들에 대항하기 위해 의도적으로 만들어진다.

- 주요 기능이 범죄예방과 무관한 일부 제품은 각종 범죄예방 역할을 하는 사람들에게 도움을 주도록 디자인이 변경될 수 있으며, 앞서 설명한 '도둑 방지' 의자와 테이블 클립을 통해 술집에서 가방 주인이 자신의 가방을 보호할 수 있도록 도와준다. 이를 '보안 제품'이라고 할 수 있다.
- 다른 제품들은 사람들이 의도치 않게 범죄 유발자로 행동하는 것을 방지하거나 영향을 미칠 수 있다. 위의 캠덴Camden 자전거 스탠드는 자전거 타는 사람들이 안전하게 자전거를 잠글 수 있도록 유도한다. 사용자 친화적인 자동차 원격 잠금 기능은 주차 시 차량을 쉽게 잠글 수 있도록 도와준다.
- 본질적으로 안전하지 않은 제품은 보호자의 안전한 행동을 촉진함으로써 보상하도록 설계될 수 있다. 오늘날의 차량에서는 다양한(종종 성가신) 소리 경고를 제공한다(예: 차에서 내릴 때 열쇠를 빼지 않을 때 나는 경고 소리). 뮤직 플

레이어 등 핫한 제품에 내장된 기능이 좋아지면서 동일한 소리 경고 기능이 접목될 것을 기대할 수 있다. 이는 제조사들이 본질적인 보안을 적용하는 것보다 저렴하면서 나름 도난 방지를 위해 노력한 것으로 인정받을 수 있어 피해 소유주로부터 비난을 피할 수 있도록 해준다.

- 보호자의 존재, 경계, 동기 부여, 권한 부여 및 지시는 일부 통합 보안 시스템의 설계에 모두 적용될 수 있다(Tilley, 2005). 대표적인 예로 감시를 잘 하도록 인테리어 디자인된 소매점 보안 환경을 들 수 있으며, 제품 또는 제품 포장에 태그가 부착되어 판매 직원에 의해 무력화되지 않은 경우 출구에서 감지기를 작동시키고, 경비원을 호출하고, 법원에 도난 증거를 제공한다.

사람 보호자는 때때로 신뢰할 수 없다. 이것은 보호자를 제품의 설치 또는 작동에 포함시키거나 제외하는지에 대한 문제를 야기한다. 에크블럼(Ekblom, 2012d)은 앞서 소개한 그리파 클립Grippa Clip이 반드시 사람에 의해 장착, 유지 및 사용되어야만 하기 때문에 '사용 미숙'의 예를 설명했다. 비록 술집의 경영진과 고객들 모두 잘 디자인되었다고 인정했지만, 어떤 상황에서는 사용자들이 단순히 가방을 보호하는 클립을 쓰는 것에 익숙하지 않아 기능을 제대로 쓰지 못했다. 따라서 일부 보안 기능은 신뢰할 수 없는 사용자를 과정에서 제거하도록 설계되었다. 즉, 자동차 창문 유리에 내장된 차량 라디오 안테나는 운전자가 차량을 떠날 때 안테나를 접어서 넣을 필요가 없다. 하지만 사람의 개입을 제거하는 것이 항상 좋은 것은 아니다. 피스(Pease, 2001)가 지적했듯이 디지털 사진 시대의 도래로 한때 사진관에서 인화할 때 소아성애 사진을 적발했던 감시 기회가 사라졌다. 그리고 더 일반적으로, 상황이 바뀌면, 단독 보안 기능은 인간 보호자의 적응력이 부족하기 때문에 그 예방 효과가 사라질 수 있다.

원격 개입에 의한 제품 보호

취약하고 귀중한 제품은 즉각적인 범죄 상황 이상의 조치를 통해 보호될 수 있다.

- 대상 제품을 제거하거나 파괴하는 데 사용되는 전문 도구를 구하기 어렵게 만든다. 불행하게도, 이것은 거의 모든 것을 사용하는 현대 추세에 역행하

는 것이다. 그러나 비료나 다른 전구 화학물질precursor chemicals[25]과 같은 일상 용품에 대한 테러리스트의 불법사용 우려는 제품을 등록하고 식별하도록 만들었다.

- 대상 제품의 위치와 취약점에 대한 지식 제한하기. 이는 매우 가치 있거나, 위험하거나 "중요한 인프라" 제품을 제외하고는 현대의 추세에 역행하는 것이다.
- 재산표시 및 등록, 추적장치 등 장애물을 이용하여 고의적 범죄행위자의 행위를 제한할 수 있다. 영국에서는 도난당한 휴대전화의 초기화를 금지하고 이에 필요한 장비보유를 금지하는 특별법이 제정되었다. 구리와 같이 자주 도난당한 물품의 재활용도 마찬가지이다 — 영국 고철 판매업자는 이제 구매 기록을 엄격히 관리하고 현금 거래를 금지하는 규정을 준수해야 한다.
- 범죄 유발자에 대한 조치는 구매자, 판매자, 중고상점 등에 대한 다양한 조치와 더불어 불법 시장을 축소하는 방안으로 추진될 수 있다. 예를 들어, 제품 식별 기술 및 등록 시스템과 함께 사용할 수 있다.

지금까지 소개한 것과 더불어, 앞의 "어떻게 작동하나? 제품 디자인이 범죄를 예방하는 방법?" 부분에서 설명한 접근방식은 상황적 범죄 예방의 25가지 기법의 대부분을 예로 보여 준다(Clarke and Eck 2003, and Clarke, Chapter 13, 이 책 참조). 이러한 기법들을 바탕으로 범죄자에게 노력, 비용, 시간 및 위험을 증가시키고 보상을 줄이는 합리적인 선택 메커니즘을 적용한다. 그러나 어떤 경우에는 상황적 영향이 가해자의 행동이 아닌 예방자/유발자의 행동 변화를 유도한다. 그러나 이러한 모든 방식에서 인간을 '적극적 행위자'로 취급하는 것 외에도(Ekblom 2012b), 디자인은 범죄 동기를 유발하는 것과 같은 보다 '근원적'인 방법을 통해서도 작용할 수 있다(Wortley, 이 책 제3장 참조)

위의 많은 이슈들을 고려하고 응축하는 한 가지 방법은 보안 기능 프레임워크 Security Function Framework이다(Ekblom, 2012). 이것은 목적purpose(범죄예방과 다른 측면 모두에서 무엇과 누구를 위한 디자인인가), 틈새niche(예: 어떻게 다른 보안생태계 시스템과 연계될 수 있나? — 예를 들어, 보안이 약해서 추가 보호 기능이 필요한 제품, Grippa clip처럼 전적

---

25 역자주: 전구 화학물질은 마약의 원료가 되는 물질이다.

으로 보호기능만 제공하는 보안제품, 도둑방지 카페 의자Stop thief cafe chair처럼 다른 주요 기능을 갖춘 보안 제품), 메커니즘mechanism, 작동 방식 및 기술technicality(어떻게 제작되고 어떻게 작동 하나?) 등의 관점에서 디자인 고려 사항을 체계적으로 분명히 표현하려고 한다.

범죄예방 디자인의 도전과제

커피 머신을 디자인하는 사람은 제조와 배송시의 고려사항, 변화하는 패션, 변화하 는 가치(예: 지속가능성), 진화하는 기술 및 경쟁사의 제품을 모두 생각해야 한다. 추 가적으로 범죄를 예방하는 제품을 디자인하는 사람들은 또 다른 독특한 일련의 요 구사항을 디자인에 반영해야 한다. 설상가상으로, 그들은 예방 디자인에 대항하여 다른 회피 수단을 찾는 등 적응력 있는 범죄자들을 예상해야 한다.

목적에 맞는 설계: 가치충돌의 균형

범죄에 대한 대중의 우려에도 불구하고, 소비자의 우선순위에 관한 한, 범죄예방은 종종 후순위로 밀려나 있다. 사람들은 멋지고, 성능이 좋으며, 경제적이고, 안전하 고, 싸고, 그리고 도난당하거나 파손되지 않는 자동차를 원한다. 따라서 주요 도전 과제는 어떻게 하면 주요 목적을 위태롭게 하거나 다른 기준들을 위반하지 않고 안 전한 제품을 디자인할 수 있느냐 하는 것이다. 디자이너는 보안 기능 적용이 공급 망, 마케팅, 설치 및 최종 폐기를 통한 제품 제조, 안전 및 경제적 제공과 어떻게 상 호 작용하는지를 고려해야 한다. 이 모든 단계에서(그리고 그 사이에) 잠재적으로 경 쟁하고 충돌하는 요구사항의 범위를 인식하고 조정하는 것이 산업 디자이너 기술 의 핵심이다. 그러한 몇 가지 '가치충돌의 균형'은 특히 중요하다. 제품 디자인 맥락 에서 제시되지만, 모든 종류의 범죄예방 개입 또는 문제지향 경찰활동 해결방안에 적용될 수 있다.

- 심미적Aesthetics: DAC에 대여 종종 제기되는 부정적인 이미지는 '요새 사 회 fortress society'이다. 원래 건축 환경(블록하우스, 무거운 셔터) 분야에 적용되

었던 이 개념은 이동 가능한 제품들에도 우려가 제기된다. 흉측한 범죄방지 컴퓨터 케이스, 추악한 돈주머니 벨트, 또는 뮤직 플레이어에 감긴 체인 등의 예가 있다. 물론 무분별하고 불량한 디자인을 통해 조잡한 요새화가 발생할 수 있다. 하지만 예를 들어, 완벽하게 심미적인 핸드백이 손집어넣기나 면도칼로 자르는 시도에 등 다양한 공격으로부터 안전하게 디자인될 수 있고 (Gamman and Hughes 2003), 창문에 내장된 자동차 라디오 안테나는 눈에 드러나는 보호 공학적 특징 없이 설계될 수 있다.

- 법적, 윤리적 문제Legal and ethical issues: 범죄예방 제품을 만드는 디자이너들은 또한 그들의 제안이 사생활을 침해하는지 아니면 용납할 수 없을 정도로 자유를 제약하는지 고려해야 한다. 한 예로, 사용자의 인식이나 동의 없이 위치정보를 보고하는 휴대폰이 있을 수 있다. 과도한 침입 방지 장치는 고객에 대한 신뢰 부족이라는 이미지를 만들어서 문제가 될 수 있다.

- 지속 가능성Substantiality: 범죄예방 요구사항은 환경/에너지와 관련 고려사항과 함께 제시된다(Pease 2009; Armitage and Gamman 2009). 작고 주머니에 넣기 쉬운 제품은 도난을 막기 위해서 크게 포장하여 이를 막을 수 있다; 그러나 이것은 재료와 에너지를 낭비한다. 따라서 작은 횃불 제품을 포장하기 위해 기발하게도 포장재를 제품 자체 제조에서 나온 잉여 플라스틱으로 만들었다(Design Council, 2000).

- 성가신 일Nuisance: 또 다른 문제는 사회 환경의 질에 대한 가치충돌의 균형이다. 안전하지 않은 자동차를 디자인하는 것은 피해자들과 나머지 사회에게 범죄피해 비용을 전가하는 반면에(Roman and Farrell, 2002; Hardie and Hobbs, 2005), 잘못 디자인된 자동차 경보기는 범죄예방비용을 전가한다.

- 안전Safety: 음주 운전을 방지하거나 무기 사용을 제한하려는 노력과 함께, 안전과 범죄예방은 같은 편이다(지능형 자동차는 음주여부를 감지하고 음주운전을 방지할 수 있고, 지능형 총기는 소유자만 사용할 수 있도록 설정이 가능하다). 그러나 안전safety에 대한 고려사항은 보안security과 충돌할 수 있다. 도난 방지 기능 때문에 사고시 운전자를 구조할 수 없도록 디자인한 자동차는 아무도 원하지 않는다. 그러나 창의적인 방안은 안전과 범죄예방에 모두 도움이 될 수 있다. 건물 외벽의 화재 대피 사다리의 바닥은 도로 높이에서 닿을 수 없게 높은 곳에 걸려 있지만, 화재 시 탈출하는 거주자의 무게로 인해 아래

로 미끄러져 내려오지만, 도로에서 도둑들이 들어오지 못하게 한다.

- 편리성Convenience: 범죄예방 디자인은 사용자 친화적이어야 하지만 동시에 범죄자 친화적이지는 않아야 한다(Ekblom 2014). 복잡한 보안 절차, 잊어버릴 수 있는 암호, 어색한 자물쇠는 제품의 매력을 빠르게 파괴한다. 또한 노약자와 장애인이 쉽게 접근하고 사용할 수 있도록 제품과 장소를 디자인 하자는 포용적 디자인inclusive design 가치와도 충돌할 것이다(www. designcouncil.org.uk/resources/guide/principles-inclusive-design). 실제로 어려운 보안 기능도 얼마든지 우회할 수 있다. 거리 광고에서 휴대폰 비밀번호 해제 서비스를 해준다는 광고를 보지 못한 사람이 어디 있는가?

- 비용Cost: 제품의 모든 추가 기능은 디자인 과정과 제조에 추가 비용을 발생시킨다. 자동차 디자인이나 가전제품과 같이 경쟁이 치열한 분야에서는 심지어 추가적인 1페니의 비용증가도 허용되지 않을 수 있다. 그러나 일부 보안 기능은 설계 단계에서 생각만 하면 된다. 그 예로는 그래피티를 하고 싶도록 유혹하는 으크강River Uck의 도로 표지판이 있다. 아마도 여러 번 그래피티 피해 경험을 한 후, 지역 의회는 표지판에 글씨 쓸 공간을 없애기 위해 그림 14.6에 나온 표지판을 고안했다.

[그림 14.6] 으크강(River Uck) 도로 표지판

독창성과는 별개로, 디자인 과정에서 범죄 고려사항이 일찍 제기될수록 골치 아픈 가치충돌의 균형을 최적화하기 쉽다. 보안 기능은 덜 눈에 띄고, 더 심미적이고 동시에 공격에 덜 취약할 수 있으며, 작동이 보다 사용자에게 친숙할 수 있으며, 자유로운 디자인에 대한 제약이 적고, 비용이 절감될 수 있다.

때때로, 새로운 기술은 이러한 가치충돌을 완화시킬 수 있다. 자동차에서 값싸고 신뢰할 수 있는 소형 전기 모터의 등장으로 문을 잠그는 작동기 장치에서 잠금 장치의 차별적 기능이 물리적으로 분리되어 도어 보안 설계에 대한 크기, 공간 및 신뢰성 제약이 제거되었다. 그러나 기술과 공학은 더 넓은 디자인 요건에 양보해야 한다. 피상적이고, 나사만 덧대는 방식, 또는 무거운 그릴과 같은 투박하고 어색한 공학적 해결방안은 DAC의 명성을 실추시키고 있다(Ekblom 2014).

위험 예상하기

보안기능이 허술한 신상품의 지속적인 시장 진출은 피스(Pease, 2001)가 범죄 추수 crime harvests라고 부르는 상황을 초래하였다. 이는 범죄에 대처하기 위해 사후에 들이는 노력과 수정된 디자인을 통해 성급하고 어슬프게 대응하는 것을 말한다. 고전적인 예는 휴대폰이다(Clarke et al., 2001). 비록 지금은 유출이 막혔지만, 초기에는 보안 취약점들로 인하여 전문지식을 갖춘 범죄자, 범죄 서비스 제공자, 그리고 범죄 네트워크를 통하여 자생적 범죄 시장이 형성되기도 했다. 기술의 발전은 또한 범죄를 위한 새로운 도구들을 제공하는데, 예를 들어, 무선 드릴이나 12V 배터리(자동차 문을 열 때 사용 가능) 같은 것이다. 이전에 안전했던 제품들이 하루아침에 취약해 지기도 한다.

위험을 예상하는 것은 이러한 많은 문제들을 피할 수 있도록 한다. 클라크(Clarke, 1999)의 '핫프로덕트' 개념은 어떤 신제품이 도난을 당하기 쉬운지 예측하기 위해 고안되었다. 그리고 CRAVED의 기초가 되는 위험 요인의 광범위한 경험적 식별을 일치시키기 위해, 일상 활동 이론(Cohen and Felson 1979; Felson 1997; Pease 1997)과 범죄 기회의 결합(Ekblom 2010, 2011 및 http:/5isframework)과 같은 보다 이론적 접근법이 필요하다.

범죄자의 반격

범죄전이displacement에 대한 모든 논의가 인정하듯이, 범죄자들은 적응력이 있다. 이들은 장소, 목표 또는 전술을 변경함으로써 잠재적으로 범죄예방 기법을 회피할 수 있다. 일반적인 종류의 범죄전이에 대한 선행연구를 검토해 보면 범죄전이는 거의 일어나지 않거나 부분적으로 발생한다고 되어 있어서 '잠재적potentially'이라고 강조할 필요가 있다(Gurette and Bowers 2009). DAC 측면에서도 비록 양적 증거가 충분하지 않지만, 범죄자 적응에 대하여는 명확하지 않다. 범죄자는 다음과 같은 다양한 수준의 범죄예방 디자인에 대응할 수 있다.

- 상황에 따른 전술적 대응: 차량 경보기에 빠르게 굳는 스티로폼을 분사하여 소리를 무디게 하는 기법 사용
- 범죄예방 장치를 자신들에게 유리하게 사용하기: 도둑 방지 거울은 두 가지 면에서 모두 작용가능하다. 예를 들어, 아파트의 공동 CCTV는 이웃들 중 누가 외출하는 지 파악이 가능하여, 다른 거주자가 빈집 털이에 사용할 수 있다.
- 디자인을 분석하고 새로운 도구를 개발하는 것: 아마도 메커니즘을 이해하고 파괴하기 위해 자물쇠의 복잡한 공학적 설계 부분 분석하기

범죄예방Crime Prevention은 익숙한 범죄예방 방법을 혁신하고, 변화를 이용하며 안일한 대응을 즐기는 적응형 범죄자와 범죄예방자 사이의 군비경쟁(Ekblom 1999)의 일종이다. 좋은 예로(Shover 1996) 금고와 금고털이 사이에 전개된 오랜 역사가 있다. 보다 최근의 것은 신용카드 사기(Levi and Handley 1998)와 관련이 있는데, 카드 도난 및 불법사용과 같은 하나의 방식에서 다른 방식으로 방식이 전환되는 것이다. 그리고 최근의 사건들은 차량 이모빌라이저의 취약성(예: www.bbc.co.uk/news/technology-29786320)이 등장함에 따라 차량 도난이 다시 발생했음을 시사한다.

장기적으로 범죄 수위는 어느 쪽이 혁신을 하고, 그 혁신을 다른 쪽보다 더 빠르게 주류화하느냐에 달려 있다. 그리고 범죄자들의 혁신이 가속화되고 있다. 이전에는 종종 교도소에서 기술을 배웠지만, 현재는 정기적으로 인터넷에 폭탄을 만들거나 자물쇠를 따는 방법이 등장한다. 그러나 범죄예방자들은 군대, 포식자 대 먹이, 항생제 대 박테리아, 해충 대 해충 방제와 같은 다른 영역에서 일어나는 '진화적 투

쟁 evolutionary struggles'으로부터 배울 수 있다. 에크블럼(Ekblom, 1997, 1999, 2015)은 이러한 문제들을 심도 있게 다루었다(Felson 2006; Sagarin and Taylor 2008 참조).

디자이너의 DAC 참여

직장, 여가, 여행, 쇼핑의 일상 세계에서 범죄예방 개입은 경찰과 다른 전문 예방가들에 의해 직접적으로 시행되는 경우가 거의 없다. 보통, 전문가들은 다른 사람들 또는 기관들이 개입 하고 때로는 설계하도록 하는 것을 목표로 한다. 여기가 관여 involvement의 영역이다. 관여에는 크게 세 가지 측면이 있다. 분위기 조성, 파트너십 partnership(네덜란드에서 잘 발달된 정부와 보험 회사 간의 협력) 및 동원 mobilization. 처음 두 개는 아래에서 다루지만 동원이 제일 중요하다. 범죄예방자들을 동원하기 위한 하나의 일반적인 프레임워크인 CALIMED(Ekblom 2011)는 다음과 같은 단계를 제시한다.

- Clarify: 수행해야 하는 범죄예방 작업 또는 역할을 명확히 한다. 예를 들어, 개입 자체의 실행, 제약 완화, 활성화 요소 제공
- Locate: 디자이너, 제조업체, 마케터 및 소비자를 포함하여 이러한 업무를 수행할 수 있는 가장 적합한 개인 또는 조직을 찾는다.
- Alert: 그들의 제품이 범죄를 유발하거나 관련이 없는 범죄를 예방하는 데 도움이 될 수 있다는 것을 경고한다.
- Inform: 위험에 대해 자세히 알려준다.
- Motivate: 동기를 부여한다.
- Empower: 필요한 경우 권한을 부여한다.
- Direct: 지침을 제공한다.

이 과정은 정부, 경찰, 범죄예방에 관심이 있는 다른 기관들에 의해 지역적으로나 국가적으로 적용할 수 있다. 범죄예방 업무와 역할을 명확히 하고, 우리가 동원하고자 하는 디자이너와 디자인 의사 결정권자의 위치를 파악했다고 가정해 보자. 다음엔 정확히 뭘 해야 하나?

디자이너, 고객 및 소비자에게 범죄에서 디자인의 역할을 경고한다

문화적, 정치적으로 범죄자가 문제이고, 경찰, 법원, 그리고 교정은 해결사로 간주되는 것이 디자이너들과 그들에게 의뢰한 제조업자들이 '내 디자인을 탓하지 말고 그것을 사용하는 사람들을 탓하라'와 같은 진술로 비난을 모면할 수 있게 해주었다; 그리고 언론, 정치인, 대중들은 범죄와 관련된 이 공모에 동조해왔다. 디자이너와 디자인 의사 결정자들이 '도둑처럼 생각하기'로 끌어들이는 첫 번째 단계는 그들에게 올바른 사고방향을 제시하는 것이다. 이 장 시작할 때 보여줬던 예시와 같이 다양한 종류의 예시를 통해 '왜 내가 그 생각을 못 했을까?'라는 생각을 하도록 인도한다.

개별 사례는 지엽적인 영향을 미칠 수 있다. 전략적으로 디자이너와 제조업체가 차량 보안에서와 마찬가지로 효과적인 제품 디자인을 통해 범죄를 해결할 책임을 지게 될 것으로 기대하는 공공 풍토를 구축하는 것이 중요하다(Webb 2005).

위험과 디자인에 대한 지식전달을 통해 디자이너에게 정보 제공

정부와 보험사가 안전하지 않은 디자인에 대해 직접 대응하거나 제조업체, 소매업체 및 서비스 제공업체가 위험에 대하여 효율적이고 비례적인 방식으로 대응하도록 하려면 어떤 제품이 어느 정도까지, 왜 안전하지 않은지 알아야 한다. 디자인 자체의 세부사항을 알리기 위해서도 이러한 증거가 필요하다. 그것을 얻기 위한 세 가지 주요 접근법이 있다.

- 비교 위험률Comparative risk rates을 도출하려면 두 가지 종류의 정보를 결합해야 한다. 예를 들어, 범죄(예를 들어, 절도)에 노출된 다양한 제조사와 모델의 수(연도별 수치가 선호됨. 제품 생산 세부 사항이 빠르게 변경되기 때문)와 실제로 도난당한 수. 이것은 위험을 계산할 때 단순한 숫자 효과를 감안하기 위한 것이다 — 거리에 많은 사람들이 뮤직 플레이어를 가지고 다닐수록, 디자인에 관계없이 더 많은 뮤직 플레이어가 도난당한다. 이 방식은 영국 자동차 도난 지수(Houghton, 1992 및 https://data.gov.uk/dataset/car-theft-index2004-2006)를 생성하는 데 성공적으로 사용되었다. 이 도난 지수는 제조사들이 보안 수준을 높이도록 장려하기 위해 소비자의 압력을 동원하기

위한 의도였다. 비슷하게 최근에는 휴대폰 도난 지수가 개발되었다(Home Office, 2014). 그러나 이러한 제품들은 특별한 경우일 수 있다. 예를 들어, 차량의 경우 위험에 노출된 차량 수(도로에서 각 제조사와 모델의 자동차 수)와 범죄 피해를 당한 차량(차량 피해의 경우 경찰에 거의 모든 피해가 보고됨)에 대한 데이터 세트를 얻는 것이 비교적 간단하다. 하지만 노트북과 같은 경우, 자동차처럼 쉽게 신뢰할 만한 정보를 얻어서 유사한 지수를 만드는 것이 어렵다. 그러나 제품 중에서 인터넷이 가능한 전자제품과 소유권이 자동으로 등록되는 제품이 점점 더 늘어남에 따라 개선될 수 있다.

- 제품 공격 테스트Attacking testing는 범죄자들이 현재 사용하고 있거나 가까운 미래에 채택할 가능성이 있는 도구와 가해 기술을 사용한다. 영국 보험 협회는 자동차에 이것을 적용하고 있다. 불안전 등급의 모델은 더 높은 보험료 구간에 배정된다. 상상할 수 있듯이, 이것은 소비자의 구매 선택에 미치는 영향 때문에 제조사들의 이목을 집중시킨다. 자동차와 금융 시스템을 제외하고 이러한 공격 테스트는 드물다.

- 제품 자체의 디자인과 시공에 대한 체계적인 정밀조사Systematic scrutiny of design and construction는 취약점을 파악하고 보안이 위험에 부합하는지 여부를 평가한 후 보안 등급을 부여한다. 이러한 인증은 주택 및 기타 건물(UK Secured By Design, 네덜란드 경찰 안전 주택과 마찬가지로)에서 이루어졌다. 그러나 최근 가전제품에 대한 경험이 보여 주었듯이 휴대 가능한 제품의 보안등급을 평가하는 방법을 개발하려는 시도는 아직 실행 가능한 상태에 이르지 못했다(Armitage 2012).

공격 테스트와 체계적인 정밀 조사 모두 다양한 종류의 배경 연구를 통하여 도출되었다. 이것은 문자 그대로 도둑맞은 물건의 조각을 집어 들고 범죄자가 어떻게 예방조치를 극복했는지 보기 위해 법의학적으로 살펴보는 것; 범죄 보고서로부터 가해자의 기술에 대한 설명을 얻는 것; 제품을 제공하는 사람들을 인터뷰하는 것; 그리고 이 '예방적 지능'을 얻기 위해 범죄자들을 인터뷰하는 것을 포함할 수 있다.

디자이너와 다른 사람들이 범죄에 책임지도록 동기를 부여

일반적으로 범죄예방 기법을 도입하도록 '인센티브'를 부여하는 방안에 대해 많은 글이 작성되었다(예: Home Office, 2006). 디자이너에게 동기를 부여하기 위해 다양한 공모전 시상(예: 왕립예술학회 학생 디자인상)을 개최하거나, 단순히 위에 요약된 과제들을 도전 사항으로 제시하였다. 하지만 학생들의 열정을 지속적인 흥미와 직업적 헌신으로 바꾸는 것은 디자이너들에게 그들의 범죄예방 디자인이 지속적으로 산업 현장에서 환영받고 생산에 반영되는 것을 보게 하는 것이다. 따라서 관심은 디자인 의사 결정자에게 쏠린다.

제조업체는 기업의 사회적 책임, 명예와 수치심, '환경오염방지비용' 세금 부과(Roman and Farrell 2002, '탄소배출권 거래' 접근법 참조), 소비자 기대와 압박을 이용하거나, 보험비용을 조정하거나, 법률을 제정하는(Design Council, 2000; Clarke and Newman, 2005b) 등과 같은 강/온 인센티브 방식을 모두 사용하여 제품을 안전하게 디자인하도록 만들 수 있다. 웹(Webb, 2005)과 스콧 외 연구진(Scott et al., 이 책 제11장)은 이러한 많은 압력의 조합이 어떻게 자동차 보안의 근본적인 개선을 이끌었는지에 대해 잘 설명한다.

그러나 공급 측면의 동기 부여 요인 중 어느 것도 제조업자의 핵심 이윤 동기에 내재되어 있지 않기 때문에 항상 불안정할 것이다. 범죄 저항성을 통합하려는 의도가 이러한 '자연적' 동기에 더 가까울수록, 범죄예방 디자인은 더 일관되고 지속가능하며 창의적으로 이루어질 것이다. 일반적인 접근은 수요 측면의 동기를 자극하는 것이다. 그러나 소비자들로 하여금 안전한 제품을 우선 구매하도록 장려하는 것은 이론적으로는 그럴듯하지만(Design Council, 2000), 그것이 소비자들의 선택에 효과적으로 영향을 주었는지 입증하지 못했고, 그러한 선택이 제조업자들에게 범죄예방 디자인을 도입하도록 유도했는지도 확인되지 않았다. 이는 경제학자들이 예를 들어, 시장 상황(예: 복수의 생산자 v 독점; 제품의 구매 빈도 또는 수명)이 어떻게 공급자의 보안을 다루는 경향을 장려하거나 저해할 수 있는지에 대한 아이디어를 유용하게 제공할 수 있는 분야이다.

정부의 개입은 그러한 '시장 실패'에 대한 중요한 대안으로 남아 있다(예: Newman, 2012). 클라크와 뉴먼(Clarke and Newman, 2005b)은 정부가 범죄 유발 제품을 개선하는 것을 지원하기 위한 다양한 역할을 평가했다. 여기에는 정부가 필요에 따라 사회적 책임을 지는 대규모 조달자 역할을 수행하고, 인센티브를 관리하고, 사회적 책임을 지는 제조업체들이 손해를 보지 않도록 공정한 경쟁 시장을 보장하는 것이 포함된다. 브라운(Brown, 2013b)은 자동차 범죄 피해에 대한 자신의 경험을 바탕으로 소비재 제품에 범죄예방 디자인을 도입하고자 하는 정부를 위해 다양한 방안을 제시하고 있다.

범죄 저항 제품을 만들기 위해 디자이너에게 권한 부여하기

셉테드CPTED 분야와 비교했을 때 제품 디자이너에 대한 지침은 명확하지 않지만, 이는 변화하고 있다. 영국 디자인 위원회는 업데이트된 지침을 발표했다. 이 지침은 Salford University의 www.designcouncil.org.uk/resources/guide/designing-out-crime-designers-guide 에서 확인할 수 있다.

센트럴 세인트 마틴의 DAC 연구 센터는 다양한 미디어를 통하여 다수의 디자인 소스를 생산한다. 예를 들어 가방, 자전거 절도, ATM 범죄 수법에 대한 만화 그래픽 등을 제공한다(www.designagainstcrime.com/methodology-resources/perpetrator-techniques, 및 www.bikeoff.org/design_resource/). 기타 영국 기관으로 휴대폰의 보안 기능을 평가하는 방법들을 개발한 러프버러 대학교Loughborough University(Whitehead et al., 2008)와 이미 언급한 바와 같이 프로젝트 MARC의 영국과 이탈리아 팀이 보안 등급 개발 과정을 주도했다.

디자이너들에게 지침제공: 표준

표준은 정부 정책을 구현하는 중요한 도구이다. 그러나 엄격한 요구사항은 디자인을 개별 상황에 적용하기 어렵게 만들고 변화에 적응하는 것을 더디게 만들 수 있다. 그리고 다양한 예방법을 제공하는 것이 비용 경쟁에서 중요하다. 그러므로 디자인 자유를 강화하는 것은 범죄와 싸우는 데 있어 필수적이다. 기술 또는 시공 표준 대신에 성능 표준을 사용하고 이러한 성능 표준이 더 효과적이라는 것이 증명되면 표준과 자율성 사이의 갈등은 해결될 수 있다. 예를 들어, 차량 보안 사양을 '강화강철 잠금장치 사용'이 아니라 '최소 5분 동안 최신 공구로 무장한 범죄자에게 뚫리지 않는 잠금장치'라고 규정하는 것이다. 이러한 표준은 영국 손실 방지 인증 위원회와 유럽 CEN 표준 기구에서 선호한다.

DAC범죄 예방 디자인: **영향력의 증거**

스튜디오 테스트, 현장 시험, 사용자 및 서비스 엔지니어 경험, 궁극적으로는 판매, 수익성 및 시장 리더십을 통한 평가와 피드백이 제품 디자인이라는 진화 과정에 내재되어 있다. 그러나 '대상물 강화target hardening' 또는 일반적인 상황적 접근법과는 다르게 범죄예방 디자인과 관련된 일반적인 평가 및 비용 대비 효과에 관하여는 효과성이 있다는 강한 증거가 거의 없다. 증거로서 존재하는 몇 가지 연구는 종종 약한 연구 방법론을 바탕으로 하고 있어 제한적이다. 공식적인 제품에 대한 평가는 클라크와 뉴먼(Clarke and Newman, 2005b, 표 4)에 요약되어 있다. 특히, 브라운(Brown, 2013a)이 검토한 16개 연구에서 다양한 품질에 대한 증거는 최근 몇 년 동안 차량 도난의 실질적이고 지속적인 감소에 이모빌라이저가 기여했음을 보여 준다. 포괄적인 영향 평가 수행에 소요되는 시간과 비용(예: Grippa clip과 같은 보안 제품의 생산 및 설치 비용 포함)은 상당한 수준이다. 바워스 외(Bowers et al, 2009)는 생산 비용 대비 통계적 파워의 상쇄 효과의 균형점을 찾기 위해 엑셀 스프레드시트 접근방식을 개발했다. 대안적 접근법은 안전한 설계의 중간수준에 초점을 맞추고, 행동 변화에 따른 결과를 도출하는 것이다. 예를 들어, CaMden 자전거 스탠드는 기존의 전통적 디자인에 비하여 사용자들이 더 주의해서 자전거를 잠그도록 디자인하였고, 이는 도난 피해 감소를 위해 필요한 과정이다. 다른 영향력 증거는 일화적이지만(Clarke and Newman, 2005b) 효과가 있음이 자명하다. 예를 들어, 청소년들이 타는 것을 막기 위해 런던 기차 객차의 끝 빔과 손잡이에 플라스틱 덮개를 설치해서 타지 못하도록 했다. 겉보기에도 이제는 청소년들이 탈 수 없다는 것을 알 수 있다.

그러한 확실한 증거를 더 많이 얻을수록 DAC가 정부로부터 지속적인 자금과 관심을 확보하는 데 도움이 될 것이다. 또한 이러한 증거는 소비자들이 범죄예방 기법을 적용한 제품을 선택하도록 설득하고, 제조업체가 보안에 신경을 쓰도록 설득하는 데 도움이 될 수 있다.

결론

범죄에 대항하는 제품을 디자인하는 연구와 실천은 우리가 새로운 시각으로 친숙한 것을 볼 수 있게 해준다. 그것은 또한 익숙하지 않은 영역으로 이어진다. DAC는 상황적 범죄 예방 내에서 상대적으로 좁은 개입 영역이지만, 모든 종류의 개입과 실제로 범죄예방 과정의 모든 단계에 기여할 수 있는 광범위한 접근법이다. 이 관계에 대한 자세한 내용은 에크블럼(Ekblom, 2012b)에 있다.

DAC 개입은 결코 범죄에 대한 완전한 해답이 될 수 없다. 실행과 참여 또한 주요 쟁점인데, 어떻게 생산자와 사용자를 동원하여 범죄예방 디자인을 선택하도록 유도하고 그것을 잘 실현할 것인가이다. 그러나 제품을 디자인하는 것은 장소 관리, 건축 환경 또는 범죄자 중심의 개입을 보완하는 방식으로 모든 종류의 범죄를 줄이는 데 지속적으로 도움이 될 것이다. 새로운 기술, 특히 제품에 내장된 지능과 연결성으로 인하여 그것들이 내장된 시스템과 장소에서는 언제든지 존재를 인지하게 됨에 따라 그 역량의 경계는 확실히 급격한 변화를 겪을 것이다.

▣ 검토 질문

1. 자동차 대신 스마트폰 또는 태블릿을 사용하여 표 14.1을 다시 만들어 보시오.

2. 표 14.1의 각 셀에 나열된 범죄 활동에 대한 디자인 솔루션을 자동차 또는 휴대 전화용으로 제안해 보시오.

3. 제조업체가 특정 제품에 대한 특정 위험을 해결할 수 있도록 정부는 충분히 신뢰성 있게 예측할 수 있는가?

4. 기술 혁신이나 사회 변화로부터 파생되는 제품과 관련된 잠재적인 새로운 범죄 위험을 생각해보시오. '범죄와 보안Misdeed and security' 프레임워크를 바탕으로 리스트를 구성해 보시오.

5. 상황적 범죄 예방의 25가지 기술 중에서 제품이나 장소의 디자인이 기여할 수 없는 것이 있나? 25가지 기술을 벗어나는 DAC 접근법이 있을까?

깨진 유리창

마이클 웨저^{Michael Wagers}는 아마존 웹 서비스의 공공 안전 전문가로서, 경찰활동 발전을 위한 기술 채택을 옹호하고 있다. 마이클은 아마존에 입사하기 전에 시애틀 경찰국의 최고 운영 책임자로 근무하면서 Real Time Crime Center와 Compstat 프로세스를 설계하고, 첫 해커톤을 개최하고, 바디캠 비디오를 위한 소프트웨어를 개발하고, 경찰 비디오를 위한 YouTube 채널을 만드는 등 부서에 기술을 도입하는 것을 도왔다. 시애틀에 앞서 마이크는 IACP에서 법 집행 운영 및 지원 국장을 역임했다. 그는 럿거스 형사사법대학원에서 박사학위를 받았다.

윌리엄 소사^{William Sousa}는 라스베이거스에 있는 네바다 대학교의 형사사법학과 부교수이다. 그는 뉴어크 럿거스 대학교에서 박사 학위를, 보스턴 노스이스턴 대학교에서 형사사법학 석사 학위를, 스톤힐 칼리지에서 형사사법학 학사 학위를 받았다. 그의 현재 연구 프로젝트는 경찰 질서 유지 활동, 경찰 관리, 그리고 지역사회 범죄예방에 관한 것이다.

조지 캘링^{George Kelling}은 맨해튼 연구소의 선임 연구원, 럿거스 대학교의 형사사법대학 교수, 하버드 대학교의 케네디 행정대학원 펠로우 교수이다. 1970년대에 그는 캔자스시티 예방 순찰 실험과 뉴어크 도보 순찰 실험 등 치안 분야에서 여러 가지 대규모 실험을 수행했다. 도보순찰 실험은 제임스 Q 윌슨과 함께 그의 가장 친숙한 출판물 'Broken Window'에 기여한 원천이다. 그의 최근 주요 저서로는 아내인 케서린 콜스와 공저한 '깨진 유리창 고치기: 지역사회의 질서 회복과 범죄 감소(Fixing broken window: Restoring Order and Reducing Crime in Our Communities [Pree Press 1998])'가 있다.

제15장 깨진 유리창(Broken Windows)

마이클 웨저, 윌리엄 소사, 조지 캘링
(Michel Wager, William Sousa and George Kelling)

서론

환경범죄학은 지역수준에서 범죄사건에 대한 이해를 강조한다. 이와 같이, 환경범죄학자들은 넓은 지역의 총체적인 범죄동향에 대해 덜 주목하고, 특정한 장소에서 발생하는 특정한 문제에 더 관심을 갖는다. 지역수준에서 범죄에 대한 지식을 개발함으로써, 특정한 장소에서 장래에 범죄가 발생하는 것을 방지하기 위해 더 효과적인 개입 방안을 마련할 수 있다(Clarke, 1997). 이 미시적 수준의 접근법은 지역사회에 중요한 영향을 미친다. 지역사회의 독특한 특징과 문제의 유형에 따라서 범죄기회를 감소시키기 위한 노력이 달라질 수 있다.

지역문제를 이해하는 것은 특히 경찰에게 매우 중요하다. 경찰은 중대범죄와 폭력범죄 예방에 신경을 써야 하지만, 질서를 유지하고 지역사회의 삶의 질을 향상시켜달라는 시민들의 요구에도 부응해야 한다. 따라서 경찰관들이 특정 장소에서 범죄의 독특한 특성을 이해하는 것뿐만 아니라, 공동체에서 발생하는 무질서의 본질을 이해해야 한다.

이 장에서는 지역사회의 범죄와 무질서를 관리하기 위한 전략을 설명한다. 우리의 논의는 무질서, 시민 공포, 범죄 사이의 관계를 설명하는 깨진 유리창 가설을 중심으로 전개된다. 여기서는 초기 논문에서 제시한 중심 원리들을 재검토한다.

깨진 유리창 개요

깨진 유리창 논쟁은 조지 캘링George Kelling의 뉴저지 뉴어크 경찰 순찰에 대한 연구에서 비롯되었으며 제임스 큐 윌슨James Q. Wilson의 경찰 업무의 복잡성에 대한 초기 글을 바탕으로 만들어졌다(Pate et al., 1981; Wilson, 1968). 원래의 개념은 문학과 문화 잡지인 월간 애틀랜틱Atlantic Monthly에 "깨진 유리창: 경찰과 이웃의 안전 Broken Windows: The Police and Neighborhood Safety"이라는 제목으로 게재되었다. 윌슨과 캘링(Wilson and Kelling, 1982)은 건물의 유리창이 깨진 것을 방치하는 것은 아무도 관심을 갖지 않는다는 신호이고 이는 더 많은 유리창이 깨지는 결과를 가져오는 것처럼, 방치된 무질서는 지역사회에 아무도 관심을 갖지 않는 다는 신호가 되고, 범죄 두려움을 증가시키고, 공공장소를 사람들이 피하게 되고, 지역사회통제가 붕괴되고, 결국에는 중대한 범죄가 증가하게 된다고 추측했다. 윌슨은 월간 애틀랜틱 기사에 기술된 무질서에서 범죄로 이어지는 순서에 대해 언급하면서 공공질서 전제의 이면에 있는 주장과 과정은 "이웃의 질서유지에 아무도 신경 쓰지 않는 다면, 어떻게 이웃사회가 무질서나 심지어 범죄로 쇠퇴할 수 있는지를 포착하기 위한 것"(1996, p. xv)이라고 언급했다.

깨진 유리창 은유는 심리학자 필립 짐바르도(Philip Zimbardo, 1970)가 1960년대에 수행한 연구의 지적 확장이다. 그가 발견한 것 중 하나는 자동차가 표면적으로 안정된 이웃에 버려졌을 때, 그 차는 이웃 주민들에 의해 일반적으로 방해받지 않고 방치되었다는 것이다. 반대로 범죄가 많은 동네에 버려진 비슷한 차량은 10분만에 공격을 받기 시작했고 사흘에 걸쳐 반복적으로 파손됐다. 짐바르도의 연구는 도시 생활의 심리를 엿볼 수 있는 기회를 제공했다. 즉, 어떤 지역이 통제되지 않거나 범죄 행위가 용납된다는 시각적 신호가 있을 때, 개인들은 비행에 관여하게 된다는 것이다. 범죄가 발생하기 쉬운 동네에 차가 버려진 후 바로 파손된 것은 놀랄 일이 아니었다 — 이미 그 동네에서 범죄가 발생했음을 알리는 신호들이 있었다. 더 흥미로운 부분은 대부분의 차량 훼손과 절도가 대낮에 일어났으며, 이중 많은 사람들이 옷을 잘 입고 겉으로 보기에 "존경"할만한 어른들이었다는 것이다. 지역공동체의 통제 부족은 일탈이 용인된다는 신호를 보냈다.

깨진 유리창 논문의 출판은 경찰 분야에 대한 사회과학 연구가 어느 정도 이루어지고 난 이후에 이루어졌다. 예를 들어, 많은 평가연구들이 경찰의 무작위 순찰 전략과 시민들의 서비스 요청에 대한 신속한 대응과 같은 표준적 경찰활동들의 효과성에 의문을 제기하였다. 예측할 수 없는 무작위 순찰이 경찰이 어디에서 나타날지 모르도록 느끼게 하여 범죄를 억제한다는 것이 지배적인 생각이었다. 그러나 캘링 외 연구진(Kelling et al., 1974)은 캔자스시티에서 이 아이디어를 실험했을 때 연관성을 발견하지 못했다. 한 지역을 무작위로 순찰하는 경찰차의 수를 추가하거나 없애는 것은 범죄의 수위나 시민들의 공포에 영향을 미치지 않았다. 스패로우, 무어 그리고 케네디(Sparrow, Moore, and Kennedy, 1990:15)는 실험에 대해 다음과 같이 썼다. "결과는 경찰을 충격에 빠뜨렸다. 순찰 정도의 변화는 전혀 눈에 띄는 영향을 주지 못했다." 동시에, 경찰활동의 또 다른 표준인 '범죄현장에 대한 빠른 출동시간이 도망치는 범인을 잡을 가능성을 높인다는 명제 또한 도전받았다. 분석에 따르면 출동시간 단축에 따른 범죄통제의 편익은 거의 없으며, 체포의 확률을 높이는 것에 가장 큰 영향을 미치는 것은 시민의 신고 시간이지 경찰의 출동시간이 아니라는 것을 밝혀냈다(Kansas City Police Deaprtment, 1977; Spellman and Brown, 1981). 스패로우 외 연구진(Sparrow et al., 1990, p. 16)은 이 초기 경찰 연구의 결과를 다음과 같이 요약했다.

> 범죄를 막기 위해 순찰에 의존하고 범죄자를 잡기 위해 신속하게 출동함으로써, 경찰은 스스로 고립되고 수동적인 코너로 물러났다. 나이든 순찰 경찰관들은 자연스럽게 그들의 순찰구역에서 범죄를 봐왔고, 어느 정도 패턴을 파악하고 있었다. 그들의 구역에서 일어난 모든 사건에 책임이 있었고, 갑자기 빈집털이가 늘어나거나 마약 복용자들이 늘어나면 어느 절도범이나 마약판매상을 찾아야 할지 알고 있었다. 현재 경찰관들은 무전기에 묶여 있어서 각각의 범죄를 끊임 없이 신고되는 개별적 사건들로 보았다. 같은 동네에서 14건의 강도 사건이 일어났을 때 14대의 다른 순찰차가 출동되었을지도 모른다.

이러한 연구와 다른 경찰관련 연구들은 1967년 법집행과 사법행정에 대한 대통령 위원회President's Commission on Law Enforcement and the Administration of Justice에 의해 자유사회에서의 범죄 도전The Challenge of Crime in a Free Society이 출판된 이후에 이루어졌다. 이 보고서 이전에는 경찰에 대한 과학적 연구는 거의 없었다. 이후 몇 년 동안 경찰 업무를 이해하는 데 있어 "지적 노력의 대단히 생산적인 기간"이 있었다.

1980년대와 1990년대에 걸쳐 깨진 유리창 가설을 시험하기 위해 다양한 연구가 시도되었다. 스코간(Skogan, 1990)의 40개 도시를 대상으로 한 연구는 종종 깨진 유리창에 대한 경험적 지지를 제공하는 것으로 인용된다. 그는 공포, 무질서, 범죄 사이에 통계적으로 유의미한 관계를 발견했다. 그러나 깨진 유리창 가설을 검증하기 위해 요구되는 연구 조건을 충족시킨 최초의 시험은 1990년대 뉴욕시에서 실질적인 경찰활동 변화가 제공하였다. 만약 깨진 유리창 가설처럼 무질서가 범죄를 일으킨다면, 무질서에 대한 경찰활동이 범죄를 예방할 수 있을까? 1990년대 초 지하철에서 시작하여 1990년대 중반부터 2000년대 초반까지 도시 전역에서 깨진 유리창 경찰활동이 공공장소에서 범죄를 줄이고 질서를 회복하기 위한 경찰 전략의 필수적인 부분이 되었다.[26]

뉴욕 지하철에서, 메트로폴리탄 지하철 당국은 다른 문제들 중에서도 공공기물파손 문제와 싸우기 위해 노력하기 시작했다. 그들은 클린카 프로그램에 따라 지하철에서 그라피티를 적극적으로 지웠다. 그라피티가 발견되면 차량은 운행이 중단되고 거의 즉시 지워졌다(Sloan-Howitt and Kelling, 1990). 그라피티 예술가들이 자기들의 "예술작품"을 보는 것과 다른 사람들에게 보여 주는 것도 허락되지 않았다. 하지만 무질서 행동은 계속되었다. 교통경찰국장으로 임명된 브래튼은 상황을 다음과 같이 요약했다.

그 당시, 350만 명의 사람들이 매일 뉴욕 지하철을 탔다. 그러나 그 수는 지하철 시스템에 대한 두려움으로 인해 급격히 감소하고 있었다. 그 당시에는 지하철 시스템의 유지보수가 매우 부족했고, 매일 화재와 열차 탈선 사고가 발생했으며, 시민들은 지하철에서 구걸 갈취범이나 요금을 내지 않고 개찰구를 타넘는 좀도둑들과 마주쳤다. 지하철에 타기 위해서는 가까운 개찰구를 통과해야 했고, 거지나 좀도둑이 손을 내밀고 그곳에 서서 돈을 달라고 협박하는 것은 도로에서 운전중 빨간불에 서있을 때 거지

---

26 깨진 유리창 경찰활동은 2000년대 중반과 2010년대 초에 뉴욕경찰의 "정지, 질문, 몸수색(Stop, Question, and Frisk)" 프로그램으로 바뀌었다(Rosenfeld, Terry, and Chauhan, 2014). 2014년 Bill Bratton이 커미셔너로 다시 임명되면서, 깨진 유리창 경찰활동은 뉴욕경찰의 문제 관리 전략의 일부가 되었다.

들이 창문을 닦고 돈을 달라고 위협했던 것과 거의 같은 방식이었다.

(Civic Bulletin, 2004, p. 4)

교통경찰이 개찰구 타넘기, 거지의 갈취행위, 그리고 다른 종류의 불건전한 행위에 대한 문제를 해결하기 시작한 후에야 상황이 바뀌었다. 경찰들은 무질서 행동을 단속하기 시작했다. 브래튼은 다음과 같이 말했다.

> 우리의 프로그램이 진행되고 난 후 경찰관들은 요금을 내지 않고 개찰구를 타넘는 혐의로 체포된 7명 중 1명 정도에게서 수배영장이 발부되었다는 것을 알게 되었다. 종종, 이러한 영장은 살인, 강간 등과 같은 매우 심각한 범죄에 대한 것이었다. 적어도 요금을 안내고 개찰구를 통과하는 매 21명당 1명 정도가 일자형 면도칼부터 우지 경기관총Uzi submachine gun까지 다양한 종류의 무기를 소지하고 있었다. 결국 이 전략은 경찰들을 흥분시켰다. 왜냐하면 그들은 과도한 노력 없이 중대한 범죄자들을 잡을 수 있는 좋은 기회를 가졌기 때문이다.

(Civic Bulletin, 2004, p. 5)

모든 개찰구 타넘는 자들이 심각한 범죄자는 아니었지만, 많은 중범죄자들이 개찰구를 타넘고 있었고 이러한 형태의 요금 회피에 주의를 기울이는 것은 경찰로 하여금 그들 중 많은 사람들과 접촉할 수 있게 해주었다(Roach, 2007).[27] 다시 말해, 상대적으로 경미한 요금 탈루 범죄를 저지름으로써, 범죄자들은 스스로 선택해서 경찰의 추가 조사를 받게 되었다. 무질서 행위와 상태에 초점을 맞춘 이런 유형의 경찰활동 때문에 범죄는 감소하고 승객 수는 증가했다(Kelling and Coles, 1996). 2004년까지 지하철 범죄는 1990년에 비해 거의 90% 감소하였다. 일일 탑승객 수는 기하급수적으로 증가하였다(Civil Bulletin, 2004).

---

27 이러한 경찰활동 전략은 또한 범죄 경력에 관한 문헌에 의해 뒷받침되며, 이는 심각한 범죄를 저지른 사람들이 종종 경범죄에도 연루된다는 것을 시사한다. 예를 들어, Chenery, Henshaw, Pease (1999)는 장애인을 위한 공간에 불법 주차하는 사람들의 20%가 더 심각한 범죄를 저질러 경찰의 즉각적인 주목을 받는다는 것을 발견했다. Roach (2007)가 나타내듯이, 어떤 경범죄는 경찰을 더 심각한 범죄로 인도하는 "촉진제"로 볼 수 있다.

뉴욕시 거리에서의 문제들은 그 당시 지하철에서의 혼란과 거의 비슷했다. 1990년에는 2,200명 이상의 살인사건이 발생했으며, 동시에 인구 10만 명당 강도 건수는 미국에서 가장 높았다(Karmen, 2000). 라드너와 레페토(Lardner and Reppetto, 2000, p. 297)는 이 시기에 범죄에 대한 대중의 인식이 어떠했는지를 요약했다. "그것은 통제 불능이고 아무 조치도 취해지지 않고 있다." 뉴욕 포스트의 유명한 헤드라인은 데이비드 딘킨스David Dinkins 당시 시장에게 이 상황을 해결해 줄 것을 요청했다. "데이브, 어떻게 좀 해봐!"라고 쓰여 있었다.

루돌프 줄리아니Rudolph Giuliani는 1993년 시장선거에서 법과 질서를 내세워 딘킨스를 이겼다. 그는 1994년 뉴욕 경찰청에 브래튼을 청장으로 임명했다. 브래튼 청장의 지휘아래에서 뉴욕 경찰은 깨진 유리창 경찰활동을 도입했다. "경찰활동 전략 5번: 뉴욕의 공공 공간을 되찾기"가 청사진이 되었다. 윌슨과 캘링의 말을 인용한 뉴욕경찰의 1994년 문서는 깨진 유리창 경찰활동이 어떻게 도시의 범죄와 무질서를 줄이려는 경찰노력의 핵심이 될 수 있는지에 대한 개요를 담고 있다. 전략은 "도시의 무질서 수준을 감소시키기 위하여 체계적이고 공격적으로 활동함으로써 뉴욕경찰은 더 심각한 범죄가 발생하는 토대를 줄이기 위해 행동할 것이다"(New York Police Department, 1994, p. 7). 뉴욕시는 이 전략이 도입된 첫 해에 범죄율이 12% 감소했으며, 1995년과 1996년에는 범죄가 매년 16%씩 감소했다(Silverman, 1999, p. 6-7). 범죄는 1990년대와 2000년대에 걸쳐 뉴욕에서 계속 감소하였다.

그런데 뉴욕 경찰은 지하철과 거리에서 정확히 무엇을 했을까? 깨진 유리창 은유가 경찰 운영전략으로 어떻게 해석되었을까? 깨진 유리창 경찰활동은 경범죄에 대한 단호한 단속으로 묘사될 수 있다(Kelling and Coles, 1996). 질서유지 경찰활동order-maintenance policing 또는 삶의 질 경찰활동Quality-of-life policing이라는 용어와 동의어로 자주 사용된다. 소사와 캘링(Sousa and Kelling, 2006, p. 78)은 깨진 유리창 경찰활동을 "경찰이 무질서 행동과 성매매, 노상방뇨, 공격적인 구걸행위와 같은 '삶의 질 위반행위quality-of-life offenses'에 대하여 강조하는 것"이라고 하였다. 뉴욕경찰의 깨진 유리창 경찰활동 중에 경찰관들의 행동을 관찰한 연구를 바탕으로, 그들은 또한 이를 "경미한 범죄에 주의를 기울이는 것"이라고 묘사했다. 그들은 아래와 같이 서술했다.

가끔씩 경범죄에 주의를 기울이는 것이 체포나 소환과 같은 공식적인 조치를 수반하지만, 공식적인 조치가 전혀 수반되지 않는 경우가 더 많다. 경찰관들이 무질서한 행동을 무시하지는 않았지만, 경범죄를 위반한 시민에게 비공식적으로 경고하거나 교육하거나 꾸짖거나 구두로 질책하는 경우가 훨씬 많았다.

(Sousa and Kelling, 2006, p. 89)

이는 뉴어크 도보 순찰 실험 중 관찰된 것과 유사하며, 깨진 유리창 아이디어의 많은 근거가 되었다.

뉴욕시 성과에 대한 평가는 물론 무작위로 할당한 실험은 아니었다. 이로 인하여 실제로 범죄감소 효과가 일어났는지에 대한 격렬한 논쟁을 낳았다. 지지자들은 깨진 유리창이 성공 스토리라고 주장한다(Bratton, 1998; Kelling and Coles, 1996; Giuliani, 202). 뉴욕에서 범죄가 줄어든 이유에 대해 다른 설명들이 제시되었다. 경제 상황 개선, 인구 통계학, 폭력적인 크랙코카인 시장의 쇠퇴, 1970년대 낙태 합법화, 납 노출 감소가 대안적 설명으로 제시되었다(Blumstein and Wallman, 2000; Levitt and Dubner, 2005; Reyes, 2007). 게다가, 일부 사람들은 지난 20년 동안 산업화된 국가들의 보안 장비의 발달이 최소한 일부 유형의 범죄 기회를 줄였고, 이는 뉴욕을 포함한 많은 미국 도시들에서 범죄 감소에 기여했다고 주장했다(Farrell, Tseloni, Maileey, and Tilley, 2011).

그럼에도 불구하고, 깨진 유리창이 뉴욕시의 전반적인 범죄 감소에 기여하는 정도를 파악하려는 시도가 있었다. 예를 들어, 캘링과 소사(Kelling and Sousa, 2001)는 관할구와 자치구 차원의 데이터분석을 통하여 범죄 감소가 경찰의 무질서 통제 활동과 연결됨을 증명하였다. 다른 연구에서도 또한 깨진 유리창 경찰활동과 뉴욕의 범죄감소(Corman and Mocan, 2005; Cerda et al., 2009; Messner et al., 2007; Rosenfeld, Fornango, and Rengifo, 2007)[28] 및 다른 도시에서의 범죄감소(Braga, Welsh, and Schnell, 2015)와 연결했지만, 몇 몇 연구는 경찰활동과 범죄감소와의 관계성을 찾지 못했고, 매크로 수준의 요인이 범죄 감소와 더 밀접한 관련이 있다고 보고했다(Baumer and Wolff, 2013; Greenberg, 2013; Harcourt and Ludwig, 2006; Sampson and

---

28 Austin and Jacobson (2013) 역시 뉴욕 교도소 인구 감소의 원인으로 경찰이 경범죄에 초점을 맞추고 있다고 보고 있다.

Raudenbush, 1999).

　　학자들은 또한 깨진 유리창 경찰활동에는 의도치 않은 부작용이 발생한다고 주장해왔다. 하코트(Harcourt, 2001:207)는 깨진 유리창이 길거리를 배회하거나 구걸행위를 하는 정도 삶의 질 위반행위를 "단순히 성가신 행동에서 심각하게 해로운 행동"으로 만들어서 범죄자를 양산한다고 주장한다. 이 주장은 특정 사람들을 공동체에서 배제하기 위한 접근법이자 질서와 예절에 대한 중산층의 동경에 지나지 않는다고 했다(Kunen, 1994; McCoy, 1986). 볼링(Bowling, 1999)은 깨진 유리창이 경찰이 "엉덩이를 걷어찰" 수 있는 길을 열어준다고 말했다. 월슨과 캘링은 월간 애틀랜틱 기사에서 단지 벌금이나 사회봉사 정도로 처벌되는 소란, 거리배회, 구걸행위 같은 무질서 위반행위에 대하여 경찰이 강력히 법집행을 하는 것에 내재된 윤리적 딜레마가 있음을 인식했다. 그들은 "경찰이 지역사회에 대한 편견을 갖지 않도록" 하면서 어떻게 하면 깨진 유리창 경찰활동을 할 수 있을지에 대해 고민했다(Wilson and Kelling, 1982, p 36). 게다가 월슨과 캘링(1982, p.35-36)은 지역사회 공동체의 통제가 "지역사회 자경단활동"으로 변하는 것을 우려했다.

　　다음 절에서는 왜 월슨과 캘링이 원본 기사에서 무질서가 중요하다고 추측했는지, 그리고 왜 경찰이 경범죄에 관심을 가져야 하는지 설명한다. 월간 애틀랜틱 기사에 기술된 핵심 아이디어에 대해 논의함으로써, 우리는 또한 비평가들이 깨진 유리창을 비판할 때 놓쳤던 많은 요점들을 반박한다.

깨진 유리창에 대한 원래 생각

깨진 유리창은 1982년 월슨과 캘링에 의해 가설로 처음 언급되었다. 그들은 제지하지 않는 무질서가 공포와 더 심각한 범죄로 이어진다고 추정했다. 캘링과 콜스(Kelling and Coles, 1996)는 그들의 책, 깨진 유리창 고치기: 지역사회의 질서 회복과 범죄 감소Fixing Broken Windows: Restoring Order and Reducing Crime in Our Communities에서 이러한 아이디어를 확장했다. 깨진 유리창 논쟁의 본질은 해결되지 않은 무질서가 범죄에 대한 두려움의 증가로 이어진다는 것이다. 이렇게 공포감이 커지면 인근 주민들은 공공장소 이용을 자제하고 각종 보호조치를 취하게 된다. 예를 들어, 시민들은 소란스러운 젊은이들이 접근하면 반대편 도로로 피하거나, 집 주인들은 보안을 강화하기 위해 창문에 빗장을 설치하고 현관에서 이웃들과 모여 이야기 하는 것을 멈출 수 있다. 따라서 이것은 지역사회 구성원, 상인, 그리고 다른 지역사회 돌봄자들에 의해 행해지는 비공식적 사회통제를 약화시킨다. 그것은 또한 시민들이 동네공원에서 청소년들이 난폭하게 행동하거나, 어린 아이들이 욕설을 하는 등의 행동에 대해 비공식적으로 경고하거나 꾸짖을 가능성을 감소시킨다. 공포가 한때 존재했을 법한 공동체 의식을 압도하게 되었다는 것은 이러한 행위를 묵인하는 것으로부터 드러난다.

무질서와 결부된 지역사회 통제의 붕괴는 다음 단계로 더 심각한 범죄가 일어날 수 있는 비옥한 토대를 제공한다. 윌슨과 캘링(1982)은 그라피티와 공격적인 구걸행위와 같은 비교적 사소한 문제들이 문자 그대로 건물의 깨진 유리창과 동등하다고 주장한다. 게다가, 이러한 종류의 경미한 위반이 점차 늘어나 횟수가 많아지기 시작할 때, 잠재적인 범죄자들에게 그 지역이 지역주민이나 경찰에 의해서 통제되지 않는다는 신호를 보낸다. 이것은 적발이나 체포의 위험이 낮다는 것을 보여주는 신호이기 때문에 더 많은 범죄를 유발한다. 윌슨과 캘링(1982, p. 34)은 다음과 같이 썼다.

> 강도들은 기회주의적이든 전문적이든 잠재적 피해자들이 이미 압도적인 상황으로 위협을 받고 있는 거리에서 강도를 하면 체포될 확률이 낮아지고 심지어 발각되지도 않는다고 생각한다. 거지들이 행인들을 성가시게 하는 것을 통제 할 수 없는 지역사회라면, 도둑은 이곳은 범행 대상을 물색하는 강도를 발견하고도 경찰에 신고하지 않을 것이고, 또 실제로 강도가 발생했더라도 제지하지 않을 것이라고 추정할 것이다.

깨진 유리창은 무질서가 간접적으로 더 심각한 범죄로 이어지는 모델을 제시한다. 일부 학자들은 이 논문을 무질서가 범죄와 직접적(directly)으로 연결된다는 주장으로 해석하며 모델을 잘못 해석했다. 그러나 원고를 읽으면 "깨진 유리창은 약화된 지역사회와 이웃 통제를 통해 간접적(indirectly)으로 무질서가 범죄로 이어진다는 것을 가정한다"는 것이 명백하다(Sousa and Kelling, 2006, p. 84; 원문 강조).

8대 핵심 아이디어

깨진 유리창 주장을 더 잘 이해하기 위해서는 윌슨과 캘링(1982)의 원문으로 거슬러 올라가는 것이 유용하다. 소사와 캘링(Sousa and Kelling, 2006, p. 79)은 깨진 유리창에 대한 8가지 핵심 아이디어를 개괄적으로 설명했다. 깨진 유리창에 대한 8가지 핵심 아이디어는 다음과 같다.

1. 무질서와 범죄에 대한 두려움은 밀접하게 연결되어 있다.
2. 경찰(도보 순찰 경찰관)은 거리의 규칙을 조율한다. "거리의 사람들"은 이 규칙의 협상에 관여한다.
3. 지역사회마다 규칙이 다르다.
4. 방치된 무질서는 지역사회 통제의 붕괴를 초래한다.
5. 지역사회 통제가 무너진 지역은 범죄 발생에 취약하다.
6. 질서를 유지하기 위한 경찰 역할의 본질은 지역사회 자체의 비공식적 통제 메커니즘을 강화하는 것이다.
7. 문제는 개인의 무질서 행위에서 발생하는 것이 아니라 다수의 무질서한 사람들의 집합으로 인하여 발생하는 것이다.
8. 지역사회마다 무질서를 관리하는 역량이 다르다.

무질서와 범죄에 대한 두려움은 강하게 연관되어 있다

무질서는 발달 과정을 촉발시킨다. 무질서는 범죄에 대한 두려움의 증가로 이어진다. 윌슨과 캘링(Wilson and Kelling, 1982)은 무질서한 행동과 상태란 그라피티(낙서), 공격적인 구걸행위, 또는 청소년들의 소란행위 같은 것을 의미한다고 했다. 캘링과 콜스(Kelling and Coles, 1996, p. 14)는 "가장 넓은 사회적 의미에서 무질서는 삶, 특히 도시 생활을 방해하는 불경하고 야비하고 위협적인 행동"이라고 정의했다. 라그랑지, 페라로와 수판칙(LaGrange, Ferraro, and Supancic, 1992, p. 312)은 무질서를 "전통적으로 받아들여지는 규범과 가치의 침식을 나타내는 공동체 표준의 위반"인 반문화적행위라고 정의한다. 더 일반적인 용어로, 대부분의 연구자들은 무질서를 물리적, 사회적 두 가지 차원으로 특징짓는다(Ferraro, 1995; Skogan, 1990; Skagon, 2015). 물리적 무질서는 쓰레기, 버려진 건물과 자동차, 낙서, 깨지고 바리케이드가 쳐진 창문, 정돈되지 않은 공터 등 쉽게 눈에 띄고 식별할 수 있는 상태를 말한다. 페라로(Ferraro, 1995, p. 15)에 따르면, 사회적 무질서는 "소란스러운 젊은이, 노숙자, 거지, 주정뱅이, 또는 사려 깊지 못한 이웃의 존재와 같은 파괴적인 사회적 행동"으로 정의될 수 있다. 무질서는 어떤 사람이 공동체의 규범을 위반하는 행동을 하는 것과 같이 행위적 무질서 이거나 그라피티와 같은 환경적 무질서일 수 있다. 스코간Skogan은 다음과 같이 무질서를 정의했다.

> 사회적 무질서는 행동의 문제이다: 당신은 그것이 일어나는 것을 볼 수 있고(공공장소 음주 또는 성매매), 그것을 경험(성희롱)하거나, 그것의 직접적인 증거(그라피티 또는 기물파손)를 목격할 수 있다. 물리적 무질서는 방치되거나 잘 관리되지 않는다는 시각적 신호와 관련이 있다: 버려진 건물, 부서진 가로등, 쓰레기로 가득 찬 땅, 그리고 쥐가 많이 있는 골목길 등. 대체로 물리적 무질서는 지속 되는 환경을 가리키고, 사회적 무질서는 다소 간헐적인 일련의 사건들로 나타난다(1990, p. 4, 강조 추가).

무질서가 두려움을 야기하나? 범죄에 대한 두려움은 "범죄 또는 범죄를 연상시키는 상징에 대한 공포와 불안의 정서적인 반응으로 정의된다"(Ferraro, 1995, p. 4). 1967년 대통령 위원회는 직접적인 범죄피해와 두려움의 차이점에 대하여 언급했고 그리고 생태학적 요인의 영향에 주목했다. 대통령 위원회(1967, p. 160)는 다음과 같이 보고했다.

> 우리는 범죄에 대한 시민들의 태도가 과거 피해 경험에서 보다 현재 공동체에서 무슨 일이 일어나고 있는지에 대한 생각에서 더 크게 영향을 받는다는 사실을 발견하였다. 그들이 안전하다고 느끼는 사회통제 약화에 대한 두려움과 사회생활의 더 넓은 구조는 궁극적으로 서로 의존적이다.

대부분의 경험적 연구는 두려움과 무질서를 연관지었다. 루이스와 맥스필드(Lewis and Maxfield, 1980)는 지역 범죄 상황에 대한 시민들의 인식이 실제 범죄보다 무질서에 더 영향을 받는다는 것을 발견했다. 스틴치콤과 동료들(Stinchcombe et al., 1980)은 범죄에 대한 두려움은 시민들이 범죄와 환경적 단서 사이를 연관짓기 때문에 다른 종류의 두려움과 다르다고 주장했다. 케니(Kenny, 1987)는 뉴욕 지하철에서 두려움을 느꼈던 탑승자들은 공공장소에서의 음주나 어슬렁거림과 같은 무질서한 행동도 문제라고 생각한다는 것을 발견했다. 홉과 휴(Hope and Hough, 1988)는 영국 범죄 조사 자료를 분석하면서 무질서와 공포 사이의 강력하고 통계적으로 유의미한 관계를 발견했으며, 인식된 무질서의 비율이 실제 피해 수준보다 범죄 두려움과 더 강하게 관련이 있음을 발견했다. 수, 필더, 그리고 플라밍(Xu, Fielder, and Flaming, 2005)은 무질서가 심각한 범죄보다 두려움을 일으키는 더 중요한 원인임을 발견했다. 최근에 힝클과 와이스버드(Hinkle and Weisburd, 2008)는 인지된 사회 무질서와 관찰된 물리적 무질서가 범죄에 대한 두려움과 관련이 있다고 결론지었다.

스코간(Skogan, 1990)이 6개 도시(40개 도심지역)의 조사 데이터를 분석한 결과 무질서가 범죄에 대한 두려움과 상당한 관련이 있다는 실증적 증거가 나왔다. 지역 무질서가 높았던 곳에서는 사람들이 안전하게 느끼지 못했다. 이러한 통계적 관계의 방향성과 강도는 지역의 안정성, 빈곤, 인종구성 등 다른 요소들을 고려했을 때에도 여전히 남아 있었다. 이러한 두려움의 증가는 무질서가 범죄의 지표가 되어 개인의 위험 인식을 높였기 때문이다(Skogan, 1990; Skogan and Maxfield, 1981). 무질서한 행동과 환경은 지역사회나 공동체에 잠재적 범죄자들이 있고 또한 이미 범죄가 일어났던 범죄율이 높은 지역이라는 인식을 강화한다. 게다가, 무질서는 한 지역에서 비공식적 그리고 공식적인 사회통제 수준에 대한 몇 가지 지표를 제공하며, 이는 위험과 두려움에 대한 인식에 더 큰 영향을 미친다.

경찰이 거리의 규칙을 조율한다

두 번째 핵심 아이디어는 경찰이 거리의 규칙을 조율한다는 것이다. 이것은 깨진 유리창 경찰활동에 관여했을 때 경찰이 하는 일에 대한 설명(원본 출판물에서 설명했던 것처럼)에 더 가깝다. 이 핵심 아이디어가 설명하는 것은 무질서가 어떻게 정의되고 단속되는지에 대한 과정이다. 이는 또한 깨진 유리창 경찰활동과 무관용 경찰활동 접근법의 차이를 강조한다. 전자의 경우, 재량권이 경찰관 의사결정의 일부라고 보지만 후자의 경우 그렇지 않다(Clarke and Eck, 2005).

윌슨과 캘링(1982)이 묘사한 경찰관은 순찰하는 지역에서 공식적 또는 비공식적 수단을 이용하여 합의된 행동 기준을 바탕으로 법집행을 했다. 그들이 묘사한 대로 "이 규칙들은 거리의 '보통사람들'과 합의하여 정의되고 집행되었다"(Wilson and Kelling, 1982, p. 30). 경찰관들은 각자 특정한 지역에 배치되었기 때문에 그들은 지역 사람들과 지역 문제들을 알 수 있었고, 공동체 기준에 대한 공통의 이해를 발전시킬 수 있었다. 예를 들어, 공공장소에서 음주는 허용되지만, 사람들이 많은 주요 교차로 지역에서는 허용되지 않고, 술/맥주가 갈색종이 봉투에 담겨 있는 경우에만 허용되었다. 평판이 좋지 않은 사람들이 현관이나 계단에 앉아 있는 것은 허용되지만 누워 있는 것은 제지의 대상이었다. 또한, 구걸은 허용되었지만, 가만히 서 있거나 버스 정류장에서 기다리는 사람들에게는 구걸이 허용되지 않았다(Wilson and Kelling, 1982). 따라서 이러한 재량적이고 협상 가능한 맥락 안에서 어떤(일반적으로) 바람직하지 않은 행동들은 특정 상황에서 허용되었다. 이러한 맥락적 또는 상황적 요인은 깨진 유리창 경찰활동에 대한 관찰 연구에서 중요한 요소인 것으로 밝혀졌다. 예를 들어 캘링과 소사(Kelling and Sousa, 2001)는 뉴욕 경찰관들이 단속 결정을 내리기 전, 도중, 그리고 직후에 경범죄를 둘러싼 주변 상황을 일상적으로 평가했다는 것을 발견했다. 거리의 규칙을 조율할 때, 경찰관들은 일반적으로 경범죄에 대한 그들의 결정을 뒷받침하기 위해서 주변 상황을 설명하곤 한다. 뉴욕시의 한 유흥가 지역에서 공공장소 음주 위반으로 단속하는 경찰관들의 다음과 같은 관찰을 고려해보자.

> 어느 순간, 한 남성이 묻는다. "무엇이 대수인가? 술 마시는 것은 해가 안 되며, 단지 맥주일 뿐이고, 피해자도 없다." 경찰은 "맞다. 그냥 맥주 한 잔일 뿐이긴 한데, 그런데 당신이 몇 년 전에 여기 있었다면 그리고 시간이 좀 더 늦고 약간 취했다면, 또 다른 술 취한 사람과 지나가다가 부딪힐 수도 있고, 그러면 싸움이 시작되고 폭력사태가 발생했을 것이다. 우리가 지금 이렇게 엄격한 이유는 더 이상 그런 일이 일어나지 않도록 만들기 위해서다."라고 말했다.

(Kelling and Sousa, 2001, p. 17)

이러한 관찰은 뉴욕경찰이 공공장소에서 적절한 규칙에 대하여 조언하는 교육적인 기능을 제공하는 능력을 보여 준다. 이것은 또한 깨진 유리창 경찰활동과 전통적인 혹은 표준적인 경찰 관행과의 차이를 보여 준다. 경찰관이 언급한 "몇 년

전"은 뉴욕경찰이 깨진 유리창 경찰활동을 시행하기 전을 의미하며, 그 당시에는 경찰이 심각한 폭행이 발생하고 난 후에나 대응했지 이렇게 미리 예방조치는 거의 하지 않았던 시기이다.

지역사회마다 규칙이 다르다

위에서 논의한 핵심 아이디어(경찰은 한 지역의 보통사람들과 함께 거리 규칙을 조율하는 일)와 밀접하게 연관되어 있는 것은 주거지, 아파트 단지, 상권, 공원 등 서로 다른 공공장소마다 기대되는 행동이 다르다는 생각이다. 어떤 환경(공간과 시간 모두)에서 허용되던 행동이 다른 환경에서는 허용되지 않을 수 있다. 예를 들어, 주요 상업지구인, 페리가Ferry Street를 따라 활기찬 야외활동들이 일어나는 뉴저지주 뉴어크의 아이언버운드 구역(포르투갈과 브라질 레스토랑, 숍, 그리고 아파트들이 혼재해 있는 지역)에서 볼 수 있는 일상적인 유형의 행동들은 뉴어크의 다른 조용한 주거지 환경에서는 허용되지 않는다.

뉴저지주 레이크우드에서는 우리가 지켜본 것처럼 경찰은 공공주택 아파트 주민들이 책임감 있게 행동한다면 건물 반경 내에서 맥주와 술을 마실 수 있도록 허용했다. 경찰관들의 설명에 따르면, 아파트에서는 거주민들 개인 소유의 실외공간이 거의 없거나 전혀 없기 때문에 그렇게 하도록 허락했다. 하지만 경찰관들은 그 지역의 주요 도로들에 늘어선 주차장이나 인도에서는 음주하는 것은 허용하지 않았다. 이것은 그 지역의 합의된 규칙들 중 하나이며 경찰과 주민들 사이에 동의가 이루어졌다.

이 핵심 아이디어, 그리고 경찰이 거리의 규칙을 조율한다는 생각은 경찰이 지역사회와 함께 일하는 것의 중요성을 지적한다. 경찰들은 공공장소의 특징을 이해하고 지역의 문제에 대응하고 관여하는 보통사람들과 협력하기 위하여 지역 상점 주인, 젊은이들, 길거리 사람들과 관계를 맺어야 한다.

방치된 무질서는 지역사회 통제의 붕괴를 초래한다

깨진 유리창의 전개 순서에서 중요한 요소는 무질서, 두려움, 지역사회 통제의 붕괴, 그리고 범죄 사이의 관계이다. 무질서와 두려움은 지역사회가 스스로를 통제할 수 없게 만든다. 이런 일이 일어나면, 사회원자화social atomization가 시작된다. 캘링과 콜스(1996, p. 20)는 일련의 사건을 다음과 같이 설명한다.

제지당하지 않고 방치된 무질서 행동은 시민들에게 그 지역이 안전하지 않다는 신호를 보낸다. 두려움에 떨며 신중하게 반응하는 시민들은 거리에 나가지 않고, 특정 지역을 피하고, 정상적인 활동과 모임들을 축소할 것이다. 시민들이 물리적으로 활동하는 것을 피함에 따라, 그들은 또한 거리에서 동료 시민들과 함께 상호 협력하는 역할을 하지 않게 되고, 따라서 사회원자화가 시작됨에 따라 기존에 공동체 내에서 유지하기 위해 도왔던 사회통제를 포기하게 된다.

지역사회의 특성과 범죄의 관계에 대한 연구는 미국에서 새로운 것이 아니다. 그것의 기원은 시카고 대학의 학자들이 범죄 연구에 생태 이론을 적용하기 시작한 20세기 초로 거슬러 올라간다. 시카고학파로 알려지게 된 범죄사회학 이론들은 사회해체(지역사회가 인간미 없고, 관계가 피상적이고, 인구이동이 잦은 특징을 보이는 경우)가 범죄의 원인이라고 주장했다(Williams and McShane, 1993). 쇼와 맥케이(Shaw and McKay, 1942, p. 445)는 말했다. "높은 비율을 가진 지역사회는 낮은 비율을 가진 지역사회와 차별되는 사회적, 경제적 특성을 가지고 있다"고 언급했다. 범죄학에서 이러한 관점이 기여한 점과 이 이론의 깨진 유리창에 대한 중요성은 그것이 지역사회 안정을 위하여 비공식적 사회통제의 중요성에 초점을 맞춘다는 것이다(Taylor, 2001).

버식과 그라스믹(Bursik and Grasmick, 1993), 샘슨과 라우덴부시(Sampson and Raudenbush, 1999) 그리고 다른 학자들은 지역사회 쇠퇴와 범죄와의 관계에 대하여 추가적으로 설명하기 위하여 연구를 수행했다. 버식과 그라스믹(1993)은 지역사회 안에서 통제 메커니즘의 중요성뿐만 아니라 어떻게 지역사회가 외부 프로세스와 연결되어서 공공 서비스나 여타 자원들을 지역사회로 유입시키느냐가 중요하다고 지적했다. 샘슨과 라우덴부시(1999)는 지역사회 통제를 "집합효율성collective efficacy"으로 설명한다. 집합효율성은 공동 가치를 실현하고 효과적인 사회통제를 유지하는 지역사회의 차별적 능력이며, 따라서 지역사회 범죄와 폭력의 근원이다. 샘슨과 라우덴부시는 사실 지역사회 집합효율성 수준이 무질서보다 범죄를 예측하는 더 강력한 변수라고 결론지었다.

시카고학파에 근간을 둔 이론들이 깨진 유리창에 의해 묘사된 무질서의 전개 순서와 다른 점은 그 이론들은 구조적 변수가 무질서보다 더 중요하다고 믿는 점이다(Sampson and Raudenbush, 1999). 테일러(Taylor, 2001)와 다른 학자들은 인종과 계층을 포함한 더 큰 영향요인들과 무질서incivilities를 통합한 관점이 필요하다고 주장한다. 테일러(2001, p. 23)는 도시개발 담당 공무원들은 "자기들이 추진하는 무질서 척결 계획만으로 수십 년간의 부적절한 도시 서비스, 어른들의 고용 기회 감소, 젊은 이들의 교육 기회 감소로 피해를 입은 지역사회의 근본적인 구조를 회복할 수 있을 것이라는 희망을 갖지 말아야 한다"고 말했다. 깨진 유리창은 도시 지역사회의 구조를 침해하는 많은 사회적 힘을 개선해야 한다는 것에 반대하지 않는다. 그러나 깨진 유리창이 제공하는 것은 가까운 시일 내에 범죄를 다루기 위한 조치이며, 그래서 다른 사회 안정화 요소들(예를 들어, 학교, 교회, 사회봉사기관, 기업 등)이 제대로 기능할 수 있도록 한다.

지역사회 통제가 무너진 지역은 범죄 침입에 취약하다

무질서한 공공장소는 잠재적 범죄자들을 끌어들인다. 무질서는 잠재적 범죄자들에게 지역이 범죄를 저지르기에 좋은 장소라는 신호를 보낸다. 물리적 무질서 신호들로 그라피티, 거리에 흩어진 쓰레기, 판자로 막혀있는 집, 철제 보안 창살과 같은 것이 있다. 또한 사회적 무질서 신호들로서 길모퉁이에서 소란스럽게 행동하는 젊은이들, 시민들에게 다가가는 공격적인 거지들, 문 앞에서 자는 홈리스들 등이 있다. 이러한 상황들은 많은 범죄자들(그리고 범행 대상들)이 한 곳에 모일 수 있는 발판을 마련한다. 그러한 장소는 이웃, 공원, 도심 업무지구, 또는 지하철이 될 수 있다.

윌슨과 캘링은 이러한 침공이 비공식적 통제가 무너진 곳에서 일어날 가능성이 더 높다고 믿는다. 사람들이 자신감을 상실한 지역에서는 행동을 규제할 수 없다. "마약 거래가 일어나고, 매춘부가 호객하고, 자동차는 탈취당할 것"이라고 언급했다(Wilson and Kelling, 1982, p. 32).

질서를 유지하는 경찰 역할의 본질은 지역사회 자체의 비공식적 통제 메커니즘을 강화하는 것이다

이 핵심 아이디어에 따르면, 경찰의 역할은 지역사회를 지원하는 것이다. 윌슨과 캘링(1982)은 경찰이 지역사회 통제를 대체할 수 없다고 지적했다. 그들은 "경찰은 엄청난 자원을 투입하지 않고서는 비공식적 통제를 대체할 수 없다"고 썼다. 제인 제이콥스Jane Jacobs는 그녀의 획기적인 책 "위대한 미국 도시의 죽음과 삶The Death and Life of Great American Cities"에서 이것을 인식했다. 그녀는 질서가 주로 경찰에 의해 유지되지 않는 것을 관찰하면서 도시 지역사회의 활력에 대해 글을 썼다. 그녀는 다음과 같이 설명한다. "질서는 복잡하고 무의식적인 사람들 간의 기준과 자발적 통제 네트워크에 의해 유지되고, 사람들에 의하여 직접 집행된다"(Jacobs, 1961, p. 40). 제이콥스가 시민들에 의해 평범하고 일상적으로 집행된다고 묘사한 것 또한 이 핵심 아이디어에 구체화되어 있다. 시민들은 사회통제에 대한 책임이 있다. 경찰의 역할은 필요할 때 권한을 행사하고, 지역사회 통제(및 기준)를 지원하고, 범죄에 대응하는 지역사회의 대응이 무너질 때 도움을 주는 것이다.

문제는 개인의 무질서 행위에서 발생하는 것이 아니라 다수의 무질서한 사람들의 집합으로 인하여 발생하는 것이다

공원 등 공공장소에서 한두 명의 주정뱅이가 행인에게 돈을 구걸하는 것은 문제가 되지 않을 것이다. 그 숫자가 어느 지점에 도달하면 그 장소는 임계점(티핑포인트는 여러 가지 상황적 요인에 따라 달라진다)에 도달하게 되고, 장소 이용자들이 두려워하지 않고 일정 수준의 무질서와 공존하면서 질서가 유지되던 장소에서 범죄가 더 빈번하게 발생하기 시작하는 곳으로 바뀐다.

윌슨(Wilson, 1996, p. vx)은 집합 현상congregation phenomenon을 다음과 같이 설명한다.

> 버스 정류장, 시장 광장, 지하철 출입구 등 공공장소는 단순한 사람들의 부분의 합 이상의 의미를 가지고 있다. 그곳에서는 복잡한 패턴의 상호작용이 일어나고 그 규모와 빈도가 증가함에 따라 훨씬 더 위협적으로 변할 수 있다. 무질서 성향의 사람들 수가 산술적으로 늘어날 때, 문제적 행

동의 숫자는 기하급수적으로 늘어난다.

무질서의 집합은 더 심각한 범죄가 뒤따를 수 있는 계기를 마련한다. 깨진 유리창은 일반적으로 누군가에게 즉각적인 피해를 주지 않는 한두 명의 무질서한 사람들에게 조치를 취하도록 규정하지 않는다. (야간에 현금 자동 입출금기 근처에서 공격적으로 돈을 요구하는 거지의 경우는 다르다.) 그것은 무질서한 사람들이 모여서 집합을 이룰 때 발생할 수 있는 효과와 관련이 있다. 윌슨과 켈링(1982, p. 35)은 원문에서 "어떤 사람에게 피해를 준 한 명의 주정뱅이나 한 명의 거지를 체포하는 것은 어떤 면에서는 정당해 보이지 않을 수 있다"라고 썼다. 그들은 계속해서 말했다.

> 스무 명 정도의 주정뱅이나 수백 명의 구걸하는 부랑자들에 대해 아무런 조치를 취하지 않으면 지역사회 전체가 파괴될 수 있다. 한 개의 수리되지 않은 깨진 유리창과 수천 개의 깨진 유리창 사이의 연관성을 고려하지 못하니 말이 안 된다.
>
> (Wilson and Kelling, 1982, p. 35)

지역사회마다 무질서를 관리하는 역량이 다르다

이 이슈는 원래 월간 애틀랜틱 기사에서 기본적 사항으로 다루었고 Fixing Broken Windows 책에서 다시 강조되었다. 어떤 지역사회들은 무질서를 관리할 수 있는 엄청난 능력을 가지고 있다. 이것의 예로 매사추세츠 주 캠브리지의 하버드 스퀘어 Harvard Square이다. 하버드 스퀘어에는 홈리스들, 사기꾼들, 그리고 공격적인 거지들이 꽤 많이 모여들지만, 그곳에서는 시민들의 안전인식, 상업, 지역사회 생활에 큰 위협 없이 그들의 행동을 흡수할 수 있다. 그러나 하버드 스퀘어 무질서의 절반 수준만 발생해도 장소의 경제적, 사회적 기능이 중단될 수 있는 지역사회들도 발견할 수 있다.

사실, 하버드 스퀘어는 세계 최고의 명문 대학들에 둘러싸인 상대적으로 부유한 지역이다. 샘슨과 그의 동료들이 시카고학파의 핵심 이론을 다시 검증하면서 (Sampson et al., 1997) 증명했듯이, 비록 사회 및 경제적으로 낙후했지만 집합효율성이 유지되는 지역사회(즉, 비공식적 사회통제 역량이 있는 지역사회)는 무질서 행동과 심각한 범죄를 관리하고 줄일 수 있다. 이 메커니즘에는 반사회적 행동에 대한 거부감, 싸움을 중재하기 위한 개입, 무단결석 방지, 능력 있는 보호자의 존재, 지역사회 환경설계 및 공공장소 사용 등이 포함된다.

결론

깨진 유리창 원본 기사가 나온 지 30년이 넘었다. 비록 깨진 유리창이 많은 학자들과 자유주의적 시민들로부터 비판을 받아 왔지만, 많은 면에서 정책 입안자들과 실무자들 사이에 일반적으로 받아들여지는 지혜로 인정받고 있다. 여기서, 우리는 원래의 기사로 돌아가서 비평가와 옹호자 모두가 종종 잘못 표현하거나 무시했던 중심 원리들을 요약했다. 돌이켜보면, 연구든 실제든 간에, 우리가 이러한 여덟 가지 중심 원리들로부터 물러서도록 하는 상황은 거의 일어나지 않았다. 우리가 볼 때, 이 원리들은 지역사회 정의와 지역사회 경찰활동이라는 두 가지 전통에 포함되어 유지되고 있고, 초기에 깨진 유리창 운동을 주도한 사람들에게 더 많은 자극과 본질을 제공하였다. 요약하기 위해, 제임스 Q 윌슨과 캘링(2006, p. 172)을 인용한다.

깨진 유리창 아이디어는 두 가지 일을 하는데 하나는 의심할 여지없이 좋은 것이라는 점이고 다른 하나는 확률적으로 효과적일 것이라는 점이다. 압도적 다수가 열망하는 공공질서를 경찰이 진지하게 받아들이도록 유도하고, 질서가 높을수록 범죄가 줄어들 가능성을 높인다. 첫 번째 목표에는 증거가 필요하지 않다. 두 번째는, 그리고 지금까지의 대부분의 연구들은 더 높은 수준의 공공질서(다른 요인들과 더불어)가 줄어든 길거리 폭력범죄와 관련이 있다는 것을 시사한다.

1. 어떤 점에서 질서유지는 그 자체로 목적이 될 수 있으며, 그것이 심각한 범죄에 미치는 영향에 의해 정당화될 필요가 없는가?

2. 깨진 유리창 가설은 길거리 범죄에 가장 자주 적용된다. 화이트칼라 범죄와 같은 다른 유형의 일탈 행위에 이 개념이 어떻게 적용될 수 있을까?

3. 깨진 유리창에 대한 주요한 이론적이고 실제적인 비판은 무엇인가?

4. 깨진 유리창 경찰활동과 무관용 경찰활동의 차이점은 무엇인가? 각각의 예는 무엇인가?

5. 깨진 유리창 경찰활동과 문제지향 경찰활동을 고려하라. 이 개념들은 어떻게 서로를 보완할까?

[색인]

ㅅ

| 역자 약력 |

장현석

장현석 교수는 동국대학교 경찰행정학과를 졸업하고, 미국 셈휴스턴 주립대학교
형사사법 대학에서 범죄학 석사학위와 형사사법학 박사학위를 취득하였다.
미주리웨스턴 주립대학교와 케네소 주립대학교에서 교수로 재직하였고,
현재는 경기대학교 경찰행정학과에서 학생들을 가르치고 있다.
범죄학과 경찰학분야에서 다양한 연구를 수행하고 있다.

환경범죄학 및 범죄분석

초판발행	2022년 8월 10일
지은이	Richard Wortley, Michael Townsley 외
옮긴이	장현석
펴낸이	안종만 · 안상준
편 집	정은희
기획/마케팅	정연환
표지디자인	BEN STORY
제 작	고철민 · 조영환
펴낸곳	(주) 박영사
	서울특별시 금천구 가산디지털2로 53, 210호(가산동, 한라시그마밸리)
	등록 1959.3.11. 제300−1959−1호(倫)
전 화	02) 733−6771
fax	02) 736−4818
e−mail	pys@pybook.co.kr
homepage	www.pybook.co.kr
ISBN	979−11−303−1508−9 93350

* 파본은 구입하신 곳에서 교환해 드립니다. 본서의 무단복제행위를 금합니다.
* 역자와 협의하여 인지첩부를 생략합니다.

정 가	29,000원